国家出版基金项目
NATIONAL PUBLICATION FOUNDATION
“十三五”国家重点图书
出 版 规 划 项 目

中国濒危语言志
少数民族语言系列

总主编 曹志耘

主编 孙宏开 黄行 李大勤

云南兰坪普米语

蒋颖 著

创于1897
商务印书馆
The Commercial Press

图书在版编目（CIP）数据

云南兰坪普米语/蒋颖著.—北京：商务印书馆，2019
（中国濒危语言志）
ISBN 978-7-100-17519-7

Ⅰ.①云… Ⅱ.①蒋… Ⅲ.①普米语—介绍—兰坪白族普米族自治县 Ⅳ.①H266

中国版本图书馆CIP数据核字（2019）第100215号

云南兰坪普米语

蒋颖 著

出版发行：商务印书馆
地　　址：北京王府井大街36号
邮政编码：100710

印　　刷：北京雅昌艺术印刷有限公司

开　　本：787×1092 1/16　　印　　张：18 3/4
版　　次：2019年6月第1版　　印　　次：2019年6月北京第1次印刷
书　　号：ISBN 978-7-100-17519-7

定　　价：120.00元

兰坪县河西乡大羊村普米人聚居地地形地貌　兰坪县河西乡大羊村 /2017.1.28/ 蒋颖 摄

大羊民居　兰坪县河西乡大羊村 /2017.1.29/ 蒋颖 摄

调查工作现场　兰坪县城 /2017.1.23/ 和晶晶 摄

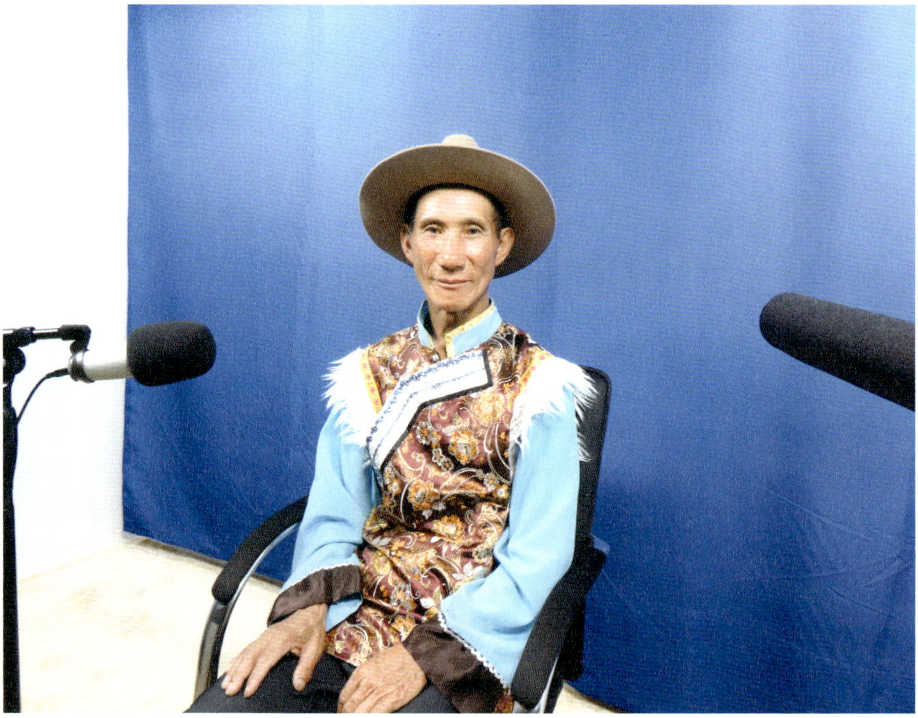

发音人和跃根在录音室录制语料　玉溪师范学院 /2015.8.14/ 蒋颖 摄

语法标注缩略语对照表

缩略语	英语	汉义
1sg	1st person singular	第一人称单数
2sg	2nd person singular	第二人称单数
3sg	3rd person singular	第三人称单数
1dl	1st person dual	第一人称双数
2dl	2nd person dual	第二人称双数
3dl	3rd person dual	第三人称双数
1pl	1st person plural	第一人称复数
2pl	2nd person plural	第二人称复数
3pl	3rd person plural	第三人称复数
ABL	ablative (marker)	从由格（标记）
ADV	adverbial particle	状语助词
AGT	agentive (marker)	施事格（标记）
ASP	aspect (marker)	体（标记）
CAUS	causative (marker)	使动（标记）
CL	classifier	量词/单位词
COM	comitative (marker)	随同格（标记）
COMP	complement particle	补语助词
COMPR	comparative particle	比较助词
CONP	controllable particle	自主助词

续 表

缩略语	英语	汉义
DAT	dative (marker)	与格（标记）
DEM	demonstrative pronoun	指示代词
DIR	directional marking	方向标记
DIST	distal demonstrative	远指
DL	dual	双数（标记）
EXCL	exclusive	排除式(人称代词)
FPRT	final particle	句尾语气助词
GEN	genitive (marker)	领属（标记）
HRS	hearsay evidential marker	听说示证标记
IMP	imperative (marker)	命令式（标记）
INCL	inclusive	包括式(人称代词)
INST	instrumental (marker)	工具格（标记）
INTER	interjection	叹词
LNK	clause linker	分句连词
LOC	locative (marker)	处所格（标记）
MOD	modality	情态
NEG	negative	否定
NMLZ	nominalizer	名词化（标记）
PEF	perfect aspect	已行体（标记）
PL	plural	复数（标记）
PROH	prohibitive	禁止（标记）
PROX	proximal/proximate	近指
PRT	particle	助词；小品词
QUES	question (marker)	疑问（标记）
REFL	reflexive pronoun	反身代词
TOP	topic (marker)	话题（标记）
VCL	verb classifier	动量词

序

我的老家在浙江金华。我在老家生活的年代是20世纪六七十年代。那时候人们白天黑夜地干，酷暑寒冬地干，但就是吃不饱饭。山上光秃秃的，地上光秃秃的，简直成了不毛之地。如今40年过去了，回到家乡，只见茂林修竹，清流激湍，芳草鲜美，落英缤纷，俨然人间仙境。进山的小路早已被草木掩没，没有刀斧开路，则寸步难行。

在我家附近的塔石乡，有一个叫“大坑”的畲族村子，坐落在一条山沟里，有50多人。畲族相传发源于广东潮州凤凰山，明代以来逐渐北迁，从广东到福建，从福建到浙江、江西、安徽等地。数百年来，畲族尽管不断迁徙，散落中国东南各地，然而始终保持着他们共同的语言——畲话。1981年，我在山东大学上学期间，曾经一个人跑到大坑去，拿着日本人编制的调查表记录他们的畲话。当时村里男女老少，基本上人人会讲畲话。但时至今日，很多人已不会讲或讲不好畲话了，25岁以下无一人会讲。照此发展下去，估计几十年后，大坑人沿袭千年之久的母语将彻底消亡。

自然环境的破坏可以修复，但语言的消亡无法挽回，不可再生。

根据联合国教科文组织的《世界濒危语言地图》（2018），在世界现存的约6700种语言中，有40%的语言濒临灭绝，平均每两个星期就有一种语言消亡。中国有130多种语言，其中有68种使用人口在万人以下，有48种使用人口在5000人以下，有25种使用人口不足1000人，有的语言只剩下十几个人甚至几个人会说了。汉语方言尽管使用人数众多，但许多小方言、方言岛也在迅速衰亡。即使是那些还在使用的大方言，其语言结构和表达功能也已大大萎缩，或多或少都变成“残缺”的语言了。

冥冥之中，我们成了见证历史的人。

然而，作为语言学工作者，绝不应该坐观潮起潮落。事实上，联合国教科文组织早在1993年就确定当年为“抢救濒危语言年”，同时启动“世界濒危语言计划”，连续发布“世界濒危语言地图”（联合国已确定2019年为“国际本土语言年”）。二十多年来，国际上先后成立了上百个抢救濒危语言的机构和基金会，各种规模和形式的濒危语言抢救保护项目在世界各地以及网络上展开。我国学者在20世纪90年代已开始关注濒危语言问题，自21世纪初以来，开展了多项濒危语言、方言调查研究课题，出版了一系列重要成果，例如孙宏开先生主持的“中国新发现语言研究丛书”、张振兴先生等主持的“中国濒危语言方言研究丛书”、鲍厚星先生主持的“濒危汉语方言研究丛书”（湖南卷）等。为了全面、及时抢救保存中国语言方言资源，教育部、国家语委于2015年启动了规模宏大的“中国语言资源保护工程”。在语保工程里，专门设立了濒危语言方言调查项目，迄今已调查76个濒危语言点和60个濒危汉语方言点。对于濒危语言方言点，除了一般调查点的基本调查内容以外，还要求对该语言或方言进行全面系统的调查，并编写濒危语言志书稿。随着工程的实施，语保工作者奔赴全国各地，帕米尔高原、喜马拉雅山区、藏彝走廊、滇缅边境、黑龙江畔、海南丛林都留下了他们的足迹和身影。一批批鲜活的田野调查语料、音视频数据和口头文化资源汇聚到中国语言资源库，一些从未被记录过的语言、方言在即将消亡前留下了它们的声音。

为了更好地利用这些珍贵的语言文化遗产，在教育部语言文字信息管理司的领导下，商务印书馆和中国语言资源保护研究中心组织申报了国家出版基金项目“中国濒危语言志”，并有幸获得批准。该项目计划在两年内按统一规格、以EP同步方式编写出版30卷志书，其中少数民族语言20卷，汉语方言10卷。自项目启动以来，语信司领导高度重视，亲自指导志书的编写出版工作，各位主编、执行编委以及北京语言大学、中国传媒大学的工作人员认真负责，严格把关，付出了大量心血，商务印书馆则配备了精兵强将以确保出版水准。这套丛书可以说是政府、学术界和出版社三方紧密合作的结果。在投入这么多资源、付出这么大努力之后，我们有理由期待一套传世精品的出现。

当然，艰辛和困难一言难尽，不足和遗憾也在所难免。让我们感到欣慰的是，在这些语言、方言即将隐入历史深处的时候，我们赶到了它们身边，倾听它们的声音，记录它们的风采。尽管我们无力回天，但已经尽了最大的努力，让时间去检验吧。

曹志耘

2018年10月

于浙江师范大学

目录

第一章 导论

第一节

调查点概况①

一　普米族的分布

普米族自称phzə̣n⁵⁵min⁵⁵（有“普日咪”“普因咪”“乒咪”“春咪”“拍咪”或“培咪”等不同汉译，“咪”也常写作“米”），中华人民共和国成立后，根据本民族人民的意愿，1961年正式确认为普米族。普米族居住在我国的西南地区，总人口3.36万（2000年第五次全国人口普查数据，下同），为我国人口特少的民族之一。主要分布在云南省兰坪白族普米族自治县（以下简称兰坪县）、宁蒗彝族自治县（以下简称宁蒗县）、永胜县、维西傈僳族自治县（以下简称维西县）与香格里拉市。在四川省盐源县、木里藏族自治县、九龙县等地也有少量藏族使用普米语。从地理位置和地形特征来看，普米人主要生活在北起四川九龙，南至云南怒江傈僳族自治州的高寒山区和半山区上。

云南省兰坪县和宁蒗县的普米族分布最为集中，约2.3万名普米人“大杂居、小聚居”于这两个县。其中，兰坪县约有1.41万普米族，是全国普米族人口最多的县。在兰坪县的河西、通甸、金顶、石登、啦井、营盘等8个乡镇里都有普米族分布。

二　普米族的历史源流

普米族源自我国古代西部的羌戎族群，其先民原为游牧于青藏高原的游牧部落，属古氐羌人的西戎支系。古代汉文史籍曾称普米人为“粲木”“西蕃”（明代以后的史书写作“西

① “调查点概况”中的部分资料，参考了《普米族简史》（2009）、《普米族志》（2000）、《普米族文化探幽》（2008）、《兰坪白族普米自治县概况》（1997）中的相关内容。

番"）或"巴苴"。从各地普米族《指路经》中给亡灵指出的回溯祖先来历的源头都在青海可以推测出，普米族先民"槃木"的发源地在青藏高原中部的江河源头。结合汉文历史文献，人们认为普米人古代部族共同体形成于先民南迁之后的川西北雅砻江和大渡河之间的贡嘎岭地区。到了元代，不少人随蒙古军应征南下，进入滇西北，成为较早进入云南境内的普米人。

三　兰坪县普米族的风俗习惯

（一）居住

兰坪县普米人居住的传统住宅是木楞房，分上下两层。上层一般分割为三间，左右两间多做存储之用，主要用作粮仓。中间一间供奉祖先牌位。下层也分为三间，按传统左间为客厅，内设火塘，老人多居住于此。右间为老人子女居住的卧室，中间一间为客房。现在的新式房屋常把中间一间设为火塘，兼做客厅。靠客厅后墙左右两边各设床铺一张，床铺之间为火塘。平时一家人围坐在火塘边的床铺上，烧水、做饭、休息和取暖。来了客人或逢年过节的祭祀活动也常在火塘边进行。

木楞房前方的左右两边通常还有两间耳房，由于普米人认为"灶神为大"，按"左贵"的习俗，左耳房为灶房，除了切菜做饭之用外，还可用来堆放家具、杂物等。右耳房为磨坊，放置石磨、舂碓等。木楞房对面多为牲畜、家禽的圈房。普米人以前家家养马，交通方便之后，现在只有少数人家还在养马。多数家庭饲养羊、牛、猪和鸡。木楞房、耳房和圈房形成一个天然的四合院结构，有的家庭这几类房屋连绵成院，另设朝南的大门，有的家庭这几类房屋之间都有空隙，四通八达，并不封闭。

（二）饮食起居

普米人多居住于高寒山区，田地都是旱地，没有水田，传统的主食是青稞、大麦和玉米。中华人民共和国成立后开始种植小麦。现在的主食是大米，都是从外购置的。蔬菜多为自种，也种植各种辛香料植物，还种植黄豆、白芸豆等多种豆类。每家冬季都制腊肉，加上现在购买肉类也比较方便，村民一年四季都有肉食。饭菜多由妇女准备，饭熟后家人围坐火塘边进食，主妇盛饭时，按辈分、年龄的先后顺序来分配，通常把自己放在最后。饭桌上老人先动筷，吃饭期间，年轻人要给长辈夹菜。

（三）服饰

普米人的传统服饰分为两类：冬装多为皮毛制品，夏装多为麻织品。皮毛制品现已不多见，只有少量爱好传统服饰的普米人家里还有，大部分普米人穿羽绒服、棉袄等冬装，不再穿传统服装。毛制品多为羊毛制品，常见的有羊皮褂、羊皮披风和羊皮被。当地有一句古话叫作"不种大麦和大麻，不是普米人"。普米人的传统夏装多为麻织品，但由于制作麻织品的工序比较复杂，成品表面粗糙，舒适度不高，现在普米人已不穿麻布服装，而改穿普通衣料的便装。

（四）婚姻和家庭

普米人传统的婚姻形式基本是一夫一妻，中华人民共和国成立前的富裕家庭也有一夫二妻现象。中华人民共和国成立前通行族内婚，包办婚姻是传统。中华人民共和国成立后婚姻自由。传统的结婚程序很复杂，包括求婚、测日子、筹备婚礼、结婚典礼、婚宴等一系列流程。普米家庭的核心成员是夫妻，传统上居支配地位的是丈夫。现在男女平等，夫妻二人都可以支配家庭财产。

（五）宗教信仰

兰坪普米人没有严格的宗教信仰，认为万物有灵，崇拜自然、祖先。普米人认为“神”无处不在，是保佑人们的；“鬼”也有多种，是作祟害人的。

（六）丧葬

据当地老人回忆，普米人逝后都是实行火葬，约180多年前开始改行土葬。传统上家里有60岁以上的老人，就会备下棺木和寿衣。老人去世后，丧礼仪式大致是“给羊子”“发孝”“出灵”和“下葬”。其中，“给羊子”是普米人丧葬礼仪中的传统仪式。

（七）计年

普米人现在多采用公历计年，年、月、日、星期等时间单位都直接借用汉语词。传统历法与农历一致，一年分4季，每季3个月，全年12个月。其中夏季又被称作“雨季”，冬季又被称作“冷季”。普米人也有12生肖，但其说法除了“狗”之外，都与普通动物名称不同。例如：

表1-1　生肖与动物名称对照表

类别／名称	生肖	动物
子（鼠）	tʃhm^{31}bie^{55}wu^{55}	wo^{55}
丑（牛）	ləuŋ^{55}wu^{55}	quɑ^{55}
寅（虎）	sto^{55}wu^{55}	wo^{24}
卯（兔）	ʒʅ^{31}bi^{55}wu^{55}	ɬu^{31}tsɿ^{55}
辰（龙）	bʐʅ^{31}ta^{55}wu^{31}	ʃi^{55}
巳（蛇）	bʐʅ^{31}dɑ^{55}wu^{31}	bʉ^{31}ʐa^{55}

续　表

名称＼类别	生肖	动物
午（马）	stɛ^{55}wu^{55}	ʒdʒyn^{24}
未（羊）	ʒʅ^{31}wu^{55}	tshn^{24}（山羊）；ʒdʒəuŋ^{55}（绵羊）
申（猴）	pʐei^{55}wu^{55}	tsɛ^{55}ʒʅ^{24}
酉（鸡）	phjɛ^{31}wu^{55}	ʐɒ^{55}
戌（狗）	tʃhn^{55}wu^{55}	tʃhn^{55}
亥（猪）	pho^{55}wu^{55}	phjɑ^{24}

第二节

普米语的系属

一　普米语的系属问题的相关研究

普米语属汉藏语系藏缅语族北部语群羌语支语言，与其他语种相比，其相关研究成果较少。

20世纪初期，国内外学者对藏缅语的系属分类问题做了一些探讨，并提出了不同的分类意见。但直至1954年之前，比较有影响力的系属研究论文、著作都没有把普米语纳入其分类体系之中。1954年，罗常培、傅懋勣在《国内少数民族语言文字概况》一文中正式将普米语列入藏缅语分类表中。该文把藏缅语分为藏语支、彝语支、景颇语支和缅语支四个语支，把普米语称为“西蕃语”，归为藏语支语言的一种，“藏语支包括:（1）藏语（2）嘉戎语（3）羌语（4）西蕃语（5）俅语（6）怒语”。（罗常培、傅懋勣，1954）

1964、1980年，中国社会科学院民族研究所的孙宏开、陆绍尊赴云南调查。陆绍尊完成了第一部描写、研究普米语的著作《普米语简志》（陆绍尊，1983），概括介绍了普米语的面貌，书中提出“普米语属汉藏语系藏缅语族羌语支”。孙宏开根据自己1976—1982年在四川、云南和西藏三省区实地调查的材料，于1983年发表了《六江流域的民族语言及其系属分类——兼述嘉陵江上游、雅鲁藏布江流域的民族语言》一文，文中分析探讨了普米语的系属问题和方言情况。2013年，此文经过修订、改写和补充，收入孙宏开所著《八江流域的藏缅语》一书中。在普米语系属问题上，文中认为普米语属藏缅语族羌语支，其依据是在词汇比较中可看到“除普米语北部方言受到藏语较多的影响，南部方言受到汉语较多的影响外，相当一批词与羌语支语言有同源关系”。通过普米语和羌语的比较，孙宏开归纳出了15个较严整的语音对应规律，得出了“普米语属羌语支语言的论据是比较充分的，

同藏语、彝语的关系较羌语支为疏远是明显的”的结论。（孙宏开，2013）

1988年出版的《中国大百科全书·语言文字》卷中的“藏缅语族”条，把藏缅语分为藏语支、景颇语支、彝语支和缅语支四个语支，但普米语未被列入这四个语支中，而是被列为语支未定的语言，“由于语言情况比较复杂，有些语言的系属尚未确定或尚未取得一致的意见。如羌语、白语、土家语、怒语、独龙语、珞巴语、普米语、僜语等，有的学者认为应另立羌语支，包括羌语、普米语、嘉戎语等，有的则认为这几种语言应该归入藏语支”。（《中国大百科全书·语言文字》卷，1988）

1989年，戴庆厦等在《关于我国藏缅语族系属的分类问题》一文中，首次提出把藏缅语族分为北部语群和南部语群，其中北部语群分为嘉戎·独龙语支、僜语支、藏语支和景颇语支四个语支，嘉戎·独龙语支下设嘉戎、羌、独龙三个语组，普米语则属于羌语组中的一种语言。（戴庆厦、刘菊黄、傅爱兰，1989）

可见，普米语的系属问题曾经历了一个从藏语支语言转入羌语支语言的认识过程，经过多年的调查研究，现在普米语已基本定性为藏缅语族羌语支语言。

二　普米语的方言土语划分

普米语内部分北部、南部两大方言，方言内部又有若干种土语。其中，四川省的普米语属于北部方言，云南省的普米语多属于南部方言。云南宁蒗的普米语在不同地区的区别较大，分属于南北两种方言。本书所描写的兰坪普米语属普米语南部方言。

普米语南北方言既有一致性，又有差异性。一致性主要表现在常用词中同源词多、语音对应整齐，基本的语法特征相同或大体相同。差异性主要表现在语音差异较大，南北方言区的人初次相见，基本不能靠母语进行交流。

第三节

普米语的濒危状况

兰坪是我国唯一的普米族自治县，但即使在自治县内，普米族人口也不占优势。2012年兰坪县共有21万人，其中普米族仅占全县总人口的7.5%。[①]由于大量普米青壮年出外打工，农村出现“空心化”现象，留在村内的多是老人和学龄前儿童。普米语没有书面语，语言只能口耳相授，撤销村小使得学龄儿童集中于乡中心小学或县城小学接受教育，语言的代际传承面临挑战。兰坪县普米人主要分布在河西乡与通甸镇。如果在普米族最聚居的村寨里，普米语都出现了濒危现象，那么我们就可以认为该语言濒危。本书调查点为普米人高度聚居的村寨之一——河西乡大羊村，下面以大羊村为代表性个案，介绍普米语的濒危状况。

一　大羊村概述

河西乡位于怒江傈僳族自治州兰坪白族普米族自治县东北部，面积为578平方公里。乡政府驻地河西村距兰坪县县城66公里，距维西县县城55公里。全乡辖13个村民委员会、98个自然村、101个村民小组，总人口17 482人，主要居住着白族、普米族、傈僳族、彝族、汉族等5个民族，其中傈僳族占36.1%，白族占25.5%，普米族占20.9%，汉族占12.3%，彝族占5%，其他民族占0.2%（主要为藏族、独龙族、纳西族），属少数民族聚居乡，也是普米族的主要聚居地。[②]

大羊村民委员会位于河西乡东部，距乡政府驻地约8公里。全村总人口697人，其中

---

① 数据来自国家民族事务委员会官网对兰坪县的介绍：http://www.seac.gov.cn/art/2012/7/30/art_1723_26011.html。

② 数据来自兰坪县官网对河西乡的介绍：http://lp.nujiang.cn/page/techan/。

93.5%的村民为普米族，是兰坪县普米族人口占比最高的行政村。大羊村下辖4个村民小组，其中1组、2组和4组普米族人口占比高达98%以上，除了个别外嫁过来的女性及上门女婿外，其他村民都是普米族。

表1-2　大羊行政村民族人口构成表（2016年大羊村村委会数据）

民族人口 / 村民小组	总人口（人）	普米族人口	汉族人口	白族人口	傈僳族人口
1组	166	164		1	1
2组	214	212	1		1
3组	145	107	37		1
4组	172	169	1	2	
合计	697	652	39	3	3

（普米人占全组总人口的比例分别为：1组98.8%，2组99%，3组73.8%，4组98.3%）

大羊村东邻得胜村，西望三界村，南接河边村，北连箐花村，四周也都是普米族人口占优势的村寨。再加上大羊普米人高度聚居，因此普米语曾在村寨内部得到很好的传承和保留。目前，村内40岁以上的普米人都能说一口流利的普米语，他们无论是在家庭内部还是在朋友之间，无论是在劳动生产中还是在休闲娱乐时，都使用普米语，有很强的母语表达能力。

18—40岁的普米人母语使用情况也比较稳定，在家庭内外、亲朋好友之间说普米语，但其母语能力略低于40岁以上的中老年人。这主要表现在他们的母语词汇量低于中老年人以及不会用母语讲述长篇故事上。不常用的生僻词语，这个年龄段的人掌握的比较少，如一些不常用的用品器具、不常见的植物动物等，他们往往听不懂或能听懂但不会说其普米语名称。

18岁以下的未成年人按年龄段可分为中学组和小学及低幼组两个组。中学组母语能力比小学及低幼组强，比成年人弱。中学组的母语能力比成年人弱主要表现在两个方面：一是词汇量更小。学生掌握的生僻词极少，掌握的常用词也不够多。现在农村的经济条件与数十年前相比有很大的改善，中学生帮做农活的现象逐年减少，导致学生在劳动生产中自然学习母语的环境渐渐消失。在家庭内部，虽然与父母长辈仍然使用普米语交流，但所谈的内容往往有限，通常都是与生活起居、学校学习、亲戚往来等有关的话题，这些话题涵盖的词汇数量也很有限。二是母语夹杂汉语现象更突出。对于像“单位、飞机、手机”这样的普米语固有词里没有的词，大羊普米人一直直接借用汉语。但学生使用借词常常不限于此。在没有母语固有词的情况下，他们使用汉语借词。在母语已有固有词的情况下，他们也有可能不用固有词，直接使用汉语词。甚至在交谈的过程中，他们会直接夹杂一两句汉语句子，也有一句话里杂糅好几个汉语词的现象。这与学生词汇量较小和长期在学校接受汉语教育有关。小学及低幼组母语能力最弱，他们的普通话表达能力比普米语强。

二　大羊村普米语使用情况

下面按联合国教科文组织濒危语言问题特别专家组所设定的9项主要指标对大羊普米语的濒危程度一一做出说明：

（一）代际语言传承

在代际语言传承问题上，联合国教科文组织设定了“安全、不安全、确有危险、很危险、极度危险、灭绝”6个级次。大羊村普米语“所有儿童仅在有限场合使用该语言”，处于“不安全”级次，即：在某特定族群内,大多数而非所有儿童或家庭把母语作为第一语言使用，但该语言可能限于某些特定的社会领域（如家庭中孩子与父母和祖父母之间的交流）。（范俊军、官齐、胡鸿雁，2006）

大羊村村内的青少年，尤其是14岁以下的小学及低幼组少年儿童，其语言代际传承出现了一定的问题，语言能力下降比较明显，这在不久的将来或许会导致普米语濒危程度加剧。青少年语言能力下降的主要原因有：

1. 缺少学习和使用母语的自然环境。河西乡13个行政村里面，箐花、联合、白龙3个行政村面积较大、地域较分散，目前仍保留村小，儿童一至三年级在村内上小学，四年级开始在乡中心小学上学。大羊、三界、胜兴、胜利等9个行政村以前也都有村小，儿童一至三年级在村小就读，2012年这些村小撤销，学龄儿童全部集中到河西乡政府所在地河西村就读乡中心小学。中心小学实行寄宿制，每两周放假3天，即儿童每个月在学校24天，在家6天。从时间上来看，儿童在学校的时长远超过在家的时长。学校推广普通话，老师用普通话授课，学生在校期间也都被要求使用普通话。因此，学生使用普通话的时长远超过其使用母语的时长，自然造成其母语能力下降。

2013年，河西乡政府创办乡中心幼儿园，3至6岁的儿童可以入园。由于忙于农活家务、缺乏人手，大羊村村民大多积极主动地送孩子入园，有的甚至不到3岁就想送到幼儿园去。幼儿园内也使用普通话，实行寄宿制，儿童每周一至周五在幼儿园吃住，周六、周日休息回家。自幼儿园成立以来，大羊村儿童入园率很高，这些从幼儿园阶段就开始离开大羊村的幼儿，将来进入小学后，回家的时间会更少。他们离家时母语能力本身尚未成熟，又离开了自然的母语使用环境，每天使用普通话，将来母语传承问题堪忧。笔者在大羊村看到，暑期放假回村的孩子们三五成群地在田间村头玩耍嬉戏，他们之间也常常用普通话，而非普米语或当地汉语交谈。究其原因，主要是他们缺少学习和使用母语的自然环境，长期使用普通话所致。

2.“汉语有用，普米语无用”的母语态度。由于当地农民经济压力大，单纯务农收入较低，很多村民都有跳出农门的愿望，或有外出打工的经历。他们发现在外求学和工作都离不开汉语，因此很多人渐渐产生“汉语有用，普米语无用”的思想。为人父母的村民，在家常常有意识地教孩子学汉语，认为这样能帮助孩子很快适应将来的学校教育。汉语好的村民自然会向孩子灌输汉语。汉语不太好的村民，文化程度都不高，他们常常认为自己的发展受到影响、受到限制主要是汉语没学好造成的，因此会更注意提醒孩子学汉语的重要性，要求孩子一定要学好汉语。学校里面提倡普通话，家庭内部忽视普米语，两相结合，自然使青少年形成“普米语无用”的观念，最终导致母语能力下降。

（二）语言使用者的绝对人数

教科文组织认为:“小语言族群往往存在危险。与人口多的大族群相比,小族群更易遭受大批死亡威胁（如疾病、战争或自然灾害引致的死亡）。小语言群体也很容易为毗邻语言群体所吞并，从而丧失自己的语言与文化。”（范俊军、官齐、胡鸿雁，2006）虽然大羊村是普米人高度聚居村，普米语目前尚有比较强的语言活力，但从整个河西乡和兰坪县的人口比例来看，普米语的使用和传承是有一定风险的。河西乡普米人仅占全乡总人口的20.9%，人口比例较低。兰坪县共有21万人，其中普米族仅占全县总人口的7.5%，人口占比更低。

（三）语言使用者占总人口比例

大羊村共有652个普米人，全部都会普米语，[①]母语使用者在本族群内的人口比例高达100%。在大羊村，普米语目前占有绝对优势，语言也很有活力。

但若从全县普米人的语言使用情况来看，普米语使用者占普米族总人口的比例远远达不到百分之百。虽然兰坪县是普米族自治县，但普米族总人口只占全县总人口的7.5%。人口不占优势导致了较多普米人转用优势语言的现象。兰坪有不少乡镇或村寨，普米人基本不会普米语，转用了其周边使用人口占优势的白语、傈僳语或汉语。如离县城不远的金顶镇上高坪村、下高坪村，村民以普米人居多，但由于其周边全是说白语的白族村，目前这两村普米人已全部转用白语，只有80岁以上的老人还会讲普米语，80岁以下的普米人已经基本不会讲也听不懂普米语了。又如啦井镇桃树村、挂登村，村民多为普米族，但村寨处于白族村寨的包围之中，现在普米村民以说白语为主，很少使用普米语。又如石登乡傈僳族人口较多，石登的普米人多转用傈僳语。再如在兰坪县河西乡与维西县永春乡交界处生活的普米人，有一部分已经完全转用了汉语。离开聚居区，在兰坪县城或外地工作生活的

① 这里的“会”，指能基本听懂普米语，并能用普米语进行日常对话。

普米人，其工作、生活用语通常不是普米语而是汉语，母语能力处于逐渐下降状态。在县城或外地出生的新一代普米人，大多尚能听懂一部分普米语，但不太会讲普米语。

兰坪县共有约1.5万普米人，据我们的访谈、调研所得，仍在使用普米语的人口最多能达到约1万人，占兰坪普米族总人口的67%左右。而且这1万左右仍在使用普米语的普米人，其语言能力按年龄段呈总体下降趋势。

因此，按联合国教科文组织设定的使用人口占比的6个级次[①]，普米语属于“确有危险”级次。

（四）现存语言使用域的走向

从使用场合、使用对象以及用普米语谈论的话题范围来看，大羊普米语属于“正在收缩的语域”级次，即普米语正在丧失使用场所。大羊村家庭中父母与子女的日常交流开始使用强势语言汉语，子女多为双语人且汉语能力超过母语能力。父母和族群老辈人也都能听懂且能讲汉语、普米语两种语言，普米语能力超过汉语能力。十分正式的传统场合（如婚丧嫁娶）中的仪式用语、祭祀用语，一部分成年人与大部分未成年人听不懂。

（五）对新语域和媒体的反应

普米语没有文字，因此，在面对学校、新的工作环境等新语域和新媒体（包括广播、电视和互联网）时，只能使用强势语言汉语。大羊村普米语在“对新语域和媒体的反应”上处于最高濒危程度的“无活力”级次。

（六）语言教育材料与读写材料

普米语没有文字，因此也没有相应的语言教育材料与读写材料。中华人民共和国成立前，大羊村曾有普米巫师采用汉字记音的方式记录“给羊子”等祭祀活动的祭词，并留下了一本文字材料。但由于汉语音系与普米语音系相去甚远，祭祀用语历史久远、词汇古老，绝大多数普米人都看不懂这本文字材料。在书面材料的可及度上，普米语在大羊村以及整个兰坪县内都处于“该语言族群没有可用的拼写符号”级次。

（七）政府和机构的语言态度和语言政策

兰坪县始终执行国家对少数民族语言的相关法律政策，保障少数民族使用语言文字的自由。近年来还通过双语翻译，双语科普，小学低年级老师使用普米语辅助教学，会母语者报考公务员有一定加分等具体的政策、措施，推进保护普米语的使用和传承。但是，在汉语占明显优势的环境下，这些语言政策还不足以起到大幅提升普米语语言活力的作用。

---

① 范俊军、官齐、胡鸿雁译《语言活力与语言濒危》（2006）。安全（5）：所有人都使用。不安全（4）：将近所有人都使用。确有危险（3）：多数人使用。很危险（2）：少数人使用。极度危险（1）：极少人使用。灭绝（0）：无人使用。

（八）该语言族群的成员对母语的态度

就民族心理而言，普米人热爱自己的母语，认为母语本身就是文化传承的一部分。但就应用价值而言，普米人认为汉语的实用性高于母语。

（九）语言记录材料的数量与质量

普米语已有的记录材料不多。总体来看，在联合国教科文组织语言活力的9项主要评估指标中，普米语都处于不安全、确有危险或无活力状态。虽然目前兰坪县尚有约1万普米人仍在使用普米语，使用普米语的总人口在兰坪普米族总人口中占比为67%左右，但在兰坪县总人口中使用普米语者占比极小（4.8%），容易出现语言转用现象，加上青少年母语能力下降，普米语代际传承状况堪忧，属于需要国家、社会提供更多支持和帮助的濒危语言。

第四节

普米语的研究概况

普米语在藏缅语内部有独特性，具有重要的研究价值。普米语的语言特点十分复杂，例如，在语音上，普米语声母复杂，有较多的复辅音；在语法上，普米语属黏着型语言，形态变化是其重要的语法手段。它保留了较多的原始汉藏语的特点，是语言学研究中的一个“活化石”。全面、细致、深入、系统地描写普米语，在语言学理论研究以及应用上都有重要的意义。

普米语属汉藏语系藏缅语族北部语群羌语支，与其他语种相比，其相关研究成果较少。1954年，罗常培、傅懋勣的《国内少数民族语言文字概况》中将普米语列入藏缅语分类表中。此后，中国科学院少数民族语言调查第七工作队的几位队员曾在50年代中期对普米语做了初步的调查。1964、1980年，中国社会科学院民族研究所的孙宏开、陆绍尊两赴云南调查，陆绍尊以此为基础完成了第一部描写、研究普米语的著作《普米语简志》（1983）。以兰坪箐花方言为主要分析对象的《普米语简志》概括地介绍了普米语的面貌，包括其语音系统、词汇结构及特点，语法部分分词类与句法两部分，分别介绍了普米语的10个词类和词组、单句、复句的特点，书的最后一部分还初步分析了普米语南北方言在语音、词汇和语法上的异同。

此后的研究成果主要有傅爱兰所著的以兰坪大羊方言为主要分析对象的《普米语动词的语法范畴》（1998）。该著以426个普米语本语动词为研究对象，对普米语动词的趋向、人称和数、量、体、式、态等六大范畴进行了全面、深入的描写研究，得出普米语动词的语法结构类型主要属于屈折型等结论。此后，陆绍尊以箐花、鲁甸、桃巴、拖七等方言土语为研究对象的《普米语方言研究》（2001）则主要描写、分析了普米语南北方言的异同，并分别介绍了各方言土语点的语音、词汇和语法特点。黄成龙的《普米语研究综述》（2013）

全面归纳和总结了以往普米语调查研究、语音、词汇、语法、比较研究以及词汇与长篇语料等方面的研究成果，并回顾分析了普米语研究的历史和现状。蒋颖的《大羊普米语参考语法》（2015）以大羊普米语为研究对象，比较全面地描写了其语音系统、词汇系统和语法系统，并附有大量长篇语料。其他有关普米语的研究材料散见于《藏缅语族语言词汇》《藏缅语语音和词汇》以及一些藏缅语比较研究的论文中。

国外对普米语的研究很少，主要有美国语言学家马提索夫的《普米语大羊话音系及与羌语支初步比较》（1997）等。

第五节

调查说明

一　本次调查大致过程

本书的调研活动自2015年1月开始，至2017年8月结束，历时两年多。此前，本人也曾多次前往云南省兰坪白族普米族自治县调研，并完成了《大羊普米语参考语法》一书。以前期积累及本书的调研工作为基础，本书的调查以及完稿、成书工作都进行得比较顺利。

二　发音人简况

本书发音人和跃根，男，普米族，1955年10月出生于兰坪县河西乡大羊村，1964年7月进入大羊完小读书，读完小学四年级之后辍学，开始务农。1976年开始担任村记分员，1988年加入中国共产党，1993年7月至2005年6月担任大羊村党支部书记。一直在家务农，从未长期离开过河西乡。和跃根先生的父亲在世时是大羊村巫师，对普米族传统仪式、宗教文化等有较多的了解。在家庭环境的耳濡目染下，和先生熟知普米族婚丧嫁娶习俗，经常主持传统的节庆仪式，也乐于传承、传播普米族文化。

第二章 语音

普米语的语音特点主要有：1. 声母复杂，复辅音多。在塞音、塞擦音、擦音上，既有清音，又有浊音。2. 韵母相对较少。有单元音韵母、复合元音韵母、辅音尾韵母等类别。3. 声调少。有四个声调，其中只有两个声调为本调，另外两个主要出现在变调上。4. 有连读变调和弱化音节。

第一节

声韵调系统

一　声母

普米语的声母共有68个，分为单辅音声母和复辅音声母两类。

（一）单辅音声母（46个）

p	ph	b	t	th	d
ʈ	ʈh	ɖ	k	kh	g
q	qh	ts	tsh	dz	tʂ
tʂh	dʐ	tʃ	tʃh	dʒ	m
m̥	n	n̥	ɳ	ɳ̊	ŋ
l	ɬ	f	v	s	z
ʂ	ʐ	ʃ	ʒ	ʃ̣	ʒ̣
x	ɦ	w	j		

例词：

p	pɑ²⁴	桶	pu²⁴	雄性
ph	phɑ²⁴	只一～手	phu²⁴	价
b	bɑ²⁴	幼苗	bu²⁴	蒸
t	tɑ²⁴	挡住	tu²⁴	油脂肪～
th	thɑ²⁴	差不多	thu²⁴	油总称
d	dɑ²⁴	细小	du²⁴	栎（树）
ʈ	ʈɑ²⁴	鹰	ʈu²⁴	挖（2单命令式）

ʈh	ʈhɑ^{24}	射	ʈhu^{24}	六
ɖ	ɖɑ^{24}	舔	ɖu^{24}	伙伴
k	kɑ^{24}	酒坛	ku^{24}	口
kh	khɑ^{24}	竹篮大～	khu^{24}	要
g	gɑ^{24}	茄子	gu^{24}	句一～
q	qɑ^{24}	力气	qu^{24}	轻动作～
qh	qhɑ^{24}	摘	qhu^{55}	脑袋
ts	tsɑ^{24}	秋季	tsɿ^{24}	算
tsh	tshɑ^{31}tshɑ^{24}	乱翘状头发～	tshɿ^{24}	山羊
dz	dzɑ^{24}	密	dzɿ^{24}	边缘
tʂ	tʂɑ^{24}	编织	tʂɿ^{24}	盖～被子
tʂh	ʃi^{55}tʂhɑ^{31}	白费～力气	tʂhɿ^{31}kuɑ^{55}	瓜
dʐ	bʉ^{31}dʐɿ^{31}bʉ^{55}dʐɑ^{55}	模模糊糊	dʐɿ^{24}	腰
tʃ	tʃɑ^{24}	脏	tʃɿ^{24}	说
tʃh	tʃhɑ^{31}mɑŋ^{24}	泥巴	tʃhɿ^{55}	下～边
dʒ	dʒa^{24}	香油	dʒɿ^{24}	时刻
m	mə^{24}	天	mo^{55}	酥油
m̥	m̥ə^{24}	吹	m̥o^{55}	抹
n	nɑŋ^{24}	躲藏	no^{24}	外面
n̥	n̥ɑŋ^{24}	鼻涕	n̥o^{24}	背面
ȵ	ȵɑŋ^{24}	黑	ȵe^{55}	红
ȵ̥	ȵ̥in^{55}	白天	ȵ̥yŋ^{24}	嘴
ŋ	ŋɑŋ^{24}	向后仰	ŋɯ^{55}	干炒
l	lɑ^{24}	群一～	lo^{24}	去
ɬ	ɬɑ^{24}	下打一～	ɬo^{24}	额头
f	fv^{24}	锯		
v	vɑo^{55}	掷物声（拟声词）	v^{24}	过梁大～
s	sɿ^{24}	死	sɿ^{55}	先
z	zɿ^{24}	让开	zɿ^{55}	弓
ʂ	ʂɿ^{24}	露水	ʂɿ^{55}	油漆
ʐ	ʐɿ^{24}	镰刀	ʐɿ^{55}	们复数标记
ʃ	ʃɿ^{24}	事情	ʃɿ^{55}	去

ʒ	ʒɿ^{24}	来	ʒɿ^{55}	多
ʃ̣	ʃ̣ɿ^{24}	有	ʃ̣ɿ^{55}	虱子
ʒ̣	ʒ̣ɿ^{24}	学	ʒ̣ɿ^{55}	月
x	xɑ^{55}	多余	xɑ^{31}xo^{55}xo^{55}	危险
ɦ	ɦɑ^{24}	厚	ɦan^{55}	黄金
w	wɑ^{24}	炖	wo^{24}	那
j	jɑ^{55}	烟	jo^{24}	抬

声母说明：

1. 小舌声母和舌面后声母的对立只出现在清塞音上。如：kɑ^{24}“酒坛”— qɑ^{24}“力气”、khɑ^{24}“（大）竹篮”— qhɑ^{24}“摘”、khu^{55}“上面”— qhu^{55}“头”。没有浊的小舌塞音，只有浊的舌面后塞音。如：gɑ^{24}“茄子”。

2. 舌面后清擦音x有小舌清擦音χ的变体，但不构成音位对立。例如：xɯ^{55}“打”的实际音值为[xɯ^{55}]，xɑ^{24}“多余”的实际音值为[χɑ^{24}]。

3. 藏缅语大多数语言只有一套舌叶擦音，但普米语里出现了两套舌叶擦音（舌叶前擦音、舌叶后擦音），两套舌叶擦音之间存在语义对立。其中，舌叶前擦音的发音特点是舌尖下压，舌面向上，舌叶前部与齿龈或硬腭前部之间形成缝隙，气流在缝隙间摩擦而出。舌叶前擦音本书标记为ʃ、ʒ。舌叶后擦音的发音特点是舌尖下压，舌面向上，舌叶与硬腭中部之间形成缝隙，气流在缝隙间摩擦而出。舌叶后擦音以舌叶音下加黑点标记，即ʃ̣、ʒ̣。

4. 舌叶声母tʃ、tʃh、dʒ、ʃ（或ʃ̣）在元音i、y前分别读为舌面前辅音tɕ、tɕh、dʑ、ɕ。如：tʃi^{24}[tɕi^{24}]“秤”、tʃhie^{24}[tɕhie^{24}]“（洞）口”、dʒi^{24}[dʑi^{24}]“返回”、ʃi^{55}[ɕi^{55}]“龙”、tʃy^{24}[tɕy^{24}]“（他）给（别人）喝（第三人称已行体）”、tʃhy^{55}[tɕhy^{55}]“（用手）测量”、dʒye^{24}[dʑye^{24}]“帮忙（第三人称已行体）”。舌叶浊擦音ʒ、ʒ̣在i、y前都变读为j。例如ʒi^{24}[ji^{24}]“贝壳”。

5. v只出现于个别词中。如：v^{55}“旧的；（太阳）落”。f 主要用在借词中，固有词里只有个别出现，如：fv^{24}“锯”。

6. 声门浊擦音声母ɦ只在极少数词上出现。没有与ɦ对立的声门清擦音声母h，这可能是语音演变过程中声门声母弱化、脱落的结果。例如：

ɦan^{55}　“黄金”～an^{55}“担心”

ɦɑ^{24}　“厚”　～ɑ^{55}　“我”

7. 青少年常把清化鼻音声母n̥、ȵ̊说成清擦音ɬ。例如：ȵ̊in^{55}～ɬin^{55}“天”、n̥un^{55}～ɬun^{55}“妹妹”、n̥ɛn^{55}ɦɿ^{31}～ɬɛn^{55}ɦɿ^{31}“埋怨”、n̥ɑŋ^{55}～ɬɑŋ^{55}“粘”、n̥ɑŋ^{24}～ɬɑŋ^{24}“鼻涕”、n̥ɑŋ^{55}～ɬɑŋ^{55}“（来）迟”。

8. 浊塞音声母d与ʉ结合时，带有颤唇现象，例如：dʉ^{24} “毒（药）”。复辅音声母zd与ʉ结合时，也带有颤唇现象，例如：zdʉ^{55} “天火”。

（二）复辅音声母（22个）

fp	fph	vb	st	sth	zd
xk	xkh	ɣg	ʃtʃ	ʃtʃh	ʒdʒ
pʒ	phʒ	bʒ	pʐ	phʐ	bʐ
mʐ	pj	phj	bj		

例词：

fp	fpɑ^{24}	叶子	fpu^{24}	（编织）层次
fph	fphɑ^{24}	脾脏	fphʉ^{24}	劝架
vb	vbɑ^{24}	疮	vbu^{24}	扔（2单命令式）
st	stɑ^{24}	钉~桩	stu^{24}	泡沫
sth	sthɑ^{24}	滴一~	sthu^{24}	塞~进
zd	zdɑ^{24}	搬运	zdu^{24}	藏族
xk	xkɑ^{24}	坡	xku^{24}	折弯
xkh	xkhɑ^{24}	辟邪剑祭祀用	xkhu^{24}	剜（2单命令式）
ɣg	ɣgɑ^{55}	叉子；岔	ɣgu^{55}	干
ʃtʃ	ʃtʃɑ^{24}	弄脏	ʃtʃɿ^{55}	跳；窄
ʃtʃh	ʃtʃhɑ^{31}ʃtʃhɑ^{55}	抖~干净	ʃtʃhɿ^{24}	粮仓
ʒdʒ	ʒdʒɑ^{24}	拿	ʒdʒɿ^{24}	裤子；漏
pʒ	ʐuɛ^{31}pʒɿ^{55}	邻居	pʒɿ^{31}ȵe^{24}	野兽
phʒ	phʒɿ^{24}	吐~痰	phʒɿ^{31}nən^{55}	大簸箕
bʒ	bʒɿ^{24}	溢	bʒɿ^{31}ʒdʒi^{55}	家畜
pʐ	pʐɑ^{24}	撮一~	tʃhɿ^{55}pʐɿ^{24}	大古梅
phʐ	phʐɑ^{24}	年龄	phʐɿ^{24}	对一~
bʐ	bʐɑ^{24}	梯子	bʐɿ^{55}	引水槽
mʐ	mʐe^{24}	熟水果~	mʐə^{55}	震动
pj	pjɑ^{24}	搬动	pji^{55}	肠
phj	phjɑ^{24}	猪	phji^{55}	好的
bj	bjɑ^{24}	块一~	bji^{24}	腐烂

声母说明：

1. 22个复辅音声母可分为三类。第一类是“擦音 + 塞音/塞擦音”，前后两个辅音发音部位大致相同或相近。这样的复辅音共有12个：st、sth、zd、xk、xkh、ɣg、ʃtʃ、ʃtʃh、ʒdʒ、fp、fph、vb。第二类是“双唇塞音＋腭化音”，包括pj、phj、bj 3个复辅音。第三类是“双唇塞音/鼻音＋浊擦音”，包括pʐ、phʐ、bʐ、mʐ、pʒ、phʒ、bʒ等7个复辅音。

2. ʃtʃ、ʃtʃh、ʒdʒ在元音i、y前分别读为ɕtɕ、ɕtɕh、ʑdʑ。如：ʃtʃi^{24}[ɕtɕi^{24}]“装”、ʃtʃhi^{24}[ɕtɕhi^{24}]“钥匙”、ʒdʒi^{24}[ʑdʑi^{24}]“牲畜”、ʃtʃy^{24}[ɕtɕy^{24}]“指（路）”、ʃtʃhy^{24}[ɕtɕhy^{24}]“可怜”、ʒdʒy^{24}[ʑdʑy^{24}]“给”。

3. 部分词语里的ʐ、pʐ、phʐ、bʐ声母实际音值为[r][pr][phr][br]。如：ʐɑ^{24}[rɑ^{24}]“卡住”、pʐo^{24}[pro^{24}]“玉米饭”、phʐɔn^{55}[phrɔn^{55}]“白”、bʐɑ^{24}[brɑ^{24}]“木梯”。

4. pʒ、phʒ、bʒ一般只同ɿ相拼，出现频率较低，但存在与pʐ、phʐ、bʐ的对立，故独立为音位。

5. 腭化音和非腭化音在与i韵母结合时也存在对立。例如：

pji^{55}	肠子	pi^{55}	（一种容量约三斤的）木筐
phji^{55}	好	phi^{55}	喘
（khə^{31}）bjin^{55}	飞（出去）	bin^{55}	忙
phjin^{24}	逃跑；坟墓	phin^{24}	（治疗后）好转

二　韵母

普米语的韵母共有45个。其中，单元音韵母12个，复元音韵母18个，带鼻音韵尾的韵母15个。复元音韵母都是二合元音韵母。鼻音韵尾只有-n、-ŋ两个，没有塞音韵尾。由于借用其他语言的语词，普米语新增了一些韵母，其中有的只出现在少数词上。

（一）单元音韵母（12个）

a	ɑ	i	ɿ	ə	ɯ
o	e	ɛ	u	ʉ	y

例词：

a	sa^{24}	血	xka^{24}	下～崽
ɑ	sɑ^{24}	锁	xkɑ^{24}	咬
i	si^{24}	锈	dzi^{55}	饭
ɿ	ʃɿ^{24}	事情	dʒɿ^{55}	鱼
ə	kə^{55}	生姜	xə^{31}xiɛ^{55}	叹气
ɯ	kɯ^{55}	割	xɯ^{24}	凉粉
o	ko^{24}	年	xo^{31}xo^{55}	呼呼拟声词
e	be^{24}	骟猪	tʃe^{24}	间—～

ɛ	bɛ^{55}	增多	tʃɛ^{55}tiəŋ^{55}liəŋ^{31}	土豆
u	su^{24}	锁2单命令式	ʃtʃu^{55}	酸梅子
ʉ	sʉ^{24}	水果	ʃtʃʉ^{55}	跳3称已行体
y	sy^{24}	豹子	ʃtʃy^{55}	吸

说明：

1. u、ʉ的对立只出现在双唇声母、舌尖声母和舌叶声母之后。如：bu^{24} “瓿子” ～ bʉ^{24} “（一）份”、tsu^{55} “鬼” ～ tsʉ^{55} “儿子”、ʃu^{55} “好看” ～ ʃʉ^{55} “热”。

2. i、ɿ的对立只出现在舌尖声母后。如：tsi^{24} “啃” ～ tsɿ^{24} “算”、tshi^{24} “盐” ～ tshɿ^{24} “山羊”、si^{55} “已行体后缀” ～ sɿ^{55} “活（的）”、dzi^{55} “饭” ～ dzɿ^{55} “吃”。

3. ɯ只出现在舌根声母和小舌声母之后。例如：kɯ^{55} “割（草）”、qɯ^{31}tsɛ^{24} “老幺”。

4. 非零声母音节的韵母o的实际音值为uo。如：to^{55}[tuo^{55}] “上（边）”、do^{24}[duo^{24}] “脊背”、tsho^{24}[tshuo^{24}] “跳舞”。零声母音节的元音o之前实际带有轻微的喉塞音。例如：o^{55}ti^{55}[ʔo^{55}ti^{55}] “那”。

（二）复元音韵母（18个）

iɑ	iɑo	ie	iɛ	iu	ei
ua	uɑ	ui	ue	uɛ	əu
ɑo	yɑ	ye	yɛ	yo	yu

例词：

iɑ	liɑ^{24}	麦皮	ʃtʃiɑ^{55}	砍
iɑo	phə^{31}liɑo^{24}	帽子	tiɑo^{55}liɑo^{55}	轴门～
ie	lie^{24}	饲料	ʃtʃie^{55}	追赶
iɛ	tiɛ^{24}	现在	ʃtʃiɛ^{55}	驮
iu	tiu^{24}	斗一～	ʃtʃiu^{55}	偷
ei	ɖei^{24}	唱	qhei^{24}	菜园
ua	qua^{24}	桩子	ʃtʃua^{24}	指～路，3称已行体
uɑ	quɑ^{24}	管	ʃtʃuɑ^{24}	弄脏
ui	ɖui^{24}	发抖	gui^{55}	雨
ue	ɖue^{24}	大梁	gue^{55}	牛鼻桊
uɛ	ɖuɛ^{24}	反刍	guɛ^{55}	奴隶
əu	ɖəu^{55}	弯儿腿～	gəu^{55}	石一～
ɑo	sɑo^{24}	麻～秆	thɑo^{55}	教训
yɑ	syɑ^{24}	打发3称已行体	ʃtʃyɑ^{24}	肩膀

ye	ʒdʒye^{55}	酒曲	ʃtʃye^{24}	盖子
yɛ	ʒdʒyɛ^{24}	狐狸	ʃtʃyɛ^{24}	怕3称将行体
yo	ʒdʒyo^{55}	啄	ʃtʃhyo^{24}	跟踪
yu	ʒdʒyu^{55}	响雷~	ʃtʃhyu^{24}	拳打

说明：

1. iu的实际音值为[iəu]。如：tiu^{55}[tiəu^{55}]“种（田）”。

2. uɑ与yɑ，ue与ye，uɛ与yɛ，iu与yu有区别意义的作用。例如：suɑ^{24}“数”～syɑ^{24}“打发（第三人称已行体）”、ʒdʒuɑ^{24}“拿（第三人称已行体）”～ʒdʒyɑ^{24}“锄（草）”、sue̜^{55}sue^{24}“相骂（第三人称已行体）”～sye^{55}“（一）瓣”、ʒdʒue^{24}“能干（第三人称将行体）”～ʒdʒye^{55}“酒曲”、xuɛ^{55}thɛ^{55}tʂʅ^{31}“忽然之间”～xyɛ^{24}“放（第三人称已行体）”、siu^{24}“铺洒”～syu^{55}“水稻”、ʃtʃiu^{55}“偷”～ʃtʃyu^{55}“搓（麻）”。

3. ɑo、iɑo、yo主要出现于汉语借词，在固有词里较少出现。

（三）带鼻音尾韵母（15个）

an	ɑŋ	in	ɛn	ən	yn
un	iɛn	uan	uɑŋ	iɑŋ	əuŋ
uŋ	yŋ	iəŋ			

例词：

an	z̩an^{24}	紧搓~	xan^{55}	笛子
ɑŋ	z̩ɑŋ^{24}ȵi^{31}	样子	xɑŋ^{55}	行不~
in	no^{31}sin^{55}	上午	tsin^{55}	见怪
ɛn	mɛn^{24}	火	mz̩ɛn^{24}	竹子
ən	z̩ən^{24}	瘟疫	mz̩ən^{24}	蘑菇
yn	syn^{55}	教	tsyn^{55}	拉
un	sun^{24}	榫	tsun^{55}	洗1单已行体
iɛn	miɛn^{55}sʉ^{55}	眼珠	xiɛn^{24}	七
uan	khuan^{55}	墓坑	dzuan^{24}	锄头
uɑŋ	khuɑŋ^{55}	筐	khuɑŋ^{24}	炫耀
iɑŋ	siɑŋ^{24}	明天	tʃiɑŋ^{24}	骂
əuŋ	səuŋ^{24}	三	ʒdʒəuŋ^{55}	绵羊
uŋ	suŋ^{24}	皱裂的	ʒdʒuŋ^{55}	带1单已行体
yŋ	ȵyŋ^{24}	糯米	ʒdʒyŋ^{55}	拉~肚子
iəŋ	tsiəŋ^{24}	（剪下的）羊毛	ʒdʒiəŋ^{55}	山梁

说明：

1. 只有n、ŋ两个鼻音韵尾。元音与韵尾的搭配不整齐。单元音和复元音都可带韵尾。

2. 鼻音声母m、m̥、n、n̥、ŋ及擦音声母x后的ɑŋ、iɑŋ韵存在自由变读为鼻化元音的现象。如：mɑŋ^{24} ～ mɑ̃^{24} “糨糊”、m̥ɑŋ^{24} ～ m̥ɑ̃^{24} “水蚂蟥”、nɑŋ^{55} ～ nɑ̃^{55} “你的”、n̥ɑŋ^{55} ～ n̥ɑ̃^{55} “迟”、z̥ʉ^{55}ŋɑŋ^{55}ŋɑŋ^{31} ～ z̥ʉ^{55}ŋɑ̃^{55}ŋɑ̃^{31} “安安定定”、xɑŋ^{24} ～ xɑ̃^{24} “行”、miɑŋ^{55} ～ miɑ̃^{55} “眼睛”、ȵɑŋ^{24} ～ ȵɑ̃^{24} “黑”。

其他声母后的ɑŋ、iɑŋ较少变读为鼻化音。如：lɑŋ^{24}sɑŋ^{31} “开玩笑”、wɑŋ^{24} “五”、ʑɑŋ^{24}ȵi^{31} “样子”、fphɑŋ^{24} “草蚂蟥”、siɑŋ^{24} “明天”、ʃiɑŋ^{31}phjɑ^{55} “架子猪”等。

3. 鼻音声母m、n后的an、ɛn、in韵有韵尾脱落的现象，同时还伴有元音鼻化。如：mə^{31}nan^{24} ～ mə^{31}nã^{24} “晚上”、mɛn^{24} ～ mɛ̃^{24} “火”、min^{55} ～ mĩ^{55} “人”。

4. uɑŋ极少出现在固有词上，常出现在汉语借词上。uan和uɑŋ的对立主要是固有词与汉语借词的对立。如：khuan^{55} “墓坑” ～ khuɑŋ^{55} “筐”。

5. un带过渡音e，其实际音值为[uen]。如：nun^{24}[nuen^{24}] “小簸箕”、ɖun^{55}[ɖuen^{55}] “梭镖；矛”。

6. iəŋ带过渡音u，其实际音值为[iəuŋ]。如：tsiəŋ^{24}[tsiəuŋ^{24}] “（剪下的）羊毛”、gɯ^{55}liəŋ^{55}[gɯ^{55}liəuŋ^{55}] “啄木鸟”。

三　声调

声调有四个：高平调（55）、中升调（24）、低降调（31）和高降调（51）。

表1–3　声调表

调值	调型	例词		
55	高平	zʅ^{55} 抓	tɑ^{55} 大柜子	fpi^{55} 衣袋
24	中升	zʅ^{24} 让开	tɑ^{24} 垫子	fpi^{24} 肚子
31	低降	ʂ̥ʅ^{31}fpʉ^{55} 霜	luɛ^{31}ȵəŋ^{55} 灰尘	ɑ^{55}puŋ^{31} 伯父
51	高降	ʃtʃi^{51}wu^{55} 村子里	miɑŋ^{51}wu^{55} 眼里	məu^{51} 啊叹词

说明：

1. 四个声调中，55调和24调是主要的，它们在单音节词上也出现。

2. 31调和51调大多来源于变调，一般不出现在单音节实词上（个别词例外）。但考虑到有部分词语难以确定本调是什么，加上母语人对这两个声调也已经形成独立的“调感”，所以本书将它们列为独立的声调。这两个声调的特点不同，31调在实际语流中出现频率极高，51调出现频率不高，但已具有表示感叹、疑问语气或标记话题等语用功能。

四 音节结构

普米语的音节结构有以下14种类型。现以V和C代表元音和辅音，将音节类型分列如下：

1. V	ɑ^{55}	我	e^{24}	咦叹词
2. V+V	yu^{55}	哟叹词	yɛ^{24}	拿3称已行体
3. V+V+C	əuŋ^{55}	鹅	əuŋ^{24}	呶叹词
4. V+C	an^{55}	担心	ɑŋ^{24}	鸭子
5. C	v^{55}	旧的	m^{31}	嗯叹词
6. C+V	z̩o^{55}	鸡	dʒɿ^{24}	时刻
7. C+V+V	ʃie^{55}	神仙	luɛ^{24}	灰
8. C+V+V+V	siɑo^{55}	硝	piɑo^{24}	表手～
9. C+V+C	tʃan^{55}	亲戚	din^{24}	地方
10. C+V+V+C	qhuan^{55}	凹	liəŋ^{55}	扣子
11. C+C+V	stu^{55}	看	ʃtʃɑ^{24}	弄脏
12. C+C+V+V	ʒdʒiɑ^{55}	喜欢	stie^{24}	条一～
13. C+C+V+C	phz̩ən^{55}	白	ʒdʒin^{24}	轻～重
14. C+C+V+V+C	zdəuŋ^{55}	出嫁	ʒdʒiəŋ^{24}	草

说明：

1. 第6、9、11类音节结构的出现频率最高。

2. 普米语的零声母音节词和辅音自成音节词（第1至第5类）出现频率很低。其中，第1、第5两类的出现频率最低。

3. 第8类音节结构常出现于汉语借词中。

第二节

音变

一　声母的语流音变

普米语声母的语流音变主要表现在复辅音的变化上：22个复辅音声母中，部分复辅音声母在语流中可自由变读为单辅音，有演变成单辅音声母的趋势。

（一）“擦音+塞音/塞擦音”类

1. st、zd、xk、fph的发音很稳定，基本没有出现脱落、分裂的现象。

2. sth、xkh、ʃtʃh仅在个别词语上有脱落前一辅音或后一辅音的现象。如：把stho^{31}ba^{55}“糖”说成[tho^{31}ba^{55}]、pɛ^{31}xkhəuŋ^{24}“屋檐”说成[pɛ^{31}xəuŋ^{24}]等。

3. ɣg、ʃtʃ、fp、vb都出现了后一辅音脱落现象，即分别发成ɣ、ʃ、f、v音，但发音时摩擦加重。如：ɣgɯ^{24}“九”常读为[ɣɯ^{24}]、ʃtʃʅ^{55}“麂子”常读为[ʃʅ^{55}]、fpɑ^{55}“叶子”常读为[fɑ^{55}]、vbə^{31}（ʐu̥^{24}）“疤”常读成[və^{31}]等。

4. ʒdʒ的变化比较复杂。ʒdʒ与i、y类元音相拼时，ʒdʒ发音稳定，复辅音保持不变。例如：ʒdʒi^{24}[ʑdʑi^{24}]“牲畜”、ʒdʒyn^{24}[ʑdʑyn^{24}]“马”等。不与i、y类元音相拼时，ʒdʒ的发音又分两种情况：一种是与舌尖元音ɿ相拼的ʒdʒ，大多能自由变读为单辅音ʒ。例如：ʒdʒɿ^{55}—ʒɿ^{55}“多”、ʒdʒɿ^{55}min^{55}—ʒɿ^{55}min^{55}“母绵羊”。另一种是与非舌尖元音相拼的ʒdʒ，其发音比较稳定，通常仍读为复辅音，如ʒdʒɑ^{55}[ʒdʒɑ^{55}]“长而直的”、ʒdʒan^{31}（tsɿ^{55}）[ʒdʒan^{31}]“指甲”。

（二）“双唇塞音+腭化音”类

包括pj、phj、bj三个复辅音。在部分人群特别是中青年人群里，腭化音和非腭化音的对立弱化了，很多人都把腭化音发成元音i，使复辅音pj、phj、bj变成了后加元音i的单辅音p、ph、b。还有一些人虽然保留了腭化音，但他们往往把非腭化音也都读成了腭化音，使得二者失去了对立性。

（三）“双唇塞音/鼻音+浊擦音”类

包括pʐ、phʐ、bʐ、mʐ、pʒ、phʒ、bʒ等七个复辅音。它们的发音基本稳定，仍念成听感清晰的复辅音，但也出现了一些细微的变化。如有个别的bʐ，在语流中被说成单辅音b。例如：bʐʅ^{31}dɑ^{55}wu^{31}“巳（蛇）”有时说成[bə^{31}dɑ^{55}wu^{31}]，bʐʅ^{55}tsɿ^{24}fpəuŋ^{55}wuŋ^{31}“花芸豆”有时说成[bʉ^{55}tsɿ^{24}fpəuŋ^{55}wuŋ^{31}]等。

普米语复辅音的简化在共时音变上可以归纳为以下三个特点：一是结合的元音不同，复辅音的简化速度不同。例如，与舌尖元音ɿ相拼的ʒdʒ比与舌面元音相拼的ʒdʒ简化速度快。这一点在汉语等亲属语言里是有共性的。二是不同人群的演变程度不同，青少年复辅音的简化尤为明显。三是对复辅音与单辅音的变读，不同人存在不同的情况。同一个词有的人认为可以变读，有的人认为不能变读。这反映了复辅音简化的渐进性。①

二　韵母的语流音变

韵母在语流中的音变主要体现为弱化、增音、减音、合音、同化等几种现象。

（一）弱化

弱化主要表现为元音i、ɑ在语流中变为央元音ə（或半低元音ε）。

1. 元音i、ɑ弱化为ε或央元音ə。例如ɑ^{55}ʐʅ^{55}“我们”可弱化读为[ε^{55}ʐʅ^{55}]，sɑu^{31}bʐən^{24}“麻绳”可弱化读为[səu^{31}bʐən^{24}]。又如，数词ti^{24}“一”的韵母i可弱化为ε或ə，有两种弱化形式：[tε^{31}]与[tə^{31}]。

2. 韵母为i、ɑ的音节构成新词时，弱化为ε。例如：phjɑ^{24}“猪”做语素构成phjε^{31}min^{55}“母猪”、phjε^{31}ȵe^{55}“野猪”，tʃɑ^{55}“土”做语素构成tʃε^{31}ʃɑ^{24}“沙土”、tʃε^{55}tiəŋ^{55}liəŋ^{31}“土豆”等。

3. 韵母为i、ɑ的音节构成新词时，既可弱化为ε，也可弱化为央元音ə。例如：fpɑ^{55}“青蛙”做语素构成fpε^{55}tsʉ^{31}（或fpə^{55}tsʉ^{31}）“蝌蚪”，vbɑ^{24}“疮”做语素构成vbε^{31}ʐu^{24}（或vbə^{31}ʐu^{24}）“疤”等。

（二）增音

增音主要是在语流中，在句中某一音节之后增加ε^{31}，起到舒缓语气或方便发音等作用。例如：

① 更多详细分析请见蒋颖《论普米语复辅音的衰变》（2012）一文。

quɑ^{55} nə^{31} tsɦɿ^{31} si^{51}ɛ^{31} tʃhiɛ^{55} khə^{31} ʃtʃɦɿ^{55} dzɿ^{55} quɑ^{24}.

牛 DIR 肥 ASP（增音）时 DIR 杀 吃 可以

牛肥了的时候啊，就可以杀了吃。

（三）减音

减音主要出现在语流中或构词时，部分带鼻音尾的韵母变读为单元音韵母，还有个别复元音韵母变读为单元音韵母。

1. in出现在声母m后时，减音的同时主要元音弱化，变为单元音韵母ə。例如min^{55}qhu^{55}“头人”弱化读为[mə^{55}qhu^{55}]，min^{55}do^{55}“哑巴”弱化读为[mə^{55}do^{55}]。

2. 在参与构词时，韵母in、ən减音的同时主要元音弱化，变为单元音韵母ɛ。例如sin^{24}“木”构词之后弱化为[sɛ^{24}]，如sɛ^{31}ʐ̩u^{24}“树干”、sɛ^{31}ʈuɑ^{24}“树枝”；tʂ̩ən^{55}“房子”构词之后弱化为[tʂ̩ə^{55}]，如tʂ̩ə^{55}mie^{55}“家里”。

3. 在参与构词时，韵母ɛn、ɑŋ减音的同时弱化为央元音韵母ə。例如：mʐ̩ɛn^{24}“竹子”构词之后弱化为[mə^{24}]，如mə^{31}ʐ̩un^{24}“嫩竹子”；mɑŋ^{55}“不”构词之后弱化为[mə^{55}]，如mə^{55}dɛ^{24}“不然”。

4. 在参与构词时，复元音韵母ɑo减音的同时弱化为单元音韵母ɛ。例如：sɑo^{24}“麻”构词之后弱化为[sɛ^{24}]，如sɛ^{31}nən^{55}“麻布”、sɛ^{55}ʐ̩o^{24}“（麻绳做的）网兜”。

（四）合音

元音开头的零声母音节，容易与前一音节的韵母发生连读，形成合音。如表疑问语气的助词ɛ^{31}、ɑ^{31}等在语流中，常与前一词语（通常是动词或动词后缀）的韵母合音。例如：

n̥i^{24} phʐ̩ən^{55}min^{55} tsiəŋ^{31}gui^{31} sta^{51}？

2sg 普米 服装 有：QUES

你有普米服装吗？（sta^{51}“有吗”由sta^{55}“有”与疑问语气词a^{31}合音而成）

（五）同化

某个语音成分受相邻的不同语音成分的影响，而变得相同或部分相同，就是同化。例如：

dɛ^{24} ɛ^{31}？

是 吗

是吗？（də^{24}“是”受后一音节ɛ^{31}的影响，同化为dɛ^{24}）

三 声调的语流音变

普米语的变调现象非常丰富。在句子里大多词语都使用变调，在两个或两个以上语素构成的合成词里也有大量的变调现象。在双音节里比较常见的变调类型主要有以下12种：

1. 24+24 → 31+24

ɖʉ^{24}m̥in^{24} → ɖʉ^{31}m̥in^{24} 线头
线 尖尖 线 尖尖

liu^{24}bʐɑ^{24} → liu^{31}bʐɑ^{24} 楼梯
楼房 梯子 楼房 梯子

2. 24+24 → 55+24

mʐɛn^{24}sthə^{24} → mʐɛn^{55}sthə^{24} 竹笋
竹子 嫩 竹子 嫩

m̥in^{24}tsʉ^{24} → m̥in^{55}tsʉ^{24} 大姑娘
女儿 小 女儿 小

3. 24+24 → 31+55

dʐɿ^{24}tshin^{24} → dʐɿ^{31}tshin^{55} 腰围
腰 细 腰 细

n̥yŋ^{24}tʂhuɑ^{24} → n̥yŋ^{31}tʂhuɑ^{55} 糯米
糯 大米 糯 大米

4. 24+55 → 31+55

ʒdʒi^{24}tʂhə^{55} → ʒdʒi^{31}tʂhə^{55} 饲料
牲畜 食物 牲畜 食物

ɖʅ^{24}xka^{55} → ɖʅ^{31}xka^{55} 流星
星星 屎 星星 屎

5. 24+55 → 31+24

ʐʅ^{24}ʃɿ^{55} → ʐʅ^{31}ʃɿ^{24} 皮肤
皮子 肉 皮子 肉

ʃtʃhiəŋ^{24}ʈhʅ^{55} → ʃtʃhiəŋ^{31}ʈhʅ^{24} 绑腿
衣服 腿 衣服 腿

6. 24+55 → 55+24

n̥yŋ^{24}ɖə^{55} → n̥yŋ^{55}ɖə^{24} 兔唇
嘴巴 破 嘴巴 破

mʐɛn^{24}bu^{55} → mʐɛn^{55}bu^{24} 竹虫
竹子 虫 竹子 虫

7. 55+24 → 55+31

mu^{55}ɬɛ^{24} → mu^{55}ɬɛ^{31} 小舌
喉咙 舌头 喉咙 舌头

ʐʉ^{55}ʈuɑ^{24} → ʐʉ^{55}ʈuɑ^{31} 柳枝
柳 树枝 柳 树枝

8. 55+24 → 55+55

qhu^{55}ʃtʃye^{24} → qhu^{55}ʃtʃye^{55} 头盖骨
头 盖子 头 盖子

tsʉ^{55}ʃɿ̣^{24} → tsʉ^{55}ʃɿ̣^{55} 新郎
儿子 新 儿子 新

9. 55+24 → 31+55

ʐuɛ^{55}la^{24} → ʐuɛ^{31}la^{55} 种马
马 种 马 种

quɑ^{55}nan^{24} → quɑ^{31}nan^{55} 牛奶
牛 奶水 牛 奶水

10. 55+55 → 55+31

tʃɿ^{55}dzi^{55} → tʃɿ^{55}dzi^{31} 吃的和喝的东西
水 饭 水 饭

ʈhʅ^{55}ɖəu^{55} → ʈhʅ^{55}ɖəu^{31} 腿弯儿
腿 弯儿 腿 弯儿

11. 55+55 → 55+24

no^{55}min^{55} → no^{55}min^{24} 外人

ʃʉ^{55}ʃʉ^{55} → ʃʉ^{55}ʃʉ^{24} 暖和

外面 人　　外面 人　　　　温 温　　温 温

12. 55 + 55 → 31 + 55

bʐʅ^{55}ȵe^{55} → bʐʅ^{31}ȵe^{55}　奶猪　　　　tʃʅ^{55}ʃtʃhin^{55} → tʃʅ^{31}ʃtʃhin^{55}　大沼泽

猪崽 幼　　猪崽 幼　　　　水 洞　　水 洞

在双音节变调中比较少见的变调类型主要有以下5种：

1. 24 + 55 → 55 + 31

ɬi^{24}min^{55} → ɬi^{55}min^{31}　牧民　　　　səuŋ^{24}ʒɿ̣^{55} → səuŋ^{55}ʒɿ̣^{31}　三个月

放牧 人　　放牧 人　　　　三　月　　三　月

2. 24 + 55 → 51 + 55

ʃtʃi^{24}wu^{55} → ʃtʃi^{51}wu^{55}　村子里　　　　ʐuɛ^{24}wu^{55} → ʐuɛ^{51}wu^{55}　路上

村子 里　　村子 里　　　　路　里　　路　里

3. 55 + 24 → 31 + 24

tʃʅ^{55}ʒdʒyɛ^{24} → tʃʅ^{31}ʒdʒyɛ^{24}　水獭　　　　qhu^{55}phʐɛ^{24} → qhu^{31}phʐɛ^{24}　辫子

水　狐狸　　水　狐狸　　　　头　编　　头　编

4. 55 + 55 → 51 + 55①

miɑŋ^{55}wu^{55} → miɑŋ^{51}wu^{55}　眼里　　　　qan^{55}po^{55} → qan^{51}po^{55}　脖子下面

眼　里　　眼　里　　　　脖子 下　　脖子 下

5. 55 + 55 → 31 + 24

qhu^{55}man^{55} → qhu^{31}man^{24}　末尾　　　　tʃʅ^{55}wo^{55} → tʃʅ^{31}wo^{24}　田鼠

头　尾　　头　尾　　　　水　老鼠　　水　老鼠

由于很多词变调的条件难以认清，本调不易确定，因此，本书只标实际调值。

① 高降调由于主要起强调、感叹等作用，一般只出现在句子里，在双音节词语里出现较少。句中出现的高降调变调类型比较多，除“55 + 55”变“51 + 55”、“24 + 55”变“51 + 55”之外，还有“55 + 24”变“51 + 24”、“55 + 24”变“51 + 31”等类型。

第三节

拼写符号

为了记录、保存普米语的历史故事、民间传说，并且使语言学习者便于录入、易于掌握，本节设计的拼写符号遵循以下三个原则：1.尽量与汉语拼音方案及藏缅语族亲属语言文字方案取得一致。2.尽量使用不超过26个拉丁字母表示声韵调。如果单字母不够的话，则用多字母组合表示。3.单字母拼写符号的音值尽量与拉丁字母的读音相接近。多字母尽量使用语音相近或相关的字母进行组合。

一　声母

普米语的声母共有68个，分为单辅音声母和复辅音声母两类。

（一）单辅音声母（46个）

b[p]	p[ph]	bb[b]	d[t]	t[th]	dd[d]
dh[ʈ]	th[ʈh]	ddh[ɖ]	g[k]	k[kh]	gg[g]
q[q]	qq[qh]	z[ts]	c[tsh]	zz[dz]	zh[tʂ]
ch[tʂh]	zzh[dʐ]	zj[tʃ]	cj[tʃh]	zzj[dʒ]	m[m]
hm[m̥]	n[n]	hn[n̥]	nj[ȵ]	hnj[ȵ̊]	ng[ŋ]
l[l]	hl[ɬ]	f[f]	v[v]	s[s]	ss[z]
sh[ʂ]	r[ʐ]	sj[ʃ]	ssj[ʒ]	sjj[ʃ̣]	ssjj[ʒ̣]
x[x]	h[ɦ]	w[w]	j[j]		

（二）复辅音声母（22个）

fb[fp]	fp[fph]	vbb[vb]	sd[st]	st[sth]	ssdd[zd]
xg[xk]	xk[xkh]	xxgg[ɣg]	sjzj[ʃtʃ]	sjcj[ʃtʃh]	ssjzzj[ʒdʒ]

bssj[pʒ]	pssj[phʒ]	bbssj[bʒ]	br[pʐ]	pr[phʐ]	bbr[bʐ]
mr[mʐ]	bj[pj]	pj[phj]	bbj[bj]		

声母说明：

1. 由于普米语声母数量较多，且有22个复辅音声母，用26个拉丁字母来表示普米语的68个声母，困难较大。因此本系统在单字母之外，还采用双字母，甚至三字母、四字母的形式来拼写这些声母。

2. 声母里重叠双字母一般表示浊音，字母后加h表示卷舌音，后加j表示舌叶音或腭化音，字母前加h表示清化音。

3. 送气音一般使用与不送气音不同的字母表示，如b[p]不送气，p[ph]送气。但由于不重复的辅音字母数量有限，与不送气音q[q]声母相对的送气音声母[qh]已无不重复的辅音字母可用，故而本符号系统中用重叠双字母qq表示。要注意的是重叠双字母在其他声母上表示的是浊音。

二　韵母

普米语的韵母共有45个。其中，单元音韵母12个，复元音韵母18个，带鼻音韵尾的韵母15个。复元音韵母都是二合元音韵母。鼻音韵尾只有-n[n]、-ng[ŋ]两个，没有塞音韵尾。由于借用其他语言的词语，普米语新增了一些韵母，其中有的只出现在少数词上。

（一）单元音韵母（12个）

a[a]	ɑ[ɑ]	i[i]	ii[ɿ]	aa[ə]	ɑɑ[ɯ]
o[o]	e[e]	ee[ɛ]	u[u]	uu[ʉ]	y[y]

（二）复元音韵母（18个）

iɑ[iɑ]	iɑo[iɑo]	ie[ie]	iee[iɛ]	iu[iu]	ei[ei]
ua[ua]	uɑ[uɑ]	ui[ui]	ue[ue]	uee[uɛ]	aau[əu]
ɑo[ɑo]	yɑ[yɑ]	ye[ye]	yee[yɛ]	yo[yo]	yu [yu]

（三）带鼻音尾韵母（15个）

an[an]	ang[ɑŋ]	in[in]	een[ɛn]	aan[ən]	yn[yn]
un[un]	ieen[iɛn]	uan[uan]	uɑng[uɑŋ]	iɑng[iɑŋ]	aaung[əuŋ]
ung[uŋ]	yng[yŋ]	iaang[iəŋ]			

韵母说明：

1.舌面前元音[a]用印刷体a表示，舌面后元音[ɑ]用手写体ɑ表示。

2.由于元音拉丁字母只有5个，部分普米语单元音韵母用重叠双字母来表示。其中，有的字母与韵母实际音值相差较大。如[ə]韵母用aa表示，[ɯ]韵母用ɑɑ表示。

三　声调

普米语有四个声调：高平调（55）、中升调（24）、低降调（31）和高降调（51）。其中，55调和24调是主要的，它们在单音节词上也出现。31调和51调大多来源于变调，一般不出现在单音节实词上（个别词例外）。

在本拼写符号系统中，高平调（55）不标调，中升调（24）用f表示，低降调（31）和高降调（51）分别用q和j表示。

四　音节结构

普米语的音节结构有以下14种类型。现以V和C代表元音和辅音，将音节类型分列如下：

1. V	ɑ[ɑ^{55}]	我	ef[e^{24}]	咦
2. V+V	yu[yu^{55}]	哟	yeef[yɛ^{24}]	拿（3已行）
3. V+V+C	aaung[əuŋ^{55}]	鹅	aaungf[əuŋ^{24}]	啵
4. V+C	an[an^{55}]	担心	ɑngf[ɑŋ^{24}]	鸭子
5. C	v[v^{55}]	旧的	mq[m^{31}]	嗯
6. C+V	ro[z̨o^{55}]	鸡	zzjiif[dʒɿ^{24}]	时刻
7. C+V+V	sjie[ʃie^{55}]	神仙	lueef[luɛ^{24}]	灰
8. C+V+V+V	siɑo[siɑo^{55}]	硝	biɑof[piɑo^{24}]	（手）表
9. C+V+C	zjan[tʃan^{55}]	亲戚	ddinf[din^{24}]	地方
10. C+V+V+C	qquan[qhuan^{55}]	凹	miɑngf[miɑŋ^{24}]	兵
11. C+C+V	sdu[stu^{55}]	看	sjzjɑf[ʃtʃɑ^{24}]	弄脏
12. C+C+V+V	ssjzzjiɑ[ʒdʒiɑ^{55}]	喜欢	sdief[stie^{24}]	（一）条
13. C+C+V+C	praan[phz̨ən^{55}]	白	ssjzzjinf[ʒdʒin^{24}]	轻（重）
14. C+C+V+V+C	ssddaaung[zdəuŋ^{55}]	出嫁	ssjzzjiaangf[ʒdʒiəŋ^{24}]	草

音节说明：

由于本拼写系统基本使用26个拉丁字母来表示普米语的声韵调，而普米语的声母、韵母数量多、结构复杂，必然导致音素较多的音节，尤其是含有复辅音声母、后鼻音韵尾的音节，拼写长度过长。但这是在保持拼写系统一致性，并使此系统易于掌握、便于电脑录入前提下的最合适的处理办法。如果要追求书写长度的精简，则需要改用单字母来表示相应的辅音、元音音素，这就要新造很多字母，会带来记忆、使用、录入时更大的不便。

第三章 词汇

第一节

词汇特点

一　音节特点

普米语词汇以双音节词为主要形式。本书第三章分类词表所列近3000个词中，单音节词约占三分之一，非单音节词约占三分之二。非单音节词中，又以双音节词为主要形式。

从词汇的构成情况来看，单音节单纯词占优势，多音节单纯词较少；反之，单音节合成词较少，多音节合成词较多。单音节单纯词常用作词根参与构成合成词。按斯瓦迪士200核心词表来统计普米语核心词的音节分布情况，可以看到：在200个核心词中，单音节词共154个，占比77%；非单音节词共46个（其中三音节词3个，双音节词43个），占比23%。从单音节单纯词77%的优势占比可见，普米语词根具有较明显的单音节性。

二　借词特点

普米语词汇主要分为两大类：一类为本语固有词，一类为借词。从词汇数量来看，本语固有词占优势，借词的数量相对较少。借词进一步丰富了普米语的表现力，并在一定程度上改变了普米语的结构特点。

兰坪普米语的借词主要来自汉语。借词中以名词为主，多为普米语中没有的概念或新词新语。例如：ʂui^{31}khu^{55}“水库”、tʂhɛ^{55}lu^{55}“公路”、kɑŋ^{55}“钢”、mɛn^{24}“煤”、ʂɿ^{31}xui^{55}“石灰”、tɑŋ^{55}wi^{55}“单位”、ʂɑŋ^{55}tin^{55}“商店”、lɛ^{24}tsɿ^{31}“癞子（一种皮肤病）”、tʂuŋ^{55}ko^{24}“中国”、miɛn^{31}tiɛn^{55}“缅甸”、mei^{31}ko^{24}“美国”、sɿ^{55}tsɿ^{31}“狮子”、ʃiəŋ^{31}mɑo^{55}“熊猫”、phin^{31}ko^{24}“苹果”、tʃiu^{31}tshai^{55}“韭菜”、wo^{55}sun^{24}“莴笋”、mo^{55}a^{24}“木耳”、mi^{31}sin^{55}“米线”、a^{31}khuɛ^{55}“饵块”、tʃiɑŋ^{55}jəu^{24}“酱油”、pɛ^{24}thɑŋ^{24}“白糖”、

tən^{55}tshɑo^{31}ʒ̣uŋ^{24}“灯草绒”、tʂhuɑŋ^{31}tɑŋ^{55}“床单”、tʂuan^{55}“砖”、wɑ^{24}“瓦”、ʃ̣əu^{31}fv^{55}tsɿ^{31}“毛巾”、tshɛ^{55}tɑo^{55}“菜刀”、min^{55}kun^{24}“擀面杖”、liu^{24}tsɿ^{31}“漏斗”、phjɑo^{24}“瓢”、ʃan^{31}tsɿ^{55}“扇子”、jin^{31}tʃin^{55}“眼镜”、y^{31}sɑ^{24}“雨伞”、mɛn^{24}tɑo^{24}“墨斗”、pin^{31}tan^{55}“扁担”、xo^{31}jo^{24}“火药”、tsɿ^{55}xin^{31}tʂhɛ^{55}“自行车”、ʃ̣əu^{31}piɑo^{24}“手表”、tin^{55}“电”、tin^{55}ʂʅ^{55}“电视”、tin^{55}nɑo^{24}“电脑”、tin^{55}tən^{55}“电灯”、tin^{55}thuŋ^{24}“电筒”、tin^{55}jin^{55}“电影”、fei^{55}tsi^{55}“飞机”、ʃin^{55}“书信”、xuɑ^{55}“画”、pən^{31}tsɿ^{55}“本子”、pi^{24}“笔”、mɛn^{24}“墨”、phɛ^{31}tsɿ^{55}“牌子”、pan^{55}“班（级）”、tʃiɑo^{55}ʂʅ^{24}“教室”、tʂhən^{31}tsie^{24}“成绩”、khəu^{31}ʂʅ^{55}“考试”、jin^{31}tʃiɑo^{55}sən^{55}“研究生”、xan^{31}tʃiɑ^{55}“寒假”、ʂu^{31}tʃiɑ^{55}“暑假”、tɑ^{55}po^{24}“大钹”、ɑ^{55}xu^{24}“二胡”、phɑo^{55}tʂhɑŋ^{31}tsɿ^{55}“鞭炮”、tʂən^{55}tʂʅ^{55}“政治”、xo^{31}phin^{24}“和平”、tsɿ^{31}jəu^{24}“自由”、xɑo^{55}mɑŋ^{24}“号码”等。

由于长期共同生产生活，普米语中还借入了一些汉语节日词，如tʃhin^{55}min^{24}“清明节”、tuan^{55}wu^{31}“端午节”、ye^{31}pan^{55}“中元节”等。

名词之外的词类中，借词相对较少。量词借词主要分布在容器量词和标准度量衡量词上，如phin^{24}“（一）瓶”、xu^{24}“（一）壶”、xo^{24}“（一）盒”、li^{31}“（一）里”、kuŋ^{55}li^{31}“（一）公里”、tʂhʅ^{24}“（一）尺”、tshun^{55}“（一）寸”、mu^{24}“（一）亩”等。形容词借词只有suŋ^{55}“松”、tʃin^{24}“紧”、xo^{31}“合适”等少数几个。动词借词也比较少，只有tshɛ^{55}“猜”、tiɑo^{31}“钓”、tʃiɑ^{24}“挤（脚）”、khɑŋ^{55}“烙（饼）”、ʃiɑo^{55}“闩（门）”等。青少年借入了较多汉语连词，如jin^{31}wei^{55}“因为”、tɑŋ^{55}ʂʅ^{55}“但是”等。

汉语借词能够与本语固有语素结合，构成新词。例如：ʃiɑŋ^{55}tʂhun^{55}vbəuŋ^{31}“香椿树”、miɛn^{55}kuɑ^{55}“南瓜”、ɦan^{24}lo^{55}“大锣”、tʃin^{55}tʂho^{31}“念经”等。

有的词兼有新老两类汉语借词，体现了时代的发展。例如：老借词ji^{31}tsɿ^{55}“胰子”—新借词ʃiɑŋ^{31}tsɑo^{55}“香皂”；老借词jɑŋ^{31}xo^{24}“洋火”—新借词xo^{31}tʂhɛ^{24}“火柴”等。

有的词义既可以用借词也可以用固有说法表达，固有说法多为短语结构或合成词，也有少量单纯词。二者并用，构成同义关系。这些词多为名词，也有一些连词和起关联作用的副词。固有词与汉语借词并用的情况下，借词的使用频率通常更高。例如：

固有词	汉语借词	词义
dʐʅ^{31}dʐʅ^{31}tʂho^{31}təuŋ^{55}	ʃyo^{31}ʃiɑo^{55}	学校
书　　念　　处	学　校	
ʒ̣ɛ^{31}bu^{55}mu^{31}	tʃiɑ^{31}xɑn^{55}	狐臭
腋窝　　味道	假　汗	
din^{31}phʐən^{55}	pɛ^{24}tʃin^{55}	北京
地方白	北　京	

sin^{31}ɬɛ^{55}	sun^{24}	榫
木头舌头	榫	
ʃ̣ən^{55}ʒdʒyn^{55}	tʂhɛ^{55}tsɿ^{31}	汽车
铁　马	车　子	
tʃɛ^{55}tiəŋ^{55}liəŋ^{31}	jɑŋ^{31}y^{55}	土豆
土　疙瘩	洋　芋	
ɬɛ^{31}xkɯ^{55}	lɑ^{24}tsɿ^{24}	辣椒
舌头 辣	辣 子	
tshɱ^{55}zɿ^{24}	ban^{31}li^{24}	板栗
?　?①	板　栗	
xan^{31}go^{31}tsi^{55}	jɛn^{55}tsɿ^{31}	燕子
?　鸟	燕　子	
tʃi^{31}jin^{55}	tʂhən^{55}tho^{24}	秤砣
秤　?	秤　砣	
nəuŋ^{24}/nəuŋ^{24}nəuŋ^{31}	so^{31}ji^{55}	所以
所以/所以	所 以	
ji^{55}tʃɿ^{24}	tʃiu^{55}	就
? ?	就	

普米语里的汉语借词，充实了普米语的词库，对普米语固有的语音系统、语法规则也产生了一定的影响。例如，普米语音系里的一些声韵母主要出现于汉语借词中，是受汉语影响产生的，包括单辅音声母f，复合元音韵母ɑo、iɑo、yo，带鼻音尾的韵母uɑŋ等。又如，普米语固有语序为“宾动”，在汉语借词的影响下，出现了khɛ^{55}xui^{55}“开会”、khai^{55}ʃyo^{24}“开学”、fɑŋ^{55}ʃyo^{31}“放学”等“动宾”语序。

① “?”表示其对应的音节单用时无意义，不是可以对注直译的语素。下同。

第二节

构词法

普米语词汇从构造上可分为单纯词和合成词两类。

一　单纯词

可分为单音节和多音节两类，其中单音节单纯词占多数，多音节单纯词较少。多音节单纯词中，大多数是双音节词，两个音节以上的很少。

（一）单音节单纯词

单音节单纯词通常是长期习用至今的，是词汇的核心与基础，也是构成合成词词根的材料。例如：ɑ^{55}“我”、ti^{55}“这”、do^{24}“后背”、ʒdʒi^{24}“动物”、m̥ə^{24}“吹”、tsa^{55}“洗”、ʒɿ^{55}“多”、phji^{55}“好”等。

（二）多音节单纯词

多音节单纯词由两个或两个以上的音节构成，但并不是每一个音节都有意义，而是两个或多个音节合起来才能表达一个意义。其中，双音节单纯词占多数，两个以上音节的单纯词很少。以双音节单纯词为例，普米语多音节单纯词主要有以下两类：

1. 由两个无意义的音节组合构成一个单纯词，这两个音节本身都没有意义或已经找不到与单纯词词义的联系，不能单独使用。例如：bie^{31}tʂ̥ɑ^{55}“连腮胡”、nə^{55}dʐ̥o^{55}“耳朵”等。

2. 由一个有意义的音节与一个无意义的音节组合构成一个单纯词。例如：

tɑ^{31}bo^{24}　埂子	ziɑ^{55}ziu^{24}　容貌；长相
？埂	？　脸

单纯词中还有些是拟声构词。例如：bu^{55}bu^{55}“猫头鹰”、ʃtʃia^{31}ʃtʃia^{55}“喜鹊”等。

二　合成词

主要有复合式、附加式和重叠式三种，以复合式居多。

（一）复合式

复合式又可分为以下六种：

1. 联合型。联合型合成词的两个构成成分之间不分主次，是平等、并列的关系。最常见的联合型是“名语素＋名语素”构成名词，例如：

mə^{31}din^{24}　地方	ʂʅ^{31}fpʉ^{55}　霜
天　地	露　雪

此外，还有少量“形语素＋形语素”构成的名词，例如：

tsɿ^{55}ta^{24}　辈分

小　大

2. 偏正型。名语素＋名语素（被修饰）＝名词，这是最常见的偏正型构词方式。例如：

n̥yŋ^{31}dʐuŋ^{55}　鼻子	bjɛ^{31}san^{24}　蜂王
嘴巴　洞	蜂　主子

还有其他几种偏正型，包括：名语素（被修饰）＋名语素＝名词。例如：

bʉ^{31}ɖəuŋ^{55}　蜘蛛	bɛ^{31}mɛn^{24}　萤火虫
虫　檐下的空间	虫　火

动语素＋名词（被限制）＝名词。例如：

ʂʉ^{55}min^{55}　买家	ʃʅ̣^{31}min^{55}　富人
买　人	有　人

名词（被限制）＋动语素＝名词。例如：

ʐuɛ^{55}ʂo^{24}　骟马

马　骟

名语素（被修饰）＋形语素＝名词。例如：

ɳ̥ɑŋ^{31}phʐən^{55}　白菜	nɛ^{55}tsʉ^{24}　太阳穴
菜　白	脑　小

形语素＋名语素（被修饰）＝名词。例如：

zdɛ^{55}min^{31}　犯人

错　人

3. 宾动型。名语素（被支配）＋动语素＝名词。例如：

qhu^{31}phʐɛ^{24}　辫子	jɑ^{55}tshuɑ^{24}　地界
头　编	地　隔开

4. 主谓型。常见的有“名语素 + 动语素＝动词”与“名语素 + 动语素＝名词”两类。例如：

ʃtʃhyɛ^{55}ʃtʃəu^{55} 反胃　　　　ŋ̥yŋ^{55}ɖə^{24} 兔唇

心　扭　　　　嘴巴 破

5. 补充型。名语素（被补充）+量词＝名词。例如：

sin^{31}vbəuŋ^{55} 树　　　　tʃə^{31}lie^{55} 土块

树　棵　　　　泥巴 条

6. 多层式。多层式复合词由三个或三个以上的语素构成，其内部关系比较复杂。其中较常见的构词形式主要有：

（1）名语素+动语素+名语素＝名词。前两个是支配关系，共同修饰后一个语素。例如：

tʃʅ^{31}ʒdʒi^{31}tsa^{55} 渡口　　　　qhu^{55}ʐei^{55}min^{31} 理发匠

水 渡过 关节　　　　头　剃　人

（2）名语素+名语素+名语素＝名词。前两个是联合关系，共同修饰后一个语素。例如：

ʒ̣ɛ^{31}fpɑ^{31}təuŋ^{55} 手掌心　　　　vbə^{31}ʐu^{31}tʂhu^{24} 疤痕

手 叶子 处所　　　　疮　主干 痕迹

（3）名语素+形语素+名语素＝名词。前两个是主谓关系，共同修饰后一个语素。例如：

qhu^{31}dʒɛ^{31}ləuŋ^{24}min^{55} 光头　　　　do^{31}kuŋ^{55}min^{55} 驼背的人

头　光光　　人　　　　背 弯　人

（二）附加式

有前加式和后加式两种。

1. 前加式：比较典型的只有一个ɑ^{55}。它主要加在名语素前构成表亲属称谓的名词。例如：ɑ^{55}puŋ^{31}“伯父”、ɑ^{55}mie^{31}“婶母”等。还有一个ɛ^{55}可以用来构成表疑问的代词。例如：ɛ^{55}gɯ^{24}“谁”、ɛ^{55}tʃi^{24}“哪里”等。

2. 后加式：后加成分有多种，分别表示ʐʅ^{55}“多数”、zɿ^{55}（或pu^{24}）“阳性”、min^{24}（或mɑŋ^{24}）“阴性”、ta^{55}“大”、tsɿ^{24}（或tsʉ^{55}）“小”等语义。例如：kun^{24}ʐʅ^{55}“弟弟们”、ʐuɛ^{55}min^{24}“母马”、ʐʅ^{31}mɑŋ^{55}“母鸡”、bʐʅ^{55}zɿ^{24}“公猪崽”、ʐʅ^{31}pu^{55}“公鸡”、wɛ^{31}ta^{55}“大风”、kun^{55}tsɿ^{55}“马驹”、ʐuɛ^{31} tsʉ^{24}“小路”等。

（三）重叠式

重叠式合成词比较少见，主要见于亲属称谓名词中。例如：pa^{24}pa^{31}“姐姐”、

kɯ^{24}kɯ^{31} “舅舅” 等。

三　四音格词

普米语还具有丰富的四音格词。四音格词因其语义上具有生动活泼的表现力、语音上具有和谐悦耳的韵律特征而广泛地使用于普米人的日常生活中。

四音格词常见的结构类型有ABAC 、AABB、ABCD、ABCB四种。其中以AABB型最多，例如：qɯ^{31}qɯ^{31}ʐ̩ʅ^{55}ʐ̩ʅ^{55} “弯弯曲曲”（qɯ^{55}ʐ̩ʅ^{55} “弯曲”）、stha^{31}stha^{31}ʐ̩ei^{55}ʐ̩ei^{55} “吵吵闹闹”（stha^{31}ʐ̩ei^{55}ʐ̩ei^{55} “吵闹状”）、ʒʅ^{55}ʒʅ^{55}nən^{31}nən^{31} “多多少少”（ʒʅ^{55} “多”；nən^{55} “少”）等。

ABCB型　例如：

tsʉ^{55}qɑ^{55}die^{31}qɑ^{31}　近亲近邻	ʃ̣o^{55}dzi^{31}ɑ^{31}dzi^{24}　美丽潇洒
儿子 家　奶奶 家	外表齐　动作齐

ABAC型　例如：

fpəuŋ^{55}tsɿ^{55}fpəuŋ^{55}ta^{55}　大官小员	mə^{31}ʃ̣ʅ^{31}mə^{31}v^{55}　半新不旧
官　小　官　大	不　新　不　旧

ABCD型　例如：

pʐ̩ɛ^{55}pʐ̩əu^{24}ʒdʒiɛ^{55}ʒdʒi^{24}　你争我抢	sɛ^{55}sɛ^{24}ȵɛ^{55}ȵi^{55}　相吵相骂
相抢　相争	相吵　相骂

第三节

词汇的构成

词汇反映了一个族群对外在世界的情感、心态和认知判断，蕴涵着鲜明的民族文化色彩。普米语词汇在漫长的历史发展过程中，也形成了自己的特性。云南普米人长期生活在高山、深谷的自然环境中，丰富的山区生活经验带来了发达的空间方位意识，表现在词汇上，就是其具有发达的方位、指示、趋向词语和前缀。（详见本书第五章第一节“词类”中的相关内容：“名词”中的方位词部分，“代词”中的距离、方位指示代词部分，“动词”中的“趋向”部分。）

普米人长期居住在山区，对山林动物、植物、药材等比较熟悉，有较多反映这些动植物名称的名词。例如，云南山区蘑菇品种丰富，相应的普米语词语较多，分类详细。如：ʃtʃiɑ^{31}mz̨ən^{24}“白鸡纵菌”、ləuŋ^{55}mz̨ən^{31}“红鸡纵菌”、ʃtʃiɑ^{31}mz̨ən^{31}dɑ^{24}“松茸鸡纵菌”、zdin^{55}mz̨ən^{55}“羊肚菌”、ʃtʃhin^{31}thyu^{55}“马屁泡菌”、ʒɿ^{55}pji^{55}“一窝菌”、bɛ^{55}mz̨ən^{55}“火烧菌”、mo^{31}ʒ̣o^{24}“黄蓝伞菌”、xkɯ^{55}mz̨ən^{55}“草菌”、mz̨ən^{31}ɳi^{55}“青头菌”、quɑ^{31}ɬɛ^{55}mz̨ən^{55}“牛舌菌”、gue^{31}tsie^{55}“奶浆菌”、lɑ^{24}tsɿ^{31}mz̨ən^{24}“一种常见菌，微红色”、ʈɑ^{31}mz̨ən^{55}“一种菌伞似老鹰的羽毛菌，本地俗称鹰菌”、ʃ̣ɛ^{31}bə^{55}liɑo^{24}“一种菌，长于松树上，可药用”、ɬɑ^{31}mz̨ən^{55}“一种长于腐烂的白杨树上的菌”、ɖyn^{31}mz̨ən^{24}“一种长于腐烂的西南桦树上的菌”、mza̧^{55}mz̨ən^{55}“一种长于腐烂的山楸树上的菌”、vbʉ^{31}wa^{55}“一种长于腐烂的麻栎树上的菌”等。

普米人还有一些名动同形、名形同形、名量同形的词语，反映了普米人对这些概念的独特认知。（详见本书第五章第一节“词类”中“量词”“动词”“形容词”的相关内容。）

第四节

民俗文化词

一　房子

房子统称为tʂən^{55}。普米族居住在山林间，传统住房为sɛ^{31}lyu^{31}tʂən^{55}“木楞房”。木楞房可在山上就近取材，建造快捷，搬家时还能拆开重装，重复利用木材。

用来圈养牲畜的木楞房，被称作sɛ^{31}lyu^{31}ʒdʒi^{31}təuŋ^{55}wuŋ^{31}“木楞畜圈房”。下层养牲畜，上层收藏草料的房屋叫ʒdʒiəŋ^{31}tsho^{55}“草楼”。以前经济条件差的时候还有人住竹篾、树棍搭建的phjɑ^{31}phjɑ^{31}tʂən^{55}“篾笆房”，20世纪六七十年代以后逐渐没有了。农村还区分quɑ^{31}dʒɿ^{31}təuŋ^{55}“厨房”和lo^{31}tso^{31}təuŋ^{55}“灶房”，前者是给人做饭的地方，后者是给牲畜煮饲料的地方。受汉文化影响，兰坪普米人家中也多设有po^{55}pu^{31}ʒdʒiɑ^{55}“家堂”，内供“天地国亲师位”。

图 1　木楞畜圈房　河西乡大羊村 /2017.2.1/ 蒋颖 摄

图 2　家堂　河西乡大羊村 /2017.2.1/ 蒋颖 摄

火塘所在处被称作 gue^{31}təuŋ^{55}“火塘房”，通常也是正房。正对正房房门的后墙角下设大平灶，由方圆四尺有余，高约三尺的木架围成一个土台，即为 mɛn^{31}gue^{24}“火塘”。上面放置 ʃə̣n^{55}ʈuɛ^{55}“铁三脚”，后方墙上安有 ʒdʒəuŋ^{31}bɑ^{55}lɑ^{31}“神龛”。火塘房内有 stan^{55}mɑŋ^{55}wɑ^{31}“吉祥柱”一根，顶天立地，又称“擎天柱”。火塘两边铺设床铺，平时人们在此做饭、烤火和睡觉休息，是家庭活动中心，也是宗教祭祀和接待客人的地方。

现在大羊村里既有传统木楞房，也有土木结构的 tʃɑ^{55}khu^{55}tʂən^{55} v^{55}“老房子”和装修洋气的 tʂən^{55}ʂʅ̣^{55}“新式房屋”。

图 3　吉祥柱　河西乡大羊村 /2017.2.1/ 蒋颖 摄

二　日常用具

日常用具统称为tsɛ^{31}stə^{55}ɬu^{31}dzi^{24}。餐具过去多用杂木根做原料，挖砍出sin^{31}qhuɑ^{24}“木碗”、tsho^{31}bɑ^{24}“木盆”、sin^{31}pu^{55}“木饭勺”、sin^{31}dʐʅ^{55}mu^{31}“木桶”等。也有少数富裕家庭，使用银制餐具，如ŋəuŋ^{55}qhuɑ^{55}“银碗”、银筷子、银勺子等。也有使用ʒdʒyu^{55}qa^{31}qhuɑ^{24}“粗瓷碗”、si^{55}qhuɑ^{55}“细瓷碗”等瓷器餐具的。炊具大多为本地工匠制作的ʃən^{55}ʐa^{55}“铁锅”、ʃtʃo^{31}ʐo^{55}“锣锅”、bu^{24}“蒸笼”等。

布料、床单过去都是自己动手，手工搓线，以自制的nən^{55}tʂɑ^{55}stə^{31}“织布机”纺织而成。织布机结构复杂，包括dʒɛ^{55}ʐən^{55}tin^{31}“织布刀”、ʃtʃiɑ^{31}min^{24}“夹线板”、dʒɛ^{55}jəuŋ^{55}tin^{31}“提线棍”、dʒɛ^{55}mɑŋ^{31}“经线”、dʒɛ^{55}pu^{31}“纬线”、dʒɛ^{55}pu^{24}“梭子”、ʂə^{55}pɑ^{55}“纺锤”等多个部分。

家具多为木质、篾质。马驮用的ȵyŋ^{24}“皮口袋”、ʃtʃəu^{55}nan^{55}xan^{31}“麻布口袋”，生活中使用的tɑ^{55}“柜子”、khɑ^{24}“筐子”、syŋ^{55}“箱子”等，都由自己制作。篾制家具多

图4　方形木头面盆　河西乡大羊村 /2017.2.1/ 蒋颖 摄

图5　油盐盒　河西乡大羊村 /2017.2.8/ 蒋颖 摄

图6　织布机上的部件　河西乡大羊村 /2017.1.27/ 蒋颖 摄

图7　床头柜　河西乡大羊村 /2017.2.1/ 蒋颖 摄

种多样，如 tin^{55}tsɿ^{31}“篾柜”、mzɛ̢n^{31}ʃtʃiɛ^{31}tiu^{31}liu^{55}“篾筐”、mzɛ̢n^{31} sɿ^{31}zɑ̢^{55}“篾桌”、tʃɿ^{31}khəuŋ^{24}“篾挎篮”、tie^{31}pɑ^{55}“篾盒”等，不仅实用，工艺也精巧美观。还有一些草编用具，如 ʒdʒiəŋ^{31}bu^{55}dzo^{31}bo^{31}“草箩”等。

图 8　篾柜　河西乡大羊村 /2017.2.1/ 蒋颖 摄

图 9　篾盒　河西乡大羊村 /2017.2.1/ 蒋颖 摄

图 10　篾桌　河西乡大羊村 /2017.2.1/ 蒋颖 摄

图 11　挎箩　河西乡大羊村 /2017.2.1/ 蒋颖 摄

图 12　草箩　河西乡大羊村 /2017.2.1/ 蒋颖 摄

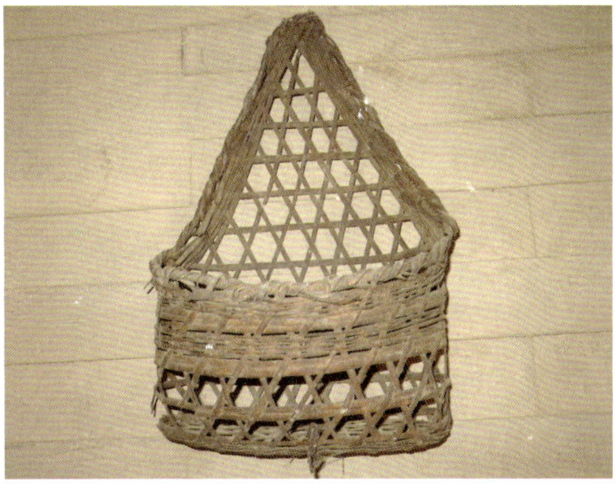
图 13　碗箩　河西乡大羊村 /2017.2.1/ 蒋颖 摄

三　服装

兰坪普米族妇女传统tsiəŋ^{31}gui^{55}“服装”里，上衣多喜白色，后摆长，下襟短，系bie^{31}dzi^{24}“围腰”。ʃtʃhiəŋ^{31}m̥in^{24}“衣襟”右开，衣襟上镶有黄、蓝、白三色包边。成年妇女常披绵羊、山羊、牦牛等动物皮毛制成的wuŋ^{31}quŋ^{24}“披肩”。普米男子传统服装大多穿短ʃtʃhiəŋ^{24}“上衣”，宽口筒裤，裹绑腿，头戴phu^{55}tua^{24}“羊毛毡帽”，外披ja^{55}qha^{31}dʉ^{55}“羊毛坎肩”。外出时喜佩戴ʐ̩ʅ^{55}tsɿ^{24}“短刀”、dʒɑ^{31}ʃʅ̣^{24}“皮袋”，袋内装有烟、钱以及取火工具如ʃtʃa^{55}ʒdʒyu^{55}“火石”、pie^{55}“火绒”等物品。

四　饮食

饮食统称为tʃʅ^{55}dzi^{31}。兰坪普米人过去以ʃʅ^{31}ʃɛ^{55}“玉米”为主食，掺食tʂ̩hue^{24}“大米”、ʃtʃɛ^{55}“小麦”、quŋ^{31}tsuŋ^{55}“青稞”、tʃɛ^{55}tiəŋ^{55}liəŋ^{31}“土豆”等。现在多以大米为主食。蔬菜主要有ȵaŋ^{31}ȵ̥i^{55}“青菜”、ɬie^{31}bie^{24}“萝卜”、ȵɑŋ^{31}kue^{55}“蔓菁”、ɬɛ^{31}xkɯ^{55}“辣椒”、miɛn^{55}kua^{55}“南瓜”等。thin^{31}jin^{55}“酒类”按品种可分为phz̩ei^{55}“黄酒”、ʐ̩ʅ^{31}dʒʅ^{24}“白酒”、pie^{31}d̥ua^{55}“醪糟”、su^{55}li^{55}mɑ^{55}“苏里玛酒”、tsi^{55}phz̩ei^{31}“捏酒”等，按酿酒材料可分为粮食酒、玉米酒、青稞酒等。油类有dʒa^{24}“植物油”和tu^{24}“动物油”两类。植物油多为核桃油、麻籽油或mɑŋ^{55}tsɿ^{31}dʒa^{24}“菜籽油”。动物油多为tu^{31}ta^{55}“猪板油”。当地人还喜饮tu^{31}dz̩ə^{24}“油茶”和mo^{55}dz̩ə^{55}“酥油茶”。

图14　普米人家里自制的腊肉　河西乡大羊村/2017.2.1/蒋颖 摄

五　劳动

劳动即ʐʅ^{55}ʐẹ^{31}dzu^{31}“干活儿”。兰坪普米族以农业、畜牧业为主，结合山地特点，也进行林木、药材等农林经济作物的生产。常用生产工具有təuŋ^{55}“犁”、dzuan^{24}“锄头”、lɑ^{55}tʂɑ^{55}“钉耙”、ʐʅ^{24}“镰刀”、ʐəu^{55}“砍刀”、fpʉ^{55}“斧头”等。其他生产工具，ʐʅ^{31}ʃtʃyu^{55}“连枷”用于秸秆作物脱粒，以木或竹制成。ʈha^{55}nən^{55}“簸箕”、khɑ^{24}“篮子”、tiu^{31}liu^{55}“箩筐”、ʈə^{55}tsɿ^{55}“筛子”等篾器种类丰富，大小规格不一，用于农产品的加工、运输和储存。木制农具有粮柜、粮桶等，石制农具有ʃtʃi^{24}“石碓”和ʐʅ^{31}thɑ^{55}“石磨”等。

bʒɿ^{31}ʒdʒɿ^{55}“牲畜”的作用很大，既可在农作、运输中使役，也可生产肉食、皮毛。畜牧业在普米族社会经济中也占有重要地位。普米家庭饲养的家畜家禽主要有quɑ^{55}“牛”、ʒdʒyn^{24}“马”、təuŋ^{31}bu^{55}“骡”、phjɑ^{24}“猪”、羊（tshɿ^{24}“山羊”，ʒdʒəuŋ^{55}“绵羊”）、tʃhɿ^{55}“狗”、ʐo^{55}“鸡”等。

林业生产上，当地ʃtʃhin^{31}vbəuŋ^{55}“松树”“杉树”最多。杉树无总称，可分为phjɑ^{55}vbəuŋ^{31}“冷杉”、lyu^{55}vbəuŋ^{31}“铁杉”、lyu^{55}phʐən^{31}vbəuŋ^{31}“云杉”、ʃtʃhin^{55}sin^{31}vbəuŋ^{31}“沧杉”、mɛ^{55}ʐɛ^{31}sin^{31}vbəuŋ^{31}“红豆杉”等多个品种。此外，还有ʂɿ^{55}vbəuŋ^{31}“漆树”、dʒɿ^{31}sie^{31}vbəuŋ^{55}“棕树”、ʐo^{31}ʈhɿ^{31}vbəuŋ^{55}“元宝枫”、je^{55}sin^{31}dʉ^{31}vbəuŋ^{55}“箭毒树”、du^{31}vbəuŋ^{55}“刺栎树”、ləuŋ^{31}vbəuŋ^{55}“花栎树”、lie^{55}vbəuŋ^{55}“麻栎树”等多个树种。山区mʐɛn^{24}“竹子”品种也比较多，有zdin^{55}mʐɛn^{31}“实心竹”、tʃɿ^{31}nɑŋ^{55}mʐɛn^{55}“半实心竹”、vbie^{55}“藤

图15　木头粮桶　河西乡大羊村/2017.2.1/蒋颖 摄

图16　称量粮食的工具①　河西乡大羊村/2017.2.1/蒋颖 摄

① 当地把用这个称量工具装满一盒粮食称作装满了“一磅”，但这个量器与重量单位“磅”不是一回事。

图 17　树皮桶　河西乡大羊村 /2017.2.1/ 蒋颖 摄

图 18　敞口大谷箩　河西乡大羊村 /2017.2.1/ 蒋颖 摄

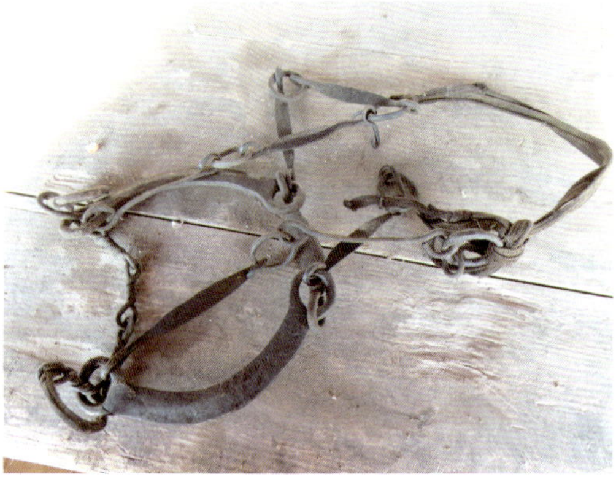

图 19　马笼头　河西乡大羊村 /2017.2.1/ 蒋颖 摄

图 20　当归　河西乡大羊村 /2017.2.1/ 蒋颖 摄

竹”、vbie^{55}ȵɑŋ^{55}“紫竹”等。

由于居住于山区，盛产野生药材，普米人除了采挖野生药材自用、出售外，也种植一些中药材。当地的常见药材主要有tshin^{31}kui^{55}“当归”、ʃtʃhin^{55}“大黄”、ʂ̥o^{31}fpɑ^{24}“土大黄”、qu^{55}tu^{31}fpɑ^{31}“大栗子”、sa^{31}ʃtʃie^{55}m̥in^{31}“羌活”、gɯ^{55}pu^{31}qɑ^{55}tiɑo^{55}liu^{31}“续断”、ʃtʃan^{55}an^{24}“黄连”、ʈhɑ^{31}ʃ̣əu^{55}“独活”等。

六　节日

节日的总称是ʃ̣ɑ^{31}ʃ̣ʅ^{55}。兰坪普米族的节日，大部分与汉族相同。如wu^{31}ʃ̣ʅ^{24}“春节”、清明节、端午节、中元节等。但具体活动内容、礼节等与汉族有所不同。

以春节为例。春节期间，大年三十清晨，家家进山祭本村tsin^{55}tʂ̥hə^{31}“山神”，并把从山上带回的青松枝种在屋旁，这根青松枝又被称作wu^{31}ʃ̣ʅ^{31}vbəuŋ^{55}“新年树”或sthɛ^{31}ȵi^{55}vbəuŋ^{55}“吉祥树”。按民间习俗，下午举行po^{55}pu^{31}ʒdʒi^{24}“接祖”仪式，迎接祖先亡魂回家。大年初一拂晓之际，各家家长主持kue^{55}stie^{31}“祭房头”、po^{55}pu^{24}stie^{55}“祭家

图 21　大年三十下午的“接祖”仪式　河西乡大羊村 /2017.1.27/ 蒋颖 摄

神”，祭品有酒、茶、饭、肉等，同时敬香。祭时有专门的 wu^{31}ʃ̣ʅ^{24} phje^{31}die^{31}phʒʅ^{31}“《新春祭三脚》”（“祭三脚”即祭祀家神，一般在“铁三脚”边进行）等颂词，家长祷念颂词，祈求安康。这天鸡叫时分，姑娘和小媳妇们背着木水桶，举着火把，赶往山泉或水井处，抢着打第一桶水，以先取得净水者为吉祥，这一风俗被称作 tʃʅ^{55}qhu^{55} tsie^{31}“取头水”。天亮后的第一位客人被称为 wo^{31}min^{55} qhu^{31}“头客”，寓意重要，客人如果勤劳勇敢、善良健康、家业兴旺，则象征着新的一年主人家里一切如意。人们认为初三以后，祖先的神灵就要回家了，所以初三凌晨举行 po^{55}pu^{24} ʃtʃyn^{31}“送祖”仪式，这也是春节期间最隆重、最后的一次祭礼，祭品最为丰富。

七　婚丧嫁娶

（一）婚姻

旧时普米族实行姑舅表优先婚配的婚姻制度，多为父母包办的“长辈主聘”婚。现在是自由婚姻，但仍保留了一些传统礼节。

图 22　铁三脚　河西乡大羊村 /2017.2.1/ 蒋颖 摄

例如，男女自由恋爱确定关系之后，各自告知家长。男方家长会请dzɿ^{31}bo^{55}“媒人”去ʃtʃyɑ^{31}tsɿ^{55}“求亲”，这是男方第一次正式请人去女方家。求亲成功之后，举行ʃtʃyɑ^{31}ta^{55}“订婚”仪式，这是男方第二次去女方家。订婚之后双方协商婚期，各自准备ʃtʃyɑ^{31}kha^{24}“聘礼”、zdəuŋ^{31}ɦɿ^{55}tsiəŋ^{55}gui^{31}“嫁妆”。婚前一日，男方组织送礼队前往女方家赠送聘礼与礼物，有专门的kha^{31}ʃtʃyn^{31}dzɿ^{55}bo^{55}“押礼倌”负责。

娶亲日，男方迎亲队中选一人为dzɿ^{31}bo^{31}ta^{55}“接亲大人”，作为总负责人，队中还有ɖei^{31}dzɿ^{55}bo^{31}“对歌人”、tsʉ^{55}ɖu^{31}“伴郎”、ʂɑ^{31}dzɿ^{55}bo^{31}“迎亲伙伴”等人。礼乐手是必不可少的，包括qua^{31}tsɿ^{55}m̥ə^{55}min^{31}“唢呐手”、dzan^{55}ʒdʒiəŋ^{55}xɯ^{31}min^{31}“腰鼓手”、ɦan^{24}lo^{55}xɯ^{31}min^{31}“敲锣手”、tɑ^{55}po^{31}xɯ^{55}min^{31}“大钹手”、bə^{55}tʃhiu^{55}xɯ^{55}min^{31}“小钹手”等。此外，还有负责燃放鞭炮的tʃhəu^{55}xiɛ^{31}min^{31}“鸣炮人”、负责扛红旗的两个tie^{31}ʒdʒɑ^{55}min^{31}“扛旗人”，还有专门的ʒdʒyn^{31}tsyn^{55}min^{31}“牵马人”、ɑŋ^{55}lyu^{31}ȵi^{55}min^{55}“赶马人”等。

在离女方家最近的一个岔路口处，女方家备酒迎接迎亲队伍。迎亲队伍与女方家对的第一支歌的歌名叫dʒə^{31}dʒɿ^{31}ɖei^{24}“认亲调”。行至女方家大门处，进院之前迎亲队伍还要与女方家对kəuŋ^{31}tsi^{55}ɖei^{31}“拦门调”。迎亲队伍进了女方家之后，在屋内的擎天柱下唱stan^{55}mɑŋ^{55}wɑ^{31}tsi^{31}“擎天柱调”，用来祭拜擎天柱，表达祈福之意。宾客满棚时，在喜棚里对唱kua^{55}tsɿ^{55}ɖei^{31}“果碟调”，以猜谜的方式把果碟内盛放的核桃、瓜子、梨子、麦芽糖等介绍一遍。迎亲对歌人在喜棚内，把送给女方家的一头猪的五官四肢、五脏六腑都细细地唱一遍，用以祈福，这个调子叫phjɛ^{31}mu^{31}dɑ^{31}ɖei^{55}“礼物调”。最后，迎亲队伍带着新娘离开新娘家时，对歌人唱m̥in^{31}qhɑ^{55}ɖei^{31}“离娘调”，表示对女儿出嫁的不舍。

（二）丧葬

在丧葬仪式上，现在实行土葬。办丧事的第一步是ʒdʒəuŋ^{55}khən^{55}“给羊子”。杀一只纯白的绵羊（民间认为可为逝者领路），同时请巫师念zʅuɛ^{31}ta^{55}ʃtʃy^{55}“《指路经》”，主要内容是为逝者指路引领，指点、护送其回归故里。给羊子仪式中要先ʒdʒəuŋ^{55}tʂhɑ^{55}ʂo^{31}“熏羊子”，把绵羊在火烟上熏一熏，表示净化。“熏羊子”里的tʂhɑ^{55}ʂo^{31}“熏”一词只能用于祭祀，不能在日常生活中使用。生活中的普通动词“熏”是ʃtʃhiu^{24}。还要kə^{55}zʅe^{31}tʂhɑ^{31}ʂo^{31}“熏用品”，把全套给羊子用品在火烟上熏一熏，表示净化。给羊子时，逝者的亲人会在绵羊前跪下，在黄酒里撒上一点麦面，喂白羊喝黄酒。这个过程叫ʒdʒəuŋ^{55}tʃʅ^{55}tʃʅ^{31}“敬羊子”。

第二步是ʃiɑo^{55}fɑ^{31}“发孝”（汉语借词）。第三步是sɿ^{31}min^{55}ʃtʃyɛ^{55}ʃtʃyn^{31}“出灵”和ʃiɑ^{55}tsɑŋ^{55}“下葬”（汉语借词）。出灵的过程中，巫师在屋边岔路口处五个方向（东西南北四面以及天上）各射出一箭。这种箭被称作mɛn^{31}je^{55}sin^{31}“火箭”，仅在丧葬中使用，表示用火箭为逝者的灵魂开路。射出火箭之后，除了去参加下葬的人之外，所有人都返回村里，不能继续跟着去坟头。这个步骤叫bʉ^{31}ɖəuŋ^{55}qhɑ^{55}qhɑ^{31}“隔魂”。送葬者携带白棉布缝制而成的pɛ^{55}tsɿ^{24}“白布袋”，内装送给逝者的炒面，棺木下葬后在坟前焚烧掉。葬礼过程中，有一位全程负责礼仪、流程的wu^{31}bzʅ^{55}ta^{55}“葬礼主持人”。巫师负责念经，主人家在巫师之外通常还会另请wu^{31}bzʅ^{55}“念经助手”。“念经助手”一词由wu^{24}“属相”与bzʅ^{55}“相克”两个语素构成，意为不怕逝者阴魂纠缠的一群人。下葬之后，巫师与助手们从坟地回到主人家，会念一段ʒdʒəuŋ^{31}zən^{55}“《领福经》”，表示把福气又领回来了，不让逝者把福气带走。巫师最后念的一段经文叫ʒdʒəuŋ^{31}siɑ^{55}“《拢福经》”，表示福气被带回来聚拢在主人家的火塘上。送葬后一百天除孝，各项丧禁即告解除。现在多提倡丧事从简，不主张大操大办。

八　礼仪

普米族重伦理、尚道德，对父母孝顺敬重，对村民互助共济，对朋友热情真诚，族人尊老爱幼、正直勤奋、讲究礼仪。以礼物为例，礼物的总称是tʂhə^{31}ʃtʃhy^{24}，有tʂho^{31}qhu^{31}ʃtʃyn^{24}“尝新礼”、wu^{31}ʃʅ̣^{31}tʂhə^{55}ʃtʃyn^{31}“拜年礼”、phjɑ^{31}ʃʅ^{55}kha^{31}“年猪礼”、sto^{55}kha^{31}“看望礼”等不同种类。每年夏季粮食作物成熟时（农历六月左右），用新收的青稞、大麦等酿黄酒，用小麦舂糍粑，送给长辈亲戚和邻居朋友，这种礼物就叫“尝新礼”。春节走亲戚时带的礼物叫“拜年礼”，通常是茶、酒和肉。杀年猪之后，亲朋好友之间要互相送年猪肉，叫“年猪礼”。看望病人所带的礼物叫“看望礼”，通常是肉、酒、补品等。看望坐月子的人送的礼叫ʒʅ̣^{55}dzin^{55}kha^{31}或tso^{55}mɑŋ^{31}zdʉ^{55}zduɛ^{31}kha^{31}“月子礼”，通常是鸡、鸡蛋、白酒和红糖。主人家有结婚、建房、立碑等喜事时，专门邀请客人来家做客。应邀而来的客人携带的礼物叫z̢a^{55}dzʅ^{55}kha^{31}“做客礼”。主人家请客时，要提前上门去客人家发出邀请，上门时携带的礼物叫z̢a^{55}tʂhə^{55}ʃtʃhy^{31}“请客礼”。新婚第一年的春节，婆家及婆家亲戚会送礼物给新儿媳；新媳妇带丈夫回娘家拜年时，娘家和娘家亲戚也会送新姑爷礼物。这两种礼物叫ta^{55}xa^{55}“（给新郎新娘的）新年礼”。女子婚后第一年春节，在婆家分到属于自己的一份肉时，自己食用一半，留一半初四或初六回娘家时作为礼物带回去，叫ʈɯ^{31}ʃʅ̣^{55}bʉ^{31}“回门礼”。因为礼节比较多，所以有一个专门用于表扬样样都做到位的词[tsia^{55}tsiəŋ^{24}]，意为把该准备的礼物和该注意的礼节都做到位了。

九　宗教信仰

兰坪普米人处在原始宗教阶段，崇拜自然、崇拜祖先、崇拜神明。崇拜的神明主要有ʒʅ^{55}tsin^{55}“山神”、ʃi^{55}san^{55}“龙王”等。一年中比较吉利的日子都可以ʒʅ^{55}tsin^{55}fpie^{31}“祭山神”，一般以农历二月、六月和八月中的日子以及除夕最为常见。祭山神所求通常为身体健康、出入平安、生意发达等。山神又分层级，传说中的最高山神因为离兰坪的村寨太远，所以通常不直接在本地祭祀，只是祭三脚的时候会提到。大羊村里有两处祭山神的地方，一处用来祭tsin^{55}tʂhə^{31}“本村山神”，只护佑本村人；一处用来祭祀管辖范围广的大山神，护佑四方，附近的各民族村民都会前来拜祭。龙王掌管水，当地有盛大的ʃi^{55}fpie^{31}“祭龙潭”仪式。

旧时，普米人认为灾病都是鬼魂所致，因此请巫师驱鬼。此外，还有bə^{31}ɖəuŋ^{55}qua^{55}z̢a^{31}“叫魂”、z̢o^{55}qhu^{31}sto^{31}“鸡骨卦”、tshue^{31}khən^{24}“退口舌”等占卜迷信活动。

第四章　分类词表

说明：

1. 本章第一、二两节收录《中国语言资源调查手册·民族语言（藏缅语族）》“调查表”中“叁　词汇”的词条，标记“（无）”的词条不收录。第一节为通用词（原表1200词），是语保工程调查中汉语方言与少数民族语言共有的调查词表。第二节为扩展词（原表1800词），是专家学者根据各个语族的实际情况制定的调查词表。这两节皆分为如下14类：

一　天文地理	八　婚丧信仰
二　时间方位	九　人品称谓
三　植物	十　农工商文
四　动物	十一　动作行为
五　房舍器具	十二　性质状态
六　服饰饮食	十三　数量
七　身体医疗	十四　代副介连词

2. 第三节为其他词，收录《中国语言资源调查手册》之外的词汇。

第一节

《中国语言资源调查手册·民族语言（藏缅语族）》通用词

一　天文地理

太阳~下山了 bʉ^{55}

月亮~出来了 ɬi^{55}

星星 ʥ^{24}

云 zdin^{55}

风 mo^{55}mo^{24}

台风 ɑ^{31}do^{24}

闪电名词 mɛn^{55}tsy^{31}zdi^{24}

雷 mə^{31}ʒdʒyu^{55}

雨 gui^{55}

下雨 gui^{55}tʂhuŋ^{55}

淋衣服被雨~湿了 dzan^{24}

晒~粮食 tʂhən^{24}

雪 fpʉ^{55}

冰 kəuŋ^{55}zən^{55}

冰雹 stɛ^{31}ʃtʃɛ^{24}

霜 ʂɿ^{31}fpʉ^{55}

雾 zdɛ^{31}zən^{55}

露 ʂɿ^{24}

虹统称 mə^{31}xkhua^{24}

天气 mə^{55}ɖəuŋ^{31}mə^{31}jin^{55}

晴天~ mə^{31}jin^{55}

阴天~ mə^{55}ɖəuŋ^{24}

旱天~ ɳəŋ^{55}

涝天~ tʃɿ^{55}stuan^{55}

天亮 də^{31}bjin^{24}

水田 syu^{55}jin^{55}

旱地浇不上水的耕地 go^{31}jin^{24}

田埂 jin^{31}tɑ^{55}bo^{31}

路野外的 zuɛ^{24}

山 go^{24}

山谷 go^{31}tshɛ^{31}tshin^{55}

江大的河 bzɿ^{55}tʃɿ^{31}

溪 tʃɿ^{31}sie^{31}tsʉ^{55}

水沟儿较小的水道 tʃɿ^{31}qha^{55}

湖ȵe^{31}tʃɿ^{55}

池塘tʃɿ^{55}quŋ^{31}

水坑儿tʃɿ^{31}qhuan^{24}

洪水tʃɿ^{31}bʐʅ^{55}

淹被水～了nə^{31}la^{55}

河岸tʃɿ^{55}xkɑ^{55}

地震ʒdʒɿ^{55}mʐə^{31}

窟窿小的dʐuŋ^{55}

缝儿统称bjɑ^{24}

石头统称ʒdʒyu^{24}

土统称tʃɑ^{55}

泥湿的tʃhɑ^{31}mɑŋ^{24}

沙子ʃ̣ɑ^{31}pɛ^{24}

炭木炭mɛ^{55}ʒdʒi^{24}

灰烧成的luɛ^{24}

灰尘桌面上的luɛ^{31}ȵəŋ^{55}

火mɛn^{24}

烟烧火形成的ʃtʃhiu^{24}

失火mɛn^{31}bʐʅ^{55}

水tʃɿ^{55}

凉水tʃɿ^{55}buŋ^{55}

热水如洗脸的热水，不是指喝的开水tʃɿ^{31}ʃʉ^{55}

开水喝的tʃɿ^{31}fpa^{55}

二　时间方位

时候吃饭的～tʃhiɛ^{55}

什么时候nəuŋ^{55}tʃhie^{31}

现在tiɛ^{24}

以前十年～ʐʅ^{55}

以后十年～ʐʅ^{55}dʒie^{24}

一辈子tɛ^{31}tshi^{24}

今年pʉ^{55}pʉ^{31}

明年ʒ̣ə^{31}khəu^{55}

后年sin^{55}khəu^{31}

去年ʒ̣ə^{55}pʉ^{24}

前年ʂʅ^{55}pʉ^{24}

往年过去的年份ʒ̣ə^{55}pʉ^{24}ʂʅ^{55}pʉ^{24}

年初ko^{31}qhu^{55}

年底ko^{31}man^{55}

今天pʉ^{55}ȵi^{31}

明天siɑŋ^{24}

后天qhu^{31}siɑŋ^{24}

大后天qhu^{31}di^{55}

昨天ʒ̣ə^{55}ȵi^{24}

前天ʂʅ^{55}ȵi^{24}

大前天ʂʅ^{31}ʒdʒi^{55}ȵ̊in^{55}

整天tɛ^{55}ȵ̊in^{24}thə^{31}mə^{55}nan^{31}

每天tɛ^{55}ȵ̊in^{24}mə^{55}ʂʅ^{55}

早晨no^{31}sin^{55}

上午no^{31}sin^{55}phje^{31}

中午ʃtʃyn^{55}dzɿ^{31}dʐə^{31}

下午mə^{31}nan^{31}phje^{55}

傍晚thə^{31}min^{55}mie^{55}

白天ȵ̊in^{55}

夜晚与白天相对，统称ʃ̣ue^{55}

半夜ʃ̣ue^{55}ʈhʉ^{55}

正月农历wu^{31}ʃ̣ɿ^{31}ɬi^{55}

大年初一农历tə^{55}dʒi^{55}tɛ^{55}ȵ̊in^{24}

腊月农历十二月wɛ^{31}dʐən^{55}jin^{31}

除夕农历ȵ̊in^{55}stuŋ^{31}min^{31}

历书ʃ̣ɑ^{31}sto^{55}dʐʅ^{31}dʐʅ^{31}

地方din^{24}

什么地方mə^{55}də^{55}din^{31}

家里tʂə^{55}mie^{55}

城里tʂhən^{24}wu^{55}

乡下pa^{55}siɑ^{55}

上面从～滚下来gan^{55}phje^{31}

下面从～爬上去tʃɦn^{31}phje^{55}

左边ʒɿ^{31}phje^{24}

右边wa^{31}phje^{55}

中间排队排在～tshiɛ^{31}tshin^{24}

前面排队排在～ʐ̩ɿ^{24}

后面排队排在～no^{24}

末尾排队排在～ma^{31}ta^{24}

对面thin^{31}phje^{55}

面前ʐ̩ɿ^{24}

背后do^{24}no^{55}

里面躲在～goŋ^{55}

外面衣服晒在～no^{24}

旁边dzɿ^{24}khu^{55}

上碗在桌子～to^{55}

下凳子在桌子～po^{24}

边儿桌子的～dzɿ^{24}

角儿桌子的～ɣgua^{24}

上去他～了tə^{55}ʃɿ^{31}

下来他～了nə^{31}ʒɿ^{55}

进去他～了xɑ^{31}ʃɿ^{55}

出来他～了khə^{31}ʒɿ^{55}

出去他～了khə^{31}ʃɿ^{55}

回来他～了xɑ^{31}ʒɿ^{55}

起来天冷～了tə^{55}tʂhuŋ^{55}

三　植物

树sin^{31}vbəuŋ^{55}

木头sin^{24}

松树统称ʃtʃhin^{31}sin^{55}vbəuŋ^{55}

柏树统称si^{31}vbəuŋ^{55}

杉树冷杉phjɑ^{55}vbəuŋ^{31}

杉树铁杉lyu^{55}vbəuŋ^{31}

柳树zʉ^{55}vbəuŋ^{31}

竹子统称mzɛn^{24}

笋mzɛn^{55}sthə^{24}

叶子fpɑ^{24}

花pɛ^{31}tʂɿ^{55}

花蕾花骨朵pɛ^{33}tsɿ^{33}qhu^{31}

梅花ʃtʃu^{55}pɛ^{55}tsɿ^{31}

草ʒdʒiəŋ^{24}

藤ʒ̣ɛ^{31}nɑŋ^{24}

刺名词tsu^{55}

水果siɑ^{31}sʉ^{55}

桃子bʉ^{31}sʉ^{24}

梨sɛ^{31}liəŋ^{55}

李子ʃtʃan^{55}

柿子thɑ^{55}dʒɿ^{24}

栗子tshɦn^{55}ʐ̩ɿ^{24}

核桃qu^{31}du^{24}

蘑菇野生的mzən^{24}

香菇ʒɿ^{55}pji^{55}

稻指植物syu^{55}vbəuŋ^{55}

稻谷指籽实（脱粒后是大米）sʉ^{31}man^{55}

稻草脱粒后的syu^{55}zu^{55}

大麦指植物min^{31}dzi^{24}

小麦指植物ʃtʃɛ^{55}

麦秸脱粒后的ʃtʃɛ^{31}zu^{55}

谷子指植物（籽实脱粒后是小米）dɑ^{31}lo^{55}vbəuŋ^{55}

玉米指成株的植物ʃɿ^{31}ʃɛ^{55}

油菜油料作物，不是蔬菜mɑŋ^{55}tsɿ^{31}

向日葵指植物bʉ^{55}sto^{55}pɛ^{31}tsɿ^{31}

蚕豆dɑ^{31}di^{24}

豌豆 tshʉ^{31}tshʉ^{55}

黄豆 ȵe^{55}

绿豆 ȵyŋ^{31}zan^{55}

豇豆长条形的 tʂɑ^{31}təu^{55}

大白菜东北～ ȵɑŋ^{31}phʐən^{55}

蒜 xkɯ^{55}

姜 kə^{55}

辣椒统称 ɬɛ^{31}xkɯ^{55}

茄子统称 gɑ^{24}

西红柿 gɑ^{24}

萝卜统称 ɬie^{31}bie^{24}

黄瓜 du^{31}qhuɑ^{24}

山药圆柱形的 min^{55}lo^{55}

四　动物

老虎 wo^{24}

猴子 tsɛ^{55}ʒ̣ɿ^{24}

蛇统称 bʉ^{31}ʐa^{55}

老鼠家里的 wo^{55}

蝙蝠 ɬu^{55}tʂɿ^{31}fpɑ^{31}fpɑ^{31}

鸟儿飞鸟，统称 go^{31}tsi^{55}

麻雀 gɯ^{55}ʃtʃa^{31}

喜鹊 ʃtʃiɑ^{31}ʃtʃiɑ^{55}

乌鸦 qo^{31}ji^{24}

鸽子 khu^{55}lyu^{24}

翅膀鸟的，统称 dəuŋ^{24}

爪子鸟的，统称 ʒdʒan^{24}

尾巴 mə^{55}ɬie^{55}

窝鸟的 qɑ^{55}

虫子统称 bu^{55}

蝴蝶统称 phɑ^{31}lɑ^{55}

蜻蜓统称 zan^{55}zan^{55}

蜜蜂 bʉ^{55}

蜂蜜 bʉ^{55}

知了统称 dzan^{31}dzan^{24}

蚂蚁 bʉ^{55}ʒdʒie^{24}

蚯蚓 bə^{31}dɑ^{24}

蜘蛛会结网的 bʉ^{31}ɖəuŋ^{55}

蚊子统称 phjɛ^{31}fpʉ^{24}

苍蝇统称 phjɛ^{31}tsɿ^{55}

跳蚤咬人的 ɬa^{55}

虱子 ʃ̣ɿ^{55}

鱼 dʒɿ^{55}

鳞鱼的 ʐɿ^{24}

青蛙统称 fpɑ^{55}

癞蛤蟆表皮多疙瘩 fpɛ^{55}die^{55}

马 ʒdʒyn^{24}

驴 tʂo^{31}li^{55}

骡 təuŋ^{31}bu^{55}

牛 quɑ^{55}

公牛统称 ʒ̣ɛ^{31}xko^{55}

母牛统称 wo^{55}min^{24}

放牛 quɑ^{55}ɬi^{55}

羊山羊 tshɿ^{24}

羊绵羊 ʒdʒəuŋ^{55}

猪 phjɑ^{24}

种猪配种用的公猪 phjɑ^{31}la^{24}

公猪成年的，已阉的 bʐɿ^{55}zɿ^{24}

母猪成年的，未阉的 bʐɿ^{55}min^{24}

猪崽 bʐɿ^{55}tsɿ^{24}

猪圈 phjɑ^{31}wuŋ^{55}

养猪 phjɑ^{31}ʃtʃəu^{55}

猫 mə^{31}tsɿ^{55}

公猫 mə^{31}tsɿ^{55}pu^{55}

母猫 mə^{31}tsɿ^{55}mɑŋ^{55}

狗统称tʃɦ^{55}

公狗khɯ^{55}pu^{24}

母狗khɯ^{55}mɑŋ^{24}

叫狗～ to^{24}

兔子ɬu^{31}tsɿ^{55}

鸡ʐo^{55}

公鸡成年的，未阉的ʐʅ^{31}pu^{55}

母鸡已下过蛋的ʐʅ^{31}mɑŋ^{55}

叫公鸡～（即打鸣儿）wuŋ^{55}

下鸡～蛋qu^{55}

孵～小鸡pɛ^{24}

鸭ɑŋ^{24}

鹅əuŋ^{55}

阉～公的猪zɿ^{55}

阉～母的猪fpʉ^{55}dzu^{55}

阉～鸡ʂo^{31}dzu^{24}

喂～猪ʃtʃhie^{24}

杀猪统称phjɑ^{31}ʃtʃhɿ^{55}

杀～鱼ʃtʃhɿ^{55}

五　房舍器具

村庄一个～ ʃtʃi^{24}

街道dʒɿ^{55}

盖房子tʂən^{55}thiəŋ^{55}

房子整座的，不包括院子tʂən^{55}

屋子房子里分隔而成的，统称tʃe^{24}

卧室ʒɿ^{31}stə^{55}

茅屋茅草等盖的ʒdʒiəŋ^{31}tʂən^{55}

厨房quɑ^{31}dʒɿ^{31}təuŋ^{55}

灶统称lo^{31}tso^{24}

锅统称ʐa^{55}

饭锅煮饭的dzi^{55}dzu^{55}ʐa^{31}

菜锅炒菜的ȵɑŋ^{31}dzu^{31}ʐa^{55}

厕所旧式的，统称xkɯ^{55}təuŋ^{31}

檩左右方向的ɖue^{24}

柱子stan^{55}

大门kəuŋ^{31}ta^{55}

门槛儿kəuŋ^{31}tɑ^{55}

梯子可移动的bʐɑ^{24}

扫帚统称ʂua^{31}tsɿ^{55}

扫地ʂʉ^{31}ʂue^{55}

垃圾ɖəuŋ^{31}ɖɛ^{55}

东西我的～ ɬu^{31}dzi^{24}

床木制的，睡觉用ɖan^{55}

枕头qhu^{55}tʂɿ^{31}tɑ^{24}

被子lɑ^{31}bo^{24}

席子ʒdʒiəŋ^{31}phu^{55}

桌子统称sɿ^{31}ʐɑ^{24}

柜子统称tɑ^{55}

抽屉桌子的sa^{55}qa^{55}

案子长条形的quɑ^{31}dʒɿ^{31}sɿ^{31}ʐɑ^{55}

椅子统称dzin^{55}stə^{55}

凳子统称pɑ^{31}tie^{55}

瓢舀水的phjo^{24}

缸dʐʅ^{31}pu^{55}

坛子装酒的～ gɯ^{31}thɑ^{24}

瓶子装酒的～ xu^{24}

盖子杯子的～ ʃtʃye^{24}

碗统称qhuɑ^{24}

筷子gɯ^{31}ʃtʃan^{24}

汤匙pu^{55}tsʉ^{31}

柴火统称sɛ^{55}ʈei^{24}

锁sɑ^{24}

钥匙ʃtʃhi^{24}

暖水瓶tʃɿ^{31}fpa^{55}tʂun^{55}

脸盆an^{24}ʐo^{55}stə^{31}

洗脸水tsa^{55}ʒɿ^{31}ʐa^{55}

手绢n̥ɑŋ^{31}ʈhʉ^{55}stə^{31}

梳子旧式的，不是篦子qhu^{31}pʐəu^{55}

缝衣针ɖei^{31}ɖɑ^{31}kho^{24}

剪子tshɿ^{31}tie^{55}

六　服饰饮食

衣服统称tsiəŋ^{31}gui^{55}

穿～衣服gui^{24}

脱～衣服tʃhɿ^{24}

系～鞋带ʂɛ^{24}

衬衫ɖa^{55}tɑ^{31}

背心带两条杠的，内衣ɖa^{55}tɑ^{31}

毛衣man^{55}ʃtʃhiəŋ^{31}

棉衣mie^{31}ʃtʃhiəŋ^{55}

袖子pɑ^{31}ji^{24}

口袋衣服上的lɑ^{31}bjɑ^{55}

裤子ʒdʒɿ^{24}

短裤外穿的ʒdʒɿ^{31}tshiəŋ^{55}

裤腿ʒdʒɿ^{31}quɑ^{55}

帽子统称phə^{31}liɑo^{24}

鞋子tsy^{24}

围裙bie^{31}dʒi^{24}

尿布vbɛ^{55}tɑ^{55}

扣子liəŋ^{55}

扣～扣子sʉ^{24}

戒指ʒ̣ɛ^{31}bʐən^{55}

手镯ʒ̣ɛ^{31}kəu^{24}

理发qhu^{55}ʐei^{55}

梳头qhu^{55}pʐəu^{55}

米饭tʂhuɛ^{31}dzi^{55}

稀饭用米熬的，统称mɑŋ^{24}

面粉麦子磨的，统称pɛ^{24}

面儿玉米～，辣椒～pɛ^{24}

馒头无馅的，统称zdi^{24}

油条长条形的，旧称dʒa^{31}bʉ^{31}ʒ̣ɑ^{55}

豆浆dʐɿ^{55}v^{31}nan^{24}

豆腐脑dʐɿ^{55}v^{24}

元宵食品ȵəŋ^{31}bɛ^{31}liɛŋ^{55}

点心统称m̥in^{31}m̥in^{55}

菜吃饭时吃的，统称ȵɑŋ^{24}

干菜统称ȵɑŋ^{31}ɣgu^{24}

豆腐dʐɿ^{55}v^{24}

猪血当菜的phjɑ^{31}sa^{55}

猪蹄当菜的phjɑ^{31}quɑ^{55}

猪舌头当菜的phjɑ^{31}ɬɛ^{55}

猪肝当菜的phjɑ^{31}tsyn^{55}

下水猪牛羊的内脏pji^{55}tiəŋ^{55}pji^{31}tyu^{31}

鸡蛋ʐo^{55}ʐɿ^{31}qu^{55}

猪油phjɑ^{31}tu^{55}

香油dʒa^{24}

盐名词tshi^{24}

醋tʃu^{55}

香烟jɑ^{55}

旱烟jɑ^{55}ta^{55}

白酒ʐɿ^{31}dʒɿ^{24}

黄酒phʐei^{55}

江米酒酒酿，醪糟pie^{31}ɖua^{55}

茶叶dʐə^{24}

做饭统称dzi^{55}dzu^{55}

炒菜统称，和做饭相对ȵɑŋ^{31}ʒ̣ən^{55}

煮～带壳的鸡蛋xko^{55}

煎～鸡蛋 ʒ̣ən^{55}
炸～油条 ʒ̣ən^{55}
蒸～鱼 bu^{24}
揉～面做馒头等 ɳi^{55}
擀～面，～皮儿 li^{55}
吃早饭 sin^{31}tʂhə^{31}dzɿ^{55}
吃午饭 ʃtʃyn^{55}dzɿ^{31}
吃晚饭 mə^{31}tʂhə^{55}dzɿ^{55}
吃～饭 dzɿ^{55}
喝～酒 thin^{24}
喝～茶 thin^{24}
抽～烟 thin^{24}
盛～饭 ʃtʃhin^{24}
夹用筷子～菜 ga^{24}
斟～酒 tʃi^{24}
渴口～ ʃtʃɑ^{31}ʂəuŋ^{55}
饿肚子～ tʂə^{55}ʐəuŋ^{55}
噎吃饭～着了 ʐɑ^{24}

七 身体医疗

头人的，统称 qhu^{55}
头发 qhu^{55}man^{24}
辫子 qhu^{31}phʐɛ^{24}
旋 ʃtʃəu^{55}
额头 ɬo^{24}
相貌 ʃ̣o^{55}
脸洗～ ziu^{55}
眼睛 miɑŋ^{55}
眼珠统称 miɛn^{55}ʂʉ^{55}
眼泪哭的时候流出来的 bʐan^{24}
眉毛 miɛn^{55}ʂo^{55}
耳朵 nə^{55}dʐo^{55}
鼻子 ɳ̥yŋ^{31}dʐuŋ^{55}
鼻涕统称 ɳ̥ɑŋ^{24}
擤～鼻涕 qhɑ^{24}
嘴巴人的，统称 ɳ̥yŋ^{24}
嘴唇 ɳ̥yŋ^{31}bə^{31}lɑ^{55}
口水～流出来 ʒdʒa^{31}ʐa^{24}
舌头 ɬɛ^{24}
牙齿 ʂəu^{55}
下巴 mə^{31}kɑ^{55}
胡子嘴周围的 ɦan^{31}stiəŋ^{55}
脖子 qan^{55}
喉咙 mu^{55}pɛ^{31}
肩膀 ʃtʃyɑ^{24}
胳膊 ʒ̣ə^{31}ʐu^{24}
手包括臂：他的～摔断了 ʒ̣ɑ^{24}
左手 ʒʅ^{31}ʒ̣ɑ^{24}
右手 wa^{31}ʒ̣ɑ^{24}
拳头 ʒ̣ɑ^{31}tsi^{55}
手指 ɬa^{31}tsɿ^{55}
大拇指 stɛ^{31}mɑŋ^{24}
小拇指 ʒ̣ɛ^{31}qa^{55}ɬa^{55}tsɿ^{31}
指甲 ʒdʒan^{31}tsɿ^{55}
腿 pʐɛ^{55}dʐə^{31}
脚包括小腿 ʈɦ^{55}
膝盖指部位 wuŋ^{31}fpəuŋ^{55}
背名词 do^{24}
肚子腹部 fpi^{24}
肚脐 fpə^{31}tʃəu^{55}
乳房女性的 ɳyŋ^{24}
屁股 so^{31}bu^{55}
肛门 so^{31}pji^{55}
阴茎成人的 lɑ^{31}dɑ^{24}

女阴成人的 stiu^{55}

肏动词 pʉ^{55}

精液 tʃʅ^{31}ʐan^{55}

来月经 tsiəŋ^{31}gui^{55}du^{55}ʒʅ^{31}

拉屎 xka^{55}ɬi^{31}

撒尿 ɬi^{24}

放屁 xka^{55}ʂan^{24}

病了 ȵi^{55}ʐəu^{55}

着凉 bəuŋ^{31}ʒdʒi^{55}

咳嗽 sthʉ^{24}

发烧 ʒ̣uŋ^{55}

发抖 ɖui^{24}

肚子疼 fpi^{24}ȵi^{55}

拉肚子 fpi^{24}tsiu^{55}

患疟疾 tʃe^{55}ȵi^{31}

肿 ʐən^{24}

化脓 nə^{31}fpan^{55}

疤好了的 vbə^{31}ʐu^{24}

癣 wɛ^{31}ʈhʉ^{24}

痣凸起的 ʃ̣ɛ^{55}ȵɑŋ^{55}

疙瘩蚊子咬后形成的 təuŋ^{31}tsi^{55}

狐臭 ʒ̣ɛ^{31}bu^{55}mu^{31}

看病 ȵi^{55}sto^{55}

诊脉 stie^{55}sto^{55}

打针 tʂən^{55}tsiu^{31}

打吊针 tiɑo^{55}tʂən^{55}tsiu^{31}

吃药统称 m̥in^{55}thin^{55}

汤药 m̥in^{55}ʐan^{55}

病轻了 ȵi^{55}nə^{31}ʒdʒin^{31}si^{55}

八　婚丧信仰

说媒 m̥in^{31}ʃtʃyɑ^{55}

媒人 dzʅ^{31}bo^{55}

订婚 ʃtʃyɑ^{31}ta^{55}

嫁妆 zdəuŋ^{31}ʃʅ^{55}tsiəŋ^{55}gui^{31}

娶妻子男子～，动宾 tʂʅ^{55}mɑŋ^{55}ʃtʃyɑ^{31}

出嫁女子～ zdəuŋ^{55}

新郎 tsʉ^{55}ʃ̣ʅ^{55}

新娘子 m̥in^{31}ʃ̣ʅ^{24}

孕妇 tʂən^{31}bəuŋ^{55}

怀孕 tʂən^{31}bəuŋ^{55}

害喜妊娠反应 ʃtʃiɑ^{31}ʈɑ^{55}

分娩 dʒʅ^{24}

流产 khə^{31}tsiu^{55}

坐月子 ʒ̣ʅ^{55}dzin^{55}

吃奶 ȵyŋ^{31}tʃi^{55}

断奶 ȵyŋ^{31}qhɑ^{55}

满月 ʒ̣ʅ^{55}sʉ^{55}

死统称 sʅ^{24}

死婉称，指老人：他～了 lo^{24}

自杀 sʅ^{55}pʉ^{24}

咽气 xko^{31}min^{55}

入殓 syŋ^{55}wu^{55}tʃi^{55}

棺材 syŋ^{55}

出殡 khə^{31}ʃʅ^{24}

灵位 ʈɑ^{55}zdəuŋ^{31}

坟墓单个的，老人的 phjin^{24}

上坟 phjin^{31}fpie^{55}

纸钱 ʃ̣ɛ^{31}gəu^{55}ŋəuŋ^{55}

老天爷 ɑ^{31}pu^{55}quɑ^{55}ji^{55}

菩萨统称 ʃie^{31}min^{55}

寺庙 ʃie^{31}min^{55}təuŋ^{55}

算命统称 tsɑ^{55}tsʅ^{55}

运气 tʂɑ^{55}phji^{55}

保佑 ʒdʒiu^{55}

九 人品称谓

人一个～ min^{55}

男人成年的，统称 bʉ^{31}tshie^{24}

女人三四十岁已婚的，统称 xuŋ^{31}bʉ^{55}bɑ^{31}

单身汉 gɯ^{31}mu^{31}stie^{55}

老姑娘 m̥ə^{31}die^{24}

婴儿 o^{55}liu^{31}

小孩三四岁的，统称 tʂən^{24}

男孩统称：外面有个～在哭 tsʉ^{55}tshie^{31}mə^{31}tsɿ^{31}

女孩统称：外面有个～在哭 m̥in^{31}tʂən^{24}

老人七八十岁的，统称 ʒdʒiəŋ^{55}ʒdʒin^{31}

亲戚统称 tʃan^{55}

朋友统称 ɬie^{55}ɖu^{55}

邻居统称 ʐuɛ^{31}pʒɿ^{55}

客人 wo^{31}min^{55}

农民 ʐʅ^{55}ʐe^{31}dzu^{31}min^{31}

商人 tshiəŋ^{31}dzu^{31}min^{55}

手艺人统称 ʒ̣ɑ^{31}phj i^{55}pʉ^{55}min^{31}

木匠 po^{55}dʒɿ^{24}

裁缝 ɖei^{31}ɖɑ^{31}po^{55}dʒɿ^{31}

理发师 qhu^{55}ʐei^{55}min^{31}

厨师 quɑ^{31}dʒɿ^{24}

师傅 po^{55}dʒɿ^{24}

徒弟 ʒ̣ɿ^{31}pʉ^{55}min^{31}

乞丐统称，非贬称 tʂhə^{31}m̥in^{55}min^{31}

流氓 ʒdʒdiɛ^{55}tsʉ^{31}

贼 ʃtʃiu^{55}min^{31}

瞎子统称，非贬称 stɑ^{55}qu^{55}

聋子统称，非贬称 zdɛ^{31}bəuŋ^{31}min^{55}

哑巴统称，非贬称 mə^{55}do^{55}

驼子统称，非贬称 do^{31}kuŋ^{55}min^{55}

瘸子统称，非贬称 zdɑ^{31}pɑ^{24}

疯子统称，非贬称 xkəuŋ^{55}xkəuŋ^{55}

傻子统称，非贬称 do^{31}khei^{55}

笨蛋蠢的人 mə^{55}stu^{31}min^{55}

爷爷呼称，最通用的 pu^{55}pu^{55}

奶奶呼称，最通用的 die^{55}die^{55}

外祖父叙称 bɑ^{55}pu^{55}pu^{55}

外祖母叙称 mɑŋ^{55}die^{55}die^{55}

父母合称 suan^{55}mɑŋ^{24}

父亲叙称，面称 bɑ^{55}

父亲面称或旁称 suan^{24}

母亲叙称 mɑŋ^{24}

爸爸呼称，最通用的面称 bɑ^{55}

爸爸面称或旁称 suan^{24}

妈妈呼称，最通用的 mɑŋ^{24}

继父叙称 puŋ^{24}puŋ^{31}

继母叙称 mɑŋ^{55}tsɛ^{24}

岳父叙称 kɯ^{24}kɯ^{31}

岳母叙称 ȵi^{55}ȵi^{55}

公公叙称 kɯ^{24}kɯ^{31}

婆婆叙称 ȵi^{55}ȵi^{55}

伯父呼称，统称 ɑ^{55}puŋ^{31}

伯母呼称，统称 ɑ^{55}mie^{31}

叔父呼称，统称 puŋ^{24}puŋ^{31}

排行最小的叔父呼称，如"幺叔" ɑ^{55}puŋ^{31}tsɛ^{24}

叔母呼称，统称 mie^{24}mie^{31}

姑呼称，统称 ȵi^{55}ȵi^{55}

姑父呼称，统称 ɑ^{55}puŋ^{31}

舅舅呼称 kɯ^{24}kɯ^{31}

舅妈呼称 ȵi^{55}ȵi^{55}

姨呼称，统称 mɑŋ^{55}ta^{55}

姨父呼称，统称 ɑ^{55}puŋ^{31}

弟兄合称tsʉ^{55}pɛ^{55}tʂən^{31}
姊妹合称m̥in^{31}pɛ^{55}tʂən^{31}
哥哥呼称，统称pa^{24}
弟弟叙称，男称kun^{24}
弟弟叙称，女称mu^{24}
弟媳叙称，男称n̥un^{55}
弟媳叙称，女称kun^{24}
姐姐呼称，统称pa^{24}pa^{31}
姐夫呼称ɑ^{31}pa^{24}
妹妹叙称，男称n̥un^{55}
妹妹叙称，女称kun^{24}
妹夫叙称，男称kun^{24}
妹夫叙称，女称mu^{24}
堂兄弟叙称，统称puŋ^{55}pɛ^{55}tʂən^{31}
表兄弟叙称，统称m̥ɛ^{55}tsi^{55}pɛ^{31}tʂən^{31}
儿子叙称：我的～ tsʉ^{55}
儿媳妇叙称：我的～ ʈhʅ^{24}
女儿叙称：我的～ m̥in^{24}
女婿叙称：我的～ miɛn^{31}pʉ^{55}
孙子儿子之子ji^{55}tʂʅ^{24}
重孙子儿子之孙ʒdʒəuŋ^{31}ji^{55}
侄子弟兄之子dyu^{24}
外甥姐妹之子tsi^{31}tsʅ^{55}
外孙女儿之子ji^{55}tsʅ^{24}
夫妻合称tʂʅ^{55}mɑŋ^{55}ja^{31}qa^{31}zʅ^{31}
丈夫叙称，最通用的，非贬称：她的～ ja^{31}qa^{31}zʅ^{55}
妻子叙称，最通用的，非贬称：他的～ tʂʅ^{55}mɑŋ^{55}
名字man^{55}
绰号no^{55}ɬie^{24}

十　农工商文

干活儿统称：在地里～ ʐʅ^{55}ʐe^{31}dzu^{31}
事情一件～ ʃʅ^{24}
插秧syu^{55}tiu^{55}
割稻syu^{55}kɯ^{55}
种菜ȵɑŋ^{31}tiu^{55}
犁名词təuŋ^{55}
锄头dzuan^{24}
镰刀ʐʅ^{24}
把儿刀～ ʒdʒəu^{24}
箩筐tiu^{31}liu^{55}
筛子统称ʈə^{55}tsʅ^{55}
簸箕农具，有梁的phʒʅ^{31}nən^{55}
簸箕簸米用ʈha^{55}nən^{55}
碓整体ʃtʃi^{24}
臼ʃtʃi^{31}qhuɑ^{24}
磨名词ʐʅ^{31}thɑ^{55}
年成dʒʅ^{31}khɑ^{24}
打工qɑ^{55}ʃtʃi^{31}
斧子fpʉ^{55}
钳子mɛn^{31}ga^{24}
锤子stɑ^{31}thiu^{24}
钉子tso^{55}
绳子sʅ^{31}ʐa^{55}
棍子zdin^{55}
做买卖tshiəŋ^{31}dzu^{24}
饭馆dzi^{55}təuŋ^{55}
旅馆旧称ʃ̣ɑ^{31}stə^{55}
贵phu^{24}ta^{55}
便宜phu^{24}ʒdʒin^{24}
合算qa^{55}
折扣qhɑ^{31}qhɑ^{55}
钱统称ŋəuŋ^{55}
零钱ŋəuŋ^{55}pʉ^{55}tsʅ^{31}ʐɑ^{31}
硬币tsi^{55}jɑ^{31}
本钱stin^{55}
工钱ʐʅ^{31}qo^{55}phu^{55}
路费ʐuɛ^{31}phu^{24}

花～钱 tsɛ^{24}

赚卖一斤能～一毛钱 phʐɛ^{55}

挣打工～了一千块钱 mə^{55}ʃtʃie^{55}

欠～他十块钱 ʐuɑ^{24}

算盘 ʐuɑ^{31}man^{24}

秤统称 tʃʅ^{24}

称用杆秤～ tʃʅ^{24}

赶集 dʒʅ^{55}to^{55}ʃʅ^{55}

集市 dʒʅ^{55}tsʉ^{55}tsʉ^{31}

学校 dʐʅ^{31}dʐʅ^{31}tʂho^{31}təuŋ^{55}

上学 dʐʅ^{31}dʐʅ^{31}tʂho^{24}

书包 dʐʅ^{31}dʐʅ^{31}lɑ^{31}bjɑ^{55}

信一封～ phʐɛ^{55}

捉迷藏 nɑŋ^{55}nɑŋ^{55}pʉ^{31}

唱歌 ɖei^{24}

演戏 tsho^{55}tsho^{24}

笛子 xan^{55}

打扑克 phɛ^{31}tsiu^{55}

打麻将 mɑ^{31}tsiɑŋ^{55}tsiu^{31}

讲故事 ʒ̣ɛ^{31}ȵi^{31}təuŋ^{55}xin^{55}

猜谜语 thyu^{55}lyu^{31}ʃʅ^{55}

玩儿游玩：到城里～ xuɑ^{55}jɑ^{55}

串门儿 ɖu^{31}dzin^{55}

走亲戚 tʃan^{55}zdʉ^{55}zduɛ^{24}

十一　动作行为

看～电视 sto^{55}

听用耳朵～ ȵi^{24}

闻嗅：用鼻子～ m̥ən^{31}m̥ɛn^{55}

吸～气 ʃtʃy^{55}

睁～眼 ʈuɑ^{55}

闭～眼 m̥ə^{24}

眨～眼 m̥ə^{24}

张～嘴 qɑ^{55}

闭～嘴 m̥ə^{24}

咬狗～人 xkɑ^{24}

嚼把肉～碎 ti^{55}

咽～下去 ɣgu^{55}gəuŋ^{31}

舔人用舌头～ ɖɑ^{24}

含～在嘴里 ku^{24}

亲嘴 o^{55}pʉ^{31}

吮吸用嘴唇聚拢吸取液体，如吃奶时 ʃtʃy^{55}

吐上声，把果核儿～掉 phʒʅ^{24}

吐去声，呕吐：喝酒喝～了 fphɛ^{24}

打喷嚏 ʃən^{31}tʂhuŋ^{55}

拿用手把苹果～过来 jɛ^{24}

给他～我一个苹果 khən^{24}

摸～头 ʃʉ^{31}ʃuɛ^{55}

伸～手 ʃtʃyŋ^{55}

挠～痒痒 ʈei^{55}

掐用拇指和食指的指甲～皮肉 sty^{24}

拧～螺丝 ʃtʃəu^{55}

拧～毛巾 ʃtʃəu^{55}

捻用拇指和食指来回～碎 li^{55}

掰把橘子～开，把馒头～开 ʈən^{55}

剥～花生 phʐʅ^{55}

撕把纸～了 ʈhə^{24}

折把树枝～断 ʈən^{55}

拔～萝卜 ɬʉ^{24}

摘～花 qhɑ^{24}

站站立：～起来 ʃtʃhʅ^{55}

倚斜靠：～在墙上 stin^{55}

蹲～下 tʂuŋ^{55}tʂuŋ^{31}dzin^{31}

坐～下 dzin^{55}

跳青蛙～起来ʃtʃʅ^{55}

迈跨过高物：从门槛上～过去zdan^{31}zdo^{55}

踩脚～在牛粪上tʂhə^{24}

翘～腿təuŋ^{31}to^{55}

弯～腰wuŋ^{55}

挺～胸ʃtʃyŋ^{55}

趴～着睡bu^{24}

爬小孩在地上～quŋ^{55}ʐuŋ^{55}ʐuŋ^{31}

走慢慢儿～ɖan^{24}

跑慢慢儿走，别～zdi^{24}

逃逃跑：小偷～走了phjin^{24}

追追赶：～小偷ʃtʃie^{55}

抓～小偷ʈɑ^{55}

抱把小孩～在怀里jo^{24}

背～孩子ʃtʃyu^{24}

搀～老人ʃtʃhi^{24}

推几个人一起～汽车ʈhɛ^{24}

摔跌：小孩～倒了jəuŋ^{55}jin^{55}

撞人～到电线杆上ʃtʃhyu^{24}

挡你～住我了，我看不见tshan^{24}

躲躲藏：他～在床底下nɑŋ^{24}

藏藏放，收藏：钱～在枕头下面ʃtʃu^{24}

放把碗～在桌子上ʃtʃi^{24}

摞把砖～起来tuŋ^{31}ti^{31}to^{55}

埋～在地下təuŋ^{31}ʐʅ^{24}

盖把茶杯～上ʃtʃye^{24}

压用石头～住si^{55}

摁用手指按：～图钉si^{55}

捅用棍子～鸟窝tiu^{24}

插把香～到香炉里tsi^{55}

戳～个洞ʃtʃhua^{24}

砍～树ʃtʃiɑ^{55}

剁把肉～碎做馅儿tɑo^{24}

削～苹果phjɛ^{24}

裂木板～开了tsɑ^{55}

皱皮～起来stuɛ^{31}stuɛ^{55}

腐烂死鱼～了bji^{24}

擦用毛巾～手ʈhʉ^{24}

倒把碗里的剩饭～掉ba^{55}la^{24}

扔丢弃：这个东西坏了，～了它tʃɑ^{55}ʐɑ^{24}

扔投掷：比一比谁～得远vbɑ^{24}

掉掉落，坠落：树上～下一个梨ɖʅ^{24}

滴水～下来ʒdʒʅ^{24}

丢丢失：钥匙～了thə^{31}min^{55}

找寻找：钥匙～到mə^{55}ʃtʃie^{55}

捡～到十块钱jəuŋ^{55}

提用手把篮子～起来jo^{24}

挑～担tu^{24}

扛káng，把锄头～在肩上tu^{24}

抬～轿jo^{24}

举～旗子jo^{24}

撑～伞jo^{24}

撬把门～开pie^{55}

挑挑选，选择：你自己～一个sthie^{55}

收拾～东西pjɑ^{31}to^{24}

挽～袖子li^{55}

涮把杯子～一下ʒdʒua^{24}

洗～衣服tsa^{55}

捞～鱼ʐə^{55}

拴～牛guɛ^{24}

捆～起来ʂɛ^{24}

解～绳子phʐʅ^{55}

挪～桌子bjɑ^{24}

端～碗ʃtʃhi^{24}

摔碗～碎了 ɖʅ^{24}

掺～水 tʃhʉ^{24}

烧～柴 ẓei^{24}

拆～房子 pʉ^{55}ṭha^{24}

转～圈儿 ʃtʃyu^{55}

捶用拳头～ ʃtʃhyu^{24}

打统称：他～了我一下 xɯ^{55}

打架动手：两个人在～ tsiɛ^{55}tsiu^{24}

休息 khə^{31}ṇi^{55}

打哈欠 xa^{31}ʃʅ^{31}xiɛ^{55}

打瞌睡 ʒʅ^{31}ṇi^{55}

睡他已经～了 ʒʅ^{24}

打呼噜 ṭhei^{31}ṭhaŋ^{31}xiɛ^{55}

做梦 ʒʅ^{55}min^{31}tʃhʅ^{24}

起床 tə^{55}ʃtʃhin^{55}

刷牙 ṣəu^{55}tsa^{31}

洗澡 tʃʅ^{55}bo^{24}

想思索：让我～一下 sʉ^{55}zdʉ^{24}

想想念：我很～他 sʉ^{55}zdʉ^{24}

打算我～开个店 ʃ̣ə^{55}

记得 ḍən^{24}

忘记 mẓə^{24}

怕害怕：你别～ ʃtʃiɛ^{24}

相信我～你 dẓən^{55}ʒ̣əu^{55}

发愁 an^{55}

小心过马路要～ tṣhɛ^{31}tṣhɛ^{55}pʉ^{31}

喜欢～看电视 ʒdʒia^{55}

讨厌～这个人 dzʅ^{24}

舒服凉风吹来很～ dʒua^{55}

难受生理的 maŋ^{31}dʒua^{55}

难过心理的 sa^{31}pa^{55}

高兴 gəu^{24}

生气 tsin^{55}

责怪 thao^{55}

忌妒 nə^{31}təuŋ^{24}

害羞 ʃtʃhia^{24}

丢脸 ʃtʃhia^{24}

欺负 maŋ^{31}sua^{24}

装～病 tsɛ^{55}lɛ^{55}

疼～小孩儿 ʃtʃhy^{24}

要我～这个 khu^{24}

有我～一个孩子 ʒ̣ə^{55}

没有他～孩子 maŋ^{55}ʒ̣ə^{24}

是我～老师 də^{24}

不是他～老师 maŋ^{55}də^{24}

在他～家 ʒ̣ə^{55}

不在他～家 maŋ^{55}ʒ̣ə^{24}

知道我～这件事 tṣa^{31}ʃ̣ʅ^{24}

不知道我～这件事 tṣa^{55}maŋ^{31}ʃ̣ʅ^{24}

懂我～英语 tṣa^{31}ʃ̣ʅ^{24}

不懂我～英语 tṣa^{55}maŋ^{31}ʃ̣ʅ^{24}

会我～开车 dẓuŋ^{24}

不会我～开车 dẓuŋ^{24}maŋ^{31}ẓəu^{55}

认识我～他 man^{24}sʅ^{55}

不认识我～他 man^{24}maŋ^{31}sʅ^{55}

行应答语 qa^{55}

不行应答语 maŋ^{31}qa^{55}

肯～来 n̥in^{55}ṣʅ^{55}

应该～去 ba^{24}

可以～去 qua^{24}

说～话 tʃʅ^{24}

话说～ ko^{55}tṣʅ^{55}

聊天儿 ko^{55}tṣɛ^{55}tṣʅ^{31}

叫～他一声儿 qua^{55}ẓa^{55}

吆喝大声喊 ʐun^{55}
哭小孩～ xkua^{55}
骂当面～人 dʐɿ^{31}tʂɑ^{24}
吵架动嘴：两个人在～ sɛ^{55}sɛ^{24}
骗～人 tɑ^{31}tʂo^{24}
哄～小孩 tɑ^{31}tʂo^{24}
撒谎 ʈɛ^{55}xin^{31}
吹牛 quɑ^{55}ʐɿ^{55}m̥ə^{31}
拍马屁 vbʉ^{24}
开玩笑 lɑŋ^{24}sɑŋ^{31}
告诉～他 tʂən^{24}
谢谢致谢语 thə^{31}ʒ̣ɑ^{55}

十二　性质状态

大苹果～ ta^{55}
小苹果～ ɛ^{31}liu^{55}liu^{55}
粗绳子～ bən^{55}
细绳子～ tshin^{24}
长线～ ʂan^{55}
短线～ tshiəŋ^{55}
长时间～ ʂan^{55}
短时间～ tshiəŋ^{55}
宽路～ fpo^{55}
宽敞房子～ fpo^{55}
窄路～ ʃtʃɿ^{55}
高飞机飞得～ ʒdʒyn^{55}
低鸟飞得～ bjɑ^{55}
高他比我～ ʒdʒyn^{55}
矮他比我～ bjɑ^{55}
远路～ ʂan^{55}
近路～ bʐan^{24}
深水～ xei^{55}
浅水～ zdin^{24}
清水～ quan^{55}
浑水～ xie^{55}
圆 ʐuɛ^{55}ʐuɛ^{55}
扁 bjɛ^{55}bjɛ^{55}
方 tɑ^{31}tɑ^{24}
尖 tʃhiɑ^{24}
平 stin^{24}
肥～肉 tshɿ^{24}
瘦～肉 tsin^{24}
肥形容猪等动物 tshɿ^{24}
胖形容人 tshɿ^{24}
瘦形容人、动物 ɖɿ^{24}
黑黑板的颜色 ȵɑŋ^{24}
白雪的颜色 phʐən^{55}
红国旗的主颜色，统称 ȵe^{55}
黄国旗上五星的颜色 ɦan^{24}
蓝蓝天的颜色 pjɑ^{55}
绿绿叶的颜色 ȵi^{55}
紫紫药水的颜色 ȵe^{55}mu^{55}tiəŋ^{31}tiəŋ^{31}
灰草木灰的颜色 phʐən^{55}mu^{55}tiəŋ^{31}tiəŋ^{31}
多东西～ ʒɿ^{55}
少东西～ nən^{55}
重担子～ la^{55}
轻担子～ ʒdʒin^{24}
直线～ stu^{55}
陡坡～，楼梯～ xkɑ^{24}
弯弯曲：这条路是～的 xku^{24}
歪帽子戴～了 fphi^{24}
厚木板～ ɦɑ^{24}
薄木板～ bʉ^{55}
稠稀饭～ dzʉ^{24}

稀稀饭～ɖən^{24}

密菜种得～dzɑ^{24}

稀稀疏：菜种得～ɖə^{55}

亮指光线，明亮 bjin^{31}jin^{55}

黑指光线，完全看不见 ȵɑŋ^{24}

热天气 tsɛ^{55}

暖和天气 ʃʉ^{55}

凉天气 bəuŋ^{24}

冷天气 bəuŋ^{24}

热水 ʃʉ^{55}

凉水 bəuŋ^{24}

干干燥：衣服晒～了 ɣgu^{55}

湿潮湿：衣服淋～了 dzan^{55}

干净衣服～ʃəuŋ^{55}

脏肮脏，不干净，统称：衣服～tʃɑ^{24}

快锋利：刀子～tʃhiɑ^{24}

钝刀～mɑŋ^{31}tʃhiɑ^{24}

快坐车比走路～ȶhəuŋ^{55}

慢走路比坐车～tʃha^{24}

早来得～ȶhəuŋ^{55}

晚来～了 n̥ɑŋ^{55}

晚天色～thə^{31}mə^{55}nɑ^{31}

松捆得～xua^{55}la^{55}la^{31}

紧捆得～dzʅ^{55}dzʅ^{24}

容易这道题～ʒdʒɛ^{24}

难这道题～xko^{55}

新衣服～ʃʅ̣^{24}

旧衣服～v^{55}

老人～ʃɑ̣^{55}

年轻人～phzɑ̣^{24}quɯ^{31}tsɛ^{24}

软糖～fpu^{55}

硬骨头～tʃəuŋ^{55}

烂肉煮得～fpu^{55}

煳饭烧～了 qha^{55}

结实家具～lən^{55}

破衣服～ʃtʃi^{31}phɑ^{24}

富他家很～tin^{55}

穷他家很～mɑŋ^{31}ʃʅ̣^{24}

忙最近很～bin^{55}

闲最近比较～mɑŋ^{31}bin^{55}

累走路走得很～diu^{55}

疼摔～了 ȵi^{55}

痒皮肤～dzʉ^{55}

热闹看戏的地方很～stha^{24}

熟悉这个地方我很～man^{24}sʅ^{55}

陌生这个地方我很～man^{24}mɑŋ^{31}sʅ^{55}

味道尝尝～tsuŋ^{55}

气味闻闻～mu^{55}

咸菜～qhɑ^{24}

淡菜～bʉ^{55}

酸 tʃu^{55}

甜 thə^{24}

苦 qhɑ^{24}

辣 xkɯ^{55}

香 ṣa^{55}

臭 ẓʅ^{31}nan^{55}

馊饭～ṣun^{24}

腥鱼～nɛ^{55}mu^{24}

好人～phji^{55}

坏人～ɖɛ^{24}

差东西质量～ɖɛ^{24}

对账算～了 mɑŋ^{55}zdɛ^{24}

错账算～了 zdɛ^{55}

漂亮形容年轻女性的长相：她很～liɑ^{24}

丑形容人的长相：猪八戒很～ mɑŋ31ʃu55

勤快 ʈhəuŋ55ʒdʒəuŋ55

懒 ɣgɯ31ʐʅ55

乖 ʐʉ55

顽皮 tʂu31tsin55

老实 stu55

傻痴呆 do31khei55

笨蠢 xue55xue31

大方不吝啬 phʐən55sie55

小气吝啬 ʒdʒəu24

直爽性格～ stu55

犟脾气～ ɖɛ24

十三　数量

一～二三四五，下同 ti24

二 ȵi24

三 səuŋ24

四 ʒdʒɛ24

五 wɑŋ24

六 ʈhu24

七 xiɛn24

八 ʃ̣uɛ24

九 ɣgɯ55

十 qɑ55stin31

二十 nə31go55

三十 səuŋ31go55

一百 tɛ31ʃ̣ʅ55

一千 tɛ31stin55

一万 tɛ31man55

一百零五 tɛ31ʃ̣ʅ55nəuŋ55wɑŋ31

一百五十 tɛ31ʃ̣ʅ55nəuŋ55wɑŋ31go55

第一～，第二 qhu31qhu55ti24

二两重量 nə55tʂə24

几个你有～孩子？ tʃhʅ31tsʅ55

俩你们～ zan55

仨你们～ səuŋ31tsʅ55

个把 ti31diɑ55ȵi24

个一～人 tsʅ24

条一～鱼 ʒdʒie55

条一～蛇 stie24

张一～嘴 qɑ55

床一～被子 phjɑ55

领一～席子 phjɑ55

双一～鞋 phʐʅ24

把一～刀 pɑ24

根一～绳子 stie24

支一～毛笔 stie24

副一～眼镜 phʐʅ24

面一～镜子 bjɑ24

块一～香皂 ʃ̣o24

座一～房子 ɖɑ24

条一～河 stie24

条一～路 stie24

棵一～树 vbəuŋ55

朵一～花 ʒdʒie55

颗一～珠子 ʒdʒie24

粒一～米 ʒdʒie24

顿一～饭 pha24

股一～香味 mu55

行一～字 ʐuɛ24

块一～钱 bjɑ24

毛角：一～钱 bʐən24

件一～事情 ʃʅ24

点儿一～东西 ʈhʅ24

些一～东西 tsɿ^{24}

下打一～，动量，不是时量 ɬɑ^{24}

会儿坐了一～ dʒɿ^{24}

顿打一～ zɿ^{24}

阵下了一～雨 ʃə̣u^{55}

趟去了一～ ʃtʃyu^{55}

十四　代副介连词

我～姓王 ɑ^{55}

你～也姓王 ṇi^{24}

他～姓张 tə^{55}gɯ^{55}

我们不包括听话人：你们别去，～去 ɑ^{55}ẓɿ^{55}

咱们包括听话人：他们不去，～去吧 je^{31}ẓɿ^{55}

你们～去 ṇi^{31}ẓɿ^{55}

他们～去 tə^{55}ẓɿ^{55}

大家～一起干 mə^{31}sie^{55}ẓɿ^{55}

自己我～做的 din^{55}bie^{31}

别人这是～的 mə^{55}ẓɿ^{31}

我爸～今年八十岁 ɑ^{55}bɑ^{55}

你爸～在家吗？ nɑŋ^{55}bɑ^{55}

他爸～去世了 tə^{31}gɑ^{24}suan^{24}

这个我要～，不要那个 ti^{55}

那个我要这个，不要～ o^{55}ti^{55}

哪个你要～杯子？ tʃhɿ^{31}ṇi^{55}ti^{55}

谁你找～？ ɛ^{55}gɯ^{24}

这里在～，不在那里 də^{31}dzə̣^{55}

那里在这里，不在～ o^{55}dzə̣^{55}

哪里你到～去？ ɛ^{55}tʃi^{24}

这样事情是～的，不是那样的 tə^{31}ẓɑŋ^{24}ṇi^{31}

那样事情是这样的，不是～的 o^{55}tə^{31}ẓɑŋ^{24}ṇi^{31}

怎样什么样：你要～？ mə^{55}də^{55}

这么～贵啊 o^{55}nɑŋ^{31}

怎么这个字～写？ mə^{55}də^{55}pʉ^{31}nəuŋ^{31}

什么这个是～字？ mə^{55}də^{55}

什么你找～？ mə^{55}də^{55}

为什么你～不去？ mə^{55}də^{55}wɛ^{31}ʒɿ^{31}

干什么你在～？ mə^{55}də^{55}pʉ^{31}

多少这个村有～人？ tʃhn^{55}tshɛ^{24}

很今天～热 ko^{31}

非常比上条程度深：今天～热 jɑ^{55}ʃ̣ɑ^{24}

更今天比昨天～热 xɑ^{55}ti^{31}

太这个东西～贵，买不起 kue^{31}

最弟兄三个中他～高 mə^{55}siɑ^{31}

都大家～来了 mə^{31}sie^{55}

一共～多少钱？ mə^{31}sie^{55}

一起我和你～去 zdi^{24}

只我～去过一趟 tsɑ^{31}

刚这双鞋我穿着～好 tshɛ^{55}

刚我～到 tie^{31}nəuŋ^{55}

才你怎么～来啊？ tie^{31}nəuŋ^{55}

就我吃了饭～去 ji^{55}tʃɿ^{24}

经常我～去 ṣan^{55}nəuŋ^{31}

又他～来了 nə^{31}ji^{55}

还他～没回家 tiɛ^{24}

再你明天～来 nə^{31}ji^{55}

也我～去；我～是老师 zẹ^{55}

没有昨天我～去 min^{55}

不明天我～去 mɑŋ^{55}

别你～去 tɑ^{31}

甭不用，不必：你～客气 mɑŋ^{31}khu^{24}

快天～亮了 ʈhəuŋ^{55}

差点儿～摔倒了 tsho^{24}tsho^{31}

故意～打破的 tsɛ^{55}lɛ^{55}

随便～弄一下 tɑ^{55}zɿ^{31}tɑ^{55}qhɑ^{55}

白～跑一趟ʃi^{55}tʂhɑ^{31}

肯定～是他干的dɑ^{55}dɑ^{24}

可能～是他干的diɑ^{31}tʂhə^{55}

一边～走，～说tʃɿ^{55}pɑ^{31}

和我～他都姓王nəuŋ^{55}

和我昨天～他去城里了nəuŋ^{55}

对他～我很好bie^{55}

向～他借一本书bie^{55}

按～他的要求做khu^{55}

替～他写信po^{55}

如果～忙你就别来了ɑ^{31}thɑ^{55}

不管～怎么劝他都不听mɑŋ^{31}quɑ^{24}

第二节

《中国语言资源调查手册·民族语言（藏缅语族）》扩展词

一　天文地理

天～地 mə^{24}

阳光 bʉ^{55}dzɑ^{55}

日出 bʉ^{55}tsin^{55}

日落 bʉ^{55}v^{55}

彗星扫帚星 zdʉ^{55}

北极星 ȡʅ^{31}tsʉ^{55}

七姐妹星 ȡʅ^{31}m̥in^{55}xiɛn^{31}pɛ^{55}tʂən^{31}

光～线 dzɑ^{55}

影子 dzɑ^{55}

刮风 mo^{55}mo^{31}xɯ^{55}

风声风呼呼声 mo^{55}mo^{24}ʈhəuŋ^{55}

打雷 mə^{31}ʒdʒyu^{55}

响雷霹雳，名词 mə^{55}tsy^{24}

大雨 gui^{55}ta^{55}

小雨 gui^{55}ga^{55}tsɛ^{31}

毛毛雨 gui^{55}pɛ^{55}pɛ^{31}

暴风雨 gui^{55}do^{55}

雨声 gui^{55}ʈhəuŋ^{55}

下雪 fpʉ^{55}tʂhuŋ^{55}

雪崩 fpʉ^{55}ʐəuŋ^{31}

雪水 fpʉ^{55}ʐan^{31}

结冰 kəuŋ^{55}ʐən^{55}

融化雪～了 jəuŋ^{55}

乌云 zdin^{55}ȵɑŋ^{55}

彩云 zdin^{55}ȵe^{55}

蒸汽水蒸气 ȵəŋ^{55}

地总称 din^{24}

土地 din^{24}

坡地 xkɑ^{31}jin^{24}

荒地 ȵe^{31}ȵe^{31}jin^{24}

山地 go^{31}jin^{24}

平地平坦的土地 jin^{31}xkuan^{55}

地界田地的边界 jɑ^{55}tshuɑ^{24}

庄稼地 tʂho^{31}jin^{24}

沼泽地 tʃɿ^{31}ʃtʃhin^{55}

坝子山中的平地 xkuan^{55}

地陷 xu^{55}

海大～ ʃtʃəu^{31}tʃɿ^{55}

田总称 jin^{24}

田坎 jin^{31}tɑ^{55}bo^{31}

秧田 syu^{55}jin^{55}

小山 go^{31}tsʉ^{55}

荒山 ȵe^{31}ȵe^{31}go^{24}

雪山 fpʉ^{55}go^{55}

山顶 go^{31}qhu^{55}

山峰 go^{24}

山腰 go^{24}tɑ^{55}tsɑ^{24}

山脚 go^{31}ʈhɿ^{55}

阴山指山背阴一面 do^{24}phje^{31}

阳山指山朝阳一面 ʃtʃhi^{24}phje^{31}

岩洞 ʒdʒyu^{31}dẓuŋ^{55}

岩石 ʒdʒiɑ^{31}ʒdʒyu^{55}

鹅卵石 tʃɿ^{55}ʒdʒyu^{55}

平原 xkuan^{55}

滑坡 bie^{24}

陡坡 xkɑ^{24}

悬崖峭壁 ʒdʒiɑ^{24}

石板 ʒdʒyu^{31}bjɑ^{24}

小河 tʃɿ^{31}sie^{31}tsʉ^{55}

河水 sie^{55}tʃɿ^{31}

上游河的～ tʃɿ^{55}qhu^{55}

下游河的～ tʃɿ^{55}man^{31}

漩涡河里的～ tʃɿ^{31}ʃtʃyu^{55}

泡沫河里的～ stu^{24}

泉水 tʃɿ^{31}ʃtʃhyɛ^{24}

清水与浊水相对 tʃɿ^{55}quan^{55}

瀑布 tʃɿ^{55}xkɑ^{55}

草原 quŋ^{55}

沙漠 ʃ̣ɑ^{31}pɛ^{31}xkuan^{55}

峡谷 ʒdʒiɑ^{31}tshɛ^{31}tshin^{55}

泥石流 tʃɿ^{31}ʈuɑ^{31}jɛ^{24}

地洞 tʃe^{55}dẓuŋ^{31}

洞口 dẓuŋ^{55}tʃhie^{31}

山路 go^{31}ẓuɛ^{55}

岔路 ẓuɛ^{31}ɣgɑ^{55}

大路野外的 ẓuɛ^{31}ta^{55}

小路野外的 ẓuɛ^{55}tsʉ^{24}

桥统称 dzəuŋ^{24}

石桥 ʒdʒyu^{31}dzəuŋ^{24}

渡口 tʃɿ^{31}ʒdʒi^{31}tsa^{55}

菜园 ȵɑŋ^{31}khe^{24}

果园 siɑ^{31}sʉ^{55}jin^{55}

尘土干燥的泥路上搅起的 tʃe^{55}ȵəŋ^{31}

红土 tʃe^{55}ȵe^{31}

粉末 pɛ^{31}pɛ^{55}

渣滓榨油剩下的～ ḍəuŋ^{31}ḍɛ^{55}

煤渣炭屑煤炭燃烧后余下的东西 ṣo^{31}ʒdʒi^{55}luɛ^{55}

锅烟子 gɯ^{55}mɑŋ^{24}

金 ɦan^{55}

银 ŋəuŋ^{55}

铜 nən^{55}

铁 ʃ̣ən^{55}

锈名词 si^{24}

生锈动词 si^{24}

铅 syu^{55}

火种 mɛn^{31}la^{24}

火光 mɛn^{31}dzɑ^{55}

火焰 mɛn^{31}ɬɛ^{24}

火塘 mεn31gue24

打火石 ʃtʃiε55mεn31tsiu31

山火 go31mεn24

火把 mεn31xkan55

火星火塘里的 mə55tsy24

火舌火苗 mεn31ɬε24

火灾 mεn31bzʅ55

火石 ʃtʃa55ʒdʒyu55

油漆 ʂɿ55

井水～ tʃɿ55quŋ31

沸水 tʃɿ55ʈhə55

温水 tʃɿ31ʃʉ55

二 时间方位

春天 mə31ȵi24

夏天 mə31tʂə55

秋天 mə55tsɑ24

冬天 mə55tsəuŋ24

过年 wu31ʃ̣ɿ24

过节 ʃ̣ɑ31ʃ̣ɿ55

每年 tε55ko24mə55ʂɿ55

上半年 zʅ24ko55ʈhʉ24

下半年 no55ko55ʈhʉ24

闰月 ʒ̣ɿ55xɑ55

二月 ʒɿ31wɑŋ55ɬi55

三月 sε55wɑŋ31ɬi31

四月 lε31dzʅən55jin31

五月 qɑ55ɣgɯ55

六月 qɑ55xiεn55

七月 qɑ55wɑŋ55

八月 qɑ55səuŋ55

九月 ko55stin55

十月 n̥ɑŋ31dzu31ɬi55

十一月 tsu55xkua55ɬi31

十二月 wε31dzʅən55jin31

每月 ε31ʒ̣ɿ55mə55ʂɿ55

月初 ʒ̣ɿ55qhu55

月底 ʒ̣ɿ55man55

初一除了正月以外，其他月份的初一。下同 tə55dʒi55tε55n̥in24

初二 tə55dʒi55nə55n̥in24

初三 tə55dʒi55səuŋ31n̥in55

初四 tə55dʒi55ʒdʒε55n̥in24

初五 tə55dʒi55wɑŋ55n̥in24

初六 tə55dʒi55ʈhu31n̥in55

初七 tə55dʒi55xiεn31n̥in55

初八 tə55dʒi55ʃ̣uε31n̥in55

初九 tə55dʒi55ɣgɯ55n̥in24

初十 tə55dʒi55qɑ31stin55n̥in55

昼夜指白天黑夜 n̥in55ʃ̣ue31

半天 n̥in55ʈhʉ31

古时候 ʒ̣ε31ȵi24

东 ʃ̣ε55

南 tʂhuŋ55

西 n̥əŋ55

北 xu55

正面 zʅ31phje55

反面 no31phje55

附近 bzʅan31phje55

周围 tʃhie55tʃhie31

对岸河的～ thin31phje55

门上挂在～ kəuŋ24to55

楼上 liɑo24to55

楼下 liɑo24po55

角落墙的～ ɣgua24

在……后 ʐɿ^{55}dʒie^{24}

在……前 ʐɿ^{24}

在……之间 qo^{31}qo^{24}

三　植物

樟树 dʒɿ^{31}ɖəuŋ^{55}vbəuŋ^{55}

杨树 ɬɑ^{31}vbəuŋ^{55}

枫树 ʐo^{31}ʈhʉ^{31}vbəuŋ^{55}

桑树 ɖu^{55}vbəuŋ^{55}

椿树 ʃiɑŋ^{55}tʂhun^{55}vbəuŋ^{31}

棕树 bʒɿ^{31}sie^{31}vbəuŋ^{55}

冷杉一种树种 phjɑ^{55}vbəuŋ^{31}

漆树 ʂɿ^{55}vbəuŋ^{31}

水冬瓜树 mə^{55}quɑ^{55}vbəuŋ^{31}

青冈栎 ʂua^{55}vbəuŋ^{55}

树皮 sɛ^{31}ʐɿ^{24}

树枝 sɛ^{31}ʈuɑ^{24}

树干 sɛ^{31}ʐu^{24}

树梢 sin^{31}qhu^{55}

根树～ bʐan^{24}

树浆 dʒa^{55}

年轮树的～ sɛ^{31}stie^{55}

松球 ba^{31}ka^{31}jo^{55}

松针 sthə^{31}mɑŋ^{55}

松脂 zda^{24}

松香 zda^{24}

松包松树枝头上的果实 ʂɛ^{31}tho^{55}sʉ^{31}

松明劈成细条的山松，可以点燃照明 ʂu^{24}

火麻路边长的一种扎人的植物 m̥in^{55}

桃核 bʉ^{31}sʉ^{31}phʐa^{55}

葡萄 wo^{31}bʐa^{31}sʉ^{24}

樱桃 fpi^{55}sʉ^{55}

壳核桃～ gəuŋ^{24}

核儿枣～ phʐa^{55}

香蕉 sɑ^{55}ʒdʒəu^{24}

芭蕉 sɑ^{55}ʒdʒəu^{24}

山楂 fpɑ^{31}fpɑ^{24}

果皮统称 sʉ^{31}ʐɿ^{55}

果干晒干了的果实 sʉ^{31}ɣgu^{55}

葵花籽未去壳的 sɛ^{55}qua^{31}pie^{55}

荆藤 tsu^{55}ʒ̣ɛ^{31}nɑŋ^{31}

瓜蔓 ʒ̣ɛ^{31}nɑŋ^{24}

狗尾草 phɑ^{31}phu^{31}ʒdʒiəŋ^{24}

车前草 dɑ^{31}ʒɿ^{31}tsɿ^{55}

草根 ʒdʒiəŋ^{31}bʐan^{55}

青苔 tʃɿ^{55}ɖa^{31}

杜鹃花 xkhuɑ^{31}pɛ^{31}tsɿ^{55}

海棠花 sʉ^{31}ʒ̣ən^{55}pɛ^{55}tsɿ^{31}

葵花 bʉ^{55}sto^{55}pɛ^{31}tsɿ^{31}

桃花 bʉ^{31}sʉ^{31}pɛ^{31}tsɿ^{55}

花瓣 pɛ^{31}tsɿ^{55}fpɑ^{31}

花蕊 pɛ^{31}tsɿ^{55}ʃtʃhyɛ^{31}

菖蒲 zdiəŋ^{31}zdi^{55}

鸡㙡菌 ʃtʃiɑ^{31}mʐən^{24}

红菌 mʐən^{31}ȵe^{55}

黄菌 mʐən^{31}ɦan^{55}

松茸 ʃtʃiɑ^{31}mʐən^{31}dɑ^{24}

毒菇 dʉ^{31}mʐən^{55}

笋衣指笋的嫩壳 mʐɛn^{55}sthə^{24}

瓜籽西～ tʃhɿ^{31}kuɑ^{55}la^{55}

籽菜～ la^{24}

薄荷 xin^{31}dʐən^{24}

蒲公英 phjɛ^{31}nɑ^{31}nɑ^{24}

竹根 mʐɛn^{31}bʐan^{24}

竹节 mz̢ɛn^{31}tsa^{24}

竹竿 mə^{31}ɖun^{55}

柳絮 z̢ʉ^{55}pɛ^{31}tsɿ^{31}

篾条编篮子的～ mz̢ɛn^{31}ʃtʃiɛ^{24}

发芽 bʒɿ^{24}

结果 dz̢ə^{24}

成熟 mz̢e^{24}

开花 tə^{55}pɛ^{55}

吐须 ɦan^{31}stiəŋ^{55}khə^{31}ʒɿ^{55}

凋谢 go^{24}

粮食统称 pʉ^{31}z̢a^{24}

种子 la^{24}

秧植物幼苗的统称 ʒɿ^{24}

稻穗 syu^{55}n̥un^{55}

抽穗 n̥un^{24}tə^{55}tshɑ^{31}

大米脱粒后的 ts̢huɛ^{24}

小米脱粒后的 dɑ^{31}liɑo^{55}ts̢huɛ^{55}

糯米 ȵyŋ^{31}ts̢huɛ^{55}

红米 ts̢huɛ^{31}ȵe^{55}

秕谷 mə^{31}s̢o^{24}

稗子 z̢ua^{24}

糠 ba^{24}

粟 dɑ^{31}liɑo^{55}

玉米苞玉米棒子 ʃɿ^{31}ʃɛ^{55}bie^{55}bie^{31}

玉米秆 ʃɿ^{31}ʃɛ^{55}z̢u^{55}

玉米须 ʃɿ^{31}ʃɛ^{55}ɦan^{55}stiəŋ^{31}

青稞 quŋ^{31}tsuŋ^{55}

燕麦 ʃtʃin^{24}

荞麦 tʃɿ^{31}min^{24}

苦荞 təuŋ^{31}tʃɿ^{24}

麦芒 m̥in^{55}

麦穗 ʃtʃɛ^{31}n̥un^{55}

麦茬麦秆割过余下的部分 tʃɿ^{31}z̢un^{55}

荞花 tʃɿ^{31}min^{31}pɛ^{31}tsɿ^{55}

荞壳 tʃɿ^{31}min^{31}ba^{55}

苎麻 phjɑ^{31}m̥in^{55}

豆子统称 ts̢ɑ^{31}təu^{55}

豆秸 ts̢ɑ^{31}təu^{55}zdin^{55}

豆苗豆类的幼苗 ts̢ɑ^{31}təu^{55}bɑ^{55}

冬瓜 ts̢ɿ^{31}kuɑ^{55}

青菜 ȵɑŋ^{31}ȵi^{55}

蕨菜 zdin^{55}

荠菜 z̢o^{55}ȵɑŋ^{31}

苦菜 ȵɑŋ^{31}ȵi^{55}

蒜苗 xkɯ^{55}bɑ^{55}

青椒 ɬɛ^{31}xkɯ^{55}ȵi^{55}

红椒 ɬɛ^{31}xkɯ^{55}ȵe^{55}

干辣椒 ɬɛ^{31}xkɯ^{55}ɣgu^{55}

春笋 mə^{31}ȵi^{31}mz̢ɛn^{55}sthə^{31}

冬笋 mə^{55}tsəuŋ^{31}mz̢ɛn^{55}sthə^{31}

笋壳 mz̢ɛn^{55}sthə^{31}z̢ɿ^{24}

笋干 mz̢ɛn^{55}sthə^{31}ɣgu^{55}

萝卜干 ɬie^{31}bie^{31}ɣgu^{55}

萝卜缨子 ɬie^{31}bie^{31}fpɑ^{24}

根茎菜的～ bz̢an^{24}

四　动物

野兽 pin^{31}ʒdʒi^{24}

豹 sy^{24}

狗熊 wən^{55}

熊掌 wən^{55}ʒ̩ɑ^{55}

熊胆 wən^{55}ʈɿ^{55}

野猪 phjɛ^{31}ȵe^{55}

豺狗 po^{55}ȵe^{55}

豪猪 tsɛ^{55}phjɑ^{55}
鹿总称 tsɛ^{55}
鹿茸 tsɛ^{55}ʈhʉ^{31}
麂子 ʃtʃʅ^{55}
狐狸 ʒdʒyɛ^{24}
狼 po^{55}
黄鼠狼 xan^{31}bʉ^{31}lyu^{24}
水獭 tʃʅ^{31}ʒdʒyɛ^{24}
旱獭土拨鼠 phjɛ^{31}tsɿ^{55}fpɛ^{31}tsie^{31}
牦牛 ʐuɛ^{55}
挤～牛奶 tsɿ^{55}
松鼠 go^{31}tʂo^{55}
金丝猴 tsɛ^{55}ʒ̣ʅ^{24}
啄木鸟 gɯ^{55}liəŋ^{55}
布谷鸟 qɯ^{55}pu^{24}
斑鸠 khu^{55}lyu^{24}
燕子 xan^{31}go^{31}tsi^{55}
野鸡 qo^{31}do^{24}
老鹰 ʈɑ^{24}
鹰爪 ʈɑ^{31}ʒdan^{55}
猫头鹰 luɛ^{31}khəuŋ^{31}ʃtʃyu^{55}
鹦鹉 xan^{24}
画眉鸟 tʃʅ^{55}qo^{31}li^{55}
鸟蛋 go^{31}tsi^{31}ʐɿ^{31}qu^{55}
鸟笼 go^{31}tsi^{31}qɑ^{55}
麝 lə^{55}
麝香 lɛ^{31}ʃtʃɛ^{24}
野兔 ɬu^{31}tsɿ^{55}
毒蛇 dʉ^{31}bʉ^{31}ʐa^{55}
蟒蛇 bʉ^{31}ʐa^{55}ta^{55}
水蛇 tʃʅ^{55}bʉ^{55}ʐa^{31}
眼镜蛇 ʐɿ^{55}bjin^{55}

蛇皮 bʉ^{31}ʐa^{55}ʐɿ^{55}
蛇胆 bʉ^{31}ʐa^{55}ʈɿ^{55}
蛇洞 bʉ^{31}ʐa^{55}dʐuŋ^{55}
刺猬 pʐɿ^{55}
田鼠 tʃʅ^{31}wo^{24}
母老鼠母的家鼠 wo^{31}mɑŋ^{55}
蜥蜴 ʒ̣ɛ^{31}ʃtʃiɑ^{55}
壁虎 stan^{55}tsɿ^{55}pɛ^{31}tiəŋ^{31}
头虱 ʃ̣ʅ^{55}
虮子虱卵 ʃtʃhi^{55}tsɿ^{24}
螳螂 tsɿ^{31}fpɑ^{31}ʒdʒyn^{24}
蟋蟀蛐蛐 stɛ^{55}san^{55}
地蚕土壤里吃土豆、花生的虫子，色白状似蚕 xkhua^{31}ta^{55}bu^{55}
蜂窝 bjɛ^{31}tiu^{31}liu^{55}
蜂王 bjɛ^{31}san^{24}
蜂箱 bjɛ^{55}sʉ^{24}
蜂蜡 bjɛ^{55}ʐe^{24}
飞蛾 phɑ^{31}lɑ^{55}
萤火虫 bɛ^{31}mɛn^{24}
蚁窝 bʉ^{55}ʒdʒie^{31}qɑ^{55}
蚁蛋 bʉ^{55}ʒdʒie^{31}ʐɿ^{31}qu^{55}
田蚂蟥 m̥ɑŋ^{24}
山蚂蟥 fphɑŋ^{24}
牛虻 n̥ɑŋ^{24}
臭虫 ɖo^{55}ʃ̣ʅ^{55}
毛毛虫 ba^{31}man^{55}
蛔虫肚子里的 bu^{55}liəŋ^{31}
肉蛆 ləuŋ^{55}
屎蛆 ləuŋ^{55}
滚屎虫屎壳郎 dɛ^{55}ʒʅ^{24}
绿头蝇 xue^{55}

蜘蛛网 bʉ^{31}ɖəuŋ^{55}tʂhuŋ^{55}

织网蜘蛛～ tʂhuŋ^{31}dzu^{55}

蜗牛 fphɑŋ^{24}

蚌 ji^{24}

海螺 ji^{31}qu^{31}bʐʅ^{55}

蝌蚪 fpə^{55}tsʉ^{31}

鱼鳍鱼翅膀 dʒʅ^{55}dəuŋ^{55}

鱼刺 dʒʅ^{55}ʐɑ^{55}qɑ^{31}

鱼子鱼卵 dʒʅ^{55}ʐʅ^{55}qu^{31}

鱼苗 dʒʅ^{31}tsʉ^{24}

鱼饵 dʒʅ^{55}tʂhə^{55}

鱼鳔 dʒʅ^{55}ʈʅ^{31}

剖鱼 dʒʅ^{55}phɑ^{55}

钓鱼竿 dʒʅ^{55}zʅ^{31}zdin^{31}

皮子总称 ʐʅ^{24}

毛总称 man^{55}

羽毛 man^{55}

角动物身上长的 ʈhʉ^{55}

蹄子统称 quɑ^{55}

发情动物～ ɖan^{24}

产崽动物～ ʒdʒi^{31}tsʉ^{55}xka^{31}

开膛剖开宰杀动物的腹部 phɑ^{55}

交尾 ɬi^{24}

蝉脱壳 dʐan^{31}dzan^{31}ʃtʃi^{55}phʒʅ^{31}

水牛 tʂu^{31}ʒʅ^{24}

黄牛 quɑ^{55}

公牛阉过的 ʒ̣ɛ^{31}ʂo^{24}

牛犊 guɛ^{55}tʂʅ^{24}

牛角 quɑ^{55}ʈhʉ^{31}

牛皮 quɑ^{55}ʐʅ^{55}

牛筋 quɑ^{55}stie^{55}

牛垂皮黄牛颈项垂下的～ quɑ^{31}vbʉ^{55}

牛打架 quɑ^{55}ʃtʃhyɛ^{55}ʃtʃhyu^{24}

牛反刍 quɑ^{55}ɖu^{24}

公马 tʃy^{31}tsʅ^{24}

母马 ʐuɛ^{55}min^{24}

马驹 kun^{55}tsʅ^{55}

马鬃 ʒdʒyn^{31}tsuŋ^{55}

绵羊 ʒdʒəuŋ^{55}

山羊 tshʅ^{24}

公羊公山羊 tshɿ^{31}bu^{55}

公羊公绵羊 tʂə^{31}thyu^{55}

母羊母山羊 tshɿ^{55}mɑŋ^{24}

母羊母绵羊 ʒʅ^{55}min^{55}

羊羔山羊羔 tʃhin^{55}tsʅ^{24}

羊羔绵羊羔 ʒʅ^{55}tsʅ^{55}

羊毛山羊毛 tshɿ^{31}man^{55}

羊毛绵羊毛 ʒdʒəuŋ^{55}man^{55}

羊皮山羊皮 tshɿ^{55}ʐʅ^{24}

羊皮绵羊皮 ʒʅ^{55}ʐʅ^{55}

公驴 tʂo^{31}li^{55}pu^{55}

母驴 tʂo^{31}li^{55}mɑŋ^{55}

看家狗 kəuŋ^{31}ʒ̣uŋ^{31}tʃhʅ^{55}

哈巴狗 ba^{31}ji^{55}tʃhʅ^{31}

猎狗 ȵe^{31}ʃtʃie^{55}tʃhʅ^{31}

疯狗 khɯ^{31}xkəuŋ^{55}

狗窝 tʃhʅ^{55}təuŋ^{55}

冠鸡～ qhu^{31}dzɛ^{31}dzɛ^{24}

鸡崽 zo̧^{31}ȵe^{55}

鸡爪 zo̧^{55}ʈhʅ^{31}

鸡屎 zo̧^{55}xka^{31}

鸡胗 zo̧^{55}tyu^{31}

蛋壳 ʐʅ^{31}qu^{55}gəuŋ^{31}

蛋清 qu^{55}phʐən^{55}

蛋黄 qu^{55}ɦan^{55}

鸡内金 ʐo^{55}tyu^{31}liɑ^{31}

嗉囊鸟类食管后部用于暂存食物的膨大部分 lyu^{24}

脚蹼鸭子的 ʒ̣ɑ^{31}fpɑ^{24}

蜕皮 ʃtʃi^{55}phʒɿ^{31}

叮蚊子~ xkɑ^{24}

蜇蜂子~ dʉ^{24}

爬虫子~ ɖan^{24}

叫牛~ ʐun^{55}

五　房舍器具

楼房 tʂən^{55}ta^{55}

木板房 sɛ^{31}lyu^{31}tʂən^{55}

砖瓦房 tʂuan^{55}wɑ^{31}tʂən^{55}

碓房 ʃtʃi^{31}təuŋ^{55}

磨坊 ʐɿ^{31}thɑ^{55}təuŋ^{55}

仓库 ʒdʒin^{55}

棚子 phjɛ^{31}lɛ^{55}

草棚 ʒdʒiəŋ^{31}phjɛ^{55}lɛ^{31}

山寨 ʃtʃi^{24}

屋檐 gu^{55}m̥in^{55}

屋顶 tʂən^{55}pɛ^{51}to^{55}

梁 ɖue^{24}

椽子 bʉ^{55}ʐɿ^{55}

立柱房屋中间的主要支柱 stan^{55}mɑŋ^{55}

榫头 sin^{31}ɬɛ^{55}

门 kəuŋ^{24}

寨门 ʃtʃi^{31}kəuŋ^{24}

门口 kəuŋ^{31}tʃhie^{55}

闩门~ ʃ̣əu^{55}ʃ̣ɿ^{31}

篱笆竹木条~ ʈhəuŋ^{55}

栏杆 ʃtʃhi^{24}

桩子 qua^{24}

级楼梯的~ bʐa^{24}

木料 sɛ^{31}lyu^{24}

圆木 sɛ^{55}ʈei^{24}

板子 gɯ^{31}pie^{55}

墙板 tʃhiɑŋ^{31}gɯ^{31}pie^{55}

楼板 liɑo^{31}gɯ^{31}pie^{55}

木板 sin^{31}gɯ^{55}pie^{31}

门板 kəuŋ^{31}bjɑ^{24}

砌墙 tʃhiɑŋ^{31}tsiu^{55}

土墙 tʃɑ^{55}tʃhiɑŋ^{31}

房间 tʃe^{24}

外间 no^{55}tʃe^{24}

里间 guŋ^{55}tʃe^{24}

箱子统称 syŋ^{55}

木箱 sin^{31}syŋ^{55}

皮箱 zɿ^{31}syŋ^{55}

衣柜 sa^{55}qa^{55}

饭桌 dzi^{55}dzɿ^{55}sɿ^{31}ʐɑ^{31}

小板凳 pɑ^{31}tie^{55}tsʉ^{55}

棕垫棕树纤维做的床垫 bʒɿ^{31}sie^{31}phu^{24}

油灯 dʒa^{31}mɛn^{24}

灯芯 mɛn^{31}ɖʉ^{24}

松明灯 ʂu^{31}mɛn^{24}

钟敲~ qo^{55}ʃtʃhi^{55}

盆洗脸~ ɦan^{24}ʐo^{55}stə^{31}

镜子 dzɑ^{55}sto^{31}stə^{31}

篮子 khɑ^{24}

袋子装粮食的~ nan^{55}xan^{55}

麻袋 ʃtʃəu^{55}nan^{55}xan^{31}

钩子挂东西用的 qɑ^{55}li^{55}

抹布 sɛ^{31}nən^{55}

手纸便后用的~ ʃ̣ɛ^{31}gəu^{55}

蓑衣 phʒɿ^{31}tsɿ^{55}
斗笠 mɑ^{31}qɑ^{31}lɑ^{24}
炉子 lo^{31}tso^{24}
吹火筒 mɛn^{31}m̥ə^{31}stə^{55}
火钳 mɛn^{31}ga^{24}
铁锅 ʃən^{55}ʐa^{55}
铝锅 lui^{55}ʐa^{31}
砂锅 tʂə^{55}tsɿ^{24}
小锅 ʐa^{55}tsʉ^{31}
锅盖 ʐɿ^{55}ʃtʃye^{24}
锅垫圈 tʂə^{31}ȵe^{55}
三角架柴火灶的～ ʃən^{55}ʈuɛ^{55}
锅铲 pu^{55}
刷子统称 ʂua^{31}tsɿ^{55}
锅刷 ʐa^{55}ʈhʉ^{31}stə^{31}
调羹 pu^{55}tsʉ^{31}
勺子盛汤、盛饭用的～统称 pu^{55}
木勺子 sin^{31}pu^{55}
饭勺 dzi^{55}ʃtʃhin^{55}pu^{31}
砧板 ȵɑŋ^{31}tɑ^{24}
饭碗 qhuɑ^{24}
大碗 qhuɑ^{31}ta^{55}
小碗 qhuɑ^{31}tsʉ^{55}
木碗 sin^{31}qhuɑ^{24}
筷子筒 gɯ^{31}ʃtʃan^{31}tʂun^{55}
盘子大的 ga^{31}bie^{55}
碟子小的 ga^{31}bie^{55}tsʉ^{55}
刀总称 ʐəu^{55}
尖刀 ʐɿ^{55}tsɿ^{24}
刀刃 ʐɿ^{55}ʂəu^{24}
缺口刀刃上坏掉缺少的一块 ɣgua^{24}
刀背 ʐɿ^{31}n̥o^{24}

刀鞘 ʐɿ^{31}tʂun^{55}
柴刀 sin^{31}ɣgɯ^{55}ʐəu^{31}
磨刀石 sy^{31}jin^{55}
瓦罐 ji^{55}zɿ^{55}
杯子统称 qa^{31}le^{55}
酒杯 qa^{31}le^{55}
茶杯 qa^{31}le^{55}
蒸笼 bu^{24}
箅子 bu^{31}tsɿ^{55}
甑子 bu^{24}
捞箕笊篱 ʐə^{24}
烧水壶 lie^{55}bu^{24}
臼窝 tʃɿ^{55}lo^{55}
碓杵 ʃtʃi^{31}ȵ̊yŋ^{24}
铁锤 stɑ^{31}thiu^{24}
锯子 fv^{24}
推刨 thy^{55}
钻子 tʂhuŋ^{55}
凿子 zdin^{55}
尺子 tshɛ^{55}
铁丝 ʃən^{55}sɿ^{55}ʐa^{31}
纺车 ʈhə^{55}
织布机 nən^{55}tʂɑ^{55}stə^{31}
纺线 thiəŋ^{31}tʂɑ^{31}ɖʉ^{24}
梭子 dʒɛ^{55}pu^{24}
针眼 qho^{31}miɑŋ^{55}
枪 tʃhəu^{55}
炮 tʃhəu^{55}ta^{31}
长矛 ɖun^{55}
弓箭弓与箭的统称 ʐɿ^{55}nəuŋ^{31}pan^{55}
弓 ʐɿ^{55}
箭 pan^{55}

毒箭 dʉ^{31}pɛ^{55}

箭绳弦 ẓɿ^{55}ṣuɛ^{31}

马笼头 la^{55}ga^{31}

马嚼子 ʒdʒyn^{31}wo^{55}qɑ^{31}

马鞭 ʒdʒyn^{31}bẓɛ^{55}ʃtʃiɑ^{31}

马鞍 ʃtʃiɛ^{55}ṭhəuŋ^{55}

脚蹬马鞍上的～ ʃtʃiɛ^{55}tṣho^{55}

前鞘固定马鞍用的～ qa^{31}xa^{55}

后鞘固定马鞍用的～ fpi^{55}tsəuŋ^{24}

缰绳 la^{55}ga^{31}ṣuɛ^{31}

箍桶～，名词 tṣə^{31}nən^{55}

柴草枝叶柴 sin^{24}

锉子 fv^{24}

槌子 sta^{31}thiu^{24}

锥子 ŋ̥yŋ^{31}bu^{55}

铃打～ zdə^{55}lən^{55}

拐杖 tṣhə^{31}vbie^{55}

篦子用来篦虱子用的～ ʃ̣ɿ^{31}pẓəu^{55}

钱包 ŋəuŋ^{55}tṣun^{55}

大烟罂粟 jɑ^{55}ta^{55}

烟头 jɑ^{55}kuɑ^{55}qhu^{31}

烟灰 jɑ^{55}luɛ^{55}

烟丝 jɑ^{55}pɛ^{55}

烟斗 jɑ^{55}kuɑ^{55}

水烟筒 tʃɿ^{55}jɑ^{55}kuɑ^{31}

烟锅 jɑ^{55}kuɑ^{55}

竹签 mẓə^{31}kua^{24}

水桶 tʃɿ^{55}pɑ^{55}

刨花 thy^{55}xuɑ^{55}

锯末 sɛ^{31}pɛ^{31}pɛ^{55}

水磨 tʃɿ^{55}zɿ^{55}thɑ^{31}

筲箕 khə^{31}tsiu^{55}

磨盘 ẓɿ^{31}thɑ^{55}wun^{55}

磨眼儿 ẓɿ^{31}thɑ^{55}miɑŋ^{55}

剃头刀 qhu^{55}ẓei^{55}tsɿ^{31}

剃须刀 ɦan^{31}stiəŋ^{55}ẓei^{55}stə^{31}

棉被 mie^{31}sy^{55}lɑ^{55}bo^{31}

被里 lɑ^{31}bo^{31}ɣguŋ^{55}

被面儿 lɑ^{31}bo^{31}ẓɿ^{55}

枕芯 qhu^{55}tṣɿ^{31}tɑ^{24}

水池洗碗或涮墩布使用的池子 tʃɿ^{55}quŋ^{31}

沉淀物澄清后沉在底层的东西 stin^{24}

大刀 ẓəu^{55}tɑ^{31}

小刀 ẓəu^{55}tsʉ^{31}

匕首 ẓɿ^{55}tsɿ^{24}

铁箍 ʃ̣ən^{55}tʃə^{55}nən^{31}

火镰 ʃtʃiɛ^{55}mẓɛn^{31}

瓶塞儿 dziu^{24}

水碓 tʃɿ^{55}ʃtʃi^{55}

木臼 sin^{31}ʃtʃi^{55}qhuɑ^{31}

驮架 ʃtʃiɛ^{55}ṭhəuŋ^{55}

靠背椅～ do^{31}tɑ^{55}

六　服饰饮食

布总称 mən^{55}

棉布 miɛ^{31}xuɑ^{55}nən^{55}

麻布 sɛ^{31}nən^{55}

线总称 ɖʉ^{24}

毛线 ẓɿ^{31}wɑ^{55}ɖʉ^{55}

棉线 mie^{31}xuɑ^{55}ɖʉ^{55}

麻线 tyu^{55}phẓɑ^{55}

线团 ɖʉ^{31}phẓɑ^{55}

绸子 thie^{31}nən^{55}

皮革 ẓɿ^{24}

皮袄 ẓɿ^{55}ʃtʃhiəŋ^{24}

上衣 ʃtʃhiəŋ^{24}

内衣 ḍa^{55}tɑ^{31}

夹袄 ṣuɑŋ^{55}ʃtʃhiəŋ^{55}

单衣 ʃtʃhiəŋ^{55}stie^{24}

长袖 pɑ^{31}ji^{31}ṣan^{55}

夹衣 ṣuɑŋ^{55}ʃtʃhiəŋ^{55}

短袖 pɑ^{31}ji^{31}tshiəŋ^{55}

扣眼 puŋ^{55}

袖口 pɑ^{31}ji^{31}tʃhiəŋ^{55}

衣襟 ʃtʃhiəŋ^{31}m̥in^{24}

大襟 ʃtʃhiəŋ^{31}qəuŋ^{55}dəuŋ^{31}

小襟 ʃtʃhiəŋ^{31}qəuŋ^{55}dəuŋ^{31}

裙子 nan^{55}

花边 qəuŋ^{55}dəuŋ^{31}

领子 ʃtʃhiəŋ^{55}qan^{24}

衣袋 fpi^{55}

内裤 ʒdʒɿ^{31}tshiəŋ^{55}

裤裆 ʒdʒɿ^{31}pɛ^{55}

布鞋 nən^{55}tsy^{55}

靴子 xo^{31}zɑ^{24}

草鞋 mə^{55}ȵe^{55}

皮鞋 ẓɿ^{24}tsy^{24}

鞋底 tsy^{31}pɛ^{55}

鞋后跟 tsy^{31}mɛ^{55}tshiəŋ^{31}

鞋带 tsy^{31}ṣuɛ^{55}

草帽凉帽 ʃtʃɛ^{31}ẓu^{55}mə^{55}qɑ^{31}lɑ^{31}

皮帽 lɑ^{31}bɑ^{55}mɑ^{55}qɑ^{31}lɑ^{31}

腰带 dʒɛ^{31}ẓɛ^{24}

围腰帕 dʒɛ^{31}dzi^{31}ṣuɛ^{24}

绑腿兵～ ʃtʃhiəŋ^{31}ṭhɿ^{24}

头巾 ʃtʃəu^{24}

头绳 qhu^{31}ṣɑ^{55}

镯子 ʒ̣ɛ^{31}kəu^{24}

耳环 ȵe^{31}stie^{55}

项链 qan^{31}ẓan^{55}

珠子 tʃhan^{24}

粉化妆用的 pɛ^{24}

食物总称 pʉ^{31}ẓa^{24}

肉总称 ʃɿ^{55}

肥肉 tsɑ^{55}

瘦肉 ʃɿ^{55}tsin^{31}

肉皮指猪、牛、羊等可食用的～ ʃɿ^{55}ẓɿ^{31}

排骨 ẓɑ^{55}qɑ^{31}ʃɿ^{55}

剔骨头 ẓɑ^{55}qɑ^{31}phjɛ^{24}

腊肉 ʃɿ^{55}v^{31}

五花肉 ȵyŋ^{31}lie^{55}

炖肉 ʃɿ^{55}xko^{31}

坨坨肉一块一块的肉 ʃɿ^{55}duŋ^{55}nuŋ^{31}

猪腰子 phjɑ^{31}fpəuŋ^{55}wuŋ^{31}

锅巴 ẓɿ^{55}qha^{55}

粑粑 bʉ^{31}ʒ̣ɑ^{24}

烧饼 bʉ^{31}ʒ̣ɑ^{24}

素菜 ȵəŋ^{31}ȵɑŋ^{55}

酸菜 tho^{31}tṣɿ^{55}

汤总称 ẓan^{55}

米汤 tṣhuɛ^{31}ẓan^{55}

肉汤 ʃɿ^{55}ẓan^{31}

菜汤 ȵɑŋ^{31}ẓan^{55}

舀汤 ẓan^{55}ʃtʃhin^{55}

豆腐干 dẓɿ^{55}v^{31}ɣgu^{55}

糖总称 stho^{31}ba^{55}

红糖 ʃ̣ɛ^{31}stho^{31}ba^{55}

瓜子儿 tʃhɿ^{31}kuɑ^{55}la^{55}

茶总称 dz̩ə^{24}

浓茶 dz̩ə^{31}qhɑ^{55}

板油 tu^{31}ta^{55}

猪油炼过的～ phjɑ^{31}tu^{55}

油渣 tu^{31}d̩əuŋ^{55}

菜籽油 mɑŋ^{55}tsɿ^{31}dʒa^{31}

花生油 xuɑ^{55}sən^{55}dʒa^{31}

花椒 sie^{24}

胡椒面儿 m̥in^{31}khən^{55}sʉ^{55}pɛ^{31}

豆腐渣 dz̩ɿ^{55}v^{31}fphɛ^{55}

面糊 n̩ɑŋ^{31}thie^{31}mɑŋ^{24}

酥油茶 mo^{55}dz̩ə^{55}

牛奶 quɑ^{31}nan^{55}

酒总称 thin^{31}ji^{55}

酒曲 ʒdʒye^{55}

冷水 tʃɿ^{55}bəuŋ^{55}

蒸饭 dzi^{55}bu^{55}

夹生饭 dzi^{55}phɛ^{55}sɿ^{31}liəŋ^{31}

白饭 tʂhuɛ^{31}dzi^{55}

硬饭 dzi^{55}tʃəuŋ^{55}

软饭 dzi^{55}fpu^{55}

碎米 tʂhuɛ^{31}d̩uɑ^{24}

寡蛋孵不出小鸡的蛋 qu^{55}bji^{55}

凉粉 xɯ^{24}

搅团一种用玉米、荞麦面做的糊糊 bɛ^{31}liəŋ^{24}

七 身体医疗

身体统称 gɯ^{31}mu^{24}

个头 dəuŋ^{24}

皮肤 z̩ɿ^{31}ʃɿ^{24}

皱纹 stuɛ^{31}stuɛ^{55}

肌肉人的 ʃɿ^{55}tsin^{31}

血液 sa^{24}

骨头 z̩ɑ^{55}qɑ^{24}

骨髓 z̩ɑ^{55}qɑ^{31}phz̩ɿ^{55}

肋骨 nəuŋ^{55}z̩ɑ^{55}qɑ^{31}

脊椎 do^{31}z̩ɑ^{55}qɑ^{31}

头盖骨 qhu^{55}z̩ɑ^{55}qɑ^{31}

肩胛骨 sthəuŋ^{31}tʃhie^{55}z̩ɑ^{31}qa^{31}

踝骨 t̩hn^{55}n̩ɑŋ^{55}tsa^{31}z̩ɑ^{31}qa^{31}

内脏统称 pji^{55}təuŋ^{55}pji^{31}tyu^{31}

心 ʃtʃhyɛ^{55}

肝 tsyn^{24}

脾 fphɑ^{24}

肺 tshʉ^{24}

肾腰子 fpəuŋ^{55}wuŋ^{24}

胃 tyu^{55}

胆 t̩ɿ^{55}

筋 stie^{55}

血管 sa^{31}stie^{55}

肠子 pji^{55}

大肠 pji^{55}bən^{31}

小肠 pji^{55}tshin^{55}

头顶 qhu^{55}pɛ^{55}

头顶旋涡脑旋 qhu^{55}ʃtʃəu^{55}

脑髓 nɛ^{24}

后脑 ɣgɯ^{31}dəuŋ^{24}

白发 qhu^{55}man^{31}phz̩ən^{55}

鬓角 nə^{55}tsʉ^{24}

睫毛 miɛn^{55}tsɿ^{31}man^{31}

气管 gu^{55}tsɿ^{31}ʂuɛ^{31}

食道 tyu^{55}liəŋ^{55}

喉结 gu^{55}tʂɿ^{31}

酒窝 ʂɑ^{31}ʂo^{55}

颧骨 nə^{55}kue^{31}
太阳穴 nə^{55}tsʉ^{24}
眼皮 miɛn^{55}ʐʅ^{55}
双眼皮 miɛn^{55}ʐʅ^{55}tin^{31}tin^{31}
眼角 miɛn^{55}ɣgua^{55}
眼白 miɛn^{55}phʐən^{31}
眼屎 miɛn^{55}xka^{55}
耳孔 nə^{55}dʐo^{55}dʐuŋ^{31}
耳垂 nə^{55}dʐo^{55}ʈhʅ^{31}
耳屎 nə^{55}dʐo^{55}xka^{31}
痰 qɑ^{31}n̥ɑŋ^{55}
鼻孔 ȵ̥yŋ^{31}dʐuŋ^{55}dʐuŋ^{55}
鼻尖 ȵ̥yŋ^{31}dʐuŋ^{55}sʉ^{55}
鼻梁 ȵ̥yŋ^{31}dʐuŋ^{55}ʐa^{55}ʐa^{31}
鼻毛 ȵ̥yŋ^{31}dʐuŋ^{55}man^{55}
鼻屎 ȵ̥yŋ^{31}dʐuŋ^{55}xka^{55}
门牙 ʐʅ^{55}ʂəu^{24}
犬齿 wa^{31}tiu^{55}
臼齿 ɣgəuŋ^{55}ʂəu^{55}
齿龈 ʂəu^{55}nɑŋ^{31}
牙缝 ʂəu^{55}tshin^{31}
小舌 mu^{55}ɬɛ^{31}
舌尖 ɬɛ^{31}qhu^{55}
兔唇 ȵ̥yŋ^{55}ɖə^{24}
络腮胡 bie^{31}tʂɑ^{55}
八字胡 ɦan^{31}stiəŋ^{55}
乳头女性的 ȵyŋ^{31}sʉ^{55}
乳汁 ȵyŋ^{24}
胸脯 ko^{55}lɛ^{31}
腰 dʐʅ^{24}
小腹 fpi^{31}tsʉ^{55}
手心 ʒ̣ɑ^{31}fpɑ^{31}təuŋ^{55}
手背 ʒ̣ɑ^{31}fpɑ^{31}do^{24}
手茧子 ʒ̣ɑ^{31}dzɛ^{55}tɑ^{55}
手腕 ʒ̣ɛ^{31}tsa^{24}
汗毛 tso^{31}man^{55}
粉刺脸上的～ sto^{55}
倒刺指甲下方的翻起的小皮 tin^{31}go^{55}
腋窝 ʒ̣ɛ^{31}bu^{55}
腿肚子 ʈhʅ^{55}fpi^{55}
腘窝大腿和腿肚子中间的弯曲 ʈhʅ^{55}ɖəu^{31}
脚心 ʈhʅ^{55}mɑŋ^{55}fpɑ^{31}
脚趾 ʈhʅ^{55}ɬɑ^{55}tsʅ^{31}
脚印 ʈhʅ^{55}tʂho^{55}
响屁 xkɯ^{31}die^{24}
闷屁 xkɯ^{31}ʃtʃhyu^{55}
稀屎 xkɯ^{55}nan^{55}thiu^{31}
膀胱尿泡 ɬu^{31}tsʅ^{55}
阴道 stiu^{55}
阴毛 mə^{55}ʐo^{24}
睾丸 tshʅ^{55}liu^{55}
汗 ʃtʃhi^{55}
唾沫 ʒdʒa^{24}
医院 m̥in^{55}təuŋ^{55}
药店 m̥in^{55}təuŋ^{55}
小病 ȵi^{55}tsʉ^{55}
大病 ȵi^{55}ta^{55}
内伤 guŋ^{55}tʃəuŋ^{55}
外伤 no^{31}tʃəuŋ^{55}
药总称 m̥in^{55}
药丸 m̥in^{55}ʒdʒie^{55}
药粉 m̥in^{55}pɛ^{55}
药水 m̥in^{55}tʃʅ^{55}
药酒 m̥in^{55}ʐʅ^{55}dʒʅ^{31}
蛇药 bʉ^{31}ʐa^{55}m̥in^{55}

毒药 dʉ^{31}m̥in^{55}

开药方 m̥in^{55}khən^{55}

熬药 m̥in^{55}wa^{55}

搽药 m̥in^{55}m̥o^{55}

忌口 ŋ̊yŋ^{31}stɛ^{55}

治～病 dzu^{24}

呕干～ fphɛ^{24}

发冷感冒前兆时～ tsɛ^{31}bəuŋ^{31}sɑ^{55}sɑ^{55}

打冷战发疟疾时～ ɖui^{31}thɑ^{55}thɑ^{55}

感冒 nɛ^{55}ʐʅ^{31}ȵi^{55}

传染 ʃtʃhyu^{24}

头晕 qhu^{55}ʃtʃyu^{55}

头疼 qhu^{55}ȵi^{55}

按摩 li^{55}lia^{24}

牙痛 ʂəu^{55}ȵi^{55}

抽筋 stie^{55}fpu^{55}

抽风 mɛ^{31}ʐəuŋ^{31}ʃtʃiɛ^{55}ʃtʃi^{55}

瘟疫 ʐən^{24}

哮喘 xko^{24}ʃtʃi^{55}

天花 bʐəuŋ^{24}

水痘 qɑ^{55}phu^{55}

疟疾 tʃe^{55}ȵi^{31}

麻疹 ʒdʒi^{31}ʒdʒin^{55}

痢疾 fpi^{24}ȵi^{31}ʐən^{31}

大脖子病 fpʉ^{31}lɑ^{24}

骨折 ʐɑ^{55}qɑ^{31}ɖən^{24}

脱臼 tsa^{31}ɬi^{55}

痂伤口愈合后结的～ sʅ^{55}ȵɑŋ^{24}

疮总称 vbɑ^{24}

冻疮 sto^{55}

起泡 ʃtʃʅ^{55}bʐɑ^{55}

水泡 tʃʅ^{55}tiəŋ^{31}

流鼻血 ŋ̊yŋ^{31}sa^{31}bie^{55}

梅毒 do^{31}lo^{31}ban^{24}

伤痕未好的 vbə^{31}ʐo^{31}tʂhu^{24}

胀肚子～ vbi^{24}

麻手发～ tsi^{55}

僵硬 ʃtʃan^{24}

伤受～ tʃəuŋ^{55}

出血 sa^{31}ʒʅ^{55}

淤血 sʅ^{55}ȵɑŋ^{24}

茧手上长的老～ dzɛ^{55}tɑ^{55}

雀斑 phjɛ^{31}fpɑ^{24}

麻子 phjɛ^{31}fpɑ^{24}

胎记 ʃtʃyɑ^{31}sin^{24}

结巴 ɬɛ^{31}tɑ^{24}

脚气 ʈhʅ^{55}ʐʅ^{55}nan^{31}

灰指甲 ʒdʒan^{31}ȵi^{55}

左撇子 ʒɛ^{31}liɑ^{55}du^{55}

六指 ɬɑ^{31}tsʅ^{55}xa^{55}

独眼 miɑŋ^{31}sthie^{31}phɑ^{24}

对眼 miɛn^{31}dzin^{31}dzin^{24}

斜眼 miɛn^{31}fphi^{24}

歪嘴 ŋ̊yŋ^{31}fphi^{24}

瘫痪 thə^{31}sta^{55}

八 婚丧信仰

招赘 tsʉ^{55}dzie^{55}

接亲 dzʅ^{55}bo^{55}

抢婚 m̥in^{31}ʒdʒi^{24}

胎衣 tsʉ^{55}tʂun^{31}

脐带 fpɛ^{31}tʃəu^{55}ʂuɛ^{31}

小产 khə^{31}tsiu^{55}

寿命 tsi^{55}

岁数人的～ phẓɑ^{24}

送葬 sɿ^{31}min^{55}ʃɿ^{55}

遗体 mu^{55}mu^{55}

寿衣 sɿ^{31}mu^{55}

唱丧歌 mɑŋ^{31}li^{55}li^{55}ɖei^{31}

土葬 təuŋ^{31}ẓɿ^{24}

坟地 phjin^{31}xkuan^{55}

灵魂 bə^{31}ɖəuŋ^{55}

法术 phẓəuŋ^{55}

作法 phẓəuŋ^{55}

命运 tṣɑ^{55}

打卦 pɑ^{55}ẓəu^{55}

拜菩萨 ʃie^{31}min^{55}fpie^{55}

佛 ʃie^{55}

鬼 tsu^{55}

祸～不单行 dʒəu^{55}

仙 ʃie^{55}

巫师 ʃɿ^{55}fpie^{31}

龙 ʃi^{55}

占卜 pɑ^{55}ẓəu^{55}

供祭品 fpie^{55}ji^{55}fpie^{31}

鬼火磷火 tsu^{55}mɛn^{55}

九 人品称谓

高个儿 mə^{55}ʒdʒyn^{31}min^{55}

光头 qhu^{31}dʒɛ^{31}ləuŋ^{31}min^{55}

老太婆 gɯ^{31}die^{31}mɑŋ^{55}

老头子 mə^{31}ʒdʒin^{55}

年轻人 phẓɑ^{24}qɯ^{31}tsɛ^{24}

小伙子 phẓɑ^{31}sthə^{55}min^{31}

姑娘 m̥in^{55}tsʉ^{24}

熟人 man^{31}sɛ^{55}sɿ^{31}

生人 phʉ^{55}mɑŋ^{31}tṣhuŋ^{24}min^{55}

富人 tin^{55}min^{55}

穷人 mɑŋ^{31}ʃ̣ɿ^{31}min^{55}

官总称 fpəuŋ^{55}

头目 qhu^{31}ɖɑn^{24}

医生 m̥in^{55}quɑ^{55}

猎人 n̥e^{31}ʃtʃie^{55}min^{31}

屠夫 ʒdʒi^{31}ʃtʃhɿ^{55}min^{31}

强盗 tṣuɑ^{24}

土匪 tṣuɑ^{24}

骗子 mə^{55}tɑ^{55}tṣo^{31}min^{31}

胖子 mə^{55}tshɿ^{55}

民族族群自称 mə^{55}tʃhiu^{24}

汉族 ʃ̣ɛ^{24}

老百姓 pɑ^{55}siɑ^{55}

姓你～什么？ man^{55}

主人 pʉ^{24}

兵总称 miɑŋ^{24}

老师 gɯ^{55}mɑŋ^{24}

学生 dẓɿ^{31}dẓɿ^{31}tṣho^{31}min^{55}

敌人 dẓɿ^{55}

伙伴 ɖu^{24}

摆渡人 diu^{31}ɖuɑ^{55}min^{55}

证人 ʃtʃiɑ^{55}qɑ^{31}min^{55}

鳏夫 tsʉ^{55}m̥ə^{55}pʒɿ^{31}

寡妇 m̥ə^{55}pʒɿ^{31}mɑŋ^{55}

国王皇帝 qhɑ^{24}

头人 mə^{55}qhu^{55}

石匠 ʒdʒyu^{31}tsiu^{55}min^{55}

篾匠 mẓə^{31}dzu^{31}pʉ^{31}min^{55}

铁匠 ʃ̣ən^{55}tsiu^{55}min^{31}

中人 ʃtʃiɑ^{55}qɑ^{31}min^{55}

流浪汉 qɑ^{55}lɑ^{55}min^{31}
叛徒 fpu^{55}ɬa^{55}min^{31}
藏族 zdu^{24}
白族 xuŋ^{31}buŋ^{24}
私生子 ʒdʒin^{55}tsʉ^{31}
赶马人 ʒdʒyn^{31}ȵi^{55}min^{31}
曾祖父 ʒdʒəuŋ^{31}pu^{55}
曾祖母 ʒdʒəuŋ^{31}die^{55}
大舅 kɯ^{55}kɯ^{31}ta^{55}
小舅 kəu^{55}kəu^{31}qɯ^{31}tsɛ^{24}
大舅母 ȵi^{55}ȵi^{55}ta^{55}
小舅母 ȵi^{55}ȵi^{55}tsɛ^{24}
兄弟 tsʉ^{55}pɛ^{55}tʂən^{31}
姐妹 m̥in^{31}pɛ^{55}tʂən^{31}
堂兄 puŋ^{55}pa^{55}
堂弟男称 kun^{24}
堂弟女称 mu^{24}
堂姐 puŋ^{55}pa^{55}
堂妹男称 n̥un^{55}
堂妹女称 kun^{24}
表姐 pa^{24}pa^{31}
表妹男称 n̥un^{55}
表妹女称 kun^{24}
表哥 pa^{24}
表弟男称 kun^{24}
表弟女称 mu^{24}
子女 tsʉ^{55}m̥in^{55}
侄女 dyu^{24}
外甥女 tsi^{31}tsɿ^{55}
孙女 ji^{55}m̥in^{55}
外孙女 ji^{55}m̥in^{55}
重孙 ʒdʒəuŋ^{31}ji^{55}
祖宗 po^{55}pu^{24}
孤儿 tʂən^{31}tʂo^{55}
母女俩 min^{31}tsi^{55}zan^{55}
男朋友 tsʉ^{55}ɬie^{31}ɖu^{31}
女朋友 m̥in^{31}ɬie^{55}ɖu^{31}
大舅子 kəu^{24}ta^{55}
小舅子 kəu^{24}qɯ^{31}tsɛ^{24}
大姨子 mɑŋ^{55}ta^{55}
小姨子 mɑŋ^{55}qɯ^{31}tsɛ^{24}
兄弟俩 tsʉ^{55}pɛ^{55}tʂən^{31}zan^{31}
夫妻俩 tʂɿ^{55}mɑŋ^{55}jɑ^{31}zan^{31}
姐妹俩 m̥in^{31}pɛ^{55}tʂən^{31}zan^{31}
曾孙 nəuŋ^{31}ji^{55}
母子俩 min^{31}tsi^{55}zan^{55}
父女俩 pɛ^{31}tsi^{55}zan^{55}
亲家 dzɿ^{55}bo^{55}
亲家公 dzɿ^{24}bo^{55}
亲家母 dzɿ^{31}bo^{31}mɑŋ^{55}
父子 pɛ^{31}tsi^{55}
父女 pɛ^{31}tsi^{55}
母子 min^{31}tsi^{55}
母女 min^{31}tsi^{55}

十　农工商文

种水稻 syu^{55}tiu^{55}
播种 zdi^{24}
点播 tiu^{55}
撒播 zdi^{24}
犁田 jin^{31}jin^{55}
种田 jin^{31}tiu^{55}
栽种 tiu^{55}
耙田 jin^{31}ʐei^{55}
挖地 jin^{31}ʈʉ^{55}
锄地 jin^{31}ʒdʒyɑ^{55}
除草 ʒdʒiəŋ^{31}ʈʉ^{55}
收割 kɯ^{55}tʃɿ^{31}

开荒ʒɿ^{31}qhɑ^{55}
浇水tʃɿ^{55}tʂɿ^{55}
肥料ʒ̣ən^{24}
施肥ʒ̣ən^{31}tʂɿ^{24}
沤肥ʒ̣ən^{24}vbu^{55}
掰玉米ʃɿ^{31}ʃɛ^{55}qhɑ^{55}
杠子抬物用的sa^{31}lan^{31}lan^{24}
楔子橛tso^{55}
连枷ʐɿ^{31}ʃtʃyu^{55}
连枷把ʐɿ^{31}ʃtʃyu^{55}tsʉ^{55}
连枷头ʐɿ^{31}ʃtʃyu^{55}mɑŋ^{55}
锄柄dzuan^{31}ʒdʒəu^{24}
犁头tshi^{31}təuŋ^{55}
犁铧tshi^{24}
犁架təuŋ^{55}
犁弓təuŋ^{55}mɑŋ^{55}
犁把təuŋ^{55}ʈhʉ^{55}
耙～地wuŋ^{24}
牛轭jɑ^{31}po^{55}
打场指在谷场上脱粒ʐɿ^{31}ʃtʃyu^{55}tsiu^{55}
晒谷sʉ^{31}man^{55}tʂhən^{55}
麻绳səu^{31}bʐən^{55}
撮箕lɑ^{55}jɑ^{31}
木耙lɑ^{55}tʂɑ^{55}
鞭子bʐɛ^{55}ʃtʃiɑ^{24}
牛鼻绳gue^{55}sɿ^{55}ʐɑ^{31}
筐统称khɑ^{24}
粗筛指眼大的筛子tʂhɛ^{31}khəu^{24}
细筛指眼小的筛子ʈə^{55}tsɿ^{55}
圈儿统称，名词tʂə^{31}ȵe^{55}
牛圈quɑ^{55}wuŋ^{55}
马棚ʒdʒyn^{31}wuŋ^{55}
羊圈ʒdʒəuŋ^{55}wuŋ^{55}
鸡窝qu^{55}tʂɑ^{55}
笼子khɑ^{24}
猪槽phjɛ^{55}bo^{24}
木槽sin^{31}bo^{55}
谷桶dʐɿ^{31}pu^{55}
碾米tʂhuɛ^{31}ʃtʃhyo^{24}
舂米tʂhuɛ^{31}tsiu^{55}
猪草phjɑ^{31}ȵɑŋ^{55}
猪食phjɑ^{31}tʂhə^{55}
买ʂʉ^{55}
卖ʃtʃi^{24}
交换物物～ʒdʒyu^{24}
价钱phu^{24}
借钱ŋəuŋ^{55}sthʉ^{55}
还钱ŋəuŋ^{55}tshye^{55}
讨价tshiəŋ^{31}phʐɛ^{31}phʐɛ^{55}
还价tshiəŋ^{31}phʐɛ^{31}phʐɛ^{55}
出租ȵi^{24}
赢～钱qo^{55}
输～钱min^{55}qo^{55}
戥子厘秤tʂə^{55}
秤钩tʃi^{31}qɯ^{55}ʐɿ^{55}
秤星tʃi^{31}miɑŋ^{55}
秤砣tʃi^{31}jin^{55}
船总称diu^{24}
划船diu^{31}ɖua^{55}
属相wu^{24}
子属鼠tʃhɿ^{31}bie^{55}wu^{55}
丑属牛ləuŋ^{55}wu^{55}
寅属虎sto^{55}wu^{55}
卯属兔ʒɿ^{31}bi^{55}wu^{55}

辰属龙 bʐʅ^{31}ta^{55}wu^{31}

巳属蛇 bʐʅ^{31}dɑ^{55}wu^{31}

午属马 stɛ^{55}wu^{55}

未属羊 ʒʅ^{31}wu^{55}

申属猴 pʐei^{55}wu^{55}

酉属鸡 phjɛ^{31}wu^{55}

戌属狗 tʃhʅ^{55}wu^{55}

亥属猪 pho^{55}wu^{55}

国家统称 qhɑ^{31}bʉ^{55}

政府 fpəuŋ^{55}bʉ^{55}

县行政区划的～ dʒiɑ^{24}wu^{31}

村行政～ ʃtʃi^{24}

印章统称，名词 ʒdʒəu^{55}

记号标记 ʃtʃyɑ^{31}sin^{24}

纸总称 ʃ̣ɛ^{31}gəu^{55}

书总称 dʐʅ^{31}dʐʅ^{24}

念书 dʐʅ^{31}dʐʅ^{31}tʂho^{24}

荡秋千 lo^{55}bʐən^{24}

吹口哨 sy^{31}sy^{31}pʉ^{24}

潜水 tʃɦ^{31}ʒdʒyɛ^{24}

跳舞 tsho^{55}tsho^{24}

锣总称 ɦan^{24}lo^{55}

钹 tɑ^{55}po^{24}

鼓总称 dzan^{55}

腰鼓 dzan^{55}ʒdʒiəŋ^{55}

琴总称 bi^{31}la^{24}

镲小钹 bə^{55}tʃhiu^{55}

箫 xan^{55}

唢呐 qua^{31}tsʅ^{55}

口弦 khəu^{31}khəu^{55}

簧口弦～ khəu^{31}khəu^{55}ɬɛ^{55}

哨子 sy^{31}sy^{24}

戏演～ jin^{31}tʃy^{55}

相片 dzɑ^{55}

颜色 ʃ̣o^{55}

射击 ʈhɑ^{24}

糨糊 mɑŋ^{24}

涂改 ʒdʒyɛ^{55}ʒdʒyu^{55}

字写～ dʐʅ^{31}dʐʅ^{31}tshi^{24}

算～数 tsʅ^{24}

数～数 suɑ^{24}

加数学中的～法 to^{55}

减数学中的～法 po^{55}

球总称 duŋ^{55}luŋ^{55}luŋ^{31}

倒立 qhu^{31}tiu^{31}man^{55}lie^{55}

对歌 ɖei^{31}ʃtʃiɛ^{31}ʃtʃi^{55}

比赛 ɖo^{31}ɖo^{55}

游泳 tʃɦ^{31}ʒdʒyɛ^{24}

骑马 ʒdʒyn^{31}dzan^{55}

钓鱼 dʒʅ^{55}zʅ^{31}

十一　动作行为

燃烧火～ ʒuŋ^{55}

哈气 xɯ^{31}pʉ^{24}

浮～在水面 zdin^{55}

流水～动 ʒdʒəu^{24}

飞在天上～ bjin^{24}

住～旅馆 dzin^{55}

来～家里 ʒʅ^{24}

吹～火 m̥ə^{24}

拉～车 tsyn^{55}

挖～土豆 ʈʉ^{24}

捉～鸡 zʅ^{55}

挠用手指或指甲抓人 ʈei^{55}

圈动词，～牲口 təuŋ^{55}

刺～了一刀 ʃtʃhua^{24}

搓～手掌 li^{55}

榨～油 nan^{24}

抹～水泥 m̥o^{55}

笑 ʂɑ^{24}

旋转 ʃtʃyu^{55}ʐuɛ^{55}

沉～没 stin^{24}

浸～泡 dʐɿ^{55}

漏～雨 ʒdʒɿ^{24}

溢水～出来了 bʒɿ^{24}

取名 man^{55}khən^{55}

晾衣 tsiəŋ^{31}gui^{55}kə^{55}ʐe^{31}

补～衣服 fphie^{24}

剪～布 ga^{24}

裁～衣服 tshɛ^{55}ʐɛ^{24}

织～毛线 tʂɑ^{24}

扎～稻草人、风筝等 ʃtʃhua^{24}

砍柴 sin^{31}ʈei^{55}

淘米 tʂhuɛ^{31}tsa^{55}

洗碗 qhuɑ^{31}tsa^{55}

搅拌 ɖua^{55}ɖua^{55}

焖～米饭 bu^{24}

炖～牛肉 wɑ^{24}

烤～白薯 ʂən^{55}

腌～咸肉 a^{55}

饱吃～了 kui^{24}

醉酒～ guɛ^{24}

打嗝 gɯ^{55}tsɿ^{31}tʂhuŋ^{31}

讨饭 tʂhə^{31}m̥in^{55}

酿酒 ʐɿ^{31}dʒɿ^{31}bu^{55}

搬家 mə^{55}qɑ^{55}tʂə^{24}

分家 phəu^{31}phəu^{55}

开门 kəuŋ^{24}thə^{31}tʂhuŋ^{55}

关门 kəuŋ^{31}dzu^{24}

洗脸 ziu^{55}tsa^{31}

漱口 ku^{55}ʒdʒua^{31}

伸懒腰 ʃtʃiɛ^{55}ŋɑŋ^{24}

点灯 mɛn^{31}sʉ^{24}

熄灯 mɛn^{31}m̥ə^{24}

说梦话 ʒɿ^{55}min^{31}ko^{55}tʂɿ^{55}

醒睡～ ʃtʃhi^{24}

晒太阳 ŋə^{55}ʂən^{24}

烤火 mə^{31}lən^{55}

暖被窝 phə^{31}liɑ^{55}ʃʉ^{55}

等待 tʂhuŋ^{31}lin^{55}

走路 ɖɑn^{55}ɖɑn^{55}

遇见 phʐɛ^{55}

去～街上 ʃɿ^{55}

进～山 xɑ^{31}ʃɿ^{55}

出～操 khə^{31}ʒɿ^{55}

进来 xɑ^{31}ji^{55}

上来 tə^{55}ji^{55}

下去 nə^{31}ʃɿ^{55}

争～地盘 ʒdʒiɛ^{55}ʒdʒi^{24}

帮忙 dʒie^{31}dʒie^{24}

请客 wo^{31}min^{55}ʐa^{31}

送礼 ʃtʃya^{31}tʂhə^{55}ʃtʃhy^{31}

告状 qua^{55}qua^{55}

犯法 tsua^{55}dʐuŋ^{31}

赌博 ba^{31}la^{55}

砍头 qhu^{55}qha^{55}

吻 o^{55}pə^{31}

呛喝水～着了 nəuŋ^{55}

呼气 xko^{31}ʃtʃy^{55}

抬头 qhu^{55}jo^{55}

低头 qhu^{55}ɣgəuŋ^{55}

点头 qhu^{31}ɣgəuŋ^{31}zdi^{24}

摇头 qhu^{55}ɬin^{55}

摇动 ɬiəŋ^{55}ɬin^{24}

招手 ʒ̣ɑ^{31}ɬin^{55}

举手 ʒ̣ɑ^{31}jo^{55}

拍手 ʒ̣ɑ^{31}fpɑ^{31}xɯ^{55}

握手 ʒ̣ɑ^{31}tsi^{55}

弹手指～ zdɛ^{24}

掐双手指～虱子 sty^{24}

抠手指～ tʉ^{31}ʈuɛ^{55}

牵～一条牛 tsyn^{55}

捧～水 xɑ^{31}fpɑ^{55}

抛向空中～物 vbɑ^{24}

掏从洞中～出来 jɛ^{24}

骟～猪 zɿ^{55}

夹～腋下 si^{55}

抓～把米 ʈɑ^{55}

甩～水 pʐəu^{55}

搓～面条 li^{55}

跟～在别人的后面 dzin^{55}

跪～在地上 tsi^{55}

踢～了他一脚 tsuŋ^{24}

躺～在地上 ʒɿ^{24}

侧睡 dzin^{55}dzin^{31}ʒɿ^{31}

靠～在椅子上睡着了 stin^{55}

遗失 thə^{31}min^{55}

堆放 vbu^{55}

叠～被子 tʃhɿ^{31}tie^{55}

摆～碗筷 ʃtʃi^{24}

搬～粮食 ʒdʒɑ^{24}

塞堵～ dziu^{24}

抢～东西 ʒdʒi^{24}

砸～核桃 ʃtʃhyu^{24}

刮～胡子 ʐei^{55}

揭～锅盖 ɬa^{24}

翻～地 fpu^{55}

挂～书包 ʂʉ^{24}

包～饺子 li^{55}

贴～年画 tʃhia^{55}

割～麦子 kɯ^{55}

锯～木头 fv^{24}

雕～花 xkhua^{24}

箍～桶 tʃi^{55}

装～口袋 tʃiu^{24}

卷～席子 ʃtʃyu^{55}

染～花布 tʃɿ^{55}

吓～人 ʂə^{55}

试～衣服 tshɛ^{55}tshɛ^{24}

换～灯泡 ʒdʒyu^{24}

填～土 dziu^{24}

留～在我这里 ʃtʃi^{24}

使用 tsɛ^{24}

顶用角～ ʃtʃhyu^{24}

刨食鸡用脚～ tsuŋ^{24}

晒衣 tsiəŋ^{31}gui^{55}tʂhən^{55}

摘菜 ȵɑŋ^{31}sthie^{55}

切菜 ȵɑŋ^{31}ʈhie^{55}

烧开水 tʃɿ^{31}fpa^{55}ʃtʃi^{55}

熬～茶 wɑ^{24}

烘把湿衣服～干 ʂən^{55}

蘸～一点辣椒 lʉ^{55}

溅水泼到地上～了一身 dzie^{31}dzie^{55}

洒水 tʃʅ^{55}pẓən^{55}

返回 xɑ^{31}dʒi^{24}

到达～北京 xɑ^{31}pei^{55}

招待 ʒ̣ɑ^{31}ʃtʃyŋ^{55}

认罪 tsua^{55}dʒʅ^{31}

包庇 zdan^{55}

偷盗 ʃtʃiu^{55}

毒～死 dʉ^{24}

听见 stin^{55}

偷听 n̥ɑŋ^{31}po^{55}n̥i^{24}

看见 təuŋ^{55}

瞄准 zɛ^{55}

剐蹭我的车被他的车～了 ṭhʉ^{55}ṭhʉ^{24}

啃～骨头 xkɑ^{24}

磕头 ɬo^{31}tsiu^{55}

拖在地上～着走 tsyn^{55}

拍～肩 xɯ^{55}

托用双手～ tṣo^{55}

压双手～ si^{55}

抽鞭～ xɯ^{55}

勒～在脖子上 ʃtʃhi^{24}

抖～袋 ḍui^{24}

拄～杖 tṣo^{55}

垫～在屁股底下 tɑ^{24}

划刀～ ṭhʉ^{24}

钻～在地洞里 ʃʅ^{55}

捂用手～住嘴 tɑ^{24}

渗～透 sa^{55}

滤～沙子 tshɑ^{55}

叼～烟 ṣʉ^{24}

叉腰 dẓʅ^{31}tṣo^{55}

赤膊 n̥e^{55}du^{55}lu^{31}

敲打 xɯ^{55}xɑ^{24}

撒娇 tṣən^{31}tso^{55}

呻吟 ḍən^{24}

仰睡 ʒdʒi^{55}ʒdʒia^{31}ʒʅ^{24}

喂草 ʒdʒiəŋ^{31}ʃtʃhie^{55}

放夹捕捉猎物方式 tṣhuŋ^{31}tsi^{55}

装索套捕捉猎物方式 sʅ^{31}ẓɑ^{55}tʃɑ^{55}ẓɑ^{31}

拔毛 man^{55}ɬʉ^{31}

燎毛 man^{55}ṣu^{55}

剥皮剥动物皮 ẓʅ^{55}ʃʅ^{24}

烧砖 tṣuan^{55}fpʉ^{31}ẓo^{31}

烧石灰 ʒdʒyu^{31}pɛ^{31}fpʉ^{55}ẓo^{55}

刷墙 tʃhiɑŋ^{31}m̥o^{55}

穿针 kho^{31}stʉ^{55}

绣花 pɛ^{31}tsʅ^{55}ḍe^{31}

磨刀 ẓəu^{55}sy^{31}

劈柴 sin^{31}ɣgɯ^{55}

酒醒 thin^{31}ji^{55}tə^{55}ʃtʃhi^{55}

闩门 kəuŋ^{31}tṣo^{55}

剪指甲 ʒdʒan^{31}ga^{55}

掏耳朵 nə^{55}dẓo^{55}xka^{31}pie^{31}

让路 ẓuɛ^{31}zʅ^{24}

劝架 fphʉ^{24}

照顾 kao^{55}man^{55}

收礼 tṣhə^{31}ʃtʃhy^{31}ʃtʃin^{24}

抢劫 ʒdʒi^{24}

杀人 mə^{55}sɛ^{55}

鞭打 bẓɛ^{55}ʃtʃiɑ^{31}xɯ^{55}

胜利 qo^{55}

失败 min^{55}qo^{55}

瞪～着双眼 lyu^{55}

拽用绳子～ stua^{55}

捋～袖子 dzu^{31}dzuɑ^{55}

搁把东西～在房顶上 ʃtʃi^{24}

揣怀～ tʃi^{24}

携带 ʒdʒɑ^{24}

扒～土 ʐei^{55}

蹦—～老高 ʃtʃʅ^{55}

跺脚 ʈhʅ^{55}xɯ^{55}

打滚 fpu^{55}ɬan^{55}

扑猫～老鼠 bjin^{55}

粘～贴 tʃhiɑ^{55}

剖～膛开肚 phɑ^{55}

劈分开 ɣgɯ^{55}

漆～桌子 m̥o^{55}

搓～绳 ɬi^{24}

钉～钉子 stɑ^{24}

绞～肉 ʃtʃəu^{55}

蒙～眼 phəuŋ^{24}

和下象棋～了 stin^{24}

赌气 xkhu^{24}

生长 tə^{55}ȵi^{55}

打猎 ȵe^{31}ʃtʃie^{55}

蛀虫子吃 ʐəuŋ^{24}

系围裙 bie^{31}dzi^{31}tʂə^{55}

打结 təuŋ^{31}təuŋ^{55}

认得 tʂɑ^{31}ʃʅ^{24}

伤心 sɑ^{31}pa^{55}

讨喜小孩讨人喜欢 ʒdʒiɑ^{55}

恨你别～我 dzʅ^{24}

满意 ʃtʃhyɛ^{55}po^{31}kui^{55}

着急 bin^{55}

担心 an^{55}

放心 ʃtʃhyɛ^{55}zʉ^{55}

愿意 n̥in^{55}ʂʅ^{55}

变～作 pjɑ^{55}

恼火 man^{24}

心痛 ʃtʃhyɛ^{55}ȵi^{55}

记仇 nə^{31}kɯ^{55}

反悔 xɑ^{31}dʒi^{24}

可惜 thə^{31}phɑ^{55}

声音 ʈhəuŋ^{55}

喊～话 qua^{55}ʐɑ^{55}

问～话 zduɛ^{24}

答应 qhu^{31}ɣgəuŋ^{31}zdi^{24}

回答 xiəŋ^{55}

造谣 ʈɛ^{55}xin^{31}

打听 ʃie^{31}ȵi^{55}

十二　性质状态

凸 khə^{31}bu^{55}

凹 nə^{31}qhuan^{55}

正 də^{24}

反 zdɛ^{55}

斜 fphi^{24}

横 dʐʅ^{31}dʐən^{55}

竖 stu^{31}stu^{24}

活～鱼 sʅ^{55}

满水很～ sʉ^{24}

足分量～ ji^{24}

光滑鱼很～ tɛ^{55}lyu^{31}lyu^{55}

冷清街上～得很 thə^{31}min^{55}wu^{31}

浊 xie^{55}

空瓶子是～的 wuŋ^{55}

嫩 sthə^{24}

生 sʅ^{55}sʅ^{24}

熟 m̥in^{24}

乱 man^{55}wa^{55}

真 stu^{55}

假 ʈɛ^{55}

暗光～ mɑ^{31}tsuɑ^{31}tsuɑ^{55}

闷热 tsɛ^{55}xo^{31}xo^{55}

破碗～了 ɖən^{24}

缩～脖子 dʉ^{55}li^{55}

困了 ʃtʃhy^{31}dʐuŋ^{55}

瘪压～了 bjɛ^{55}lɛ^{55}

倒～着放，去声 sthi^{55}sthiu^{24}

纯～棉衣服 tʃan^{55}

枯叶子～了 ɣgu^{55}

潮衣服～ ʂʅ^{24}

强身体～ ʈɑ^{55}

弱身体～ mɑŋ^{55}ʈɑ^{24}

焦烤～了 qha^{55}

清楚 dɑ^{55}dɑ^{24}

模糊 ma^{55}dɑ^{31}dɑ^{31}

准确 stu^{55}

耐用 tsɛ^{31}ji^{55}tʂhuŋ^{55}

空闲 dzin^{55}

涩柿子～嘴 fpɑ^{24}

脆花生米～ ʈhei^{24}

霉烂 ʃ̣un^{24}

不要紧 ma^{55}an^{24}

浪费 ɖɛ^{31}phɑ^{55}

疏忽大意 də^{31}ɣgo^{31}man^{31}ta^{55}

聪明 ɖɛ^{24}

狡猾 tɑ^{31}tʂo^{24}

大胆 ʃtʃhyɛ^{55}ta^{31}

胆小 ʃtʃhyɛ^{55}qa^{55}tsɛ^{31}

慌张 tuŋ^{31}tuŋ^{31}luŋ^{55}luŋ^{55}

麻利 ʈhəuŋ^{55}ʈhəuŋ^{31}ʒdʒəuŋ^{55}ʒdʒəuŋ^{55}

节俭 tshɛ^{55}phʐɛ^{24}

厉害 mɑŋ^{31}phji^{55}

勇敢 ʒdʒe^{31}ti^{55}

可怜 ʃtʃhy^{24}

光荣 man^{55}ʃʅ^{55}

孤独 stie^{55}

齐心 dzəuŋ^{55}

贪心 yin^{31}xa^{24}

拖拉做事情～ phje^{31}qha^{24}

十三　数量

十一 ko^{55}stin^{55}

十二 ko^{55}ȵi^{55}

十三 qɑ^{55}səuŋ^{55}

十四 qɑ^{55}ʒdʒɛ^{55}

十五 qɑ^{55}wɑŋ^{55}

十六 qɑ^{55}ʈhu^{55}

十七 qɑ^{55}xiɛn^{55}

十八 qɑ^{55}ʃ̣uɛ^{55}

十九 qɑ^{55}ɣgɯ^{55}

二十一 nə^{31}go^{55}nəuŋ^{55}ti^{24}

四十 ʒdʒɛ^{31}go^{55}

五十 wɑŋ^{31}go^{55}

六十 ʈhu^{31}go^{55}

七十 xiɛn^{31}go^{55}

八十 ʃ̣uɛ^{31}go^{55}

九十 ɣgɯ^{31}go^{55}

一百零一 tɛ^{31}ʃ̣ʅ^{55}nəuŋ^{55}ti^{24}

百把个 tɛ^{31}ʃ̣ʅ^{55}xɑ^{55}xɑ^{24}

千把个 tɛ^{31}stin^{55}xɑ^{55}xɑ^{24}

左右 tshɛ^{55}ti^{31}

三四个 səuŋ^{31}ʒdʒɛ^{31}tsɿ^{55}

十几个 qɑ^{55}stin^{31}xɑ^{55}xɑ^{24}

十多个 qɑ^{55}stin^{31}xɑ^{55}xɑ^{24}

第二 qhu^{31}qhu^{55}ȵi^{24}

第三 qhu^{31}qhu^{55}səuŋ^{24}

大约 bʐɿ^{31}ta^{55}

半个 tɛ^{31}ʃ̣o^{24}

倍 bʉ^{24}

串一～葡萄 qan^{31}ʐan^{55}

间一～房 tʃe^{24}

堆一～垃圾 bu^{55}

节一～甘蔗 tsɑ^{24}

本一～书 bo^{24}

句一～话 gu^{24}

庹两臂伸展开后的长度 jin^{55}

拃拇指和中指伸开两端间的宽度 tʃhy^{55}

斤重量单位 tʃi^{24}

两重量单位 tʂə^{55}

钱重量单位 xɯ^{24}

斗 tiu^{24}

升 pi^{55}

步走一～ bʐɑ^{24}

次玩一～ ʃtʃyu^{55}

十四　代副介连词

这些近指 də^{31}dʐə^{55}tə^{55}ʐɿ^{55}

那些中指 qɑ^{55}dʐə^{55}tə^{55}ʐɿ^{55}

那些远指 sthɑ^{24}dʐə^{55}tə^{55}ʐɿ^{55}

那些更远指 sthə^{31}dʐə^{55}o^{55}tə^{55}ʐɿ^{55}

哪些 ɛ^{55}gɯ^{31}ʐɿ^{55}

我俩 ɑ^{31}zan^{24}

咱俩 je^{31}zan^{55}

他俩 tə^{31}zan^{24}

人家 mə^{55}qɑ^{55}

每人 min^{55}ti^{31}mə^{31}ʂɿ^{31}

多久 tʃhɿ^{55}ʂɿ^{31}ʂan^{55}

人们 min^{55}ʐɿ^{31}

差不多 thɑ^{24}

起码 mə^{55}də^{55}ʐe^{31}

马上 ji^{55}tʃɿ^{24}

先～走 sɿ^{55}

后～走 ʐɿ^{55}dʒie^{24}

一直他～没有来 o^{55}nɑŋ^{31}

从前 o^{55}tʃhiɛ^{55}

后来指过去 ʐɿ^{55}dʒie^{24}

来不及 mɑŋ^{31}man^{55}

来得及 man^{55}

偷偷地 ȵɑŋ^{31}po^{55}

够～好 ji^{24}

真～好 ko^{31}

完全 mə^{31}sie^{55}

全部 mə^{31}sie^{55}

也许 diɑ^{31}tʂhə^{55}

一定 dɑ^{55}dɑ^{24}

暂时 ɑ^{31}sɿ^{55}

互相 tiɛ^{24}ti^{24}

趁～热吃 xɑ^{31}zduɛ^{31}zdʉ^{55}

像～他那样 ʃ̣ɑ^{55}

第三节

其他词

一　天文地理

光线 dzɑ^{55}

流星 ȡʅ^{31}xka^{55}

旋风 wo^{31}ʃtʃəu^{55}

雪花 fpʉ^{55}pɛ^{55}tsɿ^{31}

细雪 fpʉ^{55}pɛ^{55}pɛ^{31}

暴雪 fpʉ^{55}do^{55}

下霜 ʂɿ^{31}fpʉ^{55}tʂhuŋ^{55}

大冰雹 ʒdʒin^{55}

挖地 jin^{31}ʈʉ^{55}

草皮地 xɑ^{55}khɯ^{55}

大山 go^{31}ta^{55}

缓坡 dʐʅ^{31}bie^{31}dʐʅ^{31}xkɑ^{55}

上坡 tə^{55}zdəuŋ^{55}

下坡 nə^{31}zdəuŋ^{24}

山梁 ʒdʒiəŋ^{55}

山脊 go^{31}ʐa^{31}ʐa^{55}

山尖尖 go^{31}tʃhiɑ^{31}tʃhiɑ^{55}

崖沟 ʒdʒiɑ^{31}quŋ^{55}

悬崖峭壁 ʒdʒiɑ^{31}ȵɑŋ^{55}

坑 qhuan^{31}qhuan^{24}

坑坑洼洼 tsɿ^{31}tsɿ^{31}qhuan^{55}qhuan^{55}

地窖 tʃə^{55}təuŋ^{55}

河堤 tʃʅ^{55}ʈhəuŋ^{55}

坝区 din^{31}xkuan^{55}

弯路 ʐuɛ^{31}xkan^{31}xku^{55}

木桥 sin^{31}dzəuŋ^{55}

铁桥 ʃ̣ən^{55}dzəuŋ^{55}

溜索桥 lo^{55}bʐən^{24}

屋檐水 zda^{31}ʐan^{55}

浪 tʃʅ^{31}zdəuŋ^{24}

生火 mɛn^{31}ʈha^{55}

气 xko^{24}

喘气 xko^{31}ʃʅ^{31}phi^{55}phi^{55}

土块 tʃə^{31}lie^{55}

小泥沼 tʃhɑ^{31}mɑŋ^{31}ʃtʃhyɛ^{55}

粗石头 ʒdʒyu^{31}ɖuɑ^{24}

碎石粉 ʒdʒyu^{31}pɛ^{24}

首都 qhɑ^{24}man^{31}

二　时间方位

中心 qo^{31}qo^{24}

中等 gu^{55}ʒ̣ɿ^{31}

拐角 xkan^{31}xku^{55}

以上 tə^{55}zdo^{55}

以下 nə^{31}zdo^{24}

往上 tʂɿ^{55}ʒɿ^{24}

往下 thie^{55}ʒɿ^{24}

往顺方向 di^{55}ʒɿ^{24}

往反方向 thie^{55}ʒɿ^{24}

大大前天 ʂɿ^{31}lɑ^{31}n̥in^{55}

大大后天 qhu^{55}lɑ^{24}

昨晚 pʉ^{55}ʃ̣o^{31}

今晚 ʒ̣ɿ^{31}min^{55}

明晚 sin^{55}min^{31}

凌晨 ʃtʃiɛ^{55}ʈhʉ^{31}

今早 pʉ^{55}sin^{55}

明早 no^{55}ʐa^{24}

三更半夜 nə^{31}mɑŋ^{55}ʃ̣ue^{55}ʈhʉ^{55}

大前年 ʂɿ^{31}ʒdʒi^{55}pʉ^{55}

大后年 qhu^{31}sin^{55}khɯ^{55}

最初 qhu^{55}qhu^{55}

春节 wu^{31}ʃ̣ʅ^{24}

三　植物

森林 pin^{24}

树林 sin^{31}pin^{55}

芽儿 phʐəuŋ^{55}tsɿ^{31}

苗儿 bɑ^{24}

华山松 ʃ̣ɛ^{31}tho^{55}vbəuŋ^{31}

松子 ʃ̣ɛ^{31}tho^{55}sʉ^{31}

松糖 gɯ^{55}ʐei^{24}

铁杉 lyu^{55}vbəuŋ^{31}

云杉 lyu^{55}phʐən^{31}vbəuŋ^{31}

沧杉 ʃtʃhin^{55}sin^{31}vbəuŋ^{31}

红豆杉 mɛ^{55}ʐɛ^{31}sin^{31}vbəuŋ^{31}

箭毒树 je^{55}sin^{31}dʉ^{31}vbəuŋ^{55}

刺栎树 du^{31}vbəuŋ^{55}

花栎树 ləuŋ^{31}vbəuŋ^{55}

麻栎树 lie^{55}vbəuŋ^{55}

实心竹 zdin^{55}mʐɛn^{31}

半实心竹 tʃʅ^{31}nɑŋ^{55}mʐɛn^{55}

嫩竹子 mə^{31}ʐun^{24}

老竹子 mʐɛn^{55}ʃ̣ɑ^{24}

藤竹 vbie^{55}

紫竹 vbie^{55}ɳɑŋ^{55}

葛根 quɑ^{31}ʃtʃhin^{55}ʒ̣ɛ^{55}nɑŋ^{31}

黑草乌毒性较大 dʉ^{31}ɳɑŋ^{55}

白草乌毒性较大 dʉ^{31}phʐən^{55}

一种草乌毒性较小 dʉ^{55}lɑ^{24}

龙胆草 dʒɿ^{31}tʃha^{24}

鱼腥草 tshɿ^{31}pa^{31}

大栗子 qu^{55}tu^{31}fpɑ^{31}

大黄 ʃtʃhin^{55}

土大黄 ʂo^{31}fpɑ^{24}

羌活 sa^{31}ʃtʃie^{55}m̥in^{31}

续断 gɯ^{55}pu^{31}qɑ^{55}tiɑo^{55}liu^{31}

黄连 ʃtʃan^{55}an^{24}

独活 ʈhɑ^{31}ʃ̣əu^{55}

灌木 si^{31}sɑ^{31}

杂刺林 sε^{31}tʃo^{31}z̩o^{55}

蒺藜 tsu^{55}vbəuŋ^{31}

五月桃 an^{55}bʉ^{55}sʉ^{31}

七月桃 bʉ^{31}tʃi^{55}

野梨 phjɑ^{31}sε^{55}liəŋ^{31}

花红 liəŋ^{31}gui^{55}

榛子 lie^{55}bε^{55}liəŋ^{31}

酸梅子 ʃtʃu^{55}

五味子果 ɬɑ^{55}je^{31}sʉ^{24}

羊奶果 ʃ̣ε^{55}sʉ^{24}

牛奶果 min^{31}dzi^{31}sʉ^{24}

白草莓 dε^{55}sʉ^{31}phz̩ən^{55}

红草莓 dε^{55}sʉ^{31}n̥e^{55}

黄刺果 sʉ^{55}an^{24}

黑刺果 sʉ^{55}n̥ɑŋ^{24}

铁核桃 qa^{31}do^{55}

纸皮核桃 qa^{31}min^{24}

野韭菜 qɑ^{31}mɑŋ^{55}

花芸豆 bzɿ^{55}tsɿ^{24}fpəuŋ^{55}wuŋ^{31}

苏麻 əuŋ^{55}ba^{24}

茅草 phɑ^{31}phu^{55}ʒdʒiəŋ^{55}

野草 nəuŋ^{31}nε^{55}

一窝菌 ʒɿ^{55}pji^{55}

红鸡枞菌 ləuŋ^{55}mz̩ən^{31}

羊肚菌 zdin^{55}mz̩ən^{55}

马屁泡菌 ʃtʃhin^{31}thyu^{55}

火烧菌 bε^{55}mz̩ən^{55}

黄蓝伞菌 mo^{31}ʒ̣o^{24}

草菌 xkɯ^{55}mz̩ən^{55}

青头菌 mz̩ən^{31}n̥i^{55}

牛舌菌 quɑ^{31}ɬε^{55}mz̩ən^{55}

奶浆菌 gue^{31}tsie^{55}

鹰菌 ʈɑ^{31}mz̩ən^{55}

一种菌名长于松树上，可药用 ʃ̣ε^{31}bə^{55}liɑo^{24}

一种菌名长于腐烂的白杨树上 ɬɑ^{31}mz̩ən^{55}

一种菌名长于腐烂的西南桦树上 ɖyn^{31}mz̩ən^{24}

一种菌名长于腐烂的山楸树上 mz̩a^{55}mz̩ən^{55}

一种菌名长于腐烂的麻栎树上 vbʉ^{31}wa^{55}

蔓菁 n̥ɑŋ^{31}kue^{55}

四　动物

公牛未驯养过的年轻的 ʒ̣ε^{55}tsɿ^{24}

公牛未驯养的5岁以上的 ʒ̣ε^{55}bji^{24}

母牛未生育过的 xo^{31}mɑŋ^{24}

母牛不孕的 wo^{31}fpʉ^{55}mɑŋ^{55}

种牛 quɑ^{31}la^{55}

犏牛 ʒdʒʉ^{55}

耕牛 jin^{31}ʒɿ^{24}

绒毛 tso^{31}man^{55}

肥猪 ε^{31}ɖɑ^{55}

架子猪 ʃiɑŋ^{31}phjɑ^{55}

骟鸡 z̩o^{31}ʂo^{24}

半大的鸡 z̩o^{31}phɑ^{31}lɑ^{24}

小鸡 z̩o^{31}tsɿ^{55}

鸡冠 qhu^{31}dzε^{31}dzε^{24}

野猫 qhuɑ^{31}təuŋ^{55}

青麂子 phjɑ^{55}ʃtʃɿ^{55}

獐子 lə^{55}

土拨鼠 diu^{55}diu^{55}ʒ̣ε^{31}nɑŋ^{31}

飞禽 bjin^{31}ʒdʒi^{24}

鹞子 qa^{55}ba^{55}

老雕 stie^{55}

秃鹫 ʈɑ^{31}n̥ɑŋ^{55}ta^{31}

鸮 bu^{55}bu^{55}

天鹅 ɖu^{24}

春雀 tʃhyŋ^{31}tʃhyŋ^{24}

云雀 ɬie^{55}

白嘴乌鸦 gɯ^{55}tsɿ^{31}

锦鸡 nun^{24}

箐鸡 ʃ̣uŋ^{55}

箐鸭 xa^{31}qa^{55}

犀鸟 tʃi^{31}ʒdʒyn^{24}

山喳鸟 an^{31}phjɑ^{24}

捉蜂鸟一种喜食蜜蜂的鸟 phjɑ^{55}xka^{31}dzɿ^{31}mɑŋ^{31}

一种鸟名一种体形极小的鸟 ʈhəuŋ^{55}bʐan^{55}go^{31}tsi^{31}

鸟名黑红色羽毛，喜居于村落附近 zduɛ^{24}

鸟名居深山喜群聚的一种灰色小鸟 pin^{31}qo^{55}bʐa^{55}

七步蛇高海拔草原的一种灰色毒蛇 quŋ^{55}bʉ^{55}ʐa^{31}

牛蝇 n̥ɑŋ^{24}

竹虫 mʐɛn^{55}bu^{24}

野蜂 mə^{31}dʐɿ^{24}

岩蜂 gui^{55}bʉ^{55}

牛蜂 quɑ^{55}mɛn^{55}dʐɿ^{24}

黄蜂 ʒdʒan^{31}an^{55}

黑马蜂 ʒ̣ɛ^{55}mu^{55}

黑胡蜂 ʒ̣ɛ^{55}ʈhə^{55}

黑腹虎头蜂 n̥in^{55}ʈəuŋ^{31}

蜂蛹 bjɛ^{31}tsʉ^{24}

蜂巢 bjɛ^{31}tiu^{31}liu^{55}

蜂饼 bjɛ^{55}fpɑ^{24}

五 房舍器具

皇宫 qha^{31}bɑ^{55}dzin^{55}stə^{55}

灶房 lo^{31}tso^{31}təuŋ^{55}

篾笆房 phjɑ^{31}phjɑ^{31}tʂən^{55}

草楼 ʒdʒiəŋ^{31}tsho^{55}

走廊 ʃ̣ɑ^{31}bo^{24}

粮仓 ʃtʃhɿ^{24}

脱粒房 pho^{55}lo^{24}

竹围较密的 phjɑ^{31}phjɑ^{24}

竹围较稀的 ji^{31}bi^{55}

羊围子 je^{55}

木头围栏 ʈhə^{31}tsɿ^{24}

带皮篾子 mʐɛn^{31}gəuŋ^{24}

不带皮篾子 mʐɛn^{31}phʐɿ^{55}

篾席篾丝编的 qɑ^{55}phu^{55}

篾席细绳连起篾丝编的 bʐe^{55}

擎天柱 stan^{55}mɑŋ^{55}wa^{31}

柱脚石 stan^{55}ʈhɿ^{55}

房脚石 ɖo^{31}ɖan^{24}

踏步石 ʒdʒyu^{31}tʂho^{55}tɑ^{31}

门轴 kəuŋ^{31}tiɑo^{55}liɑo^{55}

门阶 tsho^{55}bo^{24}

火塘架 xa^{31}liu^{31}pu^{55}

火塘上座 gue^{55}ʃtʃie^{24}

铁三脚 ʃ̣ən^{55}ʈuɛ^{55}

祭三脚 phjɛ^{31}do^{24}phʒɿ^{24}

压条 ʐɿ^{31}khɑ^{55}

竹盒 tie^{31}pɑ^{55}

木盆 tsho^{31}bɑ^{24}

点火架 ʂɿ^{55}tsəuŋ^{24}

柴火棍 sɛ^{31}ʈei^{55}

火绒 pie^{55}

香烧的～ ʃ̣ɛ^{31}diu^{55}

锣锅大而深的铁制平底圆锅 ʃtʃo^{31}ʐo^{55}

圆篾筐 ʐe^{24}

漏勺 dzan^{31}dzan^{24}

粗瓷碗 ʒdʒyu^{55}qa^{31}qhuɑ^{24}

细瓷碗 si^{55}qhuɑ^{55}

小罐子 ji^{55}pɑ^{55}

中等大小的罐子 tyu^{55}lyu^{55}

较大的罐子 vbʉ^{55}

大罐子 zo^{31}li^{24}

中等大小的坛子 kɑ^{24}

大坛子 kɑ^{31}pan^{31}pan^{55}

碗篮 qhuɑ^{31}tʂɑ^{55}

木桶 tɑ^{31}tɑ^{55}

竹筒 mʐɛn^{31}pɑ^{31}tsɿ^{55}

滤酒管 phjɑ^{31}die^{55}

架子 ʈhɑ^{31}ʈhɑ^{24}

晒麦架 ʐəuŋ^{55}

烙铁 ʃ̣ən^{55}pji^{55}

镊子 mə^{31}tsy^{55}

哑巴秤不差分毫的公平秤 tʃi^{31}do^{55}

干粮和盘缠 ʃtʃyŋ^{31}pɛ^{24}

聘礼 ʃtʃyɑ^{31}kha^{24}

新年礼给新郎新娘的 ta^{55}xa^{55}

尝新礼 tʂho^{31}qhu^{31}ʃtʃyn^{55}

赔偿品 dʐʅ^{24}

宽度 fpəu^{55}ʒdʒəu^{55}

踏步梯 lie^{55}dʐʅ^{31}

六　服饰饮食

线头 ɖʉ^{31}m̥in^{24}

未加工的麻线团 sɛ^{31}tʃhɿ^{24}

加工后的麻线团 tyu^{55}phʐɑ^{55}

牦牛毛织的布 phʐəu^{55}nən^{31}

纽襻儿 bo^{31}li^{55}

女子内衬衣 qa^{31}qa^{55}

马甲 ja^{55}qha^{31}dʉ^{55}

皮马甲 ʐʅ^{55}quɑŋ^{31}tsɿ^{55}

披肩 wuŋ^{31}quŋ^{24}

绵羊皮披肩 ʒɿ^{55}ʐʅ^{55}wuŋ^{55}quŋ^{31}

披风 ʃtʃɿ^{31}quŋ^{24}

棕树皮披风 phʒɿ^{31}tsɿ^{55}wuŋ^{55}quŋ^{31}

藏袍 tʂho^{55}bɑ^{55}

裤带 lɛ^{55}gɛ^{55}ʃ̣ɿ^{31}

头帕 ɬo^{31}tʃəu^{55}

珍珠 ji^{24}

穗子 tshie^{31}tshie^{55}

茶点 dʐə^{31}n̥o^{55}

夜宵 ʃ̣ue^{55}mə^{55}tʂhə^{31}

冷饭 dzɛ^{31}kəuŋ^{55}

大米糍粑 syu^{55}zdi^{55}

小麦糍粑 ʃtʃɛ^{31}zdi^{55}

油饼 ȵəŋ^{55}dʒɿ^{55}

琵琶肉 tsɑ^{55}gəuŋ^{55}

作料 qo^{31}tso^{24}

酒糟 vbə^{31}mɑŋ^{55}

醪糟 pie^{31}ɖua^{55}

捏酒 tsi^{55}phʐei^{31}

砖茶 sɛ^{31}tɑ^{31}dʐə^{24}

油茶 tu^{31}dʐə^{24}

烟袋 jɑ^{55}fpi^{55}

七　身体医疗

身材 dəuŋ^{31}vbəuŋ^{55}

四肢 ʈhɿ^{55}mə^{55}ʒ̣ɑ^{31}

凸额头 ɬo^{31}pu^{55}

瞳孔 miɛn^{55}ȵɑŋ^{55}

眼眶 miɛn^{55}dʐuŋ^{31}

翳子 zʅei^{24}

耳朵尖 nə^{55}dzʅo^{55}qhu^{31}

耳郭 nə^{55}dzʅo^{55}fpɑ^{31}

长相 ziɑ^{55}ziu^{24}

硬腭 mu^{55}pɛ^{31}

软腭 mu^{55}

后肩 phʒɿ^{24}

后颈窝 phʒɿ^{31}tshiɛ^{31}tshin^{55}

软肋 nəuŋ^{55}man^{55}

腰围 dzʅ^{31}tshin^{55}

胯 fphʉ^{24}

膝关节 tsɛ^{55}wɑ^{55}fpɑ^{31}

脚尖 ʈhɿ^{55}qhu^{55}

脚背 ʈhɿ^{55}do^{24}

脚后跟 mə^{31}tshiəŋ^{24}

鸡皮疙瘩 sto^{55}vbəuŋ^{55}

颈瘤 phzʅɑ^{55}

瘊子 sty^{24}

火眼 miɛn^{55}ʈhɿ^{31}ȵi^{31}

瘴气 fpi^{31}vbi^{55}ȵi^{31}

缺鼻 do^{31}lo^{31}ban^{24}

癞痢头 lɑ^{55}qɑ^{55}

心绞痛 ʃtʃhyɛ^{55}ʃtʃəu^{55}

骨节 zʅɑ^{55}qɑ^{31}tsa^{24}

牙根 ʂəu^{55}bzʅan^{31}

喉管 ɡu^{55}tsɿ^{31}ʂuɛ^{31}

肺管 tshʉ^{31}ʂuɛ^{55}

饱嗝 vbɛ^{31}ɖuɛ^{24}

清鼻涕 n̥ɛ^{55}ʒ̣ən^{24}

污垢 ɖa^{55}

八　婚丧信仰

神龛 ʒdʒəuŋ^{31}bɑ^{55}lɑ^{31}

生命 xkhəuŋ^{24}

土地公公 sɿ^{55}ʒɿ^{24}

本地山神 tsin^{55}tʂhə^{31}

祭鬼 tsu^{55}fpie^{55}

祭鬼的地方 ʈuɛ^{55}

妖精 təuŋ^{31}ʒdʒin^{55}

引路经 zʅuɛ^{31}ta^{55}ʃtʃy^{55}

给羊子 ʒdʒəuŋ^{55}khən^{55}

念给羊子经 ʈhʉ^{55}suɑ^{55}

鸡卦 zʅo^{55}qhu^{31}sto^{31}

袈裟 dzɛ^{31}ɡu^{55}

五彩旗 dzɛ^{55}tie^{24}

单色旗 jɛ^{55}tie^{24}

坟上的白旗 ɖə^{31}ɖu^{55}

经筒 di^{55}li^{55}

香炉 pu^{55}qhuɑ^{31}

神树 tsin^{55}tʂhə^{31}vbəuŋ^{31}

海螺号 ji^{31}qu^{31}bzʅ^{55}

九　人品称谓

家族 ɖue^{24}

同宗 po^{55}pu^{24} ti^{24}

近亲近邻 tsʉ^{55}qɑ^{55}die^{31}qɑ^{31}

普米族 phzʅən^{55}min^{55}

傈僳族 lʉ^{31}sʉ^{24}

纳西族 ȵɑŋ^{31}min^{24}

怒族 nəuŋ^{55}

彝族 lɑ^{31}lo^{55}

羌族 ʒdʒyo^{55}

独龙族 tʂho^{55}
成年人 mə^{55}ta^{31}
牧民 ɬi^{55}min^{31}
买家 ʂu^{55}min^{55}
卖家 ʃtʃi^{31}min^{55}
丫鬟 sɿ^{31}bʉ^{24}
奴隶 guɛ^{55}
奴隶主 guɛ^{55}san^{24}
喇嘛 ja^{31}mɑŋ^{55}
刽子手 mə^{55}sɛ^{55}min^{31}
半瞎者 miɛn^{31}qu^{24}
跛子 zda^{31}ba^{24}
秃子 ɬo^{31}ʃtʃiɑ^{55}min^{55}
矮子 mə^{31}tiəŋ^{31}liəŋ^{24}
媒人 dzɿ^{31}bo^{55}
高祖父 nəuŋ^{31}pu^{55}
高祖母 nəuŋ^{31}die^{55}
高祖父的父亲 stin^{55}pu^{55}
高祖父的母亲 stin^{55}die^{55}
高祖父的祖父 ʒʉ^{55}pu^{55}
高祖父的祖母 ʒʉ^{55}die^{55}

十　农工商文

基层 pa^{55}siɑ^{55}
（换）工 zʅ^{31}qo^{55}
丽江 ʒ̣ɛ^{31}gəu^{55}
宁蒗 min^{55}min^{55}
维西 kəu^{55}di^{31}
鹤庆 lɛ^{31}bʉ^{31}di^{24}
剑川 dʒɿ^{31}tu^{55}
怒江 nəuŋ^{55}din^{31}bzʅ^{55}tʃʅ^{31}
金沙江 lɑ^{31}bɑ^{55}bzʅ^{55}tʃʅ^{31}
澜沧江 lo^{31}tsho^{55}bzʅ^{55}tʃʅ^{31}
雪邦山 man^{55}ta^{55}pi^{55}ti^{55}ʃu^{31}
牛鼻桊 gue^{55}
牲口套嘴篾编的 khɑ^{31}dzʅ^{24}
十字镐 ʈʉ^{31}ban^{24}
细绳子 sɿ^{31}zɑ̢^{55}
粗绳子 bzə̢n^{24}
小布袋 tshy^{31}ʒdʒy^{55}
小麻袋 sɛ^{31}nan^{55}xan^{55}
大皮袋 ȵyŋ^{24}
小皮包 dzɑ^{31}ʃ̣ʅ^{24}
特大竹篮 so^{31}khɑ^{24}
小竹篮 khɑ^{31}zɑ̢^{55}
驮篮有孔的 ʃtʃiɛ^{55}khɑ^{55}
驮篮无孔的 pɑ^{55}lo^{24}
篮子无孔的 khəuŋ^{24}
小挎篮 tʃʅ^{31}khəuŋ^{24}
小簸箕 nun^{24}
攘筛筛眼最粗的筛子 ʈə^{31}ʈə^{55}
织布刀 dʒɛ^{55}zə̢n^{55}tin^{31}
夹线板 ʃtʃiɑ^{31}min^{24}
提线棍 dʒɛ^{55}jəuŋ^{55}tin^{31}
经线 dʒɛ^{55}mɑŋ^{31}
纬线 dʒɛ^{55}pu^{31}
纺锤 ʂə^{55}pɑ^{55}
辟邪剑 xkhɑ^{24}
弩弓 tɑ^{31}nɑŋ^{24}
弩箭 je^{55}sin^{24}
箭筒 təuŋ^{31}pie^{55}
坑状陷阱 fpɑ^{31}tʂhuŋ^{55}
围网状陷阱 zo^{55}tʂhuŋ^{55}
阀杆扣陷阱 tʃhɿ^{55}pɛ^{31}tʂhuŋ^{24}

石板扣陷阱 ʒdʒyu^{31}bjɑ^{31}tʂhuŋ^{24}
关鸟网状陷阱 zdɛ^{31}ʐo^{55}tʂhuŋ^{55}
砍脖子陷阱 qan^{31}ʃtʃiɑ^{55}tʂhuŋ^{31}
吊脖子陷阱 qan^{31}ʃtʃhi^{55}tʂhuŋ^{31}
笑话 ʂɑ^{55}ʂɑ^{31}ji^{55}ʃɿ^{24}
谚语 ʐɑ^{31}ʃtʃəu^{55}
小钹 bə^{55}tʃhiu^{55}
三弦琴 kuaŋ^{31}ʃin^{24}
葫芦丝 ko^{31}m̥ə^{55}nɑ^{55}
拨浪鼓 zdə^{31}bə^{31}liəŋ^{24}

十一　动作行为

回音 qa^{31}ʃtʃha^{55}
语言 ɬie^{55}
梦游 ʂɿ^{55}miəŋ^{24}
安装 zdye^{55}
按往下～ si^{55}
摆动 ɬiəŋ^{55}ɬin^{24}
绊倒 ta^{31}qua^{24}
剥～果皮 siɑ^{31}sʉ^{55}ʐɿ^{55}ɬiəŋ^{55}
剥～竹篾 mʐen^{31}ɳe^{55}
剥落油漆～ ʂɿ^{55}thə^{31}gɑ^{55}
保密 ʃtʃuɛ^{55}ʃtʃu^{55}
暴露 tsuɑ^{55}
爆炸 bjəu^{24}
焙干 ŋɯ^{55}
迸 dzie^{55}
逼迫 ʈhən^{55}tsin^{55}
闭～气 min^{55}
辟邪 ʂən^{55}waŋ^{31}
变成 pjɑ^{55}
缠绕 stua^{55}
铲除 ʃtʃhin^{24}
承认 xɑ^{31}dʒɿ^{24}
抽～草 ʃtʃie^{55}
抽～火 fphʉ^{24}
抽～刀 ʃə^{55}
抽签 tso^{55}lɑ^{31}
出～水痘 khə^{31}phʉ^{24}
出现 khə^{31}tsuɑ^{55}
出门 ʐuɛ^{31}ɖuɛ^{55}
出工 dʐɿ^{31}tʂhuŋ^{55}
淬火 tsua^{55}tʂɿ^{24}
搓～麻 ʃtʃyu^{55}
打～水 ʃtʃhin^{55}
打～结 tsi^{55}
打～毛衣 təuŋ^{24}
打～酥油茶 dzəuŋ^{55}
戴～帽子 tua^{24}
戴～包头 tʂə^{55}
戴～手镯 dʐə^{24}
得到 ʒdʒi^{55}
提防 kɯ^{55}
顶嘴 min^{31}min^{55}ʃtʃi^{55}
逗～孩子 lɑŋ^{24}sɑŋ^{31}
堵拦 tshan^{24}
放～生 xiɛ^{55}
放～盐 tʃi^{55}
割～肉 ʒɛ^{24}
硌～脚 kɑŋ^{55}
关～羊 stan^{24}
灌 tʂɿ^{55}
逛游 qɑ^{55}lɑ^{55}
回头 də^{31}ʂo^{55}

活该 tsua^{55}dʒi^{31}

积攒 ʃtʃyɛ^{31}ʃtʃyŋ^{24}

聚拢 zdʉ^{55}zduɛ^{24}

继承 qa^{31}dzɿ^{55}

接～水 tshɿ^{24}

削着砍 phjɛ^{24}

劈着砍 sʉ^{55}

愣住 thə^{31}ʒdʑiəŋ^{24}

连接 ʃtʃyɑ^{24}

相连 ʃtʃhiɛ^{31}ʃtʃhi^{24}

趔趄 təuŋ^{31}pie^{24}

埋怨 n̥ɛn^{55}ʃɿ^{31}

密封 m̥o^{55}

命令 ku^{31}kue^{55}

磨～面 ɣgɯ^{24}

磨～牙 ʈʅ^{24}

铺洒 siu^{24}

卡～住 khə^{31}ʐɑ^{55}

请～工人 tʂhuɑ^{55}

撒～灰 tʂɿ^{55}

塞鼻～ tsɿ^{55}

舍不得 fpəu^{24}

生～孩子 dʒɿ^{55}

生动物～崽 xka^{24}

收～伞 ʈhɑ^{55}

收～衣服 zɿ^{55}

使跌倒 ɬiəŋ^{55}ɬin^{24}

添 tʂo^{24}

团结 diɛ^{31}diu^{24}

威胁 xuŋ^{31}ʂə^{55}

习惯 thə^{31}ʒɿ̣^{55}

匀苗 ʂun^{24}

有～钱 bəuŋ^{55}

有～事 ʃɿ̣^{24}

有碗里～水 kui^{55}

有地上～石头 sta^{55}

有山上～树 diəŋ^{55}

增加 bɛ^{55}

十二　性质状态

粗粗的 bən^{55}təuŋ^{31}təuŋ^{55}

细细的 tshin^{31}zɿ^{55}zɿ^{31}

矮矮的 bjɑ^{55}lia^{31}lia^{55}

凸凸的 tɛ^{55}bu^{31}bu^{55}

凹凹的 tɛ^{55}qhuan^{31}qhuan^{55}

短短的 tshiəŋ^{24}tɑ^{31}tɑ^{55}

宽宽的 fpəu^{55}tɑ^{55}tɑ^{31}

窄窄的 ʃtʃɿ^{55}ɬɛ^{31}ɬɛ^{55}

厚厚的 ɦɑ^{31}də^{55}də^{31}

薄薄的 bʉ^{55}ʐɑ^{31}ʐɑ^{55}

扁扁的 bjɛ^{55}lɛ^{55}lɛ^{31}

球形的 duŋ^{55}nuŋ^{55}nuŋ^{31}

尖尖的 tʃhiɑ^{31}miɑo^{55}miɑo^{31}

平平的 stin^{31}jɑ^{55}jɑ^{31}

直直的 stu^{55}tʂhən^{55}tʂhən^{31}

黑漆漆的 n̥ɑŋ^{31}bji^{55}bji^{31}

黑洞洞的 n̥ɑŋ^{31}dʐuŋ^{55}dʐuŋ^{31}

黑压压的 n̥ɑŋ^{31}tan^{55}tan^{31}

麻麻黑的 n̥ɑŋ^{31}xu^{55}xu^{31}

纯白的 phʐən^{55}qu^{55}qu^{31}

白花花的 phʐən^{55}jɑ^{55}jɑ^{31}

灰白的 phʐən^{55}xu^{55}xu^{31}

纯红的 n̥e^{55}qu^{55}qu^{31}

大红的 n̥e^{55}tsɑ^{55}tsɑ^{31}

浅红的ȵe55xu55xu31
粉红的ȵe55phjɑ55phjɑ31
金灿灿的ɦan24jəuŋ55jəuŋ31
绿油油的ȵi55zei55zei31
昏暗的ma31tsua31tsua55
沉甸甸的la55khɯ31khɯ55
轻飘飘的ʒdʒin31xɯ55xɯ31
悄悄的ȵɑŋ31tʂhəu55tʂhəu31
慢吞吞的zʉ55ŋ̊ɑŋ55ŋ̊ɑŋ31
清澈的quan55tʃiu55tʃiu31
浑浊的xie55zan31zan55
胖胖的tshɿ31du55lu31
瘦瘦的ʤ̨31lɑ55lɑ31
干干的ɣgu55tsɑ31tsɑ55
干枯的ɣgu55ʈhɑ31ʈhɑ55
湿漉漉的dzan55nɑŋ31nɑŋ55
浓浓的diəŋ31lie55lie31
稀稀的ɖən31zɑ55zɑ31
硬硬的tʃəuŋ55sin31sin55
软软的fpu55liəŋ31liəŋ55
粗糙的ba55ʈhuɑ55ʈhuɑ31
滑滑的bza55lyu31lyu55
牢牢的lən55qɑ55qɑ31
结结实实的tsin55təuŋ31təuŋ55
乱乱的man55ʃtʃuɑ55ʃtʃuɑ31
嫩嫩的sthə31ʒəu55ʒəu31
美美的ʃu55lia55lia31
冷冷的bəuŋ24tʃuan31tʃuan55
暖暖的ʃʉ55phʉ31phʉ55
热乎乎的tsɛ55xo31xo55
香喷喷的ʂa55tʃɿ55tʃɿ31
酸溜溜的tʃu55tsie55tsie31
甜丝丝的thə31ba55ba31
苦苦的qhɑ31ʈɿ55ʈɿ31
辣辣的xkɯ55xuŋ55xuŋ31
涩涩的fpɑ31ʈɑ55ʈɑ31
舒服的dʒuɑ55jin55jin31
懦弱的no55tsʉ31tsʉ55
安逸的zʉ55ŋɑŋ55ŋɑŋ31
惊恐的ɖə55ʒdʒyɛ31ʒdʒyɛ55
光秃秃的ȵe55do55do31

十三　数量

亿man55man55
把一～扫帚xkan24
把一～尺子ʃtʃhi24
把一～钉子ʈɑ55
把一～米stu24
片一～树叶fpɑ24
首一～歌ʃtʃu55
种一～东西tʃhiu24
样一～东西tshəuŋ24
只一～手sthie31phɑ24
群一～羊pin24
条一～布lie55
坨一～大蒜kue55
瓣一～大蒜sye55
窝一～小猪pɛ24
滴一～油sthɑ24
抱一～柴ʃtʃy55
背一～柴qɑ31lɑ55
捆一～柴ʂəŋ31ʂɛ55
挑一～柴tu24
肘一～长xku24

十四　代副介连词

某～个 tʂʅ^{55}

某些人 min^{55}tʂʅ^{55}ʐʅ^{31}

任何东西 khə^{31}tie^{24}

各自 ȵi^{55}gɑ^{31}ȵi^{55}

部分 ʈhʉ^{31}ʈhʉ^{55}

或者 diɑ^{31}

反倒 die^{55}

但是 di^{24}

第五章 语法

第一节

词类

一　名词

普米语名词能够带表“性”“数”“小称”的标记，能受数量短语的限定，后面可以加方位词或助词，一般不受副词“不、很”等的限定，主要做主、宾语，还可以做定语、中心语、状语和谓语。

（一）普米语名词的类别

普米语名词根据其语义类别，大致可分为普通名词、专有名词、时间名词、方位名词四个小类。

1. 普通名词。普通名词涉及天文地理、动物植物、食品衣着、房屋建筑、用品用具、文化娱乐、思想观念、人物称谓等诸多领域，详见“分类词表”一章。

2. 专有名词。专有名词主要包括人名、地名、民族名等。例如：pa^{31}ʒ̣ɑ^{55}ɑ^{55}zəuŋ^{55}“班让阿宗”（意为“班让家族的大儿子”）、ja^{31}qa^{24}wo^{31}min^{55}“亚嘎沃敏”（意为“亚嘎家族的虎女”）、dʒɿ^{31}tu^{55}“剑川”、lo^{31}tsho^{55}bzʅ^{55}tʃɿ^{31}“澜沧江”、gɛ^{31}tʉ^{55}“玉龙雪山”、zdu^{24}“藏族”等。

3. 时间名词。时间名词可以直接做主语、宾语、定语、状语等句法成分。例如：

siɑŋ^{24}	xɑ^{55}ti^{31}	phji^{55}	qa^{55}.
明天	更加	好	会

明天会更好。

4. 方位名词。方位名词表示最基本的空间关系。普米语方位名词可分为单音节方位词和双音节方位词两种，两种方位词的语法特点有一定的区别。

（1）单音节方位词。普米语常见的单音节方位词主要有to^{55}“上方；上面”、po^{55}“下方；下面”、gan^{55}“上部；上面”、tʃhn^{55}“下部；下面”、khu^{55}“（表面之）上”、no^{55}“外面”、guŋ^{55}“里面”、wu^{55}“里面”、zʅ^{24}“前面”、no^{24}“后面”等。其主要特点是：数量上具有封闭性，同时具有典型的名词特征，能回答用“哪儿”提出的问题，常单独用作主语、宾语、定语、中心语等句法成分，还可用于名词性成分之后，构成方位短语。

（2）双音节方位词。双音节方位词按语法特征的不同可以分成两类。一类是与上述单音节方位词一样可以单独充当主语、宾语、定语、中心语的方位词。例如：

ʒɿ^{31}phje^{55}	phji^{55},	wa^{31}phje^{55}	mɑŋ^{31}	phji^{55}.
左边	好	右边	NEG	好

左边好，右边不好。

另一类是不能单独充当主语、宾语、定语、中心语，通常只用作状语的双音节方位词。主要包括tʂɿ^{55}ʒɿ^{24}“往上；以上”、xie^{55}ʒɿ^{24}/ʃie^{55}ʒɿ^{24}“往下；以下”、di^{55}ʒɿ^{24}“（空间）往向心方向；（时间）以后”、thie^{55}ʒɿ^{24}“（空间）往离心方向；（时间）以前”等。例如：

tʂɿ^{55}ʒɿ^{24}	tə^{55} ʃɿ^{31}	ɖan^{31}	xko^{55}.
往上	DIR 去	走	难

往上走难。

（二）普米语名词的主要特点

1. 普米语名词有构词词缀，但词缀数量很少。如ɑ^{55}前缀常用来构成亲属称谓名词，也可构成表人名词。例如：ɑ^{31}die^{55}“奶奶”、ɑ^{31}ȵi^{55}“舅母；姑母”、ɑ^{55}dəu^{55}“小男孩”等。

2. 普米语名词没有性范畴，但有表示“性”的词头与词尾，其中以词尾居多。如：pu^{24}、zɿ^{55}表示男性（或雄性），mɑŋ^{24}表示女性（或雌性）等。

3. 名词没有严格意义上的数范畴，但有双数和复数标记。名词表示“数”概念的特征主要有：（1）可以用名词原形表示单数、双数或复数的数量。（2）可以用“名词原形 + 表数助词”的方式，明确表示双数或复数意义。其中，双数助词为zan^{24}，复数助词为zʅ^{55}。（3）可以用“名词原形 + 数量短语”的方式，表示名词事物的数量。名词受具体数量限定时，必须使用原形形式，不能再加表数助词zan^{24}或zʅ^{55}。

4. 大部分名词后都能添加表小的词尾。常见的表小词尾是tsʉ^{55}、tsɛ^{24}和tsɿ^{55}等。

5. 名词没有人称领属等的形态变化。但有极个别的名词（如名词bʉ^{55}“家”）有表示领属、施事等语法意义的形态变化。

6. 名词常做主语、宾语、定语和中心语。时间名词、方位名词、处所名词可以直接做状语，它们还常与其他词结合，构成名词性短语之后再做状语。有少量肯定式判断句可以直接用名词做谓语。否定式判断句里必须添加判断动词“是”。

7. 名词一般不能重叠。

二　代词

（一）人称代词

普米语人称代词没有“性”范畴，也没有尊称，有数范畴和格范畴。

1. 人称代词的数。在普米语中，人称代词系统有单数、双数和复数之分。其中第一人称双数、复数有排除式和包括式之分。详见下表：

表5-1　人称代词的数

人称 / 数		第一人称	第二人称	第三人称
单数		ɑ^{55}我	ȵi^{24}你	tə^{55}gɯ^{55}他/她/它
双数	排除式	ɑ^{31}zan^{24}我俩	ȵi^{31}zan^{55}/nə^{31}zan^{55}你俩	tə^{31}zan^{24}他俩
	包括式	je^{31}zan^{55}咱俩		
复数	排除式	ɑ^{55}ʐʅ^{55}我们	ȵi^{31}ʐʅ^{55}/nə^{31}ʐʅ^{55}你们	tə^{55}ʐʅ^{55}他们
	包括式	je^{31}ʐʅ^{55}咱们		

2. 人称代词的格。人称代词有领属格、施事格、与事格的形态变化。

（1）领属格。单数、复数人称代词表领属时，有内部屈折的形态变化。双数人称代词没有领格的形态变化，做领属定语时，直接使用代词原形。人称代词领属格系统见下表：

表5-2　人称代词的领属格

人称 / 数		第一人称	第二人称	第三人称
单数		ɑ^{55}（或ɑŋ^{55}）我的	nɑŋ^{55}你的	tə^{31}gɑ^{24}他的
复数	排除式	ɑ^{31}ʐɑ^{24}我们的	ȵi^{31}ʐɑ^{55}（或nə^{31}ʐɑ^{55}）你们的	tə^{31}ʐɑ^{24}他们的
	包括式	je^{31}ʐɑ^{55}咱们的		

（2）施事格。双数人称代词为施事者时，可后加施事助词je^{31}，词本身没有屈折变化。单数、复数人称代词为施事者时，有内部的屈折变化，且后加施事助词je^{31}。详见下表：

表 5-3 人称代词的施事格

格 / 人称	施事格	
	单数	复数
第一人称	ɛ^{31}ȵe^{55}（je^{31}）	ɛ^{31}ẓe^{24}（je^{31}）
第二人称	ȵe^{55}（je^{31}）	nə^{31}ẓe^{24}（je^{31}）
第三人称	tə^{31}gue^{24}（je^{31}）	tə^{31}ẓe^{24}（je^{31}）

（3）与事格。只有第一人称单数和第二人称单数有与事格的屈折变化：第一人称单数的与格形式为ɛ^{31}，第二人称单数的与格形式为nə^{31}。其他人称、数上没有与事格的形态变化。例如：

tə^{55}gɯ^{55} ɛ^{31} tʃi^{55} liəŋ^{31}gui^{55} tɛ^{55} ʒdʒie^{31} khun^{31}.

3sg 1sg DAT 花红 一 CL 给

他给了我一个花红。

3. 反身代词

普米语人称代词有多种表示反身的方式。最常见的有以下几种：

（1）人称代词重叠可以表示反身。例如：ɑ^{55}ɑ^{55}（或ɑŋ^{55}ɑŋ^{55}、ɑ^{55}ɑŋ^{55}）“我自己”，ȵi^{24}nɑŋ^{55}（或nɑŋ^{55}nɑŋ^{55}）“你自己”。

（2）凡是本该用代词原形而直接用了领属格代词的情况，都有反身义。

（3）第二人称代词可用“领属格＋din^{55}bie^{31}‘自己’”形式表示反身。第一、第三人称代词可用“原形/领属格＋din^{55}bie^{31}‘自己’”表示反身。

（4）ȵi^{55}ȵɑŋ^{31}（单数）、ȵi^{31}zan^{55}（双数）与ȵi^{55}ẓɑ^{31}（复数）可以独立用作反身代词“自己”，分别表示“他自己”“他俩自己”与“他们自己”。

（二）指示代词

指示代词主要包括距离指示代词、方位指示代词、方式与程度指示代词、泛指代词、相互代词等五个类别。

1. 距离指示代词。距离指示代词只能用于限定普通名词，不能限定方位名词。距离指示代词表示名词性事物在空间（或时间）距离上的远近。按距离可分为近指与远指两大类，按指代作用又可分为表指示与表代替两类。其中，主要起指示作用的近指代词为ti^{55}“这”，远指代词为o^{55}ti^{55}“那”，它们常用作定语，不做主语或宾语。例如：

ti^{55} phjɛ^{31}lɛ^{55} gɯ^{55} bẓan^{24}, o^{55}ti^{55} phjɛ^{31}lɛ^{55} gɯ^{55} ṣan^{55}.

DEM:PROX 棚子 TOP 近 DEM:DIST 棚子 TOP 远

这个棚子近，那个棚子远。

主要起代替作用的距离指示代词由第三人称代词及第三人称代词与指示代词构成的短语兼任，如tə^{55}gɯ^{55}“他”兼表近指的“这”，o^{55}tə^{55}gɯ^{55}（或o^{55}ti^{55}tə^{55}gɯ^{55}）表远指的“那”等。它们常用作主语、宾语，不做定语。例如：

tə^{55}gɯ^{55} mɑŋ^{31} khu^{24}, o^{55}tə^{55}gɯ^{55} tiɛ^{24} khu^{24}.

DEM:PROX NEG 要 DEM:DIST 还 要

这个不要了，那个还要。

2. 方位指示代词。方位指示代词由“方位指示前缀＋方位名词”构成，这类前缀只能用于限定方位名词，不能限定普通名词。方位指示前缀不能单用，只能用来限定khu^{55}“上”、to^{55}“上”、po^{55}“下”、wu^{55}“里”、dʐə^{55}“处”、bie^{55}“边”等方位处所名词，表示对方位高低、距离远近的判断。

首先，如果不考虑高低，只考虑距离的远近，方位指示前缀有两种分类方式：一种是二分法，即də^{31}“近”和o^{55}“远”，这种分法最为常用；另一种是四分法，即də^{31}“最近”、qɑ^{55}“较近”、sthɑ^{24}“较远”、sthə^{55}“更远”。其次，如果要考虑高低，则要在区分高低的前提下，同时区分远近。使用的前缀见下表：

表5-4 立体方位指示前缀

距离远近 方位高低	近	远
上方	stɑ^{55}	stə^{55}
下方	qɑ^{55}	qɯ^{31}

上述方位指示前缀通过与不同方位名词的结合，可以构成分类角度不同的方位指示代词，说话人根据自己的主观判断和表达需要选择其一使用。方位指示代词可以做主语、宾语和定语。例如：

də^{31}dʐə^{55} （gɑ^{31}） tʂho^{31} gɯ^{55} phji^{55} dʐuŋ^{55} tə^{55} ȵi^{55} si^{31}.

这里 （助） 庄稼 TOP 好 PRT DIR长 ASP

这里的庄稼长得好。

3. 方式与程度指示代词。方式与程度指示代词常做状语修饰动词、形容词，指代动作行为的方式、情态或性质状态的程度。有的也可做定语，修饰名词、代词。常用的主要有tə^{31}ʐɑŋ^{24}ȵi^{31}（或tə^{31}gɑŋ^{24}ȵi^{31}）“这样”、o^{31}tə^{31}ʐɑŋ^{24}ȵi^{31}（或o^{31}tə^{31}gɑŋ^{24}ȵi^{31}）“那样”、o^{55}ȵi^{55}“这样；那样”、o^{55}sin^{55}“那样”、o^{55}nɑŋ^{31}“这样、那样；这么、那么”、tə^{55}ʐʅ^{55}“这么”、o^{55}（或o^{55}tə^{55}ʐʅ^{55}）“那么”等。例如：

ti^{55} min^{55} gɯ^{31} tə^{31}zɑŋ^{24}ȵi^{31} phʝi^{55} ti^{55} tʂhuŋ^{31} si^{31}.

DEM 人 TOP 这样 好 MOD 出现 ASP

这个人这样好（我现在才知道）。

4. 泛指代词。泛指代词用来指代不定的或全量的、遍指的人或事物，常用的有min^{55}zʅ^{31}“别人、人家”、mə^{31}sie^{55}zʅ^{55}“大家”、tʂʅ^{55}“某”、di^{24}（或die^{31}ȵe^{24}）“别的”、mə^{55}ʂʅ^{55}“每”、khə^{31}tie^{24}“任何东西”（只用于否定句）、mə^{55}də^{31}ʂʅ^{55}“所有东西，任何东西”等。例如：

tə^{55}gɯ^{55} ɬu^{31}dzi^{31} tʂʅ^{55} mə^{31}ʃtʃie^{31} zəu^{31}.

3sg 东西 某 找 ASP

他在找某个东西。

5. 相互代词。相互代词tiɛ^{24}ti^{24}“彼此，互相”，常用作宾语、定语和状语。tiɛ^{24}ti^{24}“彼此，互相”可以是谓语动词的直接作用对象或动作的方向，后加对象助词；也可以是动作的受益者，后加与格助词。例如：

tiɛ^{24}ti^{24} khu^{55} ʂɑ^{31} zəu^{55}.

彼此 LOC 笑 ASP

对彼此笑了笑。

tiɛ^{24}ti^{24}可以直接位于中心语之前做定语，定语助词可加可不加；也可以直接位于谓语动词之前做状语，状中之间不能加状语助词。例如：

tə^{31}zan^{24} tiɛ^{24}ti^{24} tsɛ^{55}tsiu^{24} ȵɛ^{55}ȵi^{55} pʉ^{31} zəu^{31}.

3dl 互相 相打 相骂 CONP ASP

他俩互相打骂。

（三）疑问代词

根据不同的疑问对象，普米语疑问代词可分为问人、问物、问时间、问处所、问数目、问程度或方式、问原因等不同类别。详见下表：

表5–5 疑问代词类别表

疑问内容	疑问代词	
	普通疑问	选择疑问
问人	ɛ^{55}gɯ^{31}“谁”	tʃhɿ^{31}ȵi^{55} ti^{55}“哪一（个）” tʃhɿ^{31}ȵi^{55} ȵi^{55}səuŋ^{31}“哪几（个）” tʃhɿ^{31}ȵi^{55}zʅ^{55}“哪些（个）”
问物	mə^{55}də^{55}（或min^{55}）“什么”	

续表

疑问内容	疑问代词	
	普通疑问	选择疑问
问时间	nəuŋ^{55}tʃhie^{31} “何时；什么时候”	tʃhɿ^{31}ȵi^{55} tɛ^{55} “哪一（天）” tʃhɿ^{31}ȵi^{55} tɛ^{55}ȵi^{31} “哪儿（天）”
问处所	ɛ^{55}tʃi^{31} “哪里”	tʃhɿ^{31}ȵi^{55} tɛ^{55} “哪一（处）” tʃhɿ^{31}ȵi^{55} tɛ^{55}ȵi^{31} “哪儿（处）”
问数目	tʃhɿ^{55} “几” tʃhɿ^{55}tshɛ^{24} “多少”	
问程度或方式	tʃhɿ^{31}ȵɑŋ^{55}ȵi^{55}、mə^{55}də^{55}（或min^{55}）“怎么；怎样；怎么样”	
问原因	mə^{55}də^{55}wɛ^{31}ʒɿ^{31}、min^{55}wɛ^{31}ʒɿ^{31} “为什么”	

疑问代词的特点主要有：

1.一部分疑问代词可以重叠，重叠后大多不再表示疑问义。例如，ɛ^{55}gɯ^{31} “谁” 可以重叠，重叠后表示复数。tʃhɿ^{31}ȵi^{55}ʐʅ^{55} “哪些（个）” 可以重叠，重叠后表示列举。一些疑问代词可以重叠表虚指或不确定。mə^{55}də^{55}（或min^{55}）“怎么；怎样；怎么样” 可以重叠，重叠后表示强调。例如：

mə^{55}də^{55}　mə^{55}də^{55}　pʉ^{31}　ʐəu^{31}　tʂɑ^{55}mɑŋ^{31}ʃɿ̣^{24}.
怎么　怎么　做　ASP　知道：NEG
到底怎么做，不知道。

2. ɛ^{55}gɯ^{31} “谁” 和tʃhɿ^{31}ȵi^{55}ʐʅ^{55} “哪些（个）” 有屈折变化。做领属者时它们分别变为ɑ^{31}gɑ^{24} “谁的” 和tʃhɿ^{31}ȵi^{55}ʐɑ^{55} “哪些的”；做施事者时分别变为ɛ^{31}gue^{24}和tʃhɿ^{31}ȵi^{55}ʐe^{31}，同时后加施事助词je^{31}。

3. 疑问代词基本都能单用，tʃhɿ^{55} “几；多少；哪” 不能单用，需要与数词、量词或重叠形容词结合使用。例如：

man^{55}ta^{55}　nəuŋ^{55}　ʒ̣ɛ^{31}gəu^{55}　tə^{55}　pei^{31}　ʐuɛ^{24}　tʃhɿ^{55}　ʂɿ^{31}ʂan^{55}　kui^{55}?
兰坪　ABL　丽江　DIR　到　路　多　远远　有
从兰坪到丽江路有多远？

三　数词

（一）基数

1. 个数词。普米语中“一”至“九”的个数词如下：ti^{24}“一”、ȵi^{24}“二”、səuŋ^{24}“三”、ʒdʒɛ^{24}“四”、wɑŋ^{24}“五”、ʈhu^{24}“六”、xiɛn^{24}“七”、ʃ̣uɛ^{24}“八”、ɣgɯ^{55}“九”。其中，ti^{24}“一”、ȵi^{24}“二”两个数词在语流中常出现韵母弱化的音变现象，其中ti^{24}常变为tɛ^{55}（或tə^{31}），ȵi^{24}常变为nə^{31}。普米语中没有数词“零”，表达这个概念时人们通常直接使用汉语借词lin^{24}“零”。

2. 位数及合成基数词。普米语位数词分别为：go^{55}（或xkɑ^{24}）“十”、ʃʅ̣^{55}“百”、stin^{55}“千”、man^{55}“万”、man^{55}man^{55}“亿”。

（1）十位数。普米语共有三种形式的“十”：qɑ^{55}stin^{31}“十”、go^{55}“十”、xkɑ^{24}“十”。其用法各有不同。qɑ^{55}stin^{31}是非位数的“十”，它只能单用，不能做位数词用。go^{55}“十”和xkɑ^{24}“十”都能做位数“十”使用。其中，go^{55}“十”既能构成整数也能构成非整数，xkɑ^{24}“十”只能构成整数，不能构成非整数。例如：səuŋ^{31}go^{55}（或səuŋ^{31}xkɑ^{24}）“三十”、səuŋ^{31}go^{55}（三十）səuŋ^{24}（三）“三十三”。

（2）百位数及百位以上。百位数及百位以上，不同的位数之间通常加连词nəuŋ^{55}“和”。整数时，百位与十位之间必须加nəuŋ^{55}；非整数时，nəuŋ^{55}的位置及nəuŋ^{55}使用与否比较灵活。例如：

tɛ^{31}	ʃʅ̣^{55}	nəuŋ^{55}	xiɛn^{31}	go^{55}	nəuŋ^{31}	səuŋ^{24} ～	tɛ^{31}	ʃʅ̣^{55}	xiɛn^{31}	go^{55}	nəuŋ^{31}	səuŋ^{24} ～
一	百	和	七	十	和	三	一	百	七	十	和	三

tɛ^{31}	ʃʅ̣^{55}	nəuŋ^{55}	xiɛn^{31}	go^{55}	səuŋ^{24}	一百七十三
一	百	和	七	十	三	

普米人在日常生活中通常只使用一百以内的普米语固有数词，超过一百的数词多直接借用汉语，不再用母语表达。基数词有指代功能，能直接代替所指的对象做主语、宾语。例如：

tə^{55}gɯ^{55}	ʃtʃhiəŋ^{24}	ʃʅ̣^{31}	ti^{55}	də^{55}	ʂua^{31}	si^{31},	ɑ^{55}	ʐ̥ɛ^{55}	ti^{24}	khu^{24}.
3sg	上衣	新	一	DIR	买	ASP	1sg	也	一	要

她买了一件新上衣，我也要一件。

（二）序数

当人物或事物需要排名次时，普米语通常只排前三名，使用qhu^{31}qhu^{55}“头”加数词（或数量短语）的方式表达。例如：

ɑ^{55}dəu^{55}	tə^{31}ʐ̥ɑ^{24}	pan^{55}	wu^{55}	qhu^{31}qhu^{55}	ȵi^{24}	də^{31}.
阿多	3pl:GEN	班	LOC	头	二	是

阿多是他们班的第二名。

现在表达名次概念更常使用汉语借词ti^{55}“第”，此时需要同时借用汉语数词。例如：ti^{55}ji^{24}“第一”、ti^{55}sɑŋ^{55}“第三”等。

四　量词

普米语量词可分为名量词和动量词两大类。二者在数量、成员及句法特征上的差别比较大，分述如下：

（一）名量词的主要特点

1. 有一定数量的名量词，但专用量词数量少，没有泛化使用的通用个体量词。大部分普米语量词属于量词、名词兼类词，也有一部分量词、动词兼类词和少量量词、形容词兼类词，这些量词的名词、动词或形容词用法也仍是其常用用法。如ʒdʒie^{55}“颗（量词）；籽（名词）”、sty^{24}“撮（量词）；掐（动词）”、bu^{55}“堆（量词）；凸（形容词）”等都属于兼类词。而如ʃtʃu^{55}“首”、gu^{55}“句”等没有其他词性、专门用作量词的词，数量很少。普米语有一定数量的性状量词、类别量词、反响型量词等不同小类的量词，但没有类似汉语“个”这样结合面较广、泛化使用的通用个体量词。

2. 量词属于不发达型，名量词在使用上不具有句法上的强制性。名词称量时，可以直接与数词结合构成定中结构，量词可加可不加。还有一部分个体名词（如动物名词）尚无可搭配的量词，只能直接与数词结合表数量。

3. 除了时间名词和时间量词的兼类词（如“年、月、日”）及个别类别量词之外，量词都不能重叠。

4. 量词大多是单音节词，在句中的语序比较灵活。名词、数词、量词结合构成的数量名短语有“名＋数＋量”“名＋量＋数”“名＋量＋数＋量”“数＋量＋名”等多种语序。其中，“名＋数＋量”“名＋量＋数”为常用语序。

5. 量词中有少量汉语借词。只有个别个体量词、集体量词借自汉语，如pɑ^{24}“（一）把（刀）”、tʃhi^{24}“群”等；但标准度量衡量词基本都借自汉语。

（二）名量词的类别

普米语名量词大多来自名词，少数来自动词，个别来自形容词。按其语义可分为个体量词、集体量词、度量衡量词三个小类。

1. 个体量词。个体量词可以分为反响型量词、性状量词和类别量词三个小类。

（1）反响型量词，又称拷贝型量词，通常只能用于被反响的名词上，但也有部分反响型量词已发展成类别、性状个体量词。例如：

xko^{31} tɛ^{55} xko^{31} 一口气
气 一 CL

ɬɑ^{31}tsɿ^{55} tɛ^{55} ɬɑ^{31}tsɿ^{31} 一根手指
手指 一 CL

qhu^{55}ʃtʃye^{55} tɛ^{31} ʃtʃye^{31} 一个头盖骨
头盖骨 一 CL

ʂ̥ɛ^{31}tho^{55}sʉ^{31} tɛ^{55} sʉ^{31} 一颗松子
松子 一 CL

（2）性状量词，用于称量具有某种突出特征、性质或状态的物体。常见的性状量词有：ʒdʒie^{55}"颗；粒；丸；朵；座；个"、stie^{24}"根；条；支"、lie^{55}"条；（条状的一）块"、dʐ̥uŋ^{55}"个"、bjɑ^{24}"块"、ʃ̣o^{24}"块"、phjɑ^{55}"张；片；块"、sthɑ^{24}"滴"、duŋ^{55}luŋ^{55}"坨；疙瘩"、kue^{55}"坨；根"、tin^{24}"层"、bie^{31}bie^{24}"棒；苞；个"、pɑ^{24}"把"等。例如：

ʂ̥ɛ^{31}tho^{55}sʉ^{31} tɛ^{55} ʒdʒie^{31} 一颗松子
松子 一 CL

tso^{55} tɛ^{31} stie^{31} 一根钉子
钉子 一 CL

（3）类别量词，用于称量同类的事物。常见的类别量词主要有vbəuŋ^{55}"棵"、bɑ^{24}"棵（苗）；股"、tsɿ^{55}"个（人）"、puŋ^{55}"个（有扣袢的事物）"、tshəuŋ^{24}"样"、tʃhiu^{24}"种；类"、bo^{24}"本"、təuŋ^{55}"处"、ɖɑ^{24}"栋"、tʃe^{24}"间；个；格"、bz̥ɑ^{24}"步；级；层"、sthie^{31}phɑ^{24}（或phɑ^{24}）"（一对中的一）只；个"等。例如：

n̥ɑŋ^{31}kue^{55} tɛ^{55} vbəuŋ^{31} 一棵蔓菁
蔓菁 一 CL

vɑ^{24}tsɿ^{31} tɛ^{31} sthie^{31}phɑ^{31} 一只袜子
袜子 一 CL

2. 集体量词。集体量词可分为定量集体量词和不定量集体量词两个小类。其中，定量集体量词只有一个phz̥ɿ^{24}"双；对；副"；不定量集体量词数量较多，有pin^{24}（或lɑ^{24}、tʃhi^{24}）"群"、stu^{24}"（手心向上的一）把"、ʈɑ^{55}"（手心向下的一）把；（一）捧"、xkan^{24}"（一）把"、ʃtʃhi^{24}"把；段；节"、tsɑ^{24}（或bʉ^{31}dyu^{55}）"段；节"、pjɑ^{55}"排"、z̥uɛ^{24}"行"、ʈʉ^{24}（或ʈu^{24}、tshu^{24}）"簇"、wɑ^{55}"蓬"、tu^{24}"束；把；丛"、fpʉ^{24}"绺；撮"、sty^{24}"（一）点"、ʈln^{24}（或pz̥ɑ^{24}）"（一）点"、qhɑ^{24}"套"、tɑ^{24}"叠；摞"、bu^{55}"堆"、bʉ^{24}"份"、tsɿ^{24}"（一）点；些"、ʈhʉ^{24}"（一）部分；（一）些"等。例如：

n̥e^{55}stie^{55} tɛ^{55} phz̥ɿ^{24} 一对耳环
耳环 一 CL

sto^{31}ba^{55} wɑŋ^{55} phz̥ɿ^{24} 十颗糖
糖 五 CL

3. 度量衡量词。根据是否有严格、统一、规范的标准，可分为非标准度量衡量词和标准度量衡量词两类。

（1）非标准度量衡量词。非标准度量衡量词是最早出现的度量衡量词，其尺度因人而异，并不统一。多是长度单位，也有一些重量单位。如tɛ^{31}jin^{55}"一庹（两臂向左右两边平伸的长度）"、tɛ^{31}tʃhy^{55}ta^{55}"一大拃（张开的拇指与中指两端之间的距离）"、tɛ^{31}tʃhy^{55}tsʉ^{55}"一小拃（张开的拇指与食指两端之间的距离）"、tɛ^{55}pu^{24}"一勺（约三两）"、tɛ^{31}pi^{55}"一升（约3斤）"、tɛ^{31}tiu^{24}"一斗（约30斤）"、tɛ^{31}gəu^{55}"一石（约300斤）"等。

（2）标准度量衡量词。本语固有的标准度量衡量词较少。如tε^{55}tʂə^{31}“一两（酒）”、tε^{55}xɯ^{24}“一钱（银子）”、tε^{55}bjɑ^{31}“一块（大洋）”、tε^{55}bʐən^{24}“一角（钱）”等。中华人民共和国成立后，度量衡量词“一钱（银子）”里的xɯ^{24}“钱”也兼表“一分钱”的xɯ^{24}“分”。“斤”有ʃtʃhi^{24}和tʃi^{24}两个，后者更为常用。标准度量衡量词多为汉语借词，使用时要同时借用汉语数词。例如：ji^{31}tʂɑŋ^{55}“一丈”、ʂɿ^{24}tʂhɿ^{24}“十尺”、ji^{24}mu^{31}“一亩”、ji^{31}kuŋ^{55}li^{31}“一公里”、ji^{31}kuŋ^{55}tʃin^{55}“一公斤”等。

（三）动量词

普米语动量词的数量不多，但具有句法上的强制性，在表示动量时必须使用，这是动量词不同于名量词的一个重要特点。动量词使用时离不开数词，总是以数量短语的形式出现，位于动词中心语之前，构成“数词＋动量词＋动词”结构。普米语专用动量词只有ʃtʃyu^{55}（或qha^{24}）“次；回；趟；遍；（骂一）顿”、pha^{24}“（吃一）顿”、zɿ^{24}“（打一）顿”、ɬɑ^{24}“（打一）下”等。此外，还有一些借自名词、动词的临时动量词ku^{24}“口”、bʐɑ^{24}“步”等。下面按动量词的语义类别分别进行介绍。

1. 事件量。这类动量词表示动作事件的整体量。最常用的事件动量词是ʃtʃyu^{55}（或qha^{24}），其搭配范围很广，语义相当于“次；回；趟；遍；（骂一）顿”等。此外，还有pha^{24}“（吃一）顿”、zɿ^{24}“（打一）顿”、ʃtʃi^{55}“（睡一）觉”等动量词，只能与特定的动作相搭配，多是来自动词的兼类词。例如：

tə^{55}gɯ^{55} jin^{24} wu^{55} nə^{31} ʃtʃyu^{55}/qha^{24} mə^{55}ʃtʃye^{31} si^{31}.
3sg 地 LOC 二 VCL/VCL 找 ASP
他在田里找了两遍。

2. 动作量。这类动量词表示动作行为的具体量。它们的搭配范围较窄，通常只能与特定的动作行为相搭配，如ɬɑ^{24}“（打一）下”只能与“打”类动词组合，不能与“看、听”等其他动词组合；ku^{24}“口”只能与“吃喝”类动词组合，不能与“咬、尝”等动词组合。例如：

ɑ^{55}dəu^{55} je^{31} tə^{55}gɯ^{55} tə^{55} ɬɑ^{24} xɑ^{31} xui^{55} si^{31}.
阿多 AGT 3sg 一 VCL DIR 打 ASP
阿多打了他一下。

3. 时长量。时长量词分两类：

（1）一类表示动作行为明确、具体的时长，都来自时间名词，属于名词、量词的兼类词。例如：nə^{55}n̥in^{24}“两天”、tə^{31}sin^{24}“一早上”、wɑŋ^{31}dʒɿ^{24}“五小时”等。例如：

ɑ^{55} dʐə^{55} xɑ^{31} pei^{55} səuŋ^{55} ko^{31} dʐuŋ^{31} si^{31}.
1sg 这里 DIR 到达 三 VCL 到 ASP
我来这儿三年了。

（2）一类表示动作行为的模糊时长。主要有三个：dʒʅ^{24}“（一）会儿”、ʃ̣əu^{55}“（一）会儿；（一）场”和xkɑ^{24}“（一）段（时间）”。例如：

ɬu^{31}dzi^{24} tɛ^{31} dʒʅ^{24} ɛ^{31} mɑŋ^{31} ʃ̣ʅ^{24}.
东西 一 VCL PRT NEG 有
东西一会儿就不见了。

五 动词

（一）动词的主要类别

1. 动作行为动词。动作行为动词通常有人称、数、体、式等语法范畴的形态变化，包括动词词根的内部屈折与动词后缀的一致关系变化等。例如：

tə^{31}gue^{24}je^{31} ti^{55} ŋəuŋ^{55} gɯ^{55} khə^{31} yɛ^{31} nəuŋ^{55} min^{55}zʅ̩^{31} po^{55} dʒdie^{31}dʒie^{31} si^{55}.
3sg:AGT DEM钱 TOP DIR 拿:3sg LNK 别人 LOC 帮助 ASP
他拿出了这笔钱帮助别人。

ɛ^{31}ɳæ^{55}je^{31} ti^{55} ŋəuŋ^{55} gɯ^{55} khə^{31} jɛ^{31} nəuŋ^{55} min^{55}zʅ̩^{31} po^{55} dʒdie^{31}dʒie^{31} san^{55}.
1sg:AGT DEM钱 TOP DIR 拿:1sg LNK 别人 LOC 帮助 ASP
我拿出了这笔钱帮助别人。

2. 心理活动动词。心理活动动词常用作谓语，可以带宾语，可以受程度副词的修饰，还可以直接做定语。按形态特征，心理活动动词可分为两类：

（1）无词根内部屈折变化的心理活动动词：大部分心理活动动词都属于这一类型，如ʒdʒiɑ^{55}“喜欢”、dzɿ^{24}“讨厌”、tʂɑ^{31}ʃ̣ʅ^{24}“知道；认得”、dzə̣n^{55}ʒəu^{55}“相信”、ʃtʃiɛ^{24}“害怕”、ʈɛ^{55}xin^{31}“撒谎”、khɛ^{55}min^{31}“操心；挂念”、təuŋ^{24}“记（恩/仇）”等。这类心理活动动词与自主助词、动词后缀之间的关系很复杂，有的动词可以以光杆动词的形式出现在句末（如tʂɑ^{31}ʃ̣ʅ^{24}“知道；认得”），其后既不添加自主助词，也不添加动词后缀；有的动词必须添加自主助词与动词后缀才能成句（如ʈɛ^{55}xin^{31}“撒谎”）；有的动词在特定人称上只添加动词后缀、不添加自主助词也能成句（如ʒdʒiɑ^{55}“喜欢”）。

（2）有词根内部屈折变化的心理活动动词：少量心理活动动词与普通动作行为动词一样，依据人称、数、体、式等的变化，产生相应的动词词根的内部屈折变化以及动词后缀一致关系的变化。如sʉ^{55}zdʉ^{24}“想；考虑”、ʃ̣ə^{55}“想；认为”等，它们不能以光杆动词的形式收尾，其后必须添加动词后缀，动词与动词后缀之间不能添加自主助词。例如：

tə^{31}gue^{24}je^{31} ti^{55} gɯ^{55}mɑŋ^{31} gɯ^{55} mə^{55}phji^{31}min^{55} ti^{55} ʃ̣ue^{31} si^{31}.
3sg:AGT DEM 老师 TOP 好人 一 认为:3sg ASP
他曾经认为这个老师是一个好人。

ɛ^{31}ȵe^{55}je^{31} ti^{55} gɯ^{55}mɑŋ^{31} gɯ^{55} mə^{55}phji^{31}min^{55} ti^{55} ʃ̣ə^{31} zəuŋ^{31}.

1sg:AGT DEM 老师 TOP 好人 一 认为:1sg ASP

我认为这个老师是一个好人。

3. 助动词。助动词又叫能愿动词，普米语助动词能单独做谓语，也能与普通动词连用起支配作用，能受否定副词修饰，一部分还能受程度副词修饰。根据能否后加表示人称、体的后缀，可以把助动词分为两类：一类是不能加后缀的助动词，如bɑ^{24}“应该；该”、quɑ^{24}（或xɑŋ^{24}）“可以”、qa^{55}“会；能够”等；一类是能加后缀的助动词，它们属于助动词与普通动词的兼类词，如dʐuŋ^{24}“会”、ʒ̣ən^{24}“能够”、tʃie^{24}（或thəuŋ^{24}）“能够”、khu^{24}“要”、n̥in^{55}ʂɿ^{55}“肯；愿意”、nɑŋ^{55}“敢”等。例如：

o^{31}tə^{31}ʐɑŋ^{24}ȵi^{31} pʉ^{31} dzu^{24} ko^{31} mɑŋ^{55} bɑ^{31}.

那样 ADV 做 很 NEG 应该

那样做很不应该。

ti^{55} tʂən^{31} gɯ^{55} tɛ^{55} ko^{24} min^{55} pei^{55} tʃhiɛ^{55} ɖan^{24} dʐuŋ^{31} si^{55}.

DEM 孩子 TOP 一 岁 NEG 到 时 走 会 ASP

这小孩儿不到一岁就会走了。

4. 判断动词。普米语只有一个判断动词də^{24}“是”。它有人称和数的变化，但也可以在所有人称上都用原形形式də^{24}。变化形式分别为：din^{24}/də^{24}“（我/我们/你们）是”、diu^{24}/də^{24}“（你）是”、də^{24}“（他/他们）是”。例如：

ȵi^{24} o^{55}tʃhiɛ^{55} gɯ^{55}mɑŋ^{24} diu^{31}/də^{31}, tɑ^{51} mɑŋ^{55} diu^{24}/də^{24}.

2sg 以前 老师 是 /是 现在 NEG 是 /是

你以前是老师，现在不是了。

5. 存在动词

普米语共有六个表示存在、领有概念的动词，其意义和用法各具特点。其中，ʒ̣ə^{55}表示“领有或存在人物或动物”；ʃ̣ɿ^{24}表示“领有或存在抽象事物”；diəŋ^{55}表示“存在固定的、黏附的或不随意移动的事物”；bəuŋ^{55}表示“领有具体事物”；kui^{55}表示“非黏附状态的内有或天生存在”；sta^{55}表示“存在非内有的、非固定的、无生命的事物”。例如：

tə^{55}bʉ^{55} quɑ^{55} ti^{55} ʒ̣ə^{31}.

3sg:家 牛 一 有

他家有一头牛。

ti^{55} min^{55} gɯ^{31} ȵe^{55} diəŋ^{55} vbəuŋ^{55} ʃ̣ɿ^{55}.

DEM 人 TOP 面子 有 声望 有

这个人德高望重。

go^{24} khu^{55} sin^{31}vbəuŋ^{55} ko^{31} ʒʅ^{55} diəŋ^{31}.

山 LOC 树 很 多 有

山上有很多树。

ɑ^{55} ŋəuŋ^{55} bəuŋ^{55}, ɳ̥i^{24} dziu^{31} bəuŋ^{55}.

1sg 钱 有 2sg 权 有

我有钱，你有权。

tʃɿ^{55}quŋ^{31} wu^{55} tʃɿ^{55} mɑŋ^{55} kui^{31}.

水塘 LOC 水 NEG 有

水塘里没有水。

sɿ^{31}ʐɑ^{24} to^{55} dzɿ^{55} ji^{55} sta^{31}.

桌子 LOC 吃 NMLZ 有

桌上有吃的。

（二）动词的语法范畴

普米语动词做谓语时通常需要附加表示各种语法范畴的附加成分。在已行体和完成体上，动词还有系统的词根内部的屈折变化形式。下面逐一进行介绍。

1. 人称和数

普米语动词有“人称”和“数”的范畴，既区分第一、第二、第三人称，又区分单数、双数和复数。“人称”和“数”范畴主要用动词词根内部屈折及附加动词后缀的方式表示，动词形态的变化通常与主语存在一致关系。下面以动词khən^{24}“给”的陈述式为例，列举动词在已行体、进行体及将行体中的人称、数一致关系变化形式：

表5-6 动词khən^{24}“给”的人称、数、体变化形式

人称和数 \ 体			已行体	进行体	将行体
单数	第一人称		khən^{31} san^{55}	khən^{31} ʐəuŋ^{55}	khən^{31} ʃei^{55}
	第二人称		khəuŋ^{31} si^{55}	khən^{31} ʐu^{55}	khən^{31} ʃ̣o^{55}
	第三人称		khun^{31} si^{55}	khən^{31} ʐəu^{55}	khən^{31} qa^{55}
复数	第一人称	排除式	khən^{31} si^{55}	khən^{31} ʐən^{55}/ʐun^{55}	khən^{31} ʃ̣ən^{55}
		包括式			khən^{31} khu^{55}
	第二人称		khən^{31} si^{55}	khən^{31} ʐən^{55}/ʐun^{55}	khən^{31} ʃ̣ən^{55}
	第三人称		khun^{31} si^{55}	khən^{31} ʐəu^{55}	khən^{31} qa^{55}

动词及动词后缀通常与主语保持人称、数的一致关系。例如：

ɛ^{31}n̥e^{55}je^{31}　tə^{55}gɯ^{55}　tʃi^{55}　ɬu^{31}dzi^{31}　khən^{31}　z̩əuŋ^{55}.

1sg: AGT　3sg　DAT　东西　给　ASP

我在给他东西。

2. 体

普米语谓词（动词、形容词）的“体”可分为已行体、进行体、将行体、即行体、完成体、曾行体六种。不同的“体”根据人称、数、式的不同，有动词内部屈折以及附加后缀的变化。下面以xɯ^{55}“打”为例，列举陈述式中动词“体”的变化形式。

表5-7　动词xɯ^{55}“打”的人称、数、体变化形式

<table>
<tr><th colspan="3">体
人称和数</th><th>已行体</th><th>进行体</th><th>将行体</th><th>即行体</th><th>完成体</th><th>曾行体</th></tr>
<tr><td rowspan="3">单数</td><td colspan="2">第一人称</td><td>xɯ^{55} san^{31}</td><td>xɯ^{55} z̩əuŋ^{31}</td><td>xɯ^{55} ʃei^{31}</td><td>xɯ^{55} ʃei^{31} ʃ̣ə^{31}z̩əuŋ^{31}</td><td>khə^{31} xɯ^{55} san^{31}</td><td>xɯ^{55} man^{31} sin^{31}</td></tr>
<tr><td colspan="2">第二人称</td><td>xəu^{55} si^{31}</td><td>xɯ^{55} z̩u^{31}</td><td>xɯ^{55} ʃ̣o^{31}</td><td>xɯ^{55} ʃei^{31} ʃ̣ə^{31}z̩u^{31}</td><td>khə^{31} xəu^{55} si^{31}</td><td>xɯ^{55} man^{31} siu^{31}</td></tr>
<tr><td colspan="2">第三人称</td><td>xui^{55} si^{31}</td><td>xɯ^{55} z̩əu^{31}</td><td>xɯ^{55} qa^{31}</td><td>xɯ^{55} ʃei^{31} ʃ̣ə^{31}z̩əu^{31}</td><td>khə^{31} xui^{55} si^{31}</td><td>xɯ^{55} man^{31} sʉ^{31}</td></tr>
<tr><td rowspan="4">复数</td><td rowspan="2">第一人称</td><td>排除式</td><td rowspan="4">xɯ^{55} si^{31}</td><td rowspan="3">xɯ^{55} z̩ən^{31}/ z̩un^{31}</td><td>xɯ^{55} ʃ̣ən^{31}</td><td rowspan="3">xɯ^{55} ʃ̣ən^{31}ʃ̣ə^{31} z̩ən^{31}/z̩un^{31}</td><td rowspan="4">khə^{31} xɯ^{55} si^{31}</td><td rowspan="3">xɯ^{55} man^{31} sin^{31}</td></tr>
<tr><td>包括式</td><td>xɯ^{55} khu^{31}/ ʒdʒin^{31}</td></tr>
<tr><td colspan="2">第二人称</td><td>xɯ^{55} ʃ̣ən^{31}</td></tr>
<tr><td colspan="2">第三人称</td><td>xɯ^{55} z̩əu^{31}</td><td>xɯ^{55} qa^{31}</td><td>xɯ^{55} ʃ̣ən^{31} ʃ̣ə^{31}z̩əu^{31}</td><td>xɯ^{55} man^{31} sʉ^{31}</td></tr>
</table>

（1）已行体

已行体表示动作行为或状态已经发生。已行体和完成体通过动词词根的屈折变化加后缀变化来表示。六种体中，只有已行体和完成体有词根内部的屈折变化，其他四种体都只有后缀变化，没有词根变化。已行体、完成体动词词根的屈折变化规律比较复杂，而且不规则动词较多。下面以单元音韵母动词为例，略举如下：

表5-8 单元音韵母动词已形体屈折变化表

	第一人称		第二人称		第三人称		例词
	单数	复数	单数	复数	单数	复数	
a	a	a	u	un	ua	ua	tsa⁵⁵ “洗”；ʈha⁵⁵ “生（火）”
ɑ	ɑ	ɑ	u	un	uɑ	uɑ	qhɑ²⁴ “摘”；ʒdʒɑ²⁴ “拿”
i	i	i	iu	in	ʉ	ʉ	tshi²⁴ “涂”；ti⁵⁵ “嚼”
ɿ	ɿ	ɿ	iu/əu	in/ən	ʉ	ʉ	tsɿ²⁴ “算”；ʃtʃhɿ⁵⁵ “宰”
ə	ə	ə	əu	ə	ue	ue	dʐə²⁴ “戴”；ʈhə²⁴ “撕”
ɯ	ɯ	ɯ	əu	ɯ	ui	ui	xɯ⁵⁵ “打”；kɯ⁵⁵ “割”
o	o	o	u	un	ua	ua	go²⁴ “熬”；fpʉ⁵⁵ʐo⁵⁵ “烧”
ɛ	ɛ	un	u	un	uɛ	uɛ	ʒ̣ɛ²⁴ “锯”；ʂɛ²⁴ “捆”
u	u	un	u	un	ua	ua	ʃtʃu²⁴ “藏”；tu²⁴ “扛，挑”
ʉ	ʉ	un	u	un	ua	ua	ʂʉ²⁴ “挂”；lʉ²⁴ “拔”
y	y	yn	yu	yn	ua	ua	tsy²⁴ “穿（鞋）”；sty²⁴ “掐”

例如：

ɑ⁵⁵ tsa⁵⁵ san³¹. / ȵi²⁴ tsu⁵⁵ si³¹.

1sg 洗 ASP / 2sg 洗 ASP

我洗了。/你洗了。

（2）进行体

进行体表示动作行为正在进行、处于持续状态或常态。进行体动词没有词根屈折变化，动词后缀随人称、数等的变化而变化。例如：

ɑ⁵⁵ dzi⁵⁵ dzɿ⁵⁵ ʐəuŋ³¹.

1sg 饭 吃 ASP

我在吃饭。

tʃɿ⁵⁵ta³¹ bʉ⁵⁵ tsin⁵⁵ phje³¹ ɦɿ⁵⁵ ʐəu⁵⁵.

大河 太阳 升 处 去 ASP

大河向东方流去。

（3）将行体

将行体表示动作行为将要进行。将行体动词本身没有形态变化，动词后缀随人称、数等的变化而变化。例如：

ɑ^{55} sto^{55} ʃei^{31}.

1sg 看 ASP

我将要看。

ɑ^{55}ʐʅ^{55} sto^{55} ʃə̣n^{31}.

1pl: EXCL 看 ASP

我们将要看。

（4）即行体

表示动作行为即将发生或想要发生。即行体动词本身没有形态变化，动词后缀随人称、数等的变化而变化。例如：

tʂən^{55} bie^{31} ʃei^{55}ʃə̣^{55}ʐəu^{31}.

房子 塌 ASP

房子快要倒了。

（5）完成体

完成体表示某个动作行为已经完成或者某个结果、状态已经出现。完成体一般通过动词前加趋向前缀、后加已行体后缀来表示。例如：

ɑ^{55} ʐʅ^{55}ʐe^{31} thə^{31} dzu^{31} san^{55}.

1sg 活儿 DIR 做 ASP

我已经干完活儿了。

gɯ^{31}die^{31}mɑŋ^{55} ti^{31} kəuŋ^{31} gɑ^{55} ʐʅ^{24} nə^{31} dzyn^{55} si^{55}.

老太太 一 门 PRT LOC DIR 坐 ASP

一个老太太在门前坐着。

（6）曾行体

曾行体表示某种动作行为或某种状态曾经发生过、曾经体验过。曾行体一般通过动词后缀的变化来表示。例如：

ȵi^{24} ti^{55} sʉ^{31} tʃhiu^{55} gɯ^{31} dzɿ^{55} man^{55}siu^{31}.

2sg DEM 水果 CL TOP 吃 ASP

你吃过这种水果。

tə^{55}gɯ^{55} ti^{55} sʉ^{31} tʃhiu^{55} gɯ^{31} dzɿ^{55} man^{55}sʉ^{31}.

3sg DEM 水果 CL TOP 吃 ASP

他吃过这种水果。

3. 趋向

普米语谓词有趋向范畴，用趋向前缀表示。共有六个趋向前缀：

$tə^{55}$	向上
$nə^{31}$	向下
$khə^{31}$	从内部向外部；（对说话人、听话人而言的）离心；（仅对说话人而言的）离心；（仅对听话人而言的）离心、（仅对出发地而言的）离心
$xɑ^{31}/ɑ^{31}/ɛ^{31}$	从外部向内部；（对说话人、听话人而言的）向心；（仅对说话人而言的）向心；（仅对听话人而言的）向心；（仅对目的地而言的）向心
$thə^{31}$	（对说话人、听话人而言的）离心；（仅对说话人而言的）离心
$də^{31}$	（对说话人、听话人而言的）向心；（仅对说话人而言的）向心

（1）趋向前缀的使用规则

① 先看有无上下高低的区别。有方位上下、高低的区别时，动词只能使用向上前缀 $tə^{55}$ 或向下前缀 $nə^{31}$，不能与 $thə^{31}$、$də^{31}$、$khə^{31}$、$xɑ^{31}$ 等另外四个趋向前缀结合。② 没有上下高低的区别时，再看有无室内、室外的区别。有内外区别的话，动词只能用 $khə^{31}$"从内部向外部"或 $xɑ^{31}$"从外部向内部"趋向前缀，不能用 $thə^{31}$（离心）与 $də^{31}$（向心）这一对前缀。③ 没有高低区别，也没有内外区别时，再看目的地与说话人所在地的关系。

（2）趋向前缀与谓词的组合情况

绝大多数普通动作行为动词都能与趋向前缀组合，不同动词能够搭配的前缀数量不同。其中有的动词（如 $xkɑ^{24}$"咬"）能与六个趋向前缀搭配表示不同的方向。有的动词能与六个趋向前缀组合，但与其中几个组合时表示趋向，与另几个组合时表示其他意义，不表示趋向。如 $ɖei^{24}$"缝"，与 $tə^{55}$ 组合时表示完成，与 $nə^{31}$ 组合时表示"（针脚）密；结实"，与 $tə^{55}$、$nə^{31}$ 之外的另四个趋向前缀组合时才表示方向。有的动词只能与六个趋向前缀中的数个组合。如 bie^{55}"（自动）倒；塌"受词义限制，不可能与向上前缀 $tə^{55}$ 搭配，只能与"向下""向外""向内"等其他五个前缀搭配。又如 $tʂhuŋ^{31}lin^{55}$"等待"约定俗成只能与表"向下"的前缀 $nə^{31}$ 组合，不能与另外五个前缀组合。

心理活动动词一般不需要与趋向前缀搭配。因此，当心理活动动词与趋向前缀组合时，通常表示趋向之外的"发生变化"之意，多属完成体的语法意义。如 $sʉ^{55}zdʉ^{24}$"想；考虑"可以与六个趋向前缀组合，分别表示不同的语法意义：与向上趋向前缀 $tə^{55}$ 组合时，通常表示"逐渐；终于"之意；与向下趋向前缀 $nə^{31}$ 组合时，通常表示"深深地"之意。

趋向动词都能与趋向前缀组合。趋向前缀也可与形容词搭配，构成不同的语法意义。形容词受其语义制约，通常只能与六个趋向前缀中的数个搭配。例如，隐含向上趋势的（如 $ʒɿ^{55}$"多"、ta^{55}"大"、$ʒdʒyn^{55}$"高"、$ʂan^{55}$"长"、$bən^{55}$"粗"等）形容词大多能与

tə^{55}、khə^{31}、thə^{31}搭配，一般不与nə^{31}、xɑ^{31}、də^{31}搭配。其中前加tə^{55}与前加khə^{31}的意义基本相同，都表示“增多、变大、长高”等向上趋势，但khə^{31}前缀更加常用。thə^{31}前缀则隐含“过分”意，表示超过了标准线。

4. 态

普米语动词的“态”主要包括使动态和互动态。

（1）使动态。使动态包括动词的自动和使动两个方面，有屈折式和分析式两种语法手段，其中分析式手段具有能产性。

屈折式以动词内部屈折的手段表示使动。主要有以下几种方式：① 浊辅音声母变成同部位送气清辅音表示使动。例如：gɑ^{24}“脱落，掉”→qhɑ^{24}“使脱落，使剥落”、ɖə̣^{24}“（衣服）破”→ʈhə^{55}“使破，（撕）破”等。② 浊辅音声母变成同部位清辅音表示使动。这样的词只有ɖə̣n^{24}“（桌子）破，断”→ʈən^{55}“使破，弄断”。③ 单辅音声母变为复辅音声母表示使动，包含两类。其一，单辅音浊声母变成复辅音清声母表示使动。这样的词只有go^{24}“熄灭”→xkho^{24}“弄灭”。其二，单辅音清声母变成复辅音清声母表示使动。这样的词只有tʃɑ^{24}“脏”→ʃtʃɑ^{24}“弄脏”。④ 送气辅音声母变为不送气辅音声母表示使动。这样的词只有ʃtʃhi^{24}“（自己）醒”→ʃtʃi^{24}“弄醒”。⑤ 其他。例如：jəuŋ^{55}jin^{55}“（自己）跌倒”→ɬiəŋ^{55}ɬin^{24}“弄倒”、ɖə^{55}“（自己）受惊”→ʂə^{55}“使受惊，吓唬（别人）”等。

分析式以在动词原形后加使动词ʃtʃiɛ^{55}（或ʃtʃyɛ^{55}）的手段来表示使动。分析式手段是表示使动态的主要语法手段。普米语有使动屈折变化的动词较少，大多数动词都以后加使动词的方式表示使动。即使有使动屈折变化的动词，也可以不使用屈折手段，而使用加使动词的手段表示使动。使动词要根据主语人称、数、体的变化而变化。以已行体、进行体、将行体为例，使动词以及动词后缀变化详见下表：

表5-9　使动词的变化形式

人称和数 \ 体			已行体	进行体	将行体
单数	第一人称		ʃtʃiɛ^{55} san^{55}	ʃtʃiɛ^{55} zə̣uŋ^{55}	ʃtʃiɛ^{55} ʃei^{55}
	第二人称		ʃtʃiɛ^{55} si^{55}	ʃtʃiɛ^{55} zụ^{55}	ʃtʃiɛ^{55} ʃọ^{55}
	第三人称		ʃtʃyɛ^{55} si^{55}	ʃtʃiɛ^{55} zə̣u^{55}	ʃtʃiɛ^{55} qa^{55}
复数	第一人称	排除式	ʃtʃiɛ^{55} si^{55}	ʃtʃiɛ^{55} zə̣n^{55}	ʃtʃiɛ^{55} ʃə̣n^{55}
		包括式			ʃtʃiɛ^{55} khu^{55}
	第二人称		ʃtʃiɛ^{55} si^{55}	ʃtʃiɛ^{55} zụn^{55}	ʃtʃiɛ^{55} ʃə̣n^{55}
	第三人称		ʃtʃyɛ^{55} si^{55}	ʃtʃiɛ^{55} zə̣u^{55}	ʃtʃiɛ^{55} qa^{55}

有使动屈折变化的动词，表达使动态时，可以在屈折式与分析式中任选其一：既可以用语音交替的屈折形式，也可以用后加使动词的分析形式。例如：

tə³¹gue⁵⁵je³¹　ʂɿ⁵⁵　thə³¹　qhuɑ⁵⁵　si³¹.

3sg: AGT　漆　DIR　掉　ASP

他把油漆弄掉了。（屈折式）

tə³¹gue⁵⁵je³¹　ʂɿ⁵⁵　thə³¹　gɑ⁵⁵　ʃtʃyɛ³¹　si³¹.

3sg: AGT　漆　DIR　掉　CAUS　ASP

他把油漆弄掉了。（分析式）

屈折式与分析式两种手段还能叠加，叠加时表示双重使动。例如：

tə³¹ʐe²⁴je³¹　ɛ³¹　tʃi⁵⁵　ȵi²⁴　tə⁵⁵　ʃtʃi⁵⁵　ʃtʃyɛ³¹　si³¹.

3pl: AGT　1sg　DAT　2sg　DIR　弄醒　CAUS　ASP

他们让我把你叫醒了。

（2）互动态

互动态表示动作行为在不同主体之间相互进行、相互作用。互动态可以用动词重叠或添加tiɛ²⁴ti²⁴“互相”的方式表示：① 动词重叠。单音节动词大都可以用重叠的方式表示互动，一般可以采用两种重叠方式。一是动词原形直接重叠，二是重叠后的前一个音节韵母弱化，弱化的方式是韵母的最后一个音素变为或添加ɛ、ə等。弱化重叠比原形重叠更为常用。例如：tsiu⁵⁵“打”→tsiu⁵⁵tsiu²⁴/tsiɛ⁵⁵tsiu²⁴“互相打”、tsuŋ²⁴“踢”→tsuŋ⁵⁵tsuŋ²⁴/tsuɛ⁵⁵tsuŋ²⁴“互相踢”等。② 前加tiɛ²⁴ti²⁴“互相”。无论能否以重叠的方式来表示互动态，动词都可以用添加tiɛ²⁴ti²⁴“互相”的方式来表示互动，例如：

quɑ⁵⁵　zan⁵⁵　tiɛ²⁴ti²⁴　ʃtʃhyu³¹　zəu⁵⁵.

牛　dl　互相　顶　ASP

两头牛在互相顶架。

5. 式

普米语动词的式可分为陈述式、疑问式、否定式、命令式四种。其中，命令式主要用动词词根的屈折变化及附加后缀的手段表示，其他三种式主要用添加附加后缀、虚词等手段表示。

（1）陈述式。动词的陈述式与人称、数、体等范畴密切相关，主要通过附加动词后缀等方式来表示。在已行体、完成体中，有的动词还会出现词根的屈折变化。例如：

o⁵⁵ti⁵⁵　min⁵⁵　ʒ̩ɑ²⁴　tɛ⁵⁵　phzɿ³¹　gue⁵⁵je³¹　mə³¹kɑ⁵⁵　xɑ³¹　tʂo⁵⁵　nəuŋ³¹　nə³¹

DEM　人　手　一　CL　INST　下巴　DIR　顶　LNK　DIR

dzyn^{55} si^{55}.

坐 ASP

那人两手托住下巴坐着。

ɑ^{55} ʒ̣ɑ^{24} tɛ^{55} phzʅ^{31} gue^{55}je^{31} mə^{31}kɑ^{55} xɑ^{31} tʂo^{55} nəuŋ^{31} nə^{31} dzin^{55} san^{55}.

1sg 手 一 CL INST 下巴 DIR 顶 LNK DIR 坐 ASP

我两手托住下巴坐着。

（2）疑问式。动词的疑问式主要通过加疑问词（如疑问语气助词、疑问代词等）和使用选择疑问结构来表示。

① 添加疑问语气助词构成疑问式。最常见的是句尾添加疑问语气助词ɛ^{31}、ɑ^{55}等构成疑问式。疑问词在语流中常与句尾成分连读，形成合音现象。也可在谓词与后缀之间，或直接在谓词之前添加疑问语气助词表示疑问。例如：

o^{55}tə^{55}gɯ^{55} tə^{31}gɑ^{24} ɬu^{31}dzi^{24} dɛ^{31}?

DEM 3sg: GEN 东西 是: QUES

那是他的东西吗？（də^{24}“是”与疑问词ɛ^{31}合成dɛ^{31}）

gui^{55} tʂhuŋ^{24} ɑ^{55} zʅu^{55}?

雨 下 QUES ASP

下雨了吗？

tə^{55}gɯ^{55} ɛ^{55} ʃu^{31}?

3sg QUES 好看

她好看吗？

② 用选择疑问结构构成疑问式。例如：

n̥i^{24} dziu^{55} diɑ^{31} min^{55} dziu^{55}?

2sg 吃 还是 NEG 吃

你吃没吃？

③ 通过疑问代词构成疑问式。例如：

nə^{31}bʉ^{55} quɑ^{55} tʃhɿ^{55}tshɛ^{31} ʒ̣ə^{55}?

2sg: 家 牛 多少 有

你家有几头牛？

（3）否定式。普米语主要由mɑŋ^{55}、min^{55}、tɑ^{31}三个否定词构成否定式。mɑŋ^{55}常用于一般否定，意义接近于“不”；min^{55}常用于否定已发生了某种动作、状态，意义接近于“没有”；tɑ^{31}常用于祈使句中，意义为“别；不要”。分述如下：

① mɑŋ^{55}构成的否定式。动作行为动词、趋向动词的否定式常用“动词＋mɑŋ^{55}＋动

词后缀”的方式。例如：

zo̜^{31}tsɿ^{55}　tʂhə^{55}　dzɿ^{24}　mɑŋ^{31}　zə̜u^{55}.

小鸡　食　吃　NEG　ASP

小鸡不吃食了。

形容词、判断动词、绝大多数存在动词的否定式，用“mɑŋ^{55}＋动词”方式，不能用“动词＋mɑŋ^{55}＋动词后缀”方式。存在动词“有”有“mɑŋ^{55}＋有”和“有＋mɑŋ^{55}＋动词后缀”两种否定方式，意义基本上没有区别。例如：

dzʅ̜^{31}pu^{55}　wu^{55}　tʃɿ^{55}　mɑŋ^{55}　kui^{24}.

水缸　LOC　水　NEG　有

水缸里没水了。

部分心理活动动词如ʒdʒiɑ^{55}“喜欢；爱”、ʃtʃiɛ^{24}“害怕”、dzɿ^{24}“讨厌，恨”、an^{55}“担心”、dʒəu^{55}“责怪”、tsin^{55}“见怪，有关”等，可以用“mɑŋ^{55}＋动词”构成否定式，也可以用“动词＋mɑŋ^{55}＋动词后缀”构成否定式，两种否定式适用于不同的人称和数。能愿动词大多既能用“mɑŋ^{55}＋动词”构成否定式，也能用“动词＋mɑŋ^{55}＋动词后缀”构成否定式，两种否定式的句义略有不同。有一些双音节动词，主语是第一人称时，否定词mɑŋ^{55}既可以位于动词与后缀之间，也可以位于动词的两个音节之间构成否定式；主语是第二、第三人称时，否定词mɑŋ^{55}只能位于动词与动词后缀之间构成否定式。例如：

ɑ^{55}　ʃɿ^{55}　n̥in^{55}ʂɿ^{55}　mɑŋ^{31}　zə̜uŋ^{55}.

1sg　去　愿意　NEG　ASP

我不愿意去。

ɑ^{55}　ʃɿ^{55}　n̥in^{55}mɑŋ^{55}ʂɿ^{24}.

1sg　去　愿意：NEG

我不愿意去。

② min^{55}构成的否定式。min^{55}构成的否定式，凡单音节动词都采用“min^{55}＋动词”的方式，没有“动词＋min^{55}＋动词后缀”这样的否定式。有能愿动词时，min^{55}加在能愿动词前。动词是双音节时（如dzə̜n^{55}ʒ̣əu^{55}“相信”、dʒəu^{55}tʃhɿ^{31}“惹祸”、tʂo^{55}qɑ^{55}“摸”等），min^{55}通常加在两个音节之间。但也有少数词语，min^{55}用于动词的两个音节之前。

③ tɑ^{31}构成的否定式。tɑ^{31}“别；不要”构成的否定式里，否定词tɑ^{31}通常位于动词之前。

（4）命令式。命令式分命令与祈求两类。

① 命令。表示听话者被命令执行某动作。命令式主要通过动词的形态变化或者后加命令语气助词（第二人称单数句末添加nə^{31}sti^{31}，第二人称复数句末添加nə^{31}stin^{31}）来表示。命令式动词的形态变化与同人称、数的已行体动词变化基本相同。例如：

ȵi^{24} ʐʅ^{24} tɛ^{31} bʐɑ^{24} khə^{31} ʃəuŋ^{55}!

2sg LOC 一 CL DIR 走: IMP

你往前走一步!

ȵi^{31}ʐʅ^{55} ɬu^{31}dzi^{24} xɑ^{31} jɛ^{31} nə^{55}stin^{31}!

2pl 东西 DIR 拿 IMP: 2pl

你们把东西拿过来!

② 祈求。祈求用后加祈求语气助词的方式来表达，句中动词使用原形形式。第二人称单数做某事，在句尾加助词qu^{55}，祈求第二人称复数做某事，在句尾加助词quan^{55}。例如：

nə^{31} dzin^{55} quan^{55}.

DIR 坐 FPRT

（你们）请坐。

6. 量

普米语谓词多为单音节词。单音节谓词能以重叠的方式表示动作、性状是主语集体（或整体）发出或具备的，或表示动作是多次、反复进行的。以重叠的方式来表示“量”，是谓词的“量”范畴。表量重叠的方式有完全重叠（谓词原形 + 谓词原形）与变形重叠（谓词变形 + 谓词原形）两类。例如：

ti^{55} tʂən^{31} ʐʅ^{55} khə^{31} ta^{31}ta^{55} si^{55}.

DEM 孩子 PL DIR 大大 ASP

这些孩子都长大了。（ta^{55} “大”）

ɡo^{24} khu^{55} tə^{55} ȵɛ^{31}ȵi^{31} ʐəu^{31}.

山 LOC DIR 绿绿 ASP

山都绿了。（ȵi^{55} “绿”）

主语为复数时重叠式谓词表示“全量”，主语为单数时重叠式谓词不表“全量”，而表短时、尝试、轻量等其他语法意义。例如：

m̥in^{55}quɑ^{55} gue^{31}je^{31} ȵi^{55}min^{55} tʃi^{31} tɛ^{55} n̥in^{24} mə^{55}ʂʅ^{55} tə^{55} ʃtʃhin^{55} nəuŋ^{31}

医生 GAT 病人 DAT 一 天 每 DIR 起床 LNK

thə^{31} dɛ^{55}dɑn^{55} ti^{31} pʉ^{31} ʃtʃiɛ^{31} ʐəu^{31}.

DIR 走走 MOD PRT CAUS ASP

医生让病人每天起床走走。

（三）动词的名物化

1. 普米语有一些名动同形的动词，它们不需要名词化就可以直接做主语、宾语。可分为“名动完全同形”与“名动部分同形”两类。例如：

bu^{31} gue^{55}je^{31} bʉ^{31}ʒ̣ɑ^{31} bu^{24}.

蒸笼 INST 馒头 蒸

用蒸笼蒸馒头。（bu^{24} “蒸笼；蒸”）

tə^{31}ẓḛ^{24}je^{31} ʂ̰ɛ^{31}ẓ̰an^{55} gue^{31}je^{31} phjɑ^{24} nə^{31} ʂ̰ɛ^{31} ẓə̰u^{55}.

3pl: AGT 扎线 INST 猪 DIR 捆 ASP

他们在用扎线把猪捆起来。（ʂ̰ɛ^{31}ẓ̰an^{55} “扎线”；ʂ̰ɛ^{24} “捆”）

2. 普米语动词可以通过某些特定的方式名物化，替代“动词＋人或事物”结构，使被修饰的名词性受事、工具、处所等不必出现。常见的有：（1）名词化助词ji^{55} “的”常用在动词之后，使动词名词化。如təuŋ^{31}ji^{55} “织的”、tʂ̰ɑ^{31}ji^{55} “编的”、gui^{31}ji^{55} “穿的”、xko^{55}ji^{31} “煮的”等。（2）方位指示前缀stə^{31}可用于动词或动词短语之后，使之名物化。如dzi^{55}dzɿ^{55}stə^{31} “吃饭的（用具）”。（3）在动词之前添加趋向前缀，之后添加动词后缀，构成的“趋向前缀＋动词＋动词后缀”结构转指动词所限定的名词性成分，从而直接在句中做主语、宾语或定语。例如：nə^{31}khɑ^{31}ko^{55}si^{31} “准备的（东西）”。（4）动词或动词短语之后添加话题助词，也能使之名物化。

六　形容词

普米语形容词与动词一样常做谓语或谓语中心，可以算作广义动词的一个小类。

（一）形容词的主要特点

1. 形容词能通过添加趋向前缀、附加后缀等表示不同的语法意义。添加趋向前缀和附加后缀表示体范畴的例如：

tʃɿ^{55} thə^{31} bəuŋ^{31} si^{55}.

水 DIR 冷 ASP

水已经冷了。

形容词还可通过不同的趋向前缀表示不同的语法意义。如前缀khə^{31}或tə^{55}通常表示“向上（发展）；成长”；thə^{31}表示“（比预想的）过分了一点”；nə^{31}或xɑ^{31}表示“向下（延伸）；缩小”；向心前缀də^{31}很少用于形容词前，通常表示“向内发展；不好的状态”等。

2. 形容词没有屈折式的使动用法，只能用分析式的语法手段——即在形容词原形后加使动词ʃtʃiɛ^{55}（或ʃtʃyɛ^{55}）“让；使”来表示使动意义。其中，ʃtʃiɛ^{55}用于第一、第二人称，ʃtʃyɛ^{55}用于第三人称。

3. 形容词能重叠。

（1）单音节词形容词大多能AA式重叠，双音节形容词有的可重叠后一音节构成ABB式，有的可以AABB式重叠，都表示性质状态的加深。拖长重叠形容词后一音节的读音，同时声调变为51调，则表示程度的进一步加深。

（2）形容词在重叠上具有一定的不平衡性，一组语义关系相反相对的形容词，如“ta^{55}大——dɑ^{24}小”“bən^{55}粗——tshin^{24}细”“ʒdʒyn^{55}高——bjɑ^{55}矮”“xei^{55}深——zdin^{24}浅”“ɦɑ^{24}厚——bʉ^{55}薄”“fpəu^{55}宽——ʃtʃɿ^{55}窄”等，能重叠的通常为程度较轻的一方（如“小”“细”等），不能重叠的多为程度较重的一方（如“大”“粗”等）。

（3）一些形容词还能后加重叠衬音音节，构成ABB式形容词，增加形容词的摹状性，同时表示性质或状态的程度加深。例如：sthə^{24}“嫩”→sthə^{31}ʒəu^{55}ʒəu^{31}“嫩生生的”、tshɿ^{24}“胖”→tshɿ^{31}liɑo^{55}liɑo^{31}“胖乎乎的”等。

4. 形容词能受ko^{31}（或kue^{31}）“很”、jɑ^{55}ʃ̣ɑ^{24}“特别”等程度副词，mɑŋ^{55}“不”、min^{55}“没”等否定副词的限定，大多不能受否定副词tɑ^{31}“别”的修饰。还能与否定副词结合，构成“不A不B”（或“不B不A”）式四音格词，表示该性状的量符合标准或处于两种对立状态之间。例如：

mɑŋ^{31} ʒɿ^{55} mɑŋ^{55} nən^{24} 不多不少　　mɑŋ^{31} nən^{55} mɑŋ^{55} ʒɿ^{24} 不少不多

NEG 多 NEG 少　　NEG 少 NEG 多

5. 形容词有“形名同形”现象，即同一个词兼有形容词与名词的意义和用法。如bjin^{24}“光（名词）；光亮的（形容词）”、ẓu̧ɛ^{55}ẓu̧ɛ^{55}“（一个）圆（名词）；圆的（形容词）”、stuɛ^{24}“皱纹（名词）；皱皱的（形容词）”等。这些形容词可以直接在句中做主语、宾语，不需要添加名物化助词，但它们在句中通常会出现一定的语音变化，如变调、拖长发音等。

（二）形容词充当的句法成分

普米语形容词在句中主要充当定语、谓语、状语和补语。名词化的形容词及形名同形的形容词还能充当主语和宾语。

1. 形容词做定语。形容词定语位于名词性中心语之后，是常用的、无条件的语序。形容词位于名词性中心语之前，是不常用语序或有条件要求的语序。形容词与副词、数量词、指示代词等共同做定语时，常见语序也是形容词定语居于中心语之后。例如：

tə^{55}gɯ^{55} tʂ̩ə^{55}mie^{55} min^{55} mə^{55}siɑ^{31} ʈ̩həuŋ^{55}ʒdʒəuŋ^{55} ti^{24} də^{31}.

3sg 家里 人 最 勤快 一 是

她是家里最勤快的人。

ti^{55} pɛ^{31}tsɿ^{55} ȵe^{55} tɛ^{55} ʒdʒie^{31} gɯ^{31} tə^{31}gue^{24}je^{31} ɛ^{31} tʃi^{55} khun^{55}.

DEM 花 红 一 CL TOP 3sg: AGT 1sg DAT 给

这一朵红花是他送给我的。

多个形容词构成的多层定语，常见语序是“名词中心语＋本质属性（如色彩、质地等）＋其他特征（如大小高矮等）”。例如：

mɑŋ^{55} je^{31} ʃtʃhiəŋ^{31} n̥e^{55} v^{5} ʂan^{55} ta^{55} ti^{55} gɯ^{31} thə^{31} tʃɑ^{55}ʐuɑ^{31} si^{31}.

妈妈 AGT 上衣 红 旧 长 大 一 TOP DIR 扔掉 ASP

妈妈把那件又长又大的红色旧上衣扔掉了。

2. 形容词做谓语。光杆形容词可以直接做谓语，但更常见的是形容词添加趋向前缀、附加后缀做谓语，或者与副词等其他词语结合之后再做谓语。例如：

mu^{55} qhɑ^{24}.

味道 咸

味道咸。

tʃɿ^{55} tə^{55} sʉ^{55} si^{31}.

水 DIR 热 ASP

水热了。

3. 形容词做状语。形容词做状语时位于中心语之前，状中之间多添加状语助词pʉ^{55}等，少数可以不加。例如：

ʈhəuŋ^{55} pʉ^{55} dziu^{55}!

快 ADV 吃: IMP

快吃！

4. 形容词做补语。形容词做补语位于谓词之后。例如：

tʃɿ^{24} mɑŋ^{31} ʈhəuŋ^{55}.

说 NEG 快

说得不快。

5. 形容词做主语、宾语。形容词常与话题助词等结合做主、宾语。形名同形的形容词也可不加话题助词等助词，直接在句中做主、宾语。例如：

ʒdʒɛ^{31} gɯ^{55} thə^{31} dzu^{31} si^{55}, xko^{55} gɯ^{31} khə^{31} ʃtʃi^{31} si^{55}.

简单 TOP DIR 做 ASP 难 TOP DIR 留 ASP

简单的已经做了，难的留下来了。

七 副词

普米语副词数量不多，是个封闭的词类，其句法功能主要是充当状语，有的副词还能起到关联作用。副词大致可分为程度副词、时间频率副词、范围副词、情态语气副词和否定副词五类。

（一）程度副词

程度副词主要用于修饰形容词和心理活动动词，通常位于谓词之前。主要包括：ko^{31}

（或kue^{31}）“很；十分；太”、ɬi^{55}dzi^{55}“太”、mə^{55}siɑ^{31}“最”、jɑ^{55}ʃ̣ɑ^{24}“特别；非常”、lɑ^{31}xɑ^{55}“更”、xɑ^{55}ti^{31}“更多；更加”、xɑ^{55}“更多；更”、thɑ^{24}“有点；有些；比较”、tɛ^{31}ʈɦn^{24}“有点”、tɛ^{31}ʈɦn^{24}...tɛ^{31}ʈɦn^{24}“越……越”等。例如：

tə^{55}gɯ^{55}	dʐɿ^{31}dʐɿ^{24}	bie^{31}	ko^{31}	dzɿ^{55}	ʐəu^{31}.
3sg	书	LOC	很	讨厌	ASP

他很讨厌书。

（二）时间频率副词

时间频率副词通常只做状语，位于谓词之前，表示动作、行为发生或性质、状态变换的时间或频率。主要包括：ji^{55}tʃɿ^{24}“立刻；马上；就”、bʉ^{31}tʃhi^{55}“从来；永远”、sɿ^{31}“先”、tʃɿ^{55}pɑ^{31}“先；还是；仍然”、ʂan^{55}nəuŋ^{31}“常常；经常”、tɛ^{55}ȵ̥in^{31}ȵ̥in^{31}“常常；一直”、khu^{55}nəuŋ^{55}khu^{55}“一直；顺便”、dzin^{55}dzin^{55}“偶尔”、mɑŋ^{31}ləuŋ^{55}“偶尔；预料之外”、nə^{31}ji^{55}“又；再；还”、nəuŋ^{24}“（只要）……就；（一）……就”、nəuŋ^{24}nəuŋ^{31}“（只有）……才；（……之后）才”等。例如：

mɛn^{24}	ji^{55}tʃɿ^{55}	tə^{55}	di^{55}	qa^{31}.
火	马上	DIR	燃	ASP

火马上要燃起来了。

（三）范围副词

范围副词主要用来限定动作行为或性质状态的范围，有的范围副词兼有加强语气的作用。常见的有：mə^{31}sie^{55}“全部；都”、puŋ^{31}li^{55}（或pə^{31}li^{55}）“全部；都”、mə^{55}də^{31}ʂɿ^{31}“（样样）都”、tsɑ^{31}“仅；只”、ʐe^{55}“也”、zdi^{24}“一起；同时”、tiɛ^{24}ti^{24}“相互；互相”、ʒdʒyɛ^{55}ʒdʒyu^{55}“轮流”等。例如：

pɛ^{31}tsɿ^{55}	puŋ^{31}li^{55}	tə^{55}	pɛ^{55}	si^{31}.
花	都	DIR	开	ASP

花都开了。

（四）情态语气副词

情态语气副词常位于动词、形容词之前，表示不同的语气、感情和情态等。主要包括：tsɛ^{55}lɛ^{55}（或tsie^{55}lia^{55}）“故意”、ʃi^{55}tʂhɑ^{31}“白，白白；白费”、mɑŋ^{31}ləuŋ^{55}（或mɑŋ^{31}lɑŋ^{55}）“万一；以免；可能；幸好；还好”、mɛ^{55}dɛ^{31}ʂɿ^{55}（或mə^{55}dɛ^{31}ʂɿ^{55}）“幸亏；幸好”、mə^{55}də^{55}dʐuŋ^{31}ʐe^{31}“无论如何也（要）”、phje^{55}nəuŋ^{31}（或bie^{55}nəuŋ^{31}）“自觉”、tsho^{24}tsho^{31}（或tsho^{24}mə^{31}diɑ^{31}）“差点儿”、tshɛ^{55}“倒是；倒”、die^{55}“连（……都）；反倒”、ʐu^{24}to^{31}“本来；原来”等。例如：

tsɛ^{55}lɛ^{55} pu^{31} nəuŋ^{31} min^{55}zɑ̨^{31} khu^{55} ʂuŋ^{55}ʂuɛ^{24} ʃtʃhi^{24} mɑŋ^{55} xɑŋ^{24}.

故意 PRT LNK 人们:GEN LOC 毛病 抓 NEG 行

不要故意找人家的麻烦。

（五）否定副词

普米语主要有mɑŋ^{31}（或ma^{31}、mɑ^{31}）“不”、min^{55}“没；没有”、tɑ^{31}“别；不要”三个否定副词。其中，能够脱离谓词单独回答问题的只有mɑŋ^{31}“不”，另两个否定副词不能单独回答问题，必须与谓词结合才能成句。mɑŋ^{31}“不”常用于一般否定句，min^{55}“没；没有”常用于已行体的否定。它们的语序比较灵活，可位于动词、形容词之前、之后或之间，实际位于什么位置由具体的动词以及句子的人称、数、体、情态等决定（详见本节中“动词”否定式的相关内容）。例如：

tə^{55}gɯ^{55} tʃʅ^{31} nɑŋ^{55} mɑŋ^{31} zə̨u^{55}.

3sg 说 敢 NEG ASP

他不敢说。

八　助词

普米语助词按其功用可分为三个小类：句法结构助词、语义关系助词和语用助词。普米语属于黏着型语言，一部分助词有人称、数、体等的屈折变化，与表示语法意义的附加成分之间没有清晰的界线。

（一）句法结构助词

句法结构助词的主要功能是附着在实词或短语后面，标明句法成分之间的结构关系。主要包括定语助词、状语助词、补语助词和名词化助词等。

1. 定语助词。定语助词位于定语与中心语之间，用来标示前后两个成分之间的限定与被限定关系。

（1）体词做定语，定语为单数、双数时定语助词为gɑ^{55}，定语为复数时定语助词为zɑ̨^{55}，它们通常可用可不用。但是，具有别义作用的定语助词以及动词性中心语之前的定语助词都不可省略。例如：

ʒdʒyn^{31} （gɑ^{55} /zɑ̨^{55}） mə^{55}ɬie^{55} gɯ^{31} ʂan^{55}.

马 的/的 尾巴 TOP 长

马的尾巴长。

ti^{55} tsiəŋ^{31}gui^{55} zɑ̨^{55} n̥əuŋ^{31}təuŋ^{55} mə^{31}sie^{55} thə^{31} gɑ^{55} si^{31}.

DEM 衣服 PL:GEN 扣子 都 DIR 掉 ASP

这些衣服的扣子都掉了。

tʂən^{31} ga^{55} tʂu^{31}tsin^{55} pʉ^{55} zə̢u^{31} gɯ^{31} maŋ^{24} tʃi^{31} qhu^{55} ȵi^{55} ʃtʃiɛ^{55} zə̢u^{31}.

孩子 PRT 淘气 CONP ASP TOP 妈妈 DAT 头 疼 CAUS ASP

孩子的淘气让妈妈很头疼。

（2）谓词或关系子句做定语，定语助词为ɛ^{31}。ɛ^{31}可与其前的音节连读，出现合音现象，如动词后缀zə̢u^{55}与ɛ^{31}合音为zɛ̢^{51}等。ɛ^{31}没有句法上的强制性，在句中可用可不用。例如：

guɛ^{24} thə^{31} mzə̢^{31} si^{55} /siɛ^{51} qua^{55} ʈhə^{24} wu^{55} ȵaŋ^{31} ʃtʃiu^{55} dzʅ^{31} ʃʅ^{31} si^{31}.

栓 DIR 忘记 ASP/ASP:PRT 牛 园子 LOC 菜 偷 吃 去 ASP

忘拴起来的牛去园子里偷吃菜了。

2. 状语助词

普米语常用的状语助词为pʉ^{55}和dzʯŋ^{55}，它们都来自泛化动词，用在状语与中心语之间。此外，还有一个仅用于象声词状语之后的状语助词tʃʅ^{24}。

（1）状语助词pʉ^{55}有形态变化，它来自动词pʉ^{55}“做；当”，二者在体、式、人称、数上的形态变化完全相同。详见下表：

表5-10 助词与动词pʉ^{55}的形态变化表

	第一人称	第二人称		第三人称
	单复数	单数	复数	单复数
已行体、完成体动词pʉ^{55}“做”；助词pʉ^{55}	pʉ^{55}/pin^{55}	pu^{55}	pin^{55}	pa^{55}

动词pʉ^{55}“做；当”的语义较虚，属泛化动词，现已语法化为增强动作自主性的自主助词和标记句法结构关系的结构助词。pʉ^{55}做状语助词时，其后常加连词nəuŋ^{55}，构成pʉ^{31}nəuŋ^{31}连用。其中，状语助词pʉ^{31}通常不能省略（命令式除外），连词nəuŋ^{55}则可加可不加。但状语较长、句子较复杂时，连词nəuŋ^{55}通常不省略。例如：

tə^{55}gɯ^{55} khə^{31} taŋ^{55}taŋ^{31} pʉ^{31}（nəuŋ^{31}） ȵi^{55}ȵi^{31} fpəuŋ^{55}ta^{55} din^{31} tʃʅ^{31} zə̢u^{31}.

3sg DIR 傲慢 ADV（连） REFL 大官 是 说 ASP

他傲慢地说自己是大官。

（2）状语助词dzʯŋ^{55}也来自泛化动词，做动词时有“（时间）到；（时间）过了”“遭受”“成了（……的样子）”等意。dʐuŋ^{55}语法化为状语助词，只能用于自然形成的、不可控的、不具自主性的动作或状态上。其后常添加连词nəuŋ^{55}，但二者在句中都没有句法上的强制性，可用可不用。例如：

ʐʉ^{55}ʈuɑ^{31}　mə^{55}gu^{55}lu^{31}　mɑŋ^{31}　zəu^{55}　（dʐuŋ^{31} nəuŋ^{31}）　nə^{31}　thɑ^{55}lɑ^{31}　si^{55}.

柳枝　动弹　NEG　ASP　（状助　连）　DIR　垂　ASP

柳枝一动不动地垂着。

（3）状语助词tʃɿ^{24}只能用于象声词状语和动词中心语之间，而且可加可不加，没有句法的强制性。其后的连词nəuŋ^{55}也是如此。例如：

tshɿ^{31}ȵi^{24}　khuɛ^{31}khuɛ^{55}　（tʃɿ^{31} nəuŋ^{31}）　to^{31}　zəu^{55}.

狗　汪汪　（状助　连）　叫　ASP

小狗在汪汪地叫。

3. 补语助词

补语助词nəuŋ^{55}位于中心语之后、补语之前，指明后面的成分是补语，对前面的动词或形容词中心语起补充说明的作用。nəuŋ^{55}“得”是多功能词，它来自连词nəuŋ^{55}“和”，兼有连词的功用。nəuŋ^{55}“得”多数情况下没有句法上的强制性，在句中可加可不加。例如：

tʂən^{31}　gue^{55}je^{31}　qhuɑ^{24}　də^{31}　ʃtʃhi^{31}　（nəuŋ^{55}）　lən^{55}qɑ^{55}qɑ^{31}　thə^{31}　pɑ^{31}　si^{31}.

小孩　AGT　碗　DIR　端　（补助）　稳当当　DIR　做　ASP

小孩把碗端得稳当当的。

补语为情态补语，尤其是复杂结构的情态补语（如动词短语作补语等），补语助词nəuŋ^{55}通常不能省略。例如：

dzɑ^{55}　tə^{55}　bjin^{55}　nəuŋ^{31}　miɑŋ^{55}　ʈuɑ^{55}　ʒ̣ən^{55}　mɑŋ^{31}　zəu^{55}.

光　DIR　亮　COMP　眼睛　睁　能够　NEG　ASP

光亮得睁不开眼睛。

4. 名词化助词

普米语名词化助词主要是ji^{55}，话题助词gɯ^{55}也兼有使谓词性成分名词化的作用。ji^{55}位于动词之后，可以使“动词 +ji^{55}”转指动作行为的受事对象、施事者、结果等。一部分生活常用动词如“吃”“喝”“穿”“用”等构成的“动词 +ji^{55}”已经词汇化，演变成了专指动作行为受事对象的合成词。例如：dzi^{55}ji^{55}“吃的”、thin^{31}ji^{55}“喝的”、gui^{31}ji^{55}“穿的”、tsɛ^{31}ji^{55}“用的”等。但大部分“动词 +ji^{55}”结构尚未词汇化，ji^{55}在句法上起名词化的作用，在语义上隐含“将要”之意。例如：

ti^{55}　ʃtʃi^{24}　wu^{55}　tʂən^{55}　thiəŋ^{55}　ji^{31}　ko^{31}　ʒɿ^{55}　ʒ̣ə^{31}.

DEM　村　LOC　房子　盖　NMLZ　很　多　有

这村里要盖房子的（人）有很多。

（二）语义关系助词

语义关系助词主要包括施事助词、工具助词、与事助词、从由助词、对象助词、随同助词、比较助词等七种，主要分布在体词性成分之后，用以标明这些成分的语义角色。

1. 施事助词

施事助词是普米语里使用频率较高的一类助词，作用是标明其前的体词性成分是动作的发出者。单数、双数施事者的施事助词通常为je^{31}、gue^{31}je^{31}或gue^{31}。复数施事者的施事助词通常为zẹ^{24}je^{31}或zẹ^{55}。人称代词也有施事格的变化（详见本节里"代词"中"人称代词"的相关内容）。施事助词没有句法上的强制性，通常可加可不加。语用上需要强调、凸显施事者时就使用施事助词，反之则不需要使用。例如：

ɑ^{55}tʃhin^{55}　（je^{31}）　zọ^{31}tsɿ^{55}　thə^{31}　ʃtʃye^{55}ʃtʃye^{31}　si^{31}.

阿庆　（施助）　小鸡　DIR　赶赶　ASP

阿庆把小鸡都赶走了。

施事助词只在个别特殊的条件下必须使用，如施事者、受事者的生命度一样高，且受事者在前，施事者在后，违背了施事在前、受事在后的常见语序，有可能出现施受关系混淆时，施事者之后必须添加施事助词。或者施事者虽是无生命的，但却影响到了受事者，产生了某种后果，此时施事者之后也必须使用施事助词。例如：

tə^{55}gɯ^{55}　o^{55}ti^{55}　tʂən^{31}　gue^{55}je^{31}　thə^{31}　ɬyŋ^{55}ɬyn^{31}　si^{31}.

3sg　DEM　小孩　AGT　DIR　绊倒　ASP

他被那小孩绊倒了。

mə^{31}tʂə^{55}　tʃhiɛ^{55}　tʃɿ^{31}bzʅ^{55}　gue^{55}je^{31}　ʒdʒɛ^{31}ʒdʒɛ^{55}　zʅɛ^{24}　khə^{31}　phie^{55}

夏天　时　泥石流　AGT　容易　路　DIR　垮：CAUS

zə̣u^{31}.

ASP

夏天容易有泥石流冲垮道路。

2. 工具助词

工具助词gue^{31}je^{31}（或je^{31}）用于表示工具的名词性成分之后，表示动作行为所凭借的工具。例如：

mɑŋ^{55}　je^{31}　nən^{55}　gue^{55}je^{31}　thə^{31}　ḍə^{55}　si^{31}　dzʅŋ^{55}　xɑ^{31}　fphie^{31}　si^{55}.

妈妈　AGT　布　INST　DIR　破　ASP　洞　DIR　补　ASP

妈妈用布把破洞补起来了。

3. 与事助词

普米语与事助词tʃi^{55}通常跟在与事者之后，表示其前的成分是动作行为的间接宾语或使役对象、受益者等。除了在双宾句中之外，与事助词通常可用可不用，没有句法上的强制性。例如：

ɑ^{55} xa^{31}po^{55} tʃi^{55} mə^{55}də^{55}wɛ^{31}ʒɿ^{31} də^{31} tʃɿ^{31} nəuŋ^{31} zduɛ^{31} zə̣uŋ^{55}.

1sg 哈博 DAT 为什么 DIR 说 PRT 问 ASP

我问哈博为什么。

4. 从由助词

从由助词nəuŋ^{55}，用于表示时间或方位处所的词或短语之后，表示动作行为在时间或空间上的源点或参照点，相当于汉语的“从……来”“从……起”“起于……”“在……”等意思。例如：

tɑ^{55} thie^{31}ʒɿ^{31} tʃhiɛ^{55} nəuŋ^{24} phzə̣n^{55}min^{55} ɬie^{31} phji^{55} pʉ^{55} ʒ̣ɿ^{31} pʉ^{55} ʃei^{55}.

现在 以后 时 ABL 普米 语 好 ADV 学 PRT ASP

从今以后我要好好学习普米语。

5. 对象助词

对象助词标记谓词所指向、所作用的对象，还可以表示动作行为的方向或朝向。主要包括bie^{55}、phje^{55}、to^{55}、po^{55}、dzə̣^{55}、khu^{55}、nəuŋ^{55}等，表示“对、向、跟、同、为”等意义。对象助词绝大多数来自方位、处所名词。例如：

ti^{55} min^{55} ɑ^{55} bie^{55} qhu^{31} ɣgəuŋ^{31} zdi^{31} zə̣u^{55}.

DEM 人 1sg LOC 头 点 做 ASP

这人朝我点头。

6. 随同助词

随同助词又称“同格助词”，用于体词或体词性短语之后，表示动作的伴随者。普米语的随同助词zɿ̣^{55}dʒie^{24}“跟随”来自方位词zɿ̣^{55}dʒie^{24}“后面”。例如：

ȵi^{24} ɑ^{55}mei^{55} zɿ̣^{31}dʒie^{31} ʃɿ^{55} ʃ̣o^{31} diɑ^{31} ɑ^{55}tʃhin^{55} zɿ̣^{31}dʒie^{31} ʃɿ^{55} ʃ̣o^{31}?

2sg 阿妹 COM 去 ASP 还是 阿庆 COM 去 ASP

你跟阿妹去还是跟阿庆去？

7. 比较助词

比较助词是用于比较句中比较基准之后的语法标记，是比较句中不可或缺的成分。

比较助词主要有用于差比句的to⁵⁵“比”（少量句中可用po⁵⁵“比”）和用于等比句的nəuŋ⁵⁵“和；跟”等。

（1）标记“差比句的比较基准”。比较助词to⁵⁵来自方位词to⁵⁵“之上”，po⁵⁵来自方位词po⁵⁵“之下”，它们位于被比较的成分之后充当比较标记，表示该成分是“差比句”的“比较基准”。例如：

ɑ⁵⁵ tə⁵⁵gɯ⁵⁵ po⁵⁵ /to⁵⁵ qɯ⁵⁵tsɛ²⁴.

我 他 COMPR/COMPR 小

我比他小。

（2）标记“等比句的比较基准”。比较助词nəuŋ⁵⁵“和、跟（……一样）”常用来标记“等比句的比较基准”。nəuŋ⁵⁵的语序灵活，可以位于比较基准之前或之后。位于比较基准之前时，nəuŋ⁵⁵为并列结构关系连词；位于比较基准之后时，nəuŋ⁵⁵为比较标记。例如：

tə⁵⁵gɯ⁵⁵ n̥i³¹ nəuŋ⁵⁵ stə³¹ ʒdʒy³¹ʒdʒyn⁵⁵.

3sg 2sg COMPR 一样 高高

他和你一样高。

（三）语用助词

语用助词主要包括话题助词、情态助词和语气助词三大类。

1. 话题助词

话题助词gɯ⁵⁵（或tʃhiɛ⁵⁵、mə⁵⁵），位于话题成分之后，使用频率很高，常用来提出被说明的对象，表示对照、强调等。也可省略不用。例如：

wo⁵⁵ （gɯ³¹/tʃhiɛ⁵⁵/mə⁵⁵） mə³¹tsɿ⁵⁵ dʐə⁵⁵ ʃtʃiɛ³¹ zəu⁵⁵.

老鼠 （话助/话助/话助） 猫 LOC 害怕 ASP

老鼠怕猫。

ti⁵⁵ dʐʅ³¹dʐʅ³¹ zʅ⁵⁵ （tʃhiɛ⁵⁵/mə⁵⁵） tə³¹gue²⁴je³¹ min⁵⁵ sto⁵⁵.

DEM 书 PL （话助/话助） 3sg:AGT NEG 看

这些书他没看。

2. 情态助词

普米语情态助词主要包括实然助词、示证助词和自主助词三类。

（1）实然助词

普米语实然、非实然情态的对立通常存在于非动作行为谓语（如形容词谓语、存在动词谓语等）句中。实然情态主要以后加实然情态助词ti⁵⁵“的确是……状”的方式表示，非实然情态以零形式的方式表示。加了实然助词ti⁵⁵的实然句在语用上有强调判断“的的确确、毋庸置疑为真”的作用。实然助词常用于进行体、已行体，不能用于将行体。例如：

ti^{55}　go^{24}　ko^{31}　ʒdʒyn^{55}.

DEM　山　很　高

这山很高。（非实然情态）

ti^{55}　go^{24}　ko^{31}　ʒdʒyn^{55}　ti^{31}.

DEM　山　很　高　MOD

这山很高。（实然情态）

（2）示证助词

示证范畴属于情态范畴中的一个类别，指说话人对所说内容的来源以及自己的参与程度的说明。普米语的示证范畴包括亲见与非亲见、听说与非听说等类型。

普米语有听说与非听说情态的区分。所陈述的事件如果是“听说”的，则句尾加表听说的示证助词tʃɿ^{31}də^{31}“听说、据说”；所陈述的事件如果是“非听说”的则采用零形式。表听说的示证助词“tʃɿ^{31}də^{31}”“听说、据说”来自实义动词“tʃɿ^{24}‘说’+də^{24}‘是’”。例如：

ɑ^{55}　nu^{31}nəuŋ^{55}　gui^{55}　ʈhɿ^{55}　ʒɿ^{55}　tʃɿ^{55}də^{31}.

1sg　听说　雨　量　多　HRS

我听说雨水很多。（听说情态）

gui^{55}　ʈhɿ^{55}　ʒɿ^{55}.

雨　量　多

雨水很多。（非听说情态）

兰坪普米语没有完整的亲见、非亲见范畴，但在个别动词上有亲见、非亲见之分。如动词“来”有亲见、非亲见之分。tʂhuŋ^{55}表示亲见的“来”，ʒɿ^{24}表示普通的“来”，可以是亲见的，也可以是非亲见的。表亲见的动词tʂhuŋ^{55}“来”之后不能添加已行体、完成体动词后缀si^{31}，普通的ʒɿ^{24}“来”后面能够添加这一后缀。动词“去”也有亲见、非亲见之分，lo^{24}表示亲见的“去”，ʃɿ^{55}表示一般的“去”，可以是亲见的，也可以是非亲见的。

（3）自主助词

普米语动词有自主和不自主的对立。自主动词在语义上通常表示施动者能够自己做主发出、支配、控制的动作行为；不自主动词反之。如n̥i^{24}“听”是自主动词，nu^{24}“听见”是不自主动词。形容词基本上都属于不自主的。自主助词主要是加在不自主动词后，使本来没有自主性的动词获得一定的自主性，从而能够取得与自主动词同等的句法地位。例如，n̥i^{24}“听”是自主动词，它不可与自主助词共现；nu^{24}“听见”是不自主动词，其后若不添加自主助词表示自然状态下的“听见”，若添加自主助词则表示“（有意地；设法创造条件地）去听见”。例如：

ɑ^{55}　nu^{24}.

1sg　听见

我听见了。

ɑ^{55}　nu^{31}　pin^{55}　san^{31}.

1sg　听见　CONP　ASP

我（有意）听见了。

3. 语气助词

语气助词用于句中或句末（主要是句末）表达句子的语气、强调说话人主观情感。普米语主要有以下这些常见的语气助词：

（1）mε^{31}，表示显而易见、毋庸置疑的态度，有强调作用，语义相当于“嘛、呀”。mε^{31}还能表示“本来如此”或任性、撒娇的语气。例如：

nə^{31}ji^{55}　ε^{55}tʃi^{31}　ʃtʃi^{31}　khu^{55}　nəuŋ^{24}　sɿ^{31}ẓɑ^{24}　to^{55}　khə^{55}　ʃtʃi^{31}　khu^{31}　mε^{31}.

还　哪里　放　要　LNK　桌子　LOC　DIR　放　要　FPRT

还能放到哪儿呢，就放到桌上嘛。

（2）qa^{31}（或diɑ^{31}tṣhə^{55}），通常表示推测的、不确定的语气，略相当于“（是）吧；（大概）吧”。qa^{31}还可重叠构成qa^{31}qa^{31}，也可与diɑ^{31}tṣhə^{55}连用，仍表示推测、不确定的语气。它们还能表示要求、希望的语气。例如：

no^{31}sin^{55}　gui^{55}　tṣhuŋ^{55}　si^{31}　qa^{31} /diɑ^{31}tṣhə^{55}.

早上　雨　下　ASP　FPRT/FPRT

早上（大概）下过雨吧。

（3）bo^{31}，表示无可奈何的语气，相当于“喽”“呀”。例如：

tə^{55}gɯ^{55}　tʃi^{55}　ɦ^{55}　mɑŋ^{31}　xɑŋ^{31}　tṣən^{55}　san^{31}　gɯ^{31}　thə^{31}　lo^{31}　si^{55}　bo^{51}!

3sg　DAT　去　NEG　要　说　ASP　TOP　DIR　去　ASP　FPRT

（我）跟他说了不要走（但他还是）走喽！

（4）nəuŋ^{24}，通常表示埋怨的语气，相当于“呀；呢”，还能表示催促语气、疑问语气等其他语气。例如：

ȵi^{24}　mə^{55}də^{55}wε^{31}ʒɿ^{31}　ʒdʒyn^{31}　man^{55}　pẓəu^{55}　min^{55}　ʃəuŋ^{55}　nəuŋ^{24}?

2sg　为什么　马　毛　梳　NEG　去　FPRT

你为什么不去刷马呀？

（5）tṣən^{31}，表示不耐烦、讨厌的语气，略相当于“了”。例如：

ʈε^{55}xin^{31}　tɑ^{55}　pu^{24}　tṣən^{51}!

撒谎　PROH　CONP　FPRT

别撒谎了！

（6）tiɛ^{51}，表示感叹的语气，大致相当于“啊”，其后还可再添加表感叹语气的助词ɛ^{31}。例如：

o^{55}ti^{55}　tʂən^{24}　ko^{31}　tshɿ^{55}　tiɛ^{24}　ɛ^{31}!

DEM　孩子　很　胖　FPRT　FPRT

那小孩好胖啊！

（7）quɑ^{24}，常用于表示商量的祈使语气，态度温和地声明同意（或希望）自己（或者别人）去做，略相当于“吧”。quɑ^{24}还可表示无可奈何的语气，或与mɛ^{31}“嘛”连用，表示开玩笑的语气。例如：

ȵi^{24}　xɑ^{31}　ji^{55}　quɑ^{24}.

2sg　DIR　来　FPRT

你来吧。

（8）qu^{55}（或quan^{55}），用于句尾，表示礼貌、谦虚、诚恳的祈求口气，意义相当于汉语的礼貌用语“请”。其中qu^{55}用于单数，quan^{55}用于双数和复数。例如：

nə^{31}　dzin^{55}　qu^{55}.

DIR　坐　PRT

（你）请坐。

（9）nə^{55}sti^{31}（或nə^{55}stin^{31}），用于句尾，表示命令的语气。其中nə^{55}sti^{31}用于单数，nə^{55}stin^{31}用于双数和复数。例如：

ȵi^{31}zʅ^{55}　ʈhəuŋ^{55}　pin^{55}　xɑ^{31}　jin^{55}　nə^{31}stin^{31}!

2pl　快　ADV　DIR　来　IMP:2pl

你们快来！

（10）məu^{51}（或ma^{51}），通常表示交代叮嘱的语气或较缓和的告诫语气。ma^{51}还能表示较重的教训语气。例如：

zʅ^{31}dʒɿ^{24}　ko^{31}　ʒɿ^{55}　thin^{31}　mɑŋ^{55}　xɑŋ^{24}　məu^{51}/ma^{51}，　nə^{31}　guɛ^{31}　qa^{55}　də^{55}.

白酒　很　多　喝　NEG　行　FPRT/FPRT　DIR　醉　ASP　是

不要喝太多白酒，会醉的。

（11）ɛ^{31}是多功能助词，既是谓词性定语的定语助词，也可兼做话题助词，还可做语气助词。做语气助词用时，它既可表示疑问语气，也可表示感叹语气。例如：

o^{55}ti^{55}　go^{31}　gɯ^{55}　tə^{31}zɑ^{24}　tʃɿ^{31}　zəu^{55}　ʒdʒy^{55}ʒdʒyn^{31}　ti^{31}　kui^{55}　ɛ^{31}?

DEM　山　TOP　3pl:PRT　说　ASP　高高　MOD　有　QUES

那山有他们说的那么高吗？

（12）qa³¹mɛn³¹（或qa³¹mɛ³¹）"吗"，只能位于句末，表示疑问语气，与ɛ³¹"吗"通常可以互换。例如：

tsiəŋ³¹gui⁵⁵ tsa⁵⁵ thəuŋ⁵⁵ si⁵⁵ ɛ³¹ /qa³¹mɛ³¹?

衣服 洗 完 ASP QUES/QUES

衣服洗完了吗？

九 叹词

叹词又称"感叹词"，是表示感叹、呼唤或应答声的词。在语音上，叹词可以根据实际语用需要，结合句子的语调自由变调；在语义上，叹词不表示具体实在的概念意义，只表示情感意义或呼唤应答；在句法上，叹词可以独立运用，句法位置灵活，以位于句首为常见。它们或独立形成叹词句，或充当句子的独立成分，不跟其他句法成分发生关系。普米语叹词主要有：e⁵⁵（或xei⁵⁵）"喂；咦；呀"、m³¹（或o⁵⁵）"嗯；哎；哼"、kei⁵¹（或xei⁵¹、əu⁵¹、xa⁵¹）"哇"、m²⁴m³¹（或mu²⁴mu³¹）"啊"、m³¹（或əuŋ²⁴）"唉；呶"、ɑ²⁴mo³¹（或ɑ²⁴po³¹、ɑ⁵⁵yɑ³¹、tɑ⁵⁵ɑ³¹）"哎呀"、sthui⁵⁵"呸"、ɑ⁵⁵tsei⁵¹"哎哟"、o²⁴o³¹"啊呀"等。例如：

xei⁵⁵! n̥i²⁴ dʐə̥⁵⁵ tɛ³¹ʈhɿ²⁴ xɑ³¹ ʒɿ⁵⁵ qu³¹!

INTER 2sg 这儿 一点 DIR 来 FPRT

喂，请你过来一下！

o²⁴o³¹, ʃ̥uŋ⁵⁵ thə³¹ lo³¹ si⁵⁵.

INTER 箐鸡 DIR 去 ASP

啊呀，箐鸡跑了。

十 连词

连词是一个封闭性的词类，数量不多。其语法特征主要是：没有形态变化；有的可以重叠或合用；少量是由实词语法化形成的；常位于前后两个分句之间。有的连词具有多功能性，可以表示多种语法关系，或者是助词、副词的兼类词。现在普米青少年借用汉语连词的现象非常普遍，常见的借用连词有jin³¹wei⁵⁵"因为"、tɑŋ⁵⁵ʂɿ⁵⁵"但是"、ɛ³¹tshei²⁴"而且"、nɑŋ³¹phɑ⁵⁵"哪怕"等。

普米语连词表示的语法结构关系大致可分为并列、顺承、选择、递进、转折、条件、假设、因果、目的等九类。并列关系连词主要有nəuŋ⁵⁵"和；……同时；……并"、tʃɿ⁵⁵pɑ³¹…tʃɿ⁵⁵pɑ³¹（或də⁵⁵bie³¹…də⁵⁵bie³¹）"一边……一边"等。顺承关系连词主要有nəuŋ⁵⁵"……之后；（然后）再；才"等。选择关系连词主要有diɑ³¹"还是"、mɛ⁵⁵dɛ²⁴ɛ³¹

（或mə^{55}dɛ^{24}ɛ^{31}）“或者”、to^{55}“（与其……）不如”、die^{55}“宁可（……也不）”等。递进关系连词主要有tsɑ^{31}mɑŋ^{55}də^{24}（…ʐe^{55}）“不仅（……而且也）”、mɑŋ^{31}quɑ^{24}（…ʐe^{55}）“……不说（……而且还）”、di^{24}…die^{55}“不仅不……反而还”、mɑŋ^{31}quɑ^{24}“不说”、die^{55}…di^{24}“……都……，那么……”“……尚且……，更别（说）……”等。转折关系连词有di^{24}“但是；可是”等。条件关系连词主要有thie^{55}ʒɿ^{24}“只要（……就）”、min^{55}tsi^{31}（di^{24}）“除非（不然）”、di^{24}mɑŋ^{55}dɛ^{24}ɛ^{31}（或di^{24}、di^{24}mə^{55}dɛ^{24}ɛ^{31}）“不然的话”、（…ʐe^{31}）mɑŋ^{31}quɑ^{24}“不管……都”等。假设关系连词主要有ʐɑ^{31}tʃhiɛ^{55}（或tʃhiɛ^{55}、ɛ^{31}、ɛ^{31}tʃhiɛ^{55}、ʐɛ^{31}tʃhiɛ^{55}）“（如果……）的话”、ɑ^{31}thɑ^{55}nəuŋ^{31}…ʐɑ^{31}tʃhiɛ^{55}ɛ^{31}/tʃhiɛ^{55}“如果/假如/万一……的话”、tʂhu^{55}“要是”等。因果关系连词主要有nəuŋ^{55}（或nəuŋ^{24}nəuŋ^{31}）“因为……所以”、dʒəu^{55}“由于；因为”等。目的关系连词主要有wɛ^{55}ʒɿ^{31}“为了（……原因）”等。例如：

ɑ^{55}ʐɿ^{55} tʃɿ^{55}pɑ^{31} thin^{31}ji^{55} thin^{55} tʃɿ^{55}pɑ^{31} ko^{55}tʂɛ^{55}tʂɿ^{31} ʐən^{31}.
1pl LNK 酒 喝 LNK 聊天 ASP
我们一边喝酒一边聊天。

sto^{55} thəuŋ^{55} si^{55} nəuŋ^{31}/nəuŋ^{24}nəuŋ^{31} ɖʉ^{24}.
看 完 ASP LNK /LNK 写
看完了再写。

ȵi^{24} ʃtʃhiəŋ^{31} gɯ^{55} ʂʉ^{55} n̥in^{31}ʂɿ^{31} diɑ^{31} tsy^{31} gɯ^{55} ʂʉ^{55} n̥in^{31}ʂɿ^{31}?
2sg 上衣 TOP 买 想 还是 鞋子 TOP 买 想
你想买上衣还是鞋子？

tə^{31}zɑ^{24} ʃtʃi^{31} gɯ^{55} jin^{24} tɑ^{55} tsɑ^{31}mɑŋ^{55}də^{24} mə^{55}ʈhɿ^{31} ʐe^{31} ʒɿ^{55}.
3pl:GEN 村 TOP 地 大 LNK 人口 也 多
他们村不仅地大，而且人多。

tə^{55}gɯ^{55} n̥yŋ^{24} khu^{55} qɑ^{55} tʃɿ^{55} ʐəu^{31}, di^{24} dzu^{31} ʃɿ^{55} mɑŋ^{31} ʐəu^{55}.
3sg 嘴 LOC 好 说 ASP LNK 做 去 NEG ASP
他嘴上说“好”，但不去做。

ti^{55} ʒdʒiəŋ^{55}ʒdʒin^{31} gɯ^{31} ȵəŋ^{55}ȵi^{55} mɑŋ^{31} ʃɿ̣^{24} thie^{55}ʒɿ^{31} ʒdʒi^{31} ɬi^{31} ʃɿ^{55} thəuŋ^{31} ʐəu^{55}.
DEM 老人 TOP 病痛 NEG 有 LNK 牲畜 放 去 能够 ASP
这老人只要没生病就能去放牧牲畜。

pʉ^{55}ȵi^{31} jin^{24} xɑ^{31} jin^{24} thəuŋ^{55} tʃhie^{55} siɑŋ^{24} lɑ^{24} zdi^{24} quɑ^{24}.
今天 地 DIR 犁 完 LNK 明天 种子 撒 可以

今天犁完地的话，明天可以撒种。

z̩uɛ^{24}	bz̩a^{55}	z̩əu^{31}	nəuŋ^{24}	ɛ^{31}ȵe^{55}je^{31}	tə^{55}gɯ^{55}	də^{31}	tsyn^{55}	nəuŋ^{55}	ʃʅ^{55}	z̩əu^{55}.
路	滑	ASP	LNK	1sg:AGT	3sg	DIR	牵	LNK	走	ASP

路滑所以我牵着她走。

suan^{55}mɑŋ^{31}	ʒdʒəu^{24}	wɛ^{31}ʒʅ^{31}	tə^{55}gɯ^{55}	sɛ^{55}sʅ^{31}	pʉ^{55}	dzu^{31}	z̩əu^{55}.
父母	赡养	LNK	3sg	积极	ADV	做	ASP

为了赡养父母他努力工作。

第二节

短语

按短语内部的结构关系，普米语短语结构大致可分为并列短语、主谓短语、宾动短语、偏正短语、中补短语、连动短语、兼语短语、同位短语、方位短语、量词短语等十种类型。

一　并列短语

并列短语各组成成分的语序比较自由，通常可以前后互换，组成成分之间常用连词或副词等关联词语相连接。

（一）名词性并列短语

由各个并列成分组合而成的并列短语在句中的功用相当于一个名词，这样的并列短语为名词性并列短语。其常见类型有“名词 + 名词”“代词 + 代词”“数词 + 数词”“名 + 代”（或“代 + 名”）、“‘代词 + 数词 + 量词’ + ‘代词 + 数词 + 量词’”等几种。例如：

pəuŋ^{24}pəuŋ^{24}（nəuŋ^{31}）mie^{24}mie^{31} 叔叔婶婶
叔叔 （和） 婶婶

gɯ^{55}mɑŋ^{24} nəuŋ^{31} tə^{55}zɿ̢^{55} 老师和他们
老师 和 3PL

səuŋ^{31} nəuŋ^{55} ʒdʒɛ^{24} 三和四
三 和 四

tɛ^{31}ʃɿ̣^{55} nəuŋ^{31} tɛ^{31}stin^{55} 一百和一千
一百 和 一千

ti^{55} tɛ^{55} ʒdʒie^{24}（nəuŋ^{31}）o^{55}ti^{55} tɛ^{55} ʒdʒie^{24} 这一颗和那一颗
DEM:PROX 一 CL （和） DEM:DIST 一 CL

dzɿ̢^{31}dzɿ̢^{24} tɛ^{31} bo^{24}（nəuŋ^{31}）pi^{24} tɛ^{31} stie^{24} 一本书和一支笔
书 一 CL （和） 笔 一 CL

（二）谓词性并列短语

包括动词性并列短语和形容词性并列短语两类。例如：

tsiu^{55}（nəuŋ^{55}）dzʅ^{31}tʂɑ^{31} 打和骂 ʃtʃin^{24}（nəuŋ^{31}）ʃtʃyu^{24}抱和背（孩子）

打 （和） 骂 抱 （和） 背

tʃɿ^{31} zʅe^{55} tʃɿ^{24} ʂɑ^{31} zʅe^{55} ʂɑ^{24} 又说又笑；边说边笑

说 又 说 笑 又 笑

ʂan^{55} zʅe^{55} ʂan^{55} xkɑ^{31} zʅe^{55} xkɑ^{24} 又长又陡

长 又 长 陡 又 陡

（三）并列短语的句法功能

1. 名词性并列短语在句中相当于一个名词，常充当主语、宾语，也可做定语。例如：

ɑ^{55}（nəuŋ^{55}）a^{31}pa^{24} tɛ^{55} zʅuɛ^{24} pʉ^{55} ʃɿ^{55} ʃən^{55}.

1sg（和） 哥哥 一 路 PRT 去 ASP

我和哥哥一路去。

2. 谓词性并列短语在句中常充当谓语，也可做定语、状语，还可做谓词性主语或宾语。例如：

tə^{55}zʅ^{55} tɑ^{55} lɑ^{24} də^{31} dzəuŋ^{55} pʉ^{55} nəuŋ^{31} xiɛn^{55}xin^{24} ʂɑ^{55}ʂɑ^{31} zʅəu^{55}.

3PL 一 CL DIR 聚集 CONP LNK 说说 笑笑 ASP

他们那群人聚在一起说说笑笑。

二 主谓短语

（一）主谓短语的类别

充当主语的一般是名词性成分，充当谓语的既有名词性成分，也有谓词性成分。按构成成分，主谓短语大致可分为以下三类：

1.“名词性主语 + 谓词性谓语”构成的主谓短语。例如：

zʅ^{31}pu^{55} wuŋ^{55} 公鸡叫 ɑ^{55}zʅ^{55} gəu^{24} 我们高兴

公鸡 叫 1PL 高兴

2.“名词性主语 + 名词性谓语”构成的主谓短语。例如：

pʉ^{55}ɳi^{31} sin^{55}tʃhi^{55} 今天星期天 ʈhu^{31} bjɑ^{55} tɛ^{31} tʃi^{24} 六块（钱）一斤

今天 星期 六 CL 一 CL

3.“谓词性主语 + 谓词性谓语”构成的主谓短语。例如：

gui^{55} tʂhuŋ^{55} ʈhɿ^{31} ʒɿ^{55} 雨水很多 ʒɿ^{24} thə^{31} n̥ɑŋ^{55} mɑŋ^{31} phji^{55} 晚睡不好

雨 下 很 多 睡 DIR 迟 NEG 好

（二）主谓短语的句法功能

主谓短语在句中可以充当主语、谓语、宾语和定语，不能充当状语、补语。例如：

ʐʅ31pu55 wuŋ55 nəuŋ55 tə55gɯ55 thə31 tʃhi55 si31.
公鸡　叫　LNK　3sg　DIR 受惊 ASP
公鸡叫吓到她了。（主谓短语“公鸡叫”做主语）

tʃɛ55tiəŋ55liəŋ31 ɑ55ʐʅ55 dzɿ55 thə31 qan31ȵəŋ31 si55.
土豆　1PL　吃　DIR 腻　ASP
土豆我们吃腻了。（主谓短语“我们吃腻”做谓语）

ɑ55mei55 je31 tə55gɯ55 jɑ55 thin55 ʐəu31 gɯ31 dzɿ31 ʐəu55.
阿妹　AGT 3sg　烟　抽　ASP TOP 讨厌 ASP
阿妹讨厌他抽烟。（主谓短语“他抽烟”做宾语）

ʐʅ31pu55tsɿ31 wuŋ55 thəuŋ55 ko31 ȵi55 xko31.
小公鸡　叫　声音　很　听　难
小公鸡叫的声音很难听。（主谓短语“小公鸡叫”做定语）

三　宾动短语

宾动短语又称“支配短语”，被支配的成分（宾语）在前，支配成分（动语）在后。能做被支配成分的主要有名词、代词、形容词、量词短语和名词化的谓词、谓词性短语等。有的被支配成分与动语之间要加相应的助词。

（一）宾动短语的构成成分

1. 动语。充当动语的成分通常为及物动词，不及物动词、形容词在特定条件下（如在致使结构中）也可以做动语。例如：

thin31ji55 thin55　喝酒
酒　喝

ʃtʃɛ55 kɯ31　割小麦
小麦 割

go31tsi55（tʃi55）khə31 bjin55 ʃtʃiɛ31　使鸟飞
鸟　（与助）DIR 飞　CAUS

2. 宾语。充当动词宾语的成分可以是名词、代词、并列短语、偏正短语、数量短语、名物化成分、动词、宾动短语、主谓短语等。其中，动词等谓词性成分做宾语是有条件的，要求动语能够带谓词性宾语。

（1）名词做宾语。例如：

tʂən55 thiəŋ55　盖房子
房子　盖

po55 dʒʅ24 pʉ55　当木匠
木匠　当

（2）代词做宾语。例如：

tə^{55}gɯ^{55} ʒdʒiɑ^{55}　喜欢她

3sg　　喜欢

o^{55}dzə̦^{55} ʃɿ^{55}　去那里

那里　　去

（3）并列短语做宾语。例如：

ɑ^{55}mei^{55} nəuŋ^{31} ɑ^{55}tʃhin^{55} nə^{31} phzɛ̦^{55}　遇见阿妹和阿庆

阿妹　　和　　阿庆　　DIR 遇到

（4）偏正短语做宾语。例如：

mɑŋ^{55} gɑ^{31} ko^{55}tʂ̦ɿ^{55} thə^{31} ȵi^{24} 听妈妈的话

妈妈　GEN 话　　　DIR　听

ʃɿ^{31}ʃɛ^{55}dʮɑ^{55} dzi^{55} dzɿ^{31}　吃玉米饭

玉米粒　　　饭　　吃

（5）数量短语做宾语。例如：

səuŋ^{31} qa^{31}le^{55} thin^{55}　喝三杯

三　　CL　　喝

tɛ^{31} bo^{24} ʂ̦ʉ^{55}　买一本

一　CL　买

（6）名物化成分做宾语。例如：

dzɿ^{55}ji^{55}　mɑŋ^{55} sta^{24}　没有吃的

吃:NMLZ　NEG　有

ȵe^{55} gɯ^{55}　sthie^{55}　挑红的

红　NMLZ 挑

（7）动词做宾语。例如：

tsiu^{55} ʒdʒi^{55}　挨打

打　　得到

ʂ̦ɑ^{31}pʉ^{55} ʒdʒiɑ^{31}　喜欢玩

玩　　　喜欢

（8）宾动短语做宾语。例如：

din^{31}phzə̦n^{55} to^{55} ʃɿ^{55} khu^{55} tʃɿ^{24}　说去北京

北京　　　LOC 去 要　　说

xkɑ^{31}zʮɛ^{55} dʮan^{31} ʃtʃiɛ^{24}　怕走陡路

陡路　　　走　　怕

（9）主谓短语做宾语。例如：

tə^{55}gɯ^{55} ko^{55}tʂ̦ɿ^{55} tʃɿ^{31} zə̦u^{31} thə^{31} ȵi^{24}　听他说话

3sg　　话　　说　ASP　DIR　听

tʂ̦ən^{24} tsho^{31} zə̦u^{55} sto^{55}　看小孩跳舞

孩子　跳舞　ASP　看

（二）宾动短语的句法功能

宾动短语在句中常做谓语，还可做定语、主语、宾语。例如：

a^{55} dzi^{55} dzɿ^{55} zə̦uŋ^{31}.

1sg 饭　吃　ASP

我在吃饭。

thin^{31}ji^{55} thin^{55} min^{31} gɯ^{31} no^{31} dzin^{55}.

酒　　　喝　　人　　TOP　LOC 坐

喝酒的人坐在外面。

四　偏正短语

根据偏正短语的性质，可以把它分成定中短语与状中短语两类：定中短语是名词性短语，其中心语通常是名词性成分；状中短语是谓词性短语，其中心语通常是谓词性成分。

（一）定中短语

定中短语的中心语主要由名词性成分充当，定语可由名词、代词、数词、形容词、动词等词以及各类短语充当。

1. 名词性中心语的定中短语

（1）名词做定语，定语在前，中心语在后，定中之间的定语助词通常可加可不加。例如：

dz̢ə^{31}（gɑ^{55}）ʃ̣o^{24}　茶的颜色	phz̢ən^{55}min^{55}（gɑ^{31}）tsiəŋ^{31}gui^{55}　普米衣服
茶　（的）颜色	普米　（的）衣服

定语助词有别义作用时，不可省略。例如：

pa^{24}pa^{31}（gɑ^{31}）ʃtʃhiəŋ^{24}　姐姐的上衣	pa^{24}pa^{31} z̢ɑ^{31}　ʃtʃhiəŋ^{24}　姐姐们的上衣
姐姐　（的）上衣	姐姐　PL:GEN 上衣

（2）代词做定语，定语在前，中心语在后，定中之间通常不再添加定语助词，但有属格形态变化的代词要变成属格形式。例如：

ɑ^{31}z̢ɑ^{24}　ʃtʃi^{24}　我们村	ɑ^{31}gɑ^{24}　dz̢ʅ^{31}dz̢ʅ^{24}　谁的书
1PL:GEN 村	谁:GEN　书

（3）普米语量词不发达，数词可以直接做定语，位于没有专用量词的名词中心语之后。例如：

min^{55} ti^{24}　一（个）人	mə^{31}tsʅ^{55} səuŋ^{55}　三（只）猫
人　一	猫　三

（4）形容词或形容词性短语做定语，定语可前可后，以定语在后、中心语在前为常见语序。形容词定语、名词中心语都是单音节词时，语序基本上为“名＋形”。例如：

z̢uɛ^{31} ta^{55}　大路	go^{31} ʒdʒyn^{55}　高山
路　大	山　高

（5）动词或动词性短语做定语时，定语在前，名词性中心语在后，定中之间的定语助词ɛ^{31}“的”可加可不加。ɛ^{31}在语流中常与前一音节合音连读。例如：

də^{31} ʂ̢ʉ^{55} siɛ^{51}　ʃʅ^{55}　买的肉	xɑ^{31} ʒ̣ən^{55} siɛ^{51}　ȵɑŋ^{24}　炒的菜
DIR 买 ASP:PRT 肉	DIR 炒 ASP:PRT 菜

xɑ^{31} xko^{55} tə^{55} m̥in^{55} siɛ^{31} ʃɿ^{55} 煮熟了的肉

DIR 煮 DIR 熟 ASP:PRT 肉

（6）数量短语做定语时，定语通常位于名词中心语之后，有“名＋数＋量”和“名＋量＋数”两种语序，以“名＋数＋量”为常用语序。例如：

ɳɑŋ^{24} səuŋ^{31} vbəuŋ^{55} 三棵菜

菜 三 CL

ɳɑŋ^{31} vbəuŋ^{55} səuŋ^{55} 三棵菜

菜 CL 三

指量短语做定语时，语序为“指示代词＋名词（＋数词）＋量词”。例如：

ti^{55} gɯ^{31}ʃtʃan^{31} stie^{24} 这根筷子

DEM 筷子 CL

o^{55}ti^{55} ʃɿ^{55} nə^{31} tʃi^{31} 那两斤肉

DEM 肉 二 CL

2. 谓词性中心语的定中短语

这类定中短语数量较少，定中之间要加定语助词。例如：

tʂən^{31} gɑ^{55} bʐɿ^{55}pʉ^{55} ʐəu^{31} 娃娃的调皮

孩子 PRT 调皮 ASP

tə^{31}gɑ^{24} tə^{55} tin^{55} si^{31} 他的致富

3sg:PRT DIR 富 ASP

（二）状中短语

状中短语主要包括两类：一类中心语是动词，另一类中心语是形容词。

1. 动词做中心语

动词做中心语时，充当状语的成分主要有副词、形容词、代词、名词、动词和数量短语等。语序为状语在前，中心语在后。例如：

ʂan^{55}nəuŋ^{31} ʃɿ^{55} 常常去

常常 去

ʈhəuŋ^{55}（pʉ^{55}）dzu^{24} 快做

快 （助） 做

mə^{55}də^{55} pʉ^{31}（nəuŋ^{31}）ʃɿ^{55} 怎么去

怎么 ADV（连） 去

siɑŋ^{24} xɑ^{31} ʒɿ^{55} 明天来

明天 DIR 来

nə^{31} dzin^{55}（nəuŋ^{55}）tʃɿ^{31} 坐着说

DIR 坐 （连） 说

tɛ^{31} ʃtʃyu^{55} sto^{55} 看一遍

一 VCL 看

2. 形容词做中心语

充当形容词中心语的修饰成分的主要有副词、代词、数量短语等，其位置一般在中心语之前。例如：

dɑ^{24}dɑ^{31} thə^{24} 的确甜

的确 甜

tiɛ^{24} ʈhəuŋ^{55} 还早

还 早

tə^{55}ʐɿ^{55} bʉ^{55}bəuŋ^{31} 这么冷

这么 冷冷

səuŋ^{31} tʃi^{31} lə^{55}la^{31} （大约）三斤重

三 CL 重重

（三）偏正短语的句法功能

定中短语在句中常做主语、宾语，也可做定语，有的还能做谓语。例如：

ʈɱ^{31}ʃ̣ɿ^{55}　ga^{31}　xa^{31}　pei^{55}　gɯ^{31}　tʂ̣ə^{55}mie^{55}　ʐ̣ɿ^{31}　tʃi^{31}　gə^{31}gəu^{31}　ʃtʃiɛ^{55}

新媳妇　PRT　DIR　到　TOP　家里　PL　DAT　高高兴兴　CAUS

ʐ̣əu^{55}.

ASP

新媳妇的到来让家人们很高兴。

maŋ^{55}　je^{31}　tʂ̣ən^{31}　ga^{55}　bʐ̣ɿ^{55}pʉ^{55}　ʐ̣əu^{31}　khu^{55}　ȵyŋ^{31}　ʃ̣ɿ^{24}　maŋ^{31}　ʐ̣əu^{55}.

妈妈　AGT　孩子　PRT　调皮　ASP　LOC　办法　有　NEG　ASP

妈妈拿娃娃的调皮没办法。

tə^{55}gɯ^{55}　tiɛ^{24}　tʂ̣ən^{31}　ti^{55}.

3sg　还　孩子　一

他还是一个孩子。

状中短语在句中常做谓语，也可做定语，还可做主语、宾语。例如：

a^{55}　ji^{55}tʃɿ^{24}　ʒɿ^{31}　ʃei^{55}!

1sg　马上　来　ASP

我马上来！

nə^{31}　ʃtʃhɿ^{55}（nəuŋ^{31}）　sto^{55}　ʐ̣əu^{31}　min^{55}ʐ̣ɿ^{31}　ko^{31}　ʒɿ^{55}　ti^{31}.

DIR　站　（连）　看　ASP　人们　很　多　MOD

站着看的人很多。

nə^{31}　dzin^{55}　nəuŋ^{55}　sto^{55}　gɯ^{31}　nə^{31}　ʃtʃhɿ^{55}　nəuŋ^{31}　sto^{55}　to^{31}　zʉ^{55}.

DIR　坐　LNK　看　TOP　DIR　站　LNK　看　LOC　舒服

坐着看比站着看舒服。

五　中补短语

普米语的中补结构不发达，补语不丰富。从充当中心语的句法成分来看，可分为动补短语和形补短语两类；从补语的语义类型来看，可分为结果补语、程度补语和情态补语三类；从补语的语义指向上看，补语既可指向中心语，也可指向中心语的施事、当事、受事等。补语的语义类型详见本章的“补语”部分，下面分别介绍补语的结构类和语义指向。

（一）动补短语和形补短语

按中心语的成分，中补短语可分为动补短语和形补短语两类。

1. 动补短语，做补语的主要是形容词、动词、代词等成分，中补之间通常可加可不加补语助词nəuŋ^{55}。例如：

tʃɿ^{24} thə^{31} zdɛ^{55}　说错　　ʒ̩ɿ^{24} thə^{31} phjɑ^{24}　学坏

说　DIR 错　　学　DIR 坏

nə^{31} xɯ^{55}（nəuŋ^{55}）thə^{31} ʈən^{55}　打破　　nə^{31} ʃtʃiɑ^{55}（nəuŋ^{31}）nə^{31} ʃtʃhi^{55}　砍断

DIR打　（补助）DIR 弄破　　DIR砍　（补助）DIR弄断

疑问代词tʃhɿ^{31}n̥ɑŋ^{55}n̥i^{55}"怎么样"做补语时，中补之间不能加助词。主谓短语做补语，中补之间通常要加助词nəuŋ^{55}。例如：

dzu^{24} tʃhɿ^{31}n̥ɑŋ^{55}n̥i^{55}　做得怎么样　　sʉ^{31}zdʉ^{24} tʃhɿ^{31}n̥ɑŋ^{55}n̥i^{55}　考虑得怎么样

做　怎么样　　考虑　怎么样

nə^{31} ʂən^{55} nəuŋ^{31} qhu^{55} ʃtʃyu^{55}　晒得头晕　　sto^{55} nəuŋ^{31} miɑŋ^{55} nə^{55} ʃie^{55}　看得眼花

DIR 晒　COMP 头　晕　　看　COMP 眼睛　DIR 花

2. 形补短语，形容词为中心语，补语通常表示性质状态的程度，程度补语由否定副词加助动词构成的短语"不得了；极"充当。例如：

ʃu^{55} gue^{55}je^{31} mɑŋ^{31} tʃie^{24}　好看得不得了　　tsɛ^{55} gue^{31}je^{31} mɑŋ^{31} tʃie^{24}　热极了

好看 PRT　NEG　能够　　热　PRT　NEG　能够

（二）中补短语中补语的语义指向

补语的语义既可指向中心语，也可指向中心语的施事者、当事者或受事者等。例如：

tə^{55}gɯ^{55}　ʃu^{55}　gue^{55}je^{31}　mɑŋ^{31}　tʃie^{24}.

3sg　漂亮　PRT　NEG　能够

她漂亮极了。

ɑ^{55}ʐɿ^{55}　tə^{55}ʐɿ^{55}　po^{55}　tsiu^{55}　thə^{31}　qo^{55}　si^{31}.

1PL　3PL　LOC　打　DIR　赢　ASP

我们打赢了他们。

n̥e^{31}ʃtʃie^{55}min^{31}　gue^{31}je^{31}　o^{55}ti^{55}　po^{55}　thə^{31}　suɛ^{24}　thə^{31}　sɿ^{31}　si^{55}.

猎人　AGT　DEM　狼　DIR　杀　DIR　死　ASP

猎人杀死了那条狼。

（三）中补短语的句法功能

中补短语在句中通常做谓语，也可以做定语，有的还能做主语、宾语。例如：

o^{55}ti^{55}　tʂən^{24}　ʒ̩ɿ^{24}　thə^{31}　phjɑ^{31}　si^{55}.

DEM　孩子　学　DIR　坏　ASP

那孩子学坏了。

ti^{55}　n̥e^{31}ʃtʃie^{55}min^{31}　gue^{31}　thə^{31}　sɛ^{24}　thə^{31}　sɿ^{31}　si^{55}　pin^{31}ʒdʒi^{31}　gɯ^{55}

DEM 猎人 AGT DIR 杀 DIR 死 ASP 野兽 TOP

ti^{24} tsɑ^{31} mɑŋ^{55} də^{24}.

一 仅 NEG 是

这猎人杀死的野兽不止一头。

tʃʅ^{24} thə^{31} zdɛ^{55} si^{31} gɯ^{31} ma^{55} an^{24}.

说 DIR 错 ASP TOP NEG 担心

说错了不要紧。

六 连动短语

“连动”有宽式与窄式之分。窄式的连动只限于动词或动宾短语的连用，不能包含其他插入成分。宽式的连动则可以插入其他成分。本书采用宽式连动概念。从语义上看，连动短语是指同一个主体发出的两个或两个以上的不同动作行为；从句法上看，组成连动短语的多个动作之间存在并列关系、修饰关系、补充关系和支配关系等多种句法关系。因此，并列短语、偏正短语、中补短语、宾动短语等短语中又有可能包含有连动结构，连动短语与这些短语之间是一种互相嵌套的关系。

（一）连动短语的类型

1. 并列关系的连动短语。两个或多个动作关系平等，互相之间不存在支配、修饰、补充等关系。表示连续性较强的动作先后发生，动词之间的连词nəuŋ^{55}通常可加可不加。例如：

xɑ^{31} jɛ^{24}（nəuŋ^{55}）khə^{31} ʃtʃi^{24} 拿过来放下

DIR 拿 （连） DIR 放

趋向动词“来”“去”居后构成的连动短语，动词之间不能加连词。例如：

go^{24} khu^{55} go^{31}tsi^{55} ʈhɑ^{31} ʃʅ^{31} 上山打鸟 ɑ^{31}bɑ^{55} wu^{55} ŋəuŋ^{55} sthʉ^{31} ʒʅ^{31} 来我家借钱

山 LOC 鸟 打 去 1sg:家:GEN LOC 钱 借 来

表示前一个动作完成或实现之后，后一个动作才开始时，两个动作之间常用nəuŋ^{55}“才；再”、nəuŋ^{24}nəuŋ^{31}“才”、ji^{55}tʃʅ^{24}“（马上）就”等做关联词，关联词通常不能省略。例如：

thə^{31} tsa^{55} nəuŋ^{31} ʒʅ^{31} 洗了再睡 khə^{31} dzɿ^{55} san^{31} ji^{55}tʃʅ^{24} ʃʅ^{55} 吃了就去

DIR 洗 LNK 睡 DIR 吃 ASP 就 去

表示前一动作的发生、发展，带来后一动作或状态的递增或递减时，常用关联词为tɛ^{31}ʈhɿ^{24}…tɛ^{31}ʈhɿ^{24}… “越……越……”。例如：

tɛ^{31}ʈhɿ^{31} tʃɿ^{55} tɛ^{31}ʈhɿ^{24} man^{55} 越说越生气

越　　说　越　　生气

表示动作同时发生时，常用关联词tʃɿ^{55}pɑ^{31}…tʃɿ^{55}pɑ^{31}… “边……边……”、ʐ̩e^{31}…ʐ̩e^{31}… “又……又……”。例如：

tʃɿ^{55}pɑ^{31} ɖan^{24} tʃɿ^{55}pɑ^{31} sto^{55}　边走边看

一边　　走　一边　　看

2. 修饰关系的连动短语。修饰关系的连动短语里，前一动词性成分修饰、限制后一动词性成分，动词之间大多要加连词nəuŋ^{55}。例如：

ɖo^{31}ɖo^{55} nəuŋ^{55} tʃɿ^{24}　抢着说

比赛　　LNK　说

nə^{31} ʃtʃhɿ^{55} nəuŋ^{31} dzɿ^{55}　站着吃

DIR 站　　LNK　吃

3. 补充关系的连动短语。补充关系的连动短语里，后一动词补充说明前一动词的结果、趋向等，两个动词性成分之间的补语助词nəuŋ^{55}通常可加可不加。例如：

thə^{31} kəuŋ^{55}ʐ̩ən^{55}（nəuŋ^{31}）thə^{31} sɿ^{24}冻死

DIR　冻　　（补助）　DIR　死

khə^{31} ʈhɛ^{31}（nəuŋ^{55}）nə^{31} jin^{55}　推倒

DIR　推　（补助）　DIR 倒

有补充说明动作行为结果的连动，由“自动词 + 使动词”构成。如“破”“断”“垮”等动词有自动、使动的屈折变化：ɖən^{24}“（自己）破”——ʈən^{55}“使破”、bʐ̩ɛ^{24}“（自己）断”——phʐ̩ɛ^{24}“使断”、bie^{24}“（自己）垮”——phie^{24}“使垮”，构成连动短语时要使用使动形式。例如：

nə^{31} xɯ^{55}（nəuŋ^{55}）thə^{31} ʈən^{55}　打破

DIR 打　（补助）　DIR 使破

xɑ^{31} ɡa^{24}（nəuŋ^{55}）thə^{31} phʐ̩ɛ^{24}　剪断

DIR 剪　（补助）　DIR 使断

没有屈折变化的动词，则用分析式来表达。例如：

nə^{31} ɣɡɯ^{24}（nəuŋ^{31}）thə^{31} pɛ^{31} ʃtʃiɛ^{55}　磨碎

DIR 磨　　（补助）　DIR　碎　CAUS

4. 支配关系的连动短语。支配关系的连动短语里，前一动词通常是动作行为动词，后一动词是能够支配谓词性宾语的动词，主要是能愿动词、心理活动动词等，两个动词之间不能加助词。例如：

ʃɿ^{55} ȵ̥in^{55}ʂɿ^{55}　愿意去

去　愿意

sto^{55} ȵ̥in^{55}ʂɿ^{55}　想看

看　想

（二）连动短语的句法功能

连动短语在句中常做谓语，也可做定语。有的还能做主语、宾语。例如：

ȵi^{24}　nə^{31}　dzin^{55}　（nəuŋ^{55}）　stu^{55}!

2sg　DIR　坐　　（连）　　看:IMP

你坐着看！

thə^{31} kəuŋ^{55}zə̧n^{55}（nəuŋ^{31}）thə^{31} sɿ^{31} siɛ^{51} sin^{31}bɑ^{55} thə^{31} ɬʉ^{24}.

DIR 冻 （连） DIR 死 ASP:PRT 树苗 DIR 拔

拔掉冻死的树苗。

ɖo^{31}ɖo^{55} nəuŋ^{55} tʃɿ^{24} mɑŋ^{31} phji^{55}, ti^{24} ti^{24} sɿ^{31} tʃɿ^{24}.

比赛 LNK 说 NEG 好 一 一 先 说

抢着说不好，一个一个地说。

七 兼语短语

兼语短语是由宾动短语和主谓短语套合而成的短语，其中，宾动短语的宾语兼做主谓短语的主语。例如：

tə^{55}gɯ^{55} thə^{31} sthie^{55} nəuŋ^{55} ʃtʃi^{31}dzan^{55} n̥ʉ^{55} ʃtʃiɛ^{31} 选他做村主任

3sg DIR 选 LNK 村主任 做 CAUS

兼语短语可以直接构成非主谓句，也可在主谓句中做谓语，还可以做定语。例如：

ʃtʃi^{31} ti^{55} diəŋ^{55} gɯ^{31} tʃhɿ^{55}pʐ̩ɿ^{31} man^{55}.

村 一 有 TOP 大古梅 叫

有一个村子叫大古梅。

ɑ^{55}puŋ^{31}tsɛ^{24} tsʉ^{55} ti^{31} ʒ̩ə^{31} gɯ^{31} ɑ^{55}tʃhin^{55} man^{31}.

幺叔 儿子 一 有 TOP 阿庆 叫

幺叔有个儿子叫阿庆。

tə^{55}gɯ^{55} ʐ̩a^{55} nəuŋ^{55} dzi^{55} dzɿ^{55} ʃtʃiɛ^{31} min^{31} ɑ^{55} din^{55}.

3sg 请 LNK 饭 吃 CAUS 人 1sg 是

请他吃饭的人是我。

八 同位短语

同位短语又叫"复指短语"，其前后两部分的词语不同但所指基本相同，在句中合起来充当一个句法成分。

（一）同位短语的类别

从两个组成部分的构成上来看，大致可以分为以下几类：

1."名词/代词＋名词/代词"构成的同位短语。例如：

n̥un^{55} ɑ^{55}n̥yŋ^{55} 妹妹阿妞

妹妹 阿妞

ɑ^{31}zɿ^{55} phʐ̩ən^{55}min^{55} 我们普米人

1PL 普米人

2.“代词/名词＋名词性短语”构成的同位短语。例如：

ɑ^{31}zan^{24} nə^{55} tsɿ^{24}　我们两个
1DL　两　CL

man^{55}ta^{55} ti^{55}　din^{24}　兰坪这地方
兰坪　DEM 地方

3.“名词性短语＋名词/代词/名词性短语”构成的同位短语。例如：

tə^{31}gɑ^{24}　m̥in^{24} ɑ^{55}xuɑ^{55}　他女儿阿花
3sg:GEN 女儿　阿花

pɑ^{24} xɑo^{55} wo^{24}　n̥in^{55}　八号那天
八　号　DEM　天

（二）同位短语的句法功能

同位短语在句中主要充当主语、宾语，也可做定语。例如：

ɑ^{31}zʅ^{55}　phzə̣n^{55}min^{55}　gɯ^{31}　ɖei^{31}　nəuŋ^{55}　tsho^{24}　dzu̡ŋ^{31}　zə̣u^{55}.
1PL　普米　TOP　唱歌　和　跳舞　会　ASP
我们普米人能歌善舞。

mə^{55}zẹ^{31}je^{31}　ɑ^{55}　nəuŋ^{55}　a^{31}pa^{31}ta^{55}　a^{31}zan^{24}　thə^{31}　sthie^{55}　si^{55}.
大家:AGT　1sg　和　大哥　1DL　DIR　选　ASP
大家选了我和大哥两人。

də^{31}dzə̣^{55}　ɑ^{31}zan^{24}　nə^{55}　tsɿ^{31}　gɑ^{55}　mə^{55}qɑ^{55}　də^{31}.
这里　1DL　两　CL　GEN　家　是
这里是我们两个的家。

九　方位短语

方位短语由词或短语加方位词构成，一般用来表示时间或方位、处所。方位词之前结构助词gɑ^{55}通常可加可不加。例如：

tʂən^{55}pɛ^{55}（gɑ^{55}）to^{55}　屋顶上
屋顶　（的）　LOC

wɑŋ^{55} n̥in^{24}（gɑ^{55}）zʅ^{55}dʒie^{24}　五天后
五　天　（的）　LOC

方位短语在句中常充当状语，也可做定语、主语、宾语。例如：

səuŋ^{55}　ko^{31}　（gɑ^{31}）　zʅ^{24}　tə^{55}gɯ^{55}　miɑŋ^{31}　pɑ^{55}　si^{31}.
三　年　（的）　LOC　3sg　兵　当　ASP
三年前他当了兵。

qhuɑ^{24}　（gɑ^{55}）　wu^{55}　tʃɦ^{55}　mɑŋ^{31}　ʒɿ^{55}.
碗　（的）　LOC　水　NEG　多
碗里的水不多。

sɿ^{31}zɑ̣^{24}　（gɑ^{55}）　po^{55}　mə^{31}tsɿ^{55}　ti^{55}　ʒə̣^{31}.
桌子　（的）　LOC　猫　一　有

桌子下面有一只猫。

十　量词短语

由数词或代词与量词组合而成的短语为量词短语。其中，由数词加量词组成的短语叫数量短语，由代词加量词组成的短语叫指量短语，统称量词短语。

（一）量词短语的类型

1. 数量短语。例如：

səuŋ^{31} sthɑ^{55}　三滴　　　　tɛ^{31} ʃtʃyɿ^{55}　一遍

三　CL　　　　一　VCL

2. 指量短语。指量短语里必须有数词，即使数词为“一”也不能省略。例如：

ti^{55}　tɛ^{31} phjɑ^{55}　这一张　　　　tʃhɿ^{31}ȵi^{55} tɛ^{55} qɑ^{31}　哪一家

DEM 一　CL　　　　哪　一　CL

量词短语和形容词一起修饰名词中心语时，主要有“指示代词 + 名词 + 数词 + 量词 + 形容词”与“指示代词 + 名词 + 形容词 + 数词 + 量词”两种语序。例如：

o^{55}ti^{55} ʃɿ^{31}ʃɛ^{55} ʒdʒɛ^{31} khɑ^{31} ta^{55}　那四大筐玉米

DEM 玉米　四　CL　大

o^{55}ti^{55} ʃɿ^{31}ʃɛ^{55} ta^{55} ʒdʒɛ^{31} khɑ^{24}　那四大筐玉米

DEM 玉米　大 四　CL

（二）量词短语的重叠

1. 量词短语的重叠方式为“数词 + 量词 + 数词 + 量词”，名量短语重叠通常表示“逐一、逐次”意，动量短语重叠通常表示“反复”意，时量短语重叠则通常表示间隔性的时间段。例如：

ȵi^{24}　tɛ^{55}　gu^{24}　tɛ^{55}　gu^{24}　pʉ^{55}　nəuŋ^{31}　ti^{24}.

2sg　一　CL　一　CL　ADV　LNK　讲:IMP

你一句一句地说。

ti^{55}　min^{55}　tɛ^{31}　ʃtʃyu^{55}　tɛ^{31}　ʃtʃyu^{55}　pʉ^{55}　nəuŋ^{31}　ʃyo^{31}ʃiɑo^{55}　wu^{55}　ʃɿ^{55}

DEM　人　一　VCL　一　VCL　ADV　LNK　学校　LOC　去

zə̥u^{55}.

ASP

这人一趟一趟地跑学校。

mo^{55}mo^{24}　tɛ^{31}　dʒɿ^{24}　tɛ^{31}　dʒɿ^{24}　pʉ^{55}　nəuŋ^{31}　xɯ^{55}　zə̥u^{31}.

风　一　CL　一　CL　ADV　LNK　刮　ASP

风一阵一阵地刮。

2. 普米语量词短语通常不能构成“数词‘一’+量词+量词”式（如“一本本”）重叠，但有的时间量词如“天”“夜”“年”等可以构成这种重叠式，表示“每一”意。例如：

tε^{55} n̥in^{31} n̥in^{31} 每天　　　　tε^{55} ko^{31} ko^{31} 每年

一　天　天　　　　一　年　年

（三）量词短语的句法功能

量词短语在句中常做定语，也可做主语、宾语，有的还能做谓语。例如：

o^{55}ti^{55} min^{55} nə^{31} tsɿ^{31} ε^{55}tʃi^{31} ʃɿ^{55} si^{55}?

DEM 人 两 CL 哪儿 去 ASP

那两个人去哪儿了？

ti^{55} tε^{31} phjɑ^{55} ko^{31} thə^{55} bʉ^{31} si^{31}, tε^{55} phjɑ^{55} thə^{31} ʒdʒyu^{55} xɑ^{31} jε^{31} khu^{55}.

DEM 一 CL 很 DIR 薄 ASP 一 CL DIR 换 DIR 拿 要

这一张太薄了，要换一张来。

min^{55} ti^{31} wɑŋ^{31}xkɑ^{31} tʃi^{55}.

人 一 五十 CL

一人五十斤。

第三节

句子

一　句法成分

普米语的句法成分主要有主语、谓语、宾语、定语、状语和补语。其中主语和谓语是主要成分，宾语、定语、状语、补语是次要成分。

（一）主语

主语是被陈述、被描写、被说明的对象，语序上通常位于句首。

1. 主语的构成材料

名词性成分和谓词性成分都可以充当主语，其中名词性成分做主语更为常见。

（1）名词性成分做主语。名词、代词、数词、数量短语、指量短语、偏正短语里的定中短语、并列短语、同位短语、方位短语、名物化结构等名词性成分都可充当主语。例如：

tʂən^{31}　zʅ^{55}　mə^{31}sie^{55}　tʂə^{55}　mie^{55}　mɑŋ^{55}　ʒ̣ə^{24}.

孩子　PL　都　家　LOC　NEG　在

孩子们都不在家。（名词做主语）

n̥i^{24}　o^{55}ti^{55}　ŋəuŋ^{55}　pʉ^{55}pʉ^{31}　nəuŋ^{31}　tshye^{24}　thəuŋ^{55}　pʉ^{55}　khu^{31}.

2sg　DEM　钱　今年　LNK　还　完　PRT　ASP

你必须今年就还完那笔钱。（代词做主语）

wɑŋ^{24}　mɑŋ^{31}　ji^{24}.

五　NEG　足够

五（个）不够。（数词做主语）

wɑŋ^{55}　tsɿ^{24}　mɑŋ^{31}　ji^{24}.

五 CL NEG 足够

五个（人）不够。（数量短语做主语）

ti^{55} nə^{55} gu^{24} ḍei^{24} nə^{31} zdɛ^{55} si^{31}.

DEM 二 CL 唱 DIR 错 ASP

这两句唱错了。（指量短语做主语）

ɑ^{31}ẓɑ^{24} phẓən^{55}min^{55} tsiəŋ^{31}gui^{31} ko^{31} ʃu^{55}.

1PL:GEN 普米 衣服 很 漂亮

我们的普米服装很漂亮。（定中短语做主语）

mɑŋ^{24} nəuŋ^{31} tṣən^{24} dʒɿ^{55} to^{55} ʃɿ^{55} si^{31}.

妈妈 和 孩子 街 LOC 去 ASP

妈妈和孩子去街上了。（并列短语做主语）

ɑ^{55}ẓɿ^{55} phẓən^{55}min^{55} gɯ^{31} ʒdʒe^{31} ẓe^{55} ʒdʒe^{24}, qa^{55} ẓe^{55} qa^{55}.

2PL 普米 TOP 能干 也 能干 聪明 也 聪明

我们普米人又聪明又能干。（同位短语做主语）

tṣən^{55} wu^{55} tṣən^{55} （gɑ^{55}） no^{55} to^{55} bəuŋ^{24}.

屋子 LOC 屋子 （的） LOC COMPR 冷

屋子里比屋子外面冷。（方位短语做主语）

dzɿ^{55}ji^{55} nə^{31}ẓɿ^{55} tʃi^{31} khən^{31} ẓəuŋ^{31}, thin^{31}ji^{55} tə^{55}ẓɿ^{55} tʃi^{55} khən^{31} ẓəuŋ^{31}.

吃的 2PL DAT 给 ASP 喝的 3PL DAT 给 ASP

吃的给你们，喝的给他们。（名物化结构做主语）

（2）谓词性成分做主语。动词、形容词、宾动短语、主谓短语、偏正短语里的状中短语、中补短语等谓词性成分也可以充当主语。例如：

thə^{31} dzu^{31} si^{55} qa^{55}.

DIR 做 ASP 好

做了就好。（动词做主语）

ʒdʒyn^{55} nəuŋ^{24}nəuŋ^{31} ʃu^{55}.

高 才 好看

高才好看。（形容词做主语）

min^{55} xɯ^{31} mɑŋ^{55} də^{24}.

人 打 NEG 是

打人不对。（宾动短语做主语）

tə^{55}gɯ^{55} ʃɿ^{55} mə^{55}siɑ^{31} phji^{55}.

3sg　　去　最　　好

他去最好。（主谓短语做主语）

də^{31}tʂho^{24}thə^{31}tʂho^{24}　pʉ^{55}　tsɑ^{31}　tʃɿ^{31}　gɯ^{55}　min^{55}ʐe^{31}je^{31}　ȵi^{31}　ʒdʒiɑ^{55}　pʉ^{55}

反反复复　ADV　只　说　TOP　人：PL:AGT　听　喜欢　PRT

mɑŋ^{31}　ʐəu^{55}.

NEG　ASP

反反复复地说人家不爱听。（状中短语做主语）

dzɿ^{55}　thə^{31}　ʈhəuŋ^{55}　tʃhiɛ^{55}　fpi^{24}　wu^{55}　dzi^{55}　thə^{31}　jəuŋ^{55}　mɑŋ^{31}　ʐəu^{55}.

吃　DIR　快　TOP　肚子　LOC　饭　DIR　消化　NEG　ASP

吃太快肚子里的饭消化不了。（中补短语做主语）

2. 主语的语义类型

根据主语与谓语的语义关系，普米语主语大致可分为施事主语、受事主语、中性主语三大类。

（1）施事主语。施事主语是发出动作行为的施行者，是动作、行为的主体。在强调施事者时，代词施事主语可变为施事格形式，名词施事主语之后可添加施事格助词。施事形式变化通常不是强制性的。例如：

wo^{55}　（gue^{31}je^{31}）　pʉ^{31}ʐɑ^{31}　ʃtʃiu^{55}　dzɿ^{31}　ʐəu^{31}.

老鼠　（施助）　粮食　偷　吃　ASP

老鼠在偷吃粮食。

（2）受事主语。受事主语是动作行为的承受者。例如：

tə^{55}gɯ^{55}　dʐɿ^{31}tʂɑ^{31}　ʒdʒi^{55}　si^{31}.

3sg　骂　挨　ASP

他挨骂了。

（3）中性主语。中性主语既不是谓语动作的施加者，也不是承受者，是除施受关系之外的其他语义类型，如性质状态谓语的当事者主语、时间主语、方所主语以及其他与谓语无施受关系的人物或事物主语等。例如：

ɑ^{55}mei^{55}　ko^{31}　ʃu^{55}.

阿妹　很　漂亮

阿妹很漂亮。

（二）谓语

普米语谓语动词位于主语和宾语之后，属主–宾–谓（SOV）语序类型。谓语主要由动词、形容词及谓词性短语充当，在一定条件下也可由名词性成分充当。谓语的构成材料主要有动词、形容词、宾动短语、状中短语、中补短语、谓词性并列短语、兼语短语等谓词性成分。名词、代词、定中短语、数量短语等名词性成分在一定条件下也可做谓语。例如：

tə^{55}gɯ^{55}　thə^{31}　lo^{31}　si^{55}.

3sg　IR　走　ASP

他走了。（动词做谓语）

m̥in^{24}　ʃu^{55}　ti^{55}.

姑娘　漂亮　MOD

姑娘好看。（形容词做谓语）

ε^{55}z̢ɿ^{55}　sin^{31}　tiu^{55}　z̢ən^{31}.

1PL　树　种　ASP

我们在种树。（宾动短语做谓语）

ɲi^{24}　stu^{55}　pʉ^{55}　xiəŋ^{55}　quɑ^{24}.

2sg　直　ADV　讲　PRT

你直说吧。（状中短语做谓语）

ʃtʃhiəŋ^{24}　tsa^{55}　thə^{31}　ʃəuŋ^{55}　si^{55}.

上衣　洗　DIR　干净　ASP

上衣洗干净了。（中补短语做谓语）

ti^{55}　ts̢ən^{31}　gɯ^{55}　tə^{55}　ʃtʃɿ^{31}　nə^{31}　ʃtʃɿ^{55}　z̢əu^{31}.

DEM　孩子　TOP　DIR　跳　DIR　跳　ASP

这孩子跳上跳下。（并列短语做谓语）

ɑ^{55} kəuŋ^{24}　xɑ^{31}　ʈhε^{24}　tə^{55}gɯ^{55}　tε^{55}　sto^{31}　pin^{31}　san^{31}.

1sg 门　DIR　推开　3sg　一　看　PRT　ASP

我推开门看了他一眼。（连动短语做谓语）

ɑ^{55}　tə^{55}gɯ^{55}　ts̢huɑ^{55}　（nəuŋ^{55}）　ts̢ho^{31}　kɯ^{55}　ʃtʃiε^{31}　z̢əuŋ^{31}.

1sg　3sg　请　（连）　庄稼　割　CAUS　ASP

我请他收割庄稼。（兼语短语做谓语）

一些表示判断、描述的谓语可以由名词或名词性成分充当。例如：

pʉ^{55}ɲi^{31}　ʃin^{55}tʃhi^{55}ji^{24}.

今天　星期一

今天星期一。

ts̢ən^{55}　wu^{55}　ɑ^{55}　tsɑ^{31}.

屋子　LOC　1sg　仅

屋子里就我（一个人）。

（三）宾语

宾语是动作行为或性质状态所关涉的对象。普米语是SOV型语言，宾语一般位于谓语动词之前。充当宾语的多为名词性成分。宾语之后可加助词做标记，但除了双宾结构里的间接宾语一定要后加与事助词做标记之外，在语义清楚的情况下，宾语可以不加任何标记。

1. 宾语的构成材料

名词、代词、数量短语、指量短语、名物化结构等都可以充当宾语。在一定条件下，动词、形容词及动词性、形容词性短语也可以充当宾语。例如：

mɑŋ^{55} dzi^{55} dzu^{24} thəuŋ^{55} pɑ^{55} si^{31}.

妈妈 饭 做 完 PRT ASP

妈妈做好饭了。（名词做宾语）

ɑ^{55} ŋəuŋ^{55} khə^{31} ʃtʃin^{55} nə^{31} tʃi^{55} khən^{31} ʃei^{55}.

1sg 钱 DIR 取 2sg DAT 给 ASP

我取钱给你。（代词做宾语）

ɑ^{55} səuŋ^{31} qhuɑ^{24} dzɿ^{55} tʃiɑ^{24}.

1sg 三 CL 吃 能够

我能吃三碗。（数量短语做宾语）

tə^{55}gɯ^{55} ti^{55} tɛ^{55} ʒdʒie^{24} ʃtʃin^{31} z̢əu^{55}.

3sg DEM 一 CL 要 ASP

他要这颗。（指量短语做宾语）

ȵi^{24} ta^{55} gɯ^{55} ʃtʃiəŋ^{31}.

2sg 大 NMLZ 拿:IMF

你拿大的。（名物化结构做宾语）

ɑ^{55} z̢e^{55} ʃɿ^{55} ȵ̥in^{55}ʂɿ^{55}.

1sg 也 去 想

我也想去。（动词做宾语）

ȵi^{24} nə^{31} tshɳ^{31} qa^{55} ʃtʃiɛ^{24} ɛ^{31}?

2sg DIR 胖 会 怕 QUES

你怕胖吗？（形容词做宾语）

tə^{55}gɯ^{55} tʃhiu^{31} tsiu^{55} ʒdʒiɑ^{55} z̢əu^{31}.

3sg 球 打 喜欢 ASP

他喜欢打球。（宾动短语做宾语）

ɑ^{55}z̢ɿ^{55} ȵi^{24} phz̢ən^{55}min^{55}ɬie^{31} tʃɿ^{24} dz̢uŋ^{31} z̢əu^{55} tʂɑ^{31}ʃɿ̣^{24}.

1PL 2sg 普米语 说 会 ASP 知道

我们知道你会讲普米语。（主谓短语做宾语）

2. 宾语的语义类型

根据宾语与动作行为的语义关系，普米语宾语大致可分为受事宾语、对象宾语、与事宾语、结果宾语、时间宾语、处所宾语、工具宾语、存在宾语、等同宾语、原因宾语、目的宾语、数量宾语等12种类型。

（1）受事宾语。受事宾语表示直接承受动作行为的对象，或被动作行为所获取、所改变、所作用的对象。例如：

quɑ⁵⁵ ʒdʒiəŋ³¹ dzɿ⁵⁵ zə̧u³¹.

牛 草 吃 ASP

牛在吃草。

（2）对象宾语。对象宾语表示动作行为所指向、所涉及的对象，宾语之后通常要添加兼有对象助词功能的方位词。如：

tə⁵⁵gɯ⁵⁵ ɑ⁵⁵ khu⁵⁵ ʂ̧ɑ³¹ zə̧u⁵⁵.

3sg 1sg LOC 笑 ASP

他在对我笑。

（3）与事宾语。与事宾语表示动作行为施事、受事之外的参与者，通常是双宾语里表人的间接宾语或致使结构中的被致使者。例如：

ɑ⁵⁵mei⁵⁵ je³¹ o⁵⁵ti⁵⁵ tʂ̧ən²⁴ tʃi³¹ stho³¹ba⁵⁵ tɛ⁵⁵tsɿ³¹ thə³¹ khyn³¹ si⁵⁵.

阿妹 AGT DEM 孩子 DAT 糖 一些 DIR 给 ASP

阿妹给了那小孩一些糖。

（4）结果宾语。结果宾语表示动作行为产生的结果。例如：

tə⁵⁵gɯ⁵⁵ sin²⁴ khu⁵⁵ pɛ³¹tsɿ⁵⁵ xkhua³¹ zə̧u³¹.

3sg 木头 LOC 花 雕刻 ASP

他在木头上雕花。

（5）时间宾语。宾语表示动作行为所涉及或所消耗的时间。例如：

tʃhɿ³¹ n̥in⁵⁵ thə³¹ tsɛ³¹ si³¹?

几 天 DIR 用 ASP

用了几天？

（6）处所宾语。宾语表示动作行为所涉及的处所。例如：

ɑ⁵⁵mei⁵⁵ din³¹phzə̧n⁵⁵ to⁵⁵ xɑ³¹ pei⁵⁵ si³¹.

阿妹 北京 LOC DIR 到 ASP

阿妹到北京了。

（7）工具宾语。工具宾语表示动作行为所凭借的工具或所使用的材料，工具宾语之后可以添加工具助词gue^{31}je^{31}。例如：

tə^{55}gɯ^{55}　mɑo^{31}pi^{24}　gue^{31}je^{31}　ʤʉ^{31}　ẓəu^{31}.

3sg　毛笔　INST　写　ASP

他用毛笔写。

（8）存在宾语。存在宾语表示存在或领有的人或事物。例如：

sʅ^{31}ẓɑ^{24}　to^{55}　ɬu^{31}dzi^{24}　ko^{31}　ʒʅ^{55}　sta^{31}.

桌子　LOC　东西　很　多　有

桌上有很多东西。

（9）等同宾语。等同宾语与主语所表示的意义、类属等基本等同。例如：

tə^{55}gɯ^{55}　ʃtʃi^{31}dzan^{55}　də^{31}.

3sg　村主任　是

他是村主任。

（10）原因宾语。原因宾语表示动作行为的原因。例如：

ɑ^{55} gui^{55}　phẓəu^{55}　ẓəuŋ^{31}.

1sg 雨　躲　ASP

我在躲雨。

（11）目的宾语。目的宾语表示动作行为的目的。例如：

tə^{55}gɯ^{55}　bie^{55}　min^{55}ẓe^{31}je^{31}　ẓuɑ^{31}　stin^{55}　ẓəu^{55}.

3sg　LOC　人们:AGT　欠账　逼　ASP

他被人逼债。

（12）数量宾语。数量宾语表示动作行为承受者的数量。例如：

tɑ^{31}　qhuɑ^{24}　khə^{31}　dzʅ^{24}　ɛ^{31}　tə^{55}　kui^{55}　ẓəu^{31}.

一　CL　DIR　吃　TOP　DIR　饱　ASP

吃一碗就饱了。

（四）定语

定语起修饰、限制中心语的作用，通常用来表示中心语的性质、状态、领属、类别、时间、地点和数量等，构成体词性的定中结构。定语的构成材料主要有形容词及形容词性短语、名词及名词性短语、代词、动词及动词性短语等。

1. 形容词及形容词性短语做定语

形容词及形容词性短语做定语，都以定语居后、中心语居前为常见语序，但也允许定语位于中心语之前，定中之间的定语助词ε^{31}可加可不加。例如：

sʉ^{24} mə^{55}siɑ^{31} ta^{55} tε^{55} ʒdʒie^{31} gɯ^{31} tə^{31}gue^{24}je^{31} ʒdʒuɑ^{55} si^{31}.

水果 最 大 一 CL TOP 3sg:AGT 拿 ASP

最大的那个水果他拿走了。

多个形容词定语连用时，其语序比较灵活。例如：

o^{55}ti^{55} ʃtʃhiəŋ^{24} ko^{31} ʃu^{55} ʃ̣ɿ^{55}ʃ̣ɿ^{31} ti^{55} gɯ^{55} tə^{31}gue^{24}je^{31} də^{31} ṣua^{55} si^{55}.

DEM 上衣 很 漂亮 新 一 TOP 3sg:AGT DIR 买 ASP

那件很漂亮的新上衣她买下来了。

o^{55}ti^{55} ʃtʃhiəŋ^{24} ʃ̣ɿ^{55}ʃ̣ɿ^{24} ko^{31} ʃu^{55} ti^{31} gɯ^{31} tə^{31}gue^{24}je^{31} də^{31} ṣua^{55} si^{55}.

DEM 上衣 新 很 漂亮 一 TOP 3sg:AGT DIR 买 ASP

那件很漂亮的新上衣她买下来了。

o^{55}ti^{55} ko^{31} ʃu^{55} ʃ̣ɿ^{55}ʃ̣ɿ^{24} ʃtʃhiəŋ^{31} ti^{55} gɯ^{55} tə^{31}gue^{24}je^{31} də^{31} ṣua^{55} si^{55}.

DEM 很 漂亮 新 上衣 一 TOP 3sg:AGT DIR 买 ASP

那件很漂亮的新上衣她买下来了。

2. 名词及名词性短语做定语

名词及名词性短语定语位于中心语之前，定中之间结构助词gɑ^{31}（或ẓɑ^{31}）“的”可加可不加。例如：

ȵi^{31}ẓɿ^{55} ȵi^{31} səuŋ^{31} （ẓɑ^{31}） ẓɿ^{55}ẓe^{31} tiε^{24} dzu^{24} min^{55} thəuŋ^{55}.

2PL 两 三 （的） 活儿 还 做 NEG 完

你们几个的活儿还没干完。

3. 代词做定语

人称代词、指示代词和疑问代词都可做定语。除第二人称单数人称代词ȵi^{24}“你”可直接做定语外，其他人称代词做定语时必须使用领属格形式，其后不能再加定语助词。例如：

nɑŋ^{55} pa^{24}pa^{31} tṣə^{55}mie^{55} ʒ̣ε^{31}?

2sg:GEN 姐姐 家里 在:QUES

你姐姐在家吗?

距离指示代词做定语时，定中之间不能加定语助词。方位指示代词、方式与程度指示代词做定语时，定语助词可用可不用。例如：

o^{55}ti^{55} sʉ^{24} ko^{31} thə^{55}.

DEM 果子 很 甜

那果子很甜。

də³¹dzə̢⁵⁵ （gɑ³¹） mə⁵⁵din²⁴ ko³¹ tshn̩⁵⁵.

这里 （的） 土地 很 肥

这里的地很肥。

有领属格形式的泛指代词、疑问代词做定语时要使用领属格形式，没有领属格变化的泛指代词、疑问代词做定语时，定中之间常添加定语助词。例如：

o⁵⁵tə⁵⁵gɯ⁵⁵ di³¹zɑ̢⁵⁵ ɬu³¹dzi²⁴ də³¹.

DEM 别人:GEN 东西 是

那是别人的东西。

4. 动词及动词性短语做定语

动词及动词性短语做定语通常位于中心语之前，定语助词 ε³¹ 可加可不加。例如：

xɑ³¹ xko⁵⁵ si³¹ /siε³¹ ʐʅ³¹qu⁵⁵ mɑŋ³¹ ʒ̩ən⁵⁵, xɑ³¹ ʒ̩ən⁵⁵ si³¹ /siε⁵¹

DIR 煮 ASP/ASP:PRT 鸡蛋 NEG 好吃 DIR 炒 ASP/ASP:PRT

ʐʅ³¹qu⁵⁵ xɑ⁵⁵ti³¹ ʒ̩ən⁵⁵.

鸡蛋 更加 好吃

煮鸡蛋不好吃，炒鸡蛋更好吃。

多层定语的语序，按离中心语由远到近的顺序，通常为：表示领属关系的定语 + 表示时间或处所方位的定语 + 动词性词语定语或指示代词定语（指示代词可在动词性词语的前面或后面，语序比较灵活）+ 表示质料、属性的定语 + 中心语 + 形容词性定语（形容词性定语可在中心语的前面或后面，语序比较灵活）。例如：

tə³¹gɑ²⁴ o⁵⁵ti⁵⁵ qhu⁵⁵ tε³¹ qhu⁵⁵ gue⁵⁵je³¹ qɯ³¹zə̢uŋ³¹qɯ⁵⁵zʅ⁵⁵ n̥ɑŋ³¹bji⁵⁵bji⁵⁵

3sg:GEN DEM 头 一 头 满 弯弯曲曲 黑油油

ko³¹ ʃu⁵⁵ qhu⁵⁵man²⁴ thə³¹ gua³¹ si⁵⁵.

很 漂亮 头发 DIR 剪 ASP

她的那一头弯弯曲曲的很漂亮的黑发剪掉了。

（五）状语

状语是谓词性偏正结构里修饰、限制中心语的成分。普米语里能充当状语的主要有副词、代词、象声词、形容词及形容词性的短语、名词及名词性短语代词、动词及动词性短语等。例如：

siɑŋ²⁴ phzε̢⁵⁵phzε̢³¹ pʉ³¹ khu⁵⁵! man⁵⁵ta⁵⁵ phzε̢⁵⁵phzε̢³¹ pʉ³¹ khu⁵⁵!

明天 见 PRT ASP 兰坪 见 PRT ASP

（我们）明天见！兰坪见！

du³¹qhuɑ²⁴ n̥i²⁴ sʅ⁵⁵sʅ²⁴ dzʅ⁵⁵ ʃ̩o⁵⁵ diɑ³¹ ʒ̩ən⁵⁵ nəuŋ⁵⁵ dzʅ³¹ ʃ̩o³¹?

黄瓜 2sg 生 吃 ASP 还是 炒 LNK 吃 ASP

黄瓜你打算生吃还是炒着吃？

当状语有两个或两个以上的成分时，其常见语序是：表程度、范围、否定的副词状语离中心语最近，形容词状语、数量词状语次之，代词状语、频率副词状语、语气副词状语、时间方所状语、工具状语等可以离中心语略远。例如：

ȵi^{24} tie^{31}nəuŋ^{55} mə^{55}də^{55}wɛ^{31}ʒɿ^{31} phjɑ^{24} bzə̧n^{31} gue^{55}je^{31} min^{55} ʂɛ^{55}?

2sg 刚才 为什么 猪 绳子 INST NEG 捆

你刚才为什么不用绳子把猪捆起来？

（六）补语

补语是谓词性结构里位于中心语之后起补充作用的成分。补语主要用来补充说明动作行为的结果或状态。下面从补语的构成材料和补语的语义类别两个角度对补语进行分析。

1. 补语的构成材料

普米语里能够做补语的主要是动词及动词性短语、形容词及形容词性短语。中心语与补语之间可加可不加补语助词，补语助词由连词nəuŋ^{55}“和”兼任。例如：

ȵi^{24} ɖan^{24} ʈhəuŋ^{55} zə̧u^{55}, tə^{55}gɯ^{55} ɖan^{24} tʃha^{31} zə̧u^{55}.

2sg 走 快 ASP 3sg 走 慢 ASP

你走得快，他走得慢。

tə^{31}gue^{24}je^{31} sin^{31}vbəuŋ^{55} tɛ^{31} vbəuŋ^{55} xɑ^{31} ʃtʃiɑ^{55} （nəuŋ^{31}） thə^{31} phzɛ̧^{31} si^{55}.

3sg:AGT 树 一 CL DIR 砍 （补助） DIR 倒 ASP

他砍倒了一棵树。

2. 补语的语义类型

补语常用来补充说明中心语的结果、程度、情态、趋向等。普米语补语大致可分为以下四类：

（1）结果补语，补充说明动作行为的结果。例如：

tə^{55}zɿ̧^{55} tʃhiu^{24} tsiu^{55} thə^{31} qo^{55} si^{31}.

3PL 球 打 DIR 赢 ASP

他们球打赢了。

（2）程度补语，补充说明中心语所达到的程度。例如：

tə^{31}gue^{24}je^{31} ȵi^{31}zɿ̧^{55} tʃi^{31} thə^{31} diu^{55} nəuŋ^{55} thə^{31} sɿ^{31} qa^{55}zo̧^{55}ʃɿ̣^{31} thə^{31}

3sg:AGT 2PL DAT DIR 累 COMP DIR 死 ASP DIR

pɑ31 si31.
做 ASP

他快要把你们累死了。

（3）情态补语，对中心语进行补充性的评价或描写。例如：

tə55gɯ55 nə31 gəu31 nəuŋ55 bʐan31 khə31 ʒɿ55 si31.
3sg DIR 高兴 PRT 眼泪 DIR 来 ASP

他高兴得流泪了。

（4）趋向补语，补充说明动作行为中心语的趋向。虽然普米语多用趋向前缀表示趋向，但也能用趋向动词做补语来表示趋向，中心语与补语之间的补语助词可加可不加。例如：

go31tsi55 go24 khu55 tə55 bʒan55 （nəuŋ31） tə55 ɦɿ55 si31.
鸟 山 LOC DIR 飞 （补助） DIR 去 ASP

鸟往山上飞去了。

二 句型

句子从不同角度可以分成不同的类别，句型是句子的结构类。根据句子是否有主语和谓语这两个构成成分，可以把句子分为主谓句和非主谓句。

（一）主谓句

主谓句指由主语和谓语构成的句子。根据谓语的性质，主谓句又可分为动词性谓语句、形容词性谓语句和名词性谓语句三类。

1. 动词性谓语句是由动词或动词性短语充当谓语的主谓句。例如：

tə55gɯ55 ȵi55 zʐəu55 diɑ31tʂhə55.
3sg 病 ASP PRT

他（可能）病了吧。（动词做谓语）

dzi55 dzu24 thə31 thəuŋ55 si55.
饭 做 DIR 完 ASP

饭做好了。（中补短语做谓语）

ȵi24 mə55də55 pʉ31 nəuŋ31 ɦɿ55 zʐu55?
2sg 怎么 ADV LNK 去 ASP

你怎么去？（状中短语做谓语）

tə55gɯ55 ŋəuŋ55 tə55 pi31 də31 sthua31 si55.
3sg 钱 一 笔 DIR 借 ASP

他借了一笔钱。（宾动短语做谓语）

tə^{31}gue^{24}je^{31} ʃtʃi^{55}wu^{55}min^{55} zʅ^{31} khə^{31} tʃɿ^{55}sthu^{55} nəuŋ^{31} sɛ^{55}sɛ^{31} ʃtʃiɛ^{55}

3sg:AGT 村民 PL DIR 挑拨 LNK 吵架 CAUS

zə̢u^{55}.

ASP

他挑拨村民们吵架。（兼语短语做谓语）

n̥i^{24} ʃtʃyn^{55}dzɿ^{31} dzə̢^{31} tʃhiɛ^{55} xuɑ^{55} jɑ^{55} ʃəuŋ^{31} si^{31} nəuŋ^{24}(nəuŋ^{31}) tɑ^{51} ʒɿ^{31}

2sg 中午 时 逛 去 ASP LNK 现在 睡

ʒdʒəu^{55} zə̢u^{31}.

想 ASP

你中午出去逛（不午睡），所以现在犯困了。（连动短语做谓语）

2. 形容词性谓语句是由形容词或形容词性短语充当谓语的主谓句。例如：

tə^{55}gɯ^{55} nə^{31} tshɿ^{31} si^{55}.

3sg DIR 胖 ASP

他胖了。（形容词做谓语）

tʃɿ^{55} ko^{31} fpa^{55}.

水 很 烫

水很烫。（状中短语做谓语）

tə^{31}zɑŋ^{24}n̥i^{31} mə^{31} gɯ^{55} tsiəŋ^{31}gui^{55} ɣgu^{31} thəuŋ^{55} mɑŋ^{31} zə̢u^{55}.

这样的 天气 TOP 衣服 干 能够 NEG ASP

这种天气衣服干不了。（中补短语做谓语）

3. 名词性谓语句是由名词或名词性短语充当谓语的主谓句。充当谓语的名词通常是时间名词，句末通常可以添加判断动词də^{24}“是”。例如：

tɑ^{51} ʃtʃyn^{55}dzɿ^{31} dzə̢^{31} si^{31}.

现在 中饭 时 ASP

现在（是）中午了。（时间名词做谓语）

tə^{55}gɯ^{55} tsʉ^{55} ti^{24} tsɑ^{31}.

3sg 儿子 一 仅

他只（有）一个儿子。（定中短语做谓语）

tɛ^{31} tsu^{24} qɑ^{31}stin^{55} tsɿ^{55}.

一 组 十 CL

一组十个人。（数量短语做谓语）

（二）非主谓句

非主谓句与主谓句相对，指不能拆分成主语和谓语两部分的单句。按内部构成情况，非主谓句又可分为名词性非主谓句、动词性非主谓句、形容词性非主谓句和叹词句四类。

1. 名词性非主谓句是由名词、代词或名词性短语构成的单句。例如：

o^{55}ʒdʒyu^{55}ʒdʒyn^{55}　sin^{31}vbəuŋ^{55}!

这么高　　　　　　树

这么高的树！

2. 动词性非主谓句是由动词或动词性短语构成的单句。例如：

nə^{31}　ʃtʃhəu^{55}!

DIR　站：IMP

站住！

3. 形容词性非主谓句是由形容词或形容词性短语构成的单句。例如：

thə^{31}　ʒdʒyn^{55}　si^{55}.

DIR　高　　ASP

太高了。

4. 叹词句是叹词独立成句构成的非主谓句。例如：

ɑ^{55}jɑ^{31}!

啊呀

哎呀！

三　句类

句类是句子的语气类。根据语气，普米语句子可分为陈述句、疑问句、祈使句和感叹句四类。

（一）陈述句

陈述句是具有陈述语气、用来陈述客观事实或者表达说话人思想观点的句子。全句语调较平直，句尾通常略降。例如：

tʂɿ^{31}kuɑ^{55}　də^{31}　mzʐe^{24}　xɑ^{31}　ji^{31}　si^{55}.

瓜　　　　DIR　熟　　DIR　够　ASP

瓜已经熟透了。

陈述句可以从不同的角度进行分类。根据句子结构内是否含有否定词，可以把陈述句分为肯定式陈述句和否定式陈述句两类。根据句子的语义，又可以把陈述句分为判断句、评说句和叙述句三类。下面分别从肯定否定类和语义类对陈述句进行描写。

1. 陈述句的肯定否定类型

（1）肯定式陈述句，指不含否定词的陈述句。与否定式陈述句相比，肯定式是无标记的。如：

ε^{31}ȵe^{55}je^{31} tʃhəu^{55} gɯ^{31} o^{55}ti^{55} go^{31}tsi^{24} khu^{55} xɑ^{31} zε^{55} san^{31}.

1sg:AGT 枪 TOP DEM 鸟 LOC DIR 瞄准 ASP

我用枪瞄准那只鸟。

（2）否定式陈述句，指对事物做出否定判断且句中有否定词的陈述句。一般要在谓语前后加上否定词mɑŋ^{55}“不”、min^{55}“没有”等。例如：

ɑ^{55} tə^{55} kəuŋ^{55} thə^{31} ʃtʃan^{31} nəuŋ^{55} ɬa^{31}tsɿ^{55} mə^{55}gu^{55}lu^{31} mɑŋ^{31} zə̥u^{55}.

1sg DIR 冷 DIR 僵 LNK 手指 动 NEG ASP

我冷僵了，手指都不会动了。

双重否定表示肯定，在语用上通常有更加委婉或更加强调的作用。例如：

tə^{55}gɯ^{55} dɑ^{24}dɑ^{31} ȵəŋ^{24} min^{55} ʃɿ̣^{55} nəuŋ^{31} ŋəuŋ^{55} mɑŋ^{31} sthʉ^{24} mɑŋ^{31} qa^{55} ti^{55}.

3sg 的确 办法 NEG 有 LNK 钱 NEG 借 NEG 行 MOD

他的确没办法了，不得不借钱。

2. 陈述句的语义类型

（1）判断句

tə^{55}gɯ^{55} ʃɿ̣^{24} də^{31}.

这 新 是

这个是新的。

（2）评说句

ti^{55} min^{55} ʃɿ^{31} dzu^{24} ko^{31} ʈhəuŋ^{55}ʒdʒəuŋ^{31}.

DEM 人 事 做 很 麻利

这人做事很麻利。

（3）叙述句

tə^{55}gɯ^{55} tʂə^{55}mie^{55} ʃɿ^{24} dzu^{24} thəuŋ^{55} si^{55} nəuŋ^{24}nəuŋ^{31} khə^{31} lo^{31} si^{55}.

3sg 家里 事 做 完 ASP LNK DIR 出 ASP

她做完家务后就出去了。

（二）疑问句

疑问句是具有疑问语调表示提问的句子，句尾语调通常为升调。疑问句的末尾或句中常有疑问语气助词，语气助词在语流中常与其他词连读合音。下面分别从构成疑问的手段、疑问句的结构类型和语用功能三个方面进行分析。

1. 构成疑问的手段

除了最常用的疑问语气助词手段之外，普米语还可以使用选择关系连词、疑问代词等几种手段来表示疑问。

（1）使用语气助词表示疑问。使用频率最高的疑问语气助词是ɛ^{31}（或a^{31}、ɑ^{31}），其次是qa^{31}mɛn^{31}（或qa^{31}mɛ^{31}），用于句末时功用大致相当于“吗”。ɛ^{31}（或a^{31}、ɑ^{31}）在语流中常与其他词连读合音，还可用于句中，位于句中时功用接近于“是否；可”。例如：

ȵi^{24}　ʃɿ^{55}　ȵ̥in^{55}ʂ̥ɿ^{55}　ɛ^{31}?
2sg　去　想　QUES
你想去吗？

tə^{55}gɯ^{55}　dʐ̥ɿ^{31}dʐ̥ɿ^{31}tshi^{24}　dʉ^{24}　dʐ̥uŋ^{31}　ʐ̥ɛ^{51}?
3sg　字　写　会　ASP:QUES
他会写字吗？

（2）使用选择关系连词diɑ^{31}“还是”表示疑问。例如：

ȵi^{24}　ʃtʃiəŋ^{31}　diɑ^{55}　min^{55}　ʃtʃiəŋ^{55}?
2sg　拿　还是　NEG　拿
你拿了还是没拿？

（3）使用疑问代词表示疑问。例如：

ʃɿ^{24}　dzu^{24}　tʃhɿ^{31}ȵɑŋ^{55}ȵi^{55}　ʐ̥əu^{31}?
事　做　怎么样　ASP
事儿做得怎么样？

2. 疑问句的语用类型

根据语用类型，疑问句可分为是非疑问句、特指疑问句、选择疑问句和正反疑问句四类。

（1）是非疑问句

是非疑问句提出一个问题，要求受话人根据疑问内容给出肯定或者否定的回答。常用的疑问语气助词是ɛ^{31}（或ɑ^{31}、a^{31}）与qa^{31}mɛn^{31}（或qa^{31}mɛ^{31}）。是非疑问句有肯定式和否定式两种。

① 肯定式是非疑问句。例如：

tie^{31}nəuŋ^{55}　ɑ^{55}　mə^{55}ʃtʃie^{31}　min^{31}　gɯ^{31}　ȵi^{31}　diu^{55}　ɛ^{31}?
刚才　1sg　找　人　TOP　2sp　是　QUES

刚才找我的人是你吗？

② 否定式是非疑问句。例如：

ȵi^{24}　dʒie^{31}dʒie^{31}　ʒɿ^{55}　maŋ^{31}　ʃ̣o^{55}　ε^{31}?

2sg　帮忙　来　NEG　ASP　QUES

你不来帮忙吗？

（2）特指疑问句

特指疑问句对关注的焦点用疑问代词提问，并希望听话人就疑问代词所代替的部分给出具体的回答。常用的疑问代词有ε^{55}gɯ^{24}（或ε^{55}gɯ^{31}ʐʅ^{55}）“谁”、tʃhɿ^{31}ȵi^{55}“哪个（人、物、时间、地点）”、mə^{55}də^{55}“什么”、nəuŋ^{55}tε^{31}dʒɿ^{31}“什么时间”、nəuŋ^{55}tʃhie^{31}“何时”、ε^{55}tʃi^{31}“哪里”、mə^{55}də^{55}“怎么；什么”、tʃhɿ^{31}（或tʃhɿ^{55}tshε^{31}）“几、多少”、mə^{55}də^{55}wε^{31}ʒɿ^{31}“为什么”等。例如：

dʒɿ^{55}　tε^{31}　tʃi^{24}　ŋəuŋ^{55}　tʃhɿ^{55}tshε^{24}?

鱼　一　CL　钱　多少

一斤鱼多少钱？

（3）选择疑问句

选择疑问句由发话人给出两种或两种以上的选项，通常要求听话人从中选择一种作为回答。选项之间必须用diɑ^{31}“还是”连接。例如：

ȵi^{24}　ta^{55}　khu^{31}　diɑ^{31}　ε^{31}le^{55}le^{55}　gɯ^{31}　khu^{31}?

2sg　大　要　还是　小　NMLZ　要

你要大的还是要小的？

（4）正反疑问句

正反疑问句提问时提出正反两个方面，希望听话人从中选其一作为回答。正反两方面之间也必须用diɑ^{31}“还是”连接。例如：

ȵi^{24}　dʐʅ^{31}dʐʅ^{31}　ʂʉ^{55}　ʐu^{55}　diɑ^{31}　mɑŋ^{31}　ʐu^{55}?

2sg　书　买　ASP　还是　NEG　ASP

你买不买书？

3. 疑问句的语用功能

交际中，疑问句不一定都用来传达疑问信息，因此，可以按照疑问程度的高低从语用的角度把疑问句分为以下三类：

（1）求答而问。提问者对问题的答案基本处于未知状态，必须从答话人处得到解答。这是疑问句的主要语用功能。例如：

nɑŋ^{55}　tʂən^{24}　tʃhɿ^{31}　ko^{55}　dʐuŋ^{31}　si^{31}?

2sg:GEN　孩子　几　岁　到　ASP

你小孩几岁了？

（2）求证而问。提问者对问题已有自己的推测和判断，并得出了有倾向性的看法，但不能完全肯定，尚需要答话人加以确认。例如：

siaŋ²⁴　gui⁵⁵　tʂhuŋ²⁴　ma³¹　qa⁵⁵　qa⁵⁵?

明天　雨　下　NEG　ASP　FPRT

明天不会下雨了吧？

（3）无疑而问。说话者对问题已经有了比较肯定的看法，以反问的形式表示责难、讽刺等情绪，语气比较强烈。例如：

ɛ³¹gue²⁴je³¹　nə³¹　tʃi⁵⁵ tɛ³¹　din²⁴mə⁵⁵ʂɿ⁵⁵　ɖəuŋ³¹　tʃɿ⁵⁵　zəu³¹?

谁:AGT　2sg　DAT　到处　走　说　ASP

谁叫你到处乱跑的？

（三）祈使句

祈使句可以表示祈求、命令、告诫、叮嘱等语气。句末可使用表示祈使语气的语气助词。根据语气的不同，祈使句又可分为请求类祈使句、叮嘱类祈使句、劝阻类祈使句和命令类祈使句等四类。

1. 请求类祈使句

可分为三类：第一类句尾使用表示礼貌请求的语气助词qu⁵⁵（或quan⁵⁵）“请”；第二类句尾使用语气助词quɑ²⁴“吧”；第三类句尾不用任何语气助词。

（1）句尾使用表示礼貌请求的语气助词，单数为qu⁵⁵，复数为quan⁵⁵。这类请求类祈使句中动词必须使用动词原形，主语通常可以省略。例如：

xɑ⁵⁵ti³¹　dzɿ⁵⁵　qu⁵⁵.

更多　吃　FPRT

（你）请多吃点。

tʂhɛ³¹tʂhɛ⁵⁵　ʃɿ⁵⁵　quan⁵⁵.

慢慢　走　FPRT

（你们）请慢走。

（2）句尾使用表请求、祈使的语气助词quɑ²⁴“吧”。谓语动词通常使用第二人称已行体形式，若该动词没有体的形态变化，则使用动词原形。例如：

dʐɿ³¹dʐɿ²⁴　ɛ³¹　tʃi⁵⁵　də³¹　khəuŋ²⁴　quɑ²⁴.

书　1sg　DAT　DIR　给　FPRT

（你）把书递给我吧。

（3）句尾不用任何语气助词，全句隐含请求的语气。谓语动词通常也使用第二人称已行体形式，若动词没有体变化，则使用动词原形。例如：

ȵi^{24}　ʈhəuŋ^{55}　ta^{55}　pʉ^{55}　nəuŋ^{31}　ti^{24}.

2sg　声音　大　ADV　LNK　说

你大声点说。

ȵi^{31}zʅ^{55}　ʈhəuŋ^{55}　ta^{55}　pʉ^{55}　nəuŋ^{31}　tin^{24}.

2PL　声音　大　ADV　LNK　说

你们大声点说。

2. 叮嘱类祈使句

表示叮嘱、交代，语气比较舒缓，谓语动词后可添加表示情状的助动词khu^{24}“要”，句末还可添加表示叮嘱、告诫等语气的助词məu^{51}（或ma^{55}a^{31}）“呀；啦”。例如：

tʃʅ^{55}　xɑ^{55}　thin^{31}　khu^{31}　məu^{51}.

水　多　喝　要　FPRT

要多喝水呀。

3. 劝阻类祈使句

根据劝阻的力度，可分为两种：一种是彻底的禁止，语气比较强烈；另一种是温和的劝阻，语气比较舒缓。

（1）语气强烈的禁止，句中用否定副词，句末不用语气助词。例如：

jɑ^{55}　tɑ^{31}　thin^{24}!

烟　PROH　抽

别抽烟！

（2）语气舒缓的劝阻，句中用否定副词，句末常用表示叮嘱、告诫、警告等语气的助词məu^{51}（或ma^{55}a^{31}）“呀；啦”、mɛ^{31}“嘛；啦”。例如：

jɑ^{55}　tɑ^{31}　thin^{24}　ma^{55}a^{31}.

烟　PROH　抽　FPRT

别抽烟呀。

4. 命令类祈使句

命令类祈使句句尾有表示命令的语气助词，单数为nə^{55}sti^{31}，复数为nə^{31}stin^{31}。句中动词可使用原形形式，也可用第二人称已行体形式。例如：

khə^{31}　ʃʅ^{55}/ʃəuŋ^{55}　nə^{55}sti^{31}!

DIR　去 / 去　IMP:2sg

（你）出去！

phji^{55} pʉ^{55} sto^{55}/stun^{55} nə^{55}stin^{31}!

好 ADV 看 /看 IMP:2PL

（你们）认真看!

（四）感叹句

感叹句是抒发某种强烈的情感、表示感叹语气的句子。感叹句常借助叹词、语气词、程度副词等来加强语气，表达强烈的感情。例如：

o^{55}tʃhɿ^{55}tshɛ^{55} ti^{31} ɛ^{31}!

这么多 MOD FPRT

这么多呀!

sthui^{55}! ẓɿ^{31}wu^{55} mɑŋ^{55} tṣhɿ^{31}!

INTER 本事 NEG 有

呸！没出息!

四 句式

普米语有主谓谓语句、比较句、连动句、话题句等特殊句式。分述如下：

（一）主谓谓语句

主谓谓语句的谓语由主谓短语充当。全句的主语可称为大主语，构成谓语的主谓短语的主语可称为小主语。从主语和谓语的特点来看，大致可分为以下五类：

1. 大主语是受事，小主语是施事。例如：

tʃɿ^{55} tɛ^{55} ku^{31} ẓe^{31} tə^{55}ẓɿ^{55} min^{55} thyn^{55}.

水 一 CL 也 3PL NEG 喝

一口水他们也没喝。

2. 大主语和小主语有广义的领属关系。例如：

tə^{55}gɯ^{55} ʃtʃhyɛ^{55} tshɿ^{55}tshɿ^{31}.

3sg 心 急躁

他性子急。

3. 大主语是一般性话题，通常隐含有“对于”“关于”等意思，若添加上相应的助词、方位词等，则会失去大主语的地位，变成句首状语。例如：

ti^{55} ʃɿ^{24} ɑ^{55} tə^{55}gɯ^{55} dʒəu^{55} pʉ^{31} mɑŋ^{31} ẓəuŋ^{55}.

DEM 事 1sg 3sg 怪 PRT NEG PRT

这事儿我不怪他。

ti^{55} ʃɿ^{24} khu^{55} ɑ^{55} tə^{55}gɯ^{55} dʒəu^{55} pʉ^{31} mɑŋ^{31} ẓəuŋ^{55}.

DEM 事 LOC 1sg 3sg 怪 PRT NEG PRT

在这事儿上我不怪他。

4. 谓语里有复指大主语的复指成分。例如：

ti⁵⁵ tʂən²⁴ ɑ⁵⁵ zɐ⁵⁵ ʃtʃhyu³¹ pʉ³¹ zəuŋ⁵⁵.

DEM 孩子 1sg 也 关心 PRT ASP

这孩子我也关心他。

5. 谓语中心语由名词性成分充当。例如：

bʉ³¹sʉ²⁴ nə³¹ bjɑ²⁴ tɛ³¹ tʃi²⁴.

桃子 两 CL 一 CL

桃子两元一斤。

（二）比较句

比较句是语义上表示比较，结构上包含比较主体、比较基准、比较标记、比较点和比较结果等要素的句子。如下例中ɑ⁵⁵ʂən⁵⁵“阿胜”为比较主体，ɑ⁵⁵tʃhin⁵⁵“阿庆”为比较基准，to³¹“之上”为比较标记，phzɑ²⁴“年纪”为比较点，ta⁵⁵“大”为比较结果：

ɑ⁵⁵ʂən⁵⁵ ɑ⁵⁵tʃhin⁵⁵ to³¹ phzɑ²⁴ ta⁵⁵.

阿胜 阿庆 COMPR 年纪 大

阿胜比阿庆年纪大。

1. 比较句的语义类型

按语义比较句可分为等比句和差比句两类。等比句表示比较的结果在性状、程度、数量等方面相同或相等，差比句反之，表示比较的结果不相同或不相等。

（1）等比句。等比句常由“比较主体＋nəuŋ⁵⁵‘和’＋比较基准＋比较结果stə³¹‘一样’＋比较点（重叠形式）”或“比较主体＋比较基准＋nəuŋ⁵⁵‘跟’＋比较结果stə³¹‘一样’＋比较点（重叠形式）”构成。例如：

n̥i²⁴ nəuŋ⁵⁵ tə⁵⁵gɯ⁵⁵ stə³¹ phji³¹phji⁵⁵.

2sg 和 3sg 一样 好好

你和他一样好。

n̥i²⁴ tə⁵⁵gɯ⁵⁵ nəuŋ⁵⁵ stə³¹ phji³¹phji⁵⁵.

2sg 3sg COMPR 一样 好好

你跟他一样好。

等比句也可由“比较主体＋比较基准＋比较结果zɿ⁵⁵‘和……一样’＋比较点（重叠形式）”构成。例如：

ɬi⁵⁵ tən⁵⁵ zɿ³¹ dʉ³¹dun²⁴.

月亮　灯　　一样　亮亮

月亮跟灯一样亮。

等比句还可由“比较主体＋nəuŋ^{55}‘和’＋比较基准＋ʃ̣ɑ^{55}ʃ̣ɑ^{31}‘相像’＋比较点”或“比较主体＋比较基准＋nəuŋ^{55}‘和’＋ʃ̣ɑ^{55}ʃ̣ɑ^{31}‘相像’＋比较点”构成。例如：

ɬi^{55}　nəuŋ^{31}　tən^{55}　ʃ̣ɑ^{55}ʃ̣ɑ^{31}　d̥un^{24}.

月亮　和　　灯　　相像　　亮

月亮跟灯一样亮。

ti^{55}　pɛ^{31}tsɿ^{55}　mɛn^{24}　nəuŋ^{31}　ʃ̣ɑ^{55}ʃ̣ɑ^{31}　n̥e^{55}.

DEM　花　　火　　COMPR　相像　　红

这花跟火一样红。

（2）差比句。差比句通常由“比较主体＋比较基准＋比较标记to^{55}（或po^{55}）＋比较结果”构成，也可由“比较基准＋比较标记to^{55}（或po^{55}）＋比较主体＋比较结果”构成。当比较基准优于比较主体的时候用方位名词to^{55}“之上”做比较标记；比较基准弱于比较主体时通常既可用方位名词to^{55}“之上”，也可用方位名词po^{55}“之下”做比较标记，此时po^{55}“之下”更为常用。例如：

ɑ^{55}　n̥i^{31}　to^{55}　　ta^{55}.

1sg　2sg　COMPR　大

我比你大。

n̥i^{31}　ɑ^{55}　po^{55}　/to^{55}　　qɯ^{31}tsɛ^{24}.

2sg　1sg　COMPR/COMPR　小

你比我小。

但也有表弱比较标记只能用to^{55}，不能用po^{55}的。如下例中的to^{31}就不能换成po^{31}：

tʂ̥huɛ^{31}　phu^{31}　gɯ^{55}　pɛ^{31}　phu^{24}　to^{31}　　nə^{31}　bz̥ən^{31}　nən^{55}.

大米　　价格　　TOP　面粉　价格　　COMPR　二　　CL　　少

米价比面价便宜两毛钱。

2. 比较句的否定

（1）等比句的否定。等比句主要有三种构成否定式的方法：①在表示比较点的重叠形容词之前添加否定副词mɑŋ^{31}“不”构成否定式；②在表示比较点的重叠形容词之间添加否定副词mɑŋ^{31}“不”构成否定式；③在等比句句尾添加mɑŋ^{55}kui^{24}“没有”构成否定式。以“你跟他不一样高”为例：

n̥i^{24}　tə^{55}gɯ^{55}　nəuŋ^{55}　stə^{55}　mɑŋ^{55}　ʒdʒy^{31}ʒdʒyn^{55}.

2sg　3sg　　COMPR　一样　NEG　　高高

ȵi^{24} tə^{55}gɯ^{55} nəuŋ^{55} stə^{31} ʒdʒy^{55} maŋ^{55} ʒdʒyn^{24}.

2sg 3sg COMPR 一样 高 NEG 高

ȵi^{24} tə^{55}gɯ^{55} nəuŋ^{55} stə^{31} ʒdʒy^{31}ʒdʒyn^{55} maŋ^{55} kui^{24}.

2sg 3sg COMPR 一样 高高 NEG 有

若表示比较点的重叠形容词之后还能添加附加后缀，除了上述三种形式的否定式之外，还可在形容词与附加后缀之间添加否定副词maŋ^{31}“不”构成否定式。以“他写字和你一样快”为例：

tə^{55}gɯ^{55} dʐʅ^{31}dʐʅ^{31} ɖʉ^{24} ȵi^{31} nəuŋ^{55} stə^{55} maŋ^{55} ʈhɿ^{31}ʈhəuŋ^{55}.

3sg 字 写 2sg COMPR 一样 NEG 快快

tə^{55}gɯ^{55} dʐʅ^{31}dʐʅ^{31} ɖʉ^{24} ȵi^{31} nəuŋ^{55} stə^{31} ʈhɿ^{24} maŋ^{55} ʈhəuŋ^{24}.

3sg 字 写 2sg COMPR 一样 快 NEG 快

tə^{55}gɯ^{55} dʐʅ^{31}dʐʅ^{31} ɖʉ^{24} ȵi^{31} nəuŋ^{55} stə^{31} ʈhɿ^{31}ʈhəuŋ^{55} maŋ^{55} kui^{24}.

3sg 字 写 2sg COMPR 一样 快快 NEG 有

tə^{55}gɯ^{55} dʐʅ^{31}dʐʅ^{31} ɖʉ^{24} ȵi^{31} nəuŋ^{55} stə^{31} ʈhɿ^{31}ʈhəuŋ^{55} maŋ^{31} zə̣u^{55}.

3sg 字 写 2sg COMPR 一样 快快 NEG ASP

形容词ʃ̣ɑ^{55}ʃ̣ɑ^{31}“相像的；一样的”构成的等比句，其否定形式为“比较主体＋nəuŋ^{55}‘和’＋比较基准＋比较点＋ʃ̣ɑ^{55}maŋ^{55}ʃ̣ɑ^{24}‘不一样’”或“比较主体＋nəuŋ^{55}‘和’＋比较基准＋ʃ̣ɑ^{55}ʃ̣ɑ^{24}‘一样’＋比较点＋maŋ^{55}kui^{24}‘没有’”。以“月亮跟灯不一样亮”为例：

ɬi^{55} nəuŋ^{31} tən^{55} ɖun^{24} ʃ̣ɑ^{55}maŋ^{55}ʃ̣ɑ^{31}.

月亮 和 灯 亮 相像:NEG

ɬi^{55} nəuŋ^{31} tən^{55} ʃ̣ɑ^{55}ʃ̣ɑ^{31} ɖun^{24} maŋ^{55} kui^{24}.

月亮 和 灯 相像 亮 NEG 有

（2）差比句的否定。差比句主要有两种构成否定式的方法：①在表示比较结果的形容词之前（或在双音节形容词的两个音节之间）添加否定副词maŋ^{31}“没”构成否定式；②在句尾添加maŋ^{55}kui^{24}“没有”构成否定式。但这两种否定式的意义不同：前者表示“不比……”，隐含差比与等比两种可能性；后者表示“没有……”，只有差比义，没有等比义。例如：

ɑ^{55} ȵi^{31} to^{55} maŋ^{31} ta^{55}.

1sg 2sg COMPR NEG 大

我不比你大。（我比你小或跟你一样大）

ɑ^{55} ȵi^{31} to^{55} ta^{55} maŋ^{55} kui^{24}.

1sg 2sg COMPR 大 NEG 有

我没有你大。（我比你小）

（三）连动句[①]

连动句是连动结构充当谓语的单句。“连动”是一个语义语法范畴，从语义上来讲，它包括两个或两个以上的动作；从句法上来讲，连动结构内部的动词性成分之间实际上包含并列关系、修饰关系、补充关系和支配关系等多种句法关系。普米语连动句里的所有谓词，其语义指向都指向主语，而且句子里所有的动作行为加起来才能构成一个相对完整的事件。

1. 普米语连动句的类型

普米语连动句可以从动词的数量、对称与否、语义角色、语义关系、句法结构等不同的角度分成多个不同的类型。限于篇幅，下面仅从动词的数量出发，略举两例。

（1）两个连动动词构成的连动句

phʐei^{55} xko^{55} thin^{31} ʐəu^{55}.

黄酒 煮 喝 ASP

煮黄酒喝。

（2）三个或三个以上动词构成的连动结构

ȵi^{24} ʃtʃhiəŋ^{24} khə^{31} ʒdʒu^{55} （nəuŋ^{31}） khə^{31} tʂhən^{31} ʃəuŋ^{55}.

2sg 衣服 DIR 拿 （连） DIR 晒 去:IMP

你去把衣服拿出去晒。

2. 普米语连动句的时体标记问题

普米语连动句内的多个动词必须共享时体标记，否则会构成病句（下面加*表示）。例如：

ɑ^{55} ʂɑŋ^{55}tin^{55} wu^{55} ʃ̣ən^{55} nəuŋ^{31} tɛ^{31} bo^{24} də^{31} ʂʉ^{55} san^{55}.

1sg 商店 LOC 去 LNK 一 CL DIR 买 ASP

我去商店买了一本。

*ɑ^{55} ʂɑŋ^{55}tin^{55} wu^{55} ʃ̣ən^{55} san^{31} nəuŋ^{31} tɛ^{31} bo^{24} də^{31} ʂʉ^{55} san^{55}.

1sg 商店 LOC 去 ASP LNK 一 CL DIR 买 ASP

*我去了商店买了一本。

能分开使用不同体标记的，不应再看作是连动句。例如：

3a. ɑ^{55} ʃtʃhiəŋ^{24} khə^{31} ʈhʉ^{24} thə^{31} ʈhue^{55} si^{31}.

1sg:GEN 上衣 DIR 挂 DIR 弄破 ASP

我的衣服被挂破了。（连动句）

---

① 连动句的框架结构参考了中国社会科学院民族所黄成龙研究员的“连动结构调查研究框架”，在此表示感谢。

3b. ɑ^{55} ʃtʃhiəŋ^{24} thə^{31} ɖə^{55} si^{31} （nəuŋ^{31}） gui^{31} ʒ̣ən^{55} mɑŋ^{31} ẓəu^{55}.

1sg:GEN 上衣 DIR 破 ASP（连） 穿 能够 NEG ASP

我的衣服破了不能穿了。（非连动句）

3. 普米语连动句的否定形式

普米语连动成分必须共享语法范畴，因此几个连动成分共用一个否定标记，即被否定时只需否定最后一个动词。连动结构里否定成分的位置居后，其中，否定副词maŋ^{55}“不”往往出现在最后一个动词之后，否定副词min^{55}“没”则常用于最后一个动词之前，第一人称主语句还可在句末添加ji^{55}mɑŋ^{31} ʃ̣ʅ^{24}“……的没有”构成否定式。例如：

ɑ^{55} gɑ^{24} ʒ̣ən^{55} （nəuŋ^{55}） dzʅ^{55} maŋ^{31} ẓəuŋ^{55}.

1sg 茄子 炒 （连）吃 NEG ASP

我不炒茄子吃。

ɑ^{55} gɑ^{24} ʒ̣ən^{55} （nəuŋ^{55}） min^{55} dzin^{55}.

1sg 茄子 炒 （连） NEG 吃

我没炒茄子吃。

ɑ^{55} gɑ^{24} ʒ̣ən^{55} （nəuŋ^{55}） dzʅ^{55} ji^{55} mɑŋ^{31} ʃ̣ʅ^{24}.

1sg 茄子 炒 （连） 吃 NMLZ NEG 有

我没有炒茄子吃。

4. 普米语连动句里关联词的分布

普米语连动句里常有连词、助词、副词等起关联作用的关联词，其分布规律如下：

（1）连动结构内的V2是能愿动词、心理活动动词时，V1与V2之间不用关联词。例如：

ti^{55} min^{55} ʃʅ^{55} n̥in^{55}ʂʅ^{31} ẓəu^{31}.

DEM 人 去 愿意 ASP

这人愿意去。

tṣən^{24} tṣən^{55} tsiu^{31} ʃtʃiɛ^{31} ẓəu^{55}.

孩子 针 打 害怕 ASP

小孩儿怕打针。

（2）连动结构内的V1与V2存在明显的时间先后顺序或者要强调时间顺序时，动词之间常使用意义接近于“然后”“才”的关联词nəuŋ^{55}。例如：

mə^{31}tsʅ^{55}tsʉ^{55} khə^{31} bʒan^{55} nəuŋ^{31} wo^{55} zʅ^{31} ẓəu^{31}.

小猫 DIR 扑 LNK 老鼠 抓 ASP

小猫扑过去抓老鼠。

但处于命令式里的连动结构，即使动词之间有明显的时间先后顺序，也可以不使用连词nəuŋ^{55}。例如：

n̥i^{24} ʒdʒu^{31} （nəuŋ^{55}） thə^{31} ʃtʃu^{55}!

2sg 拿 （连） DIR 藏:IMP

你拿去藏起来！

（3）当连动结构内的V2不是能愿动词、心理活动动词，且V1与V2之间没有明显的时间顺序或主观上不强调时间顺序时，两个动词之间的关联词可用可不用。这种连动结构在普米语里最为常见，数量最多。例如：

mɑŋ^{55} je^{31} nə^{31} ʃtʃhɿ^{55} （nəuŋ^{31}） kəuŋ^{31} tʂhuŋ^{55} zə̥u^{31}.

3sg AGT DIR 站 （连） 门 开 ASP

妈妈站起来开门。

5. 普米语连动结构的语法化

普米语连动结构一直处在不断的语法化过程之中。连动结构的语法化对自主助词、受益标记、示证标记、体后缀等的语法化都产生了一定的影响，还推动了趋向动词tʂhuŋ^{55}“来”、lo^{24}“去”的语法化。普米语趋向动词tʂhuŋ^{55}“来”和lo^{24}“去”，可表示亲见情态，还可兼表体貌。这两个趋向动词常用在动作行为动词之后构成连动结构。例如：

go^{31}tsi^{31}tsʉ^{55} ti^{55} xɑ^{31} bʒan^{55} xɑ^{31} tʂhuŋ^{55}.

小鸟 一 DIR 飞 DIR 来

一只小鸟（正）飞过来。

tə^{55}gɯ^{55} go^{24} khu^{55} xɑ^{31} ʈəŋ^{55}ʈɑ^{55} tə^{55} lo^{55}.

3sg 山 LOC DIR 爬 DIR 去

他（正）往山上爬去。

其中，表亲见的趋向动词tʂhuŋ^{55}“来”与lo^{24}“去”在连动结构中出现了语法化现象：语义由实变虚，功能也由实义动词向体貌标记发展，产生了“开始”“逐渐”等体貌意。例如：

tʃɿ^{55} tə^{55} tsɿ^{55} tə^{55} tʂhuŋ^{55}.

水 DIR 开 DIR 来

水开始开了。

ti^{55} min^{55} ʒɿ^{31}ʒdʒəu^{55} zə̥u^{31}, miɑŋ^{55} nə^{31} m̥ə^{24} nə^{31} lo^{24}.

DEM 人 困 ASP 眼睛 DIR 闭 DIR 来

这人困了，眼睛渐渐闭上了。

（四）话题句

话题句其实是从语用的角度对句子进行的分类，为方便起见我们一并放在特殊句式中进行介绍。普米语是话题优先的语言，有多个话题标记，能做话题的成分类型丰富，话题的出现频率很高。

1. 话题与主语的区别

（1）话题是一个语用概念，与句子的动态信息分布有关；主语是一个句法概念，与句子的静态句法结构有关。主语可以做话题，但主语不一定都是话题；反过来，话题可以是主语，但话题也不一定都是主语。例如：

ti^{55} tʂən^{31} gɯ^{55} tɛ^{31}ʈhɿ^{31} tʃɿ^{55} tɛ^{31}ʈhɿ^{24} n̥i^{24} mɑŋ^{31} ʐəu^{55}.

DEM 孩子 TOP 越 说 越 听 NEG ASP

这孩子越说越不听。（“这孩子”既是主语，也是话题）

tə^{55} gɯ^{55} ʃtʃiu^{55}tsʉ^{31}ʃtʃiu^{55}m̥in^{31} pʉ^{31} ʐɛ^{31} min^{55} gɯ^{31} ko^{31} dzɿ^{55} pʉ^{31} ʐəu^{31}.

3sg 小偷小摸 做 ASP:PRT 人 TOP 很 讨厌 CONP ASP

他最讨厌小偷小摸的人。（“他”是主语，“小偷小摸的人”是话题）

（2）主语由句法结构关系决定，是静态的、不变的；话题视语用的需要而定，非常灵活，是动态的、变化的。话题成分用居后的话题助词加以标记。例如：

go^{24} khu^{55} tʃhiɛ^{55} pin^{24} wu^{55} min^{55}ʐɿ^{31} o^{55}khu^{55} tʃɿ^{55} nə^{31} tsyn^{55} ʐəu^{31}.

山 LOC TOP 树林 LOC 人们 那里 水 DIR 引 ASP

在山上的树林里，人们在那儿引水下来。（话题为“山上”）

go^{24} khu^{55} pin^{24} wu^{55} tʃhiɛ^{55} min^{55}ʐɿ^{31} o^{55}khu^{55} tʃɿ^{55} nə^{31} tsyn^{55} ʐəu^{31}.

山 LOC 树林 LOC TOP 人们 那里 水 DIR 引 ASP

在山上的树林里，人们在那儿引水下来。（话题为“山上的树林里”）

go^{24} khu^{55} pin^{24} wu^{55} min^{55}ʐɿ^{31} tʃhiɛ^{55} o^{55}khu^{55} tʃɿ^{55} nə^{31} tsyn^{55} ʐəu^{31}.

山 LOC 树林 LOC 人们 TOP 那里 水 DIR 引 ASP

在山上的树林里，人们在那儿引水下来。（话题为“人们”）

go^{24} khu^{55} pin^{24} wu^{55} min^{55}ʐɿ^{31} o^{55}khu^{55} tʃhiɛ^{55} tʃɿ^{55} nə^{31} tsyn^{55} ʐəu^{31}.

山 LOC 树林 LOC 人们 那里 TOP 水 DIR 引 ASP

在山上的树林里，人们在那儿引水下来。（话题为“那儿”）

go^{24} khu^{55} pin^{24} wu^{55} min^{55}ʐɿ^{31} o^{55}khu^{55} tʃɿ^{55} tʃhiɛ^{55} nə^{31} tsyn^{55} ʐəu^{31}.

山 LOC 树林 LOC 人们 那里 水 TOP DIR 引 ASP

在山上的树林里，人们在那儿引水下来。（话题为“水”）

go^{24} khu^{55} pin^{24} wu^{55} min^{55}ʐɿ^{31} o^{55}khu^{55} tʃɿ^{55} nə^{31} tsyn^{55} tʃhiɛ^{55} jin^{24}

山 LOC 树林 LOC 人们 那里 水 DIR 引 TOP 地

wu^{55} zdi^{55} z̩əu^{31}.

LOC 浇灌 ASP

在山上的树林里，人们在那儿引水下来浇灌农田。（话题为“人们在那儿引水下来”）

（3）一个句子只能有一个主语，但可能有不止一个话题。例如：

tə^{55}gɯ^{55} ȵaŋ^{31} gɯ^{55} z̩e^{31} dzɿ^{24} maŋ^{31} z̩əu^{55}, tʃɿ^{55} gɯ^{55} z̩e^{31} ʒɿ^{55} ti^{55} thin^{24} maŋ^{31} z̩əu^{55}.

3sg 菜 TOP 也 吃 NEG ASP 水 TOP 也 多 MOD 喝 NEG ASP

她菜不吃，水也不多喝。

2. 话题的类型

根据话题标记的有无，话题可以分为有标记话题和无标记话题两类。

（1）有标记话题

有标记的话题通常使用话题助词gɯ^{55}（或tʃhiɛ^{55}、mə^{55}）做标记。话题助词在句中通常可加可不加，也就是说，有标记的话题在不加话题助词时，会变成无标记的话题。例如：

ɑ^{55} （tʃhiɛ^{55}） ʃɿ^{55} tʃiɑ^{55} maŋ^{31} z̩əuŋ^{55}.

1sg （话助） 走 能够 NEG ASP

我走不动了。

ga^{31}bie^{55} （mə^{55}） xɑ^{31} jɛ^{24}, qhuɑ^{24} （mə^{55}） tɑ^{31} jɛ^{24}!

盘子 （话助） DIR 拿 碗 （话助） PROH 拿

盘子拿过来，碗别拿过来！

有的话题既可以添加双重话题标记，也可以不添加任何标记。例如：

ɑ^{55} ŋəuŋ^{55} （gɯ^{55} tʃhiɛ^{55}） ȵi^{31}z̩ɿ^{55} tʃi^{31} khən^{31} ʃei^{5}.

1sg 钱 （话助 话助） 2PL DAT 给 ASP

我的钱给你们。

如果不加话题标记句义会发生变化，则话题助词不可省略，必须使用。例如：

z̩ɿ^{55}dʒie^{24} tə^{55}gɯ^{55} ʃɿ^{55} maŋ^{31} z̩əu^{55}.

后面 3sg 去 NEG ASP

他就不去后面了。

z̩ɿ^{55}dʒie^{24} tʃhiɛ^{55} tə^{55}gɯ^{55} ʃɿ^{55} maŋ^{31} z̩əu^{55}.

后面 TOP 3sg 去 NEG ASP

后来他就不去了。

（2）无标记话题

无标记的话题依靠语序和停顿来确定话题成分，话题在前，述题在后。例如：

ɑ⁵⁵mei⁵⁵ m̥in³¹ phji⁵⁵ ti³¹.
阿妹 姑娘 好 一
阿妹是个好姑娘。

ɬu³¹dzi²⁴ nə³¹ phzɛ̥³¹ si⁵⁵.
东西 DIR 找到 ASP
东西找到了。

3. 充当话题的成分

（1）名词性成分做话题。这类话题数量最多。例如：

ti⁵⁵ tɛ³¹ʈhɿ²⁴ tʃhiɛ⁵¹ dzɿ⁵⁵ ji³¹ qa⁵⁵, tə³¹ʈhɿ²⁴ ʒɿ⁵⁵ ti⁵⁵ ze̥³¹ dzɿ⁵⁵
DEM 一点 TOP 吃 够 会 一点 多 MOD 也 吃
thəuŋ⁵⁵ qa⁵⁵.
完 会
这一点够吃，再多点也吃得完。

形容词、动词的名物化结构也能做话题。例如：

tə⁵⁵ m̥in⁵⁵ si³¹ gɯ³¹ tə⁵⁵gɯ⁵⁵ tʃi⁵⁵ khən³¹ khu⁵⁵.
DIR 熟 ASP TOP 3sg DAT 给 ASP
熟了的给她。

xkua⁵⁵ ʒdʒiɑ⁵⁵ zə̥u³¹ gɯ³¹ ɛ⁵⁵gɯ³¹ də⁵⁵?
哭 爱 ASP TOP 谁 是
爱哭的是谁？

（2）动词性成分做话题。例如：

tɛ³¹ʈhɿ³¹ ʃtʃɿ⁵⁵ tʃhiɛ⁵¹ tɛ³¹ʈhɿ³¹ ʒdʒyn⁵⁵.
越 跳 TOP 越 高
越跳越高。

xɯ⁵⁵ gɯ³¹ mɑŋ³¹ ʃei⁵⁵, dʐ̥ɿ³¹tʂ̥ɑ³¹ gɯ⁵⁵ tʃhiɛ⁵¹ dʐ̥ɿ³¹tʂ̥ɑ³¹ ʃei⁵⁵.
打 TOP NEG ASP 骂 TOP TOP 骂 ASP
打是不打了，骂还是会骂。

（3）形容词性成分做话题。例如：

bəuŋ²⁴ tʃhiɛ⁵⁵ mɛn³¹ ʈha⁵⁵.
冷 TOP 火 生

冷就生火。

tε^{31}ʈhɿ^{31} ʒdʒyn^{55} tʃhiε^{55} xɑ^{55}ti^{31} phji^{55}.
一点 高 TOP 更加 好
高点更好。

其他短语或从句等做话题。例如：

ȵi^{31} nəuŋ^{55} tʃhiε^{55} ʃɿ^{24} mɑŋ^{55} kui^{24}.
2sg PRT TOP 事情 NEG 有
跟你没什么关系。

ȵi^{24} xɑ^{31} ji^{55} si^{31} tʃhiε^{55} ɑ^{55} qu^{55} ʐu^{55}.
2sg DIR 来 ASP TOP 1sg 喊 ASP
你来了就喊我。

五 复句

根据分句之间的语义关系，复句可以分为联合复句和偏正复句两大类。联合复句的分句之间关系平等，不分主次。其下又可分为并列关系、顺承关系、递进关系、解说关系和选择关系复句等五个小类。偏正复句是由偏句和正句构成的，正句是全句要表达的语义重心，偏句用来说明、限制正句。其下又可分为转折关系、假设关系、条件关系、因果关系、目的关系复句等五个小类。

（一）联合复句

1. 并列关系

（1）平列式。例如：

ȵi^{31}ʐɿ^{55} sin^{31} ʃtʃiɑ^{55}, ɑ^{55}ʐɿ^{55} dzi^{55} dzu^{55}.
2PL 柴 砍 1PL 饭 做
你们砍柴，我们做饭。

（2）对举式。例如：

tə^{55}gɯ^{55} tʂən^{55} thiəŋ^{55} ʐəu^{31} sε^{31}liu^{24} də^{31}, ʐei^{31} ji^{55} sin^{24} mɑŋ^{55} də^{24}.
DEM 房子 盖 ASP 木材 是 烧 NMLZ 柴 NEG 是
这是用来盖房子的木料，不是烧的柴火。

2. 顺承关系

顺承复句常用nəuŋ^{24}（或nəuŋ^{24}nəuŋ^{31}）“然后；再；就；才”、ji^{55}tʃɿ^{24}“马上；就”、nə^{31}ji^{55}“再；又”等关联词，也可采用意合法，不用关联词。例如：

ʐuε^{24} wu^{55} nəuŋ^{31}nε^{55} khə^{55} ȵi^{31} nəuŋ^{31} ʐuε^{24} xɑ^{31} phɑ^{31}phəuŋ^{24} si^{55}.

路 LOC 野草 DIR 长 LNK 路 DIR 遮盖 ASP

路上长了野草，把路遮住了。

tə^{55}gɯ^{55} dzi^{55} khə^{31} dzɿ^{55} nəuŋ^{31} khə^{31} ʃɿ^{55} t ɛ^{31} ʃtʃyu^{55} ʐuɛ^{55} thə^{31} zdi^{31}

3sg 饭 DIR 吃 LNK DIR 去 一 圈 路 DIR 做

nəuŋ^{31} xɑ^{31} ʒɿ^{55}. ji^{55}tʃɿ^{24} nə^{31} ʒɿ^{31} si^{55} nə^{31}ji^{55} ʒɿ^{55}min^{31} phji^{55} ti^{55} ʐe^{31} nə^{31}

LNK DIR 来 就 DIR 睡 ASP 还 梦 美 一 也 DIR

tʃhʉ^{31} si^{31}.

梦 ASP

他吃饭后出去转了一圈，回来就睡下了，还做了一个美梦。

3. 递进关系

递进复句常用tɛ^{31}ʈhɿ^{24}…tɛ^{31}ʈhɿ^{24}…“越……越……”、di^{24}“而且”、ʐe^{55}“也”等关联词。例如：

ɑ^{55} tɛ^{31}ʈhɿ^{24} sʉ^{55}zdʉ^{31} tɛ^{31}ʈhɿ^{24} ʂɑ^{31} ʒdʒəu^{55}.

1sg 越 想 越 笑 想要

我越想越想笑。

4. 解说关系

解说复句一般不使用关联词语。例如：

ȵi^{24} pʉ^{55}ȵi^{31} ʃɿ^{24} nə^{31} ʃɿ^{31} ʃɿ̣^{24}, tɛ^{31} ʃɿ^{24} quɑ^{55} ɬi^{55}, tɛ^{31} ʃɿ^{24} sin^{31} ʃtʃiɑ^{55}.

2sg 今天 事 二 CL 有 一 CL 牛 放 一 CL 柴 砍

你今天有两件事，一件（是）放牛，一件（是）砍柴。

5. 选择关系

选择复句通常要求听话人从不同选项中选择其一作为回答。根据选择的特点，可以分为以下两个小类：

（1）未定选择

要求听话人几种情况中选择其一，但选择的结果尚未决定。常用的关联词语是mə^{31}dɛ^{55}（或mɛ^{31}dɛ^{24}ɛ^{31}、mə^{31}ʐɛ^{24}等）“要么；或者”、diɑ^{31}“还是”等。例如：

ɑ^{55} ʃɿ^{55} khu^{31} diɑ^{31} ȵi^{31} ʃɿ^{55} ʃọ^{31} diɑ^{31} tə^{55}gɯ^{55} ʃɿ^{55} qa^{31}?

1sg 去 ASP 还是 2sg 去 ASP 还是 3sg 去 ASP

我去，还是你去，还是他去？

（2）已定选择

有先取后舍和先舍后取两种情况，常用的关联词语是ʐe^{55}（或diɛ^{24}）“也”、mɛ^{31}dɛ^{24}ɛ^{31}“不如”等。例如：

tə^{55}gɯ^{55} tʂən^{55} thə^{31} ʃtʃi^{55} die^{24} qa^{55}, tʂən^{24} tʃi^{31} dʐʅ^{31}dʐʅ^{24} tʂho^{31} ʃtʃiɛ^{55}

3sg 房子 DIR 卖 也 好 孩子 DAT 书 念 CAUS

zəu^{55}.

ASP

他情愿卖掉房子，也要让娃娃读书。

（二）偏正复句

偏正复句是指复句中的分句有正句和偏句的复句。根据分句间语义关系的不同，可以分为以下五类：

1. 转折关系

转折复句里最常用的关联词语是di^{24}“但是；可是”。根据前后分句对立的程度，转折复句可分为重转和轻转两种类型。

（1）重转句。转折的语气较重，偏句和正句的语义之间存在着明显的矛盾对立关系。例如：

tə^{55}gɯ^{55} po^{55} gɑ^{55} xkhəuŋ^{24} khə^{31} ʂua^{31} nə^{55}ʃuɛ^{24}ɛ^{31} di^{24} po^{55} gue^{55}je^{31}

3sg 狼 GEN 生命 DIR 救 FPRT LNK 狼 AGT

tə^{55}gɯ^{55} xkɑ^{24} dzʅ^{55} qa^{55}.

3sg 咬 吃 ASP

他救了狼的命，但狼却要吃他。

（2）轻转句。转折语气较轻。例如：

ti^{55} tʂən^{24} qɑ^{31}stin^{55} ko^{55} dʐuŋ^{31} si^{31} di^{24} xiɛn^{31} ʃuɛ̣^{31} ko^{55} ʃọ^{31} tʃin^{31}.

DEM 孩子 十 岁 到 ASP LNK 七 八 岁 样子 看见

这孩子有十岁了，不过看起来（才）七八岁的样子。

2. 假设关系

假设复句通常是前面的分句提出假设，后面的分句提出可能产生的结果或可能出现的情况，还可再分为以下两类：

（1）一致假设复句，假设和假设导致的结果是一致的。例如：

ɑ^{31}thɑ^{55} gui^{55} tʂhuŋ^{24} mɑŋ^{31} zəu^{55} tʃhiɛ^{55} dʒʅ^{55} to^{55} ʃʅ^{55} khu^{31}.

LNK 雨 下 NEG ASP TOP 街 LOC 去 ASP

如果不下雨，就去街上。

（2）让步假设复句，前一分句先提出一种假设并承认其真实性，后一分句转而述说与假设相反或相对的意思。例如：

mə^{55}ta^{31}	də^{31}	z̥e^{31}	dzu^{24}	mɑŋ^{31}	tʃie^{24}.
大人	是	也	做	NEG	能够

就算是成年人，也做不到。

3. 条件关系

根据条件的性质，条件复句可以分为三种类型：

（1）充分条件句。例如：

tə^{55}gɯ^{55}	tʃʅ^{31}	z̥əu^{55}	thie^{55}ʒʅ^{24}	ɛ^{31}	n̥yŋ^{31}	ʃtʃi^{55}	mɑŋ^{31}	z̥əu^{55}	tʃʅ^{31}	z̥əu^{55}.
3sg	说	ASP	只要	TOP	嘴巴	停	NEG	ASP	说	ASP

她只要（开始）说嘴巴就停不下来。

（2）必要条件句。例如：

phji^{55}	pʉ^{55}	z̥ʅ^{55}z̥e^{31}	dzu^{24}	nəuŋ^{24}nəuŋ^{31}	pʉ^{31}z̥a^{24}	xɑ^{55}	ʃʅ̣^{31}	z̥əu^{31}.
好	ADV	活儿	干	才	粮食	多	有	ASP

（只有）好好劳动才能多收粮食。

（3）无条件句。例如：

ɑ^{55}	ɛ^{55}tʃi^{31}	thə^{31}	ʃʅ^{55}	ɛ^{31}	ɛ^{55}tʃi^{24}	tə^{55}gɯ^{55}	z̥ʅ^{55}dʒie^{24}	ʃtʃie^{55}	ʒʅ^{31}	z̥əu^{55}.
1sg	哪儿	DIR	去	TOP	哪儿	3sg	LOC	追	来	ASP

我去哪儿她都跟着来。

4. 因果关系

因果复句主要有以下两类：

（1）由因及果的因果关系。例如：

tə^{55}gɯ^{55}	nə^{31}	guɛ^{31}	pɑ^{55}	si^{55}	nəuŋ^{24}nəuŋ^{31}	z̥uɛ^{31}	d̥an^{24}	təuŋ^{31}pie^{31}	z̥əu^{55}.
3sg	DIR	醉	CONP	ASP	LNK	路	走	歪倒	ASP

他醉了，所以走路东倒西歪的。

（2）由果溯因的因果关系。例如：

suan^{55}mɑŋ^{24}	tə^{31}gɑ^{24}	ko^{55}ts̥ʅ^{55}	n̥i^{24}	mɑŋ^{31}	z̥əu^{55},	tə^{55}gɯ^{55}	ts̥ən^{24}	də^{31}	ʃə̣^{31}
父母	3sg:GEN	话	听	NEG	ASP	3sg	孩子	是	认为

z̥əu^{31}.
ASP

父母不听他的话，认为他是小孩儿。

5. 目的关系

目的复句通常前一分句表示目的，后一分句表示为了达到目的所做的行动和采取的措施。例如：

ʃtʃiu^{55}min^{31}	zɿ^{31}	gɑ^{31}	wɛ^{31}ʒɿ^{31}	tə^{55}gɯ^{55}	zʅ^{31}nəuŋ^{24}	ʃ̣ən^{55}ʒdʒyn^{55}	to^{55}	tə^{55}
小偷	抓	PRT	LNK	3sg	提前	汽车	LOC	DIR

ʃɿ^{31} si^{31}.

去 ASP

为了抓小偷，他提前上了车。

第六章 语料

第一节

语法例句

001　老师和学生们在操场上玩。

gɯ^{55}mɑŋ^{24}　nəuŋ^{31}　dʐʅ^{31}dʐʅ^{31}tʂho^{31}min^{55}　ʐʅ^{55}　ʃtʃyŋ^{55}n̥o^{55}stə^{31}　to^{55}　ʂɑ^{31}pʉ^{55}

老师　和　学生　PL　锻炼处　LOC　玩

ʐəu^{31}.

ASP

002　老母猪下了5头小猪崽。

phjɛ^{31}min^{55}die^{31}　gue^{31}je^{31}　bʐʅ^{55}tsɿ^{24}　wɑŋ^{31}　khə^{31}　xka^{55}　si^{31}.

老母猪　AGT　猪崽　五　DIR　下　ASP

003　我爸爸教他们的孩子说汉语。

ɑ^{55}　bɑ^{55}　je^{31}　tə^{31}ʐɑ^{24}　tʂən^{24}　tʃi^{31}　ʃ̣ɛ^{31}ɬie^{55}　tʃʅ^{31}　syn^{31}　ʐəu^{3}.

1sg　爸　AGT　3pl:GEN　孩子　DAT　汉语　说　教　ASP

004　村子里事事都有人做，人人都很高兴。

ʃtʃi^{55}　wu^{55}　ʃʅ^{31}　mə^{55}　ʃʅ^{31}　gɯ^{31}　dzu^{31}　min^{55}　ʃ̣ʅ^{31}　ʐəu^{55},　min^{55}mə^{31}sie^{55}ʐʅ^{55}

村子　LOC　事　每　事　TOP　做　人　有　ASP　大家

ko^{31}　gəu^{55}　ʐəu^{31}.

很　高兴　ASP

005　咱们今天上山去吧。

ji^{31}ʐʅ^{55}　pʉ^{55}ȵi^{31}　go^{24}　khu^{55}　tə^{55}　ʃʅ^{31}　khu^{31}.

1pl:INCL　今天　山　LOC　DIR　去　ASP

006　你家有几口人？

nə^{31}bʉ^{55} min^{55} tʃhɿ^{31} tsɿ^{55} ʒə̣^{31}?

2sg:家 人 儿 CL 有

007 你自己的事情自己做。

naŋ^{55} din^{55}bie^{31} ʃɿ^{31} gɯ^{55} naŋ^{55} din^{55}bie^{31} dzu^{24}.

1sg:GEN REFL 事 TOP 1sg:GEN REFL 做

008 这是我的手镯，那是你的手镯。

tə^{55}gɯ^{55} ɑ^{55} ʒɛ̣^{31}kəu^{24} də^{31}, o^{55}tə^{55}gɯ^{55} naŋ^{55} ʒɛ̣^{31}kəu^{24} də^{31}.

DEM:PROX 1sg:GEN 手镯 是 DEM:DIST 2sg:GEN 手镯 是

009 这些问题他们说自己去解决。

ti^{55} ʃɿ^{31} zɿ̥^{55} tə^{31}ze̥^{24}je^{31} n̥i^{55}zɑ̥^{31} dzu^{31} ʃɿ^{55} ʃə̣n^{55} tʃɿ^{31} zə̥u^{31}.

DEM 事 PL 3pl:AGT REFL 做 去 ASP 说 ASP

010 他是谁？

tə^{55}gɯ^{55} ɛ^{55}gɯ^{31} də^{55}?

3sg 谁 是

011 你想吃点什么？我什么也不想吃！

n̥i^{24} mə^{55}də^{55} dzɿ^{31} n̥in^{31}ʂɿ̥^{31}? ɑ^{55} mə^{55}də^{55} ze̥^{31} dzɿ^{55} n̥in^{55}maŋ^{55}ʂɿ̥^{24}!

2sg 什么 吃 想 1sg 什么 也 吃 想:NEG

012 他们从哪儿来的？

tə^{55}zɿ̥^{55} ɛ^{55}tʃi^{31} nəuŋ^{55} xɑ^{55} ʒɿ^{31} si^{31}?

3pl 哪儿 ABL DIR 来 ASP

013 你想怎么样？

n̥i^{24} mə^{55}də^{55} pʉ^{31} ʃei^{31} ʃə̣^{31} zu̥^{31}?

2sg 什么 做 ASP 想 ASP

014 你家有多少头牛？

nə^{31}bʉ^{55} quɑ^{55} tʃhɿ^{55}tshɛ^{31} ʒə̣^{55}?

2sg:家 牛 多少 有

015 客人什么时候到？

wo^{31}min^{55} nəuŋ^{55}tʃhie^{31} xɑ^{31} pei^{55} qa^{31}?

客人 何时 DIR 到 ASP

016 今天的会就开到这里。

pʉ^{55}n̥i^{31} xui^{55} gɯ^{31} dzə̥^{55} xɑ^{31} pei^{55} si^{31}.

今天 会 TOP 处 DIR 到 ASP

017　粮食运来后就分给大家了。

pʉ^{31}ẓa^{24}　xɑ^{31}　jɛ^{24}　zʅ^{55}dʒie^{24}　tʃhiɛ^{55}　ji^{55}tʃʅ^{24}　mə^{31}sie^{55}zʅ^{55}　tʃi^{31}　khə^{31}

粮食　DIR　拿　之后　TOP　就　大家　DAT　DIR

ʥ^{55}　si^{31}.

分　ASP

018　人家的事情咱们别多管。

min^{55}zɑ^{31}　ʃʅ^{31}　gɯ^{55}　ji^{31}zʅ^{55}　quɑ^{31}　thə^{55}　ʒʅ^{31}　pʉ^{31}　mɑ^{31}　khu^{24}.

人家:GEN　事　TOP　1pl:INCL　管　DIR　多　做　NEG　要

019　这件事我也不清楚，你去问别人吧！

ti^{55}　ʃʅ^{31}　gɯ^{55}　ɑ^{55}　ze^{55}　tʂɑ^{24}mɑŋ^{31}ʃʅ̣^{24},　ȵi^{24}　di^{31}zʅ^{55}　tʃi^{31}　zduɛ^{31}

DEM　事　TOP　1sg　也　知道:NEG　2sg　别人　DAT　问

ʃəuŋ^{51}　quɑ^{24}!

去　FPRT

020　今天是2015年10月1日。

pʉ^{55}ȵi^{31}　tʃhiɛ^{55}　ɑ^{55}lin^{31}ji^{24}wu^{31}　ȵɛn^{31}　gɑ^{55}　ȵɑŋ^{31}dzu^{31}ɬi^{55}　tə^{55}dʒi^{55}　tɛ^{55}

今天　TOP　二零一五　年　GEN　十月　第　一

ȵ̥in^{24}　də^{31}.

天　是

021　那个老太婆94岁了，是我年龄的两倍左右。

o^{55}ti^{55}　gɯ^{31}die^{31}mɑŋ^{55}　gɯ^{31}　ɣgɯ^{31}xko^{55}nəuŋ^{55}ʒdʒɛ^{55}　ko^{55}　dzuŋ^{31}　si^{55},　ɑ^{55}

DEM　老太婆　TOP　九十四　岁　到　ASP　1sg

phzɑ^{24}　to^{55}　nə^{31}　bʉ^{24}　xɑ^{55}xɑ^{31}　ti^{55}.

年龄　COMPR　两　倍　左右　MOD

022　山下那群羊有108只。

go^{24}　po^{55}　o^{55}ti^{55}　ʒdʒəuŋ^{55}　lɑ^{55}　gɯ^{31}　tə^{31}ʃʅ̣^{55}nəuŋ^{55}ʃ̣uɛ^{31}　ʒ̣ə^{55}.

山　LOC　DEM　羊　群　TOP　一百零八　有

023　我排第一，你排第二，他排老末。

ɑ^{55}　kɑ^{31}kɯ^{55}　zʅ^{55}　ti^{24},　ȵi^{24}　kɑ^{31}kɯ^{55}　zʅ^{55}　ȵi^{24},　tə^{55}gɯ^{55}　mɑ^{31}tɑ^{24}　ti^{24}.

1sg　开始　前面　一　2sg　开始　前面　二　3sg　最后　一

024　我今天买了一只鸡、两条鱼、三斤肉。

ɑ^{55}　pʉ^{55}ȵi^{31}　zo^{55}　ti^{31},　dʒʅ^{55}　tə^{55}　phzʅ^{24},　ʃʅ^{55}　səuŋ^{31}　tʃi^{31}　də^{31}　ʂʉ^{55}

1sg　今天　鸡　一　鱼　一　CL　肉　三　CL　DIR　买

san^{55}.

ASP

025 这本书我看过三遍了。

ti^{55} dʐʅ^{31}dʐʅ^{31} bo^{24} ɑ^{55} səuŋ^{55} ʃtʃyu^{31} sto^{55} man^{31}sin^{31}.

DEM 书 CL 1sg 三 VCL 看 ASP

026 你数数看，这圈里有几头猪？

ȵi^{24} khə^{31} suɑ^{31} ti^{55} pu^{55} nəuŋ^{31} stu^{55}, ti^{55} wuŋ^{24} wu^{55} phjɑ^{24}

2sg DIR 数 一 VCL PRT 看 DEM 圈 LOC 猪

tʃɦn^{55}tshɛ^{31} ʒ̣ə^{55}?

多少 有

027 这两把雨伞是我的。

ti^{55} y^{31}sɑ^{31} nə^{55} pɑ^{31} gɯ^{31} ɑ^{55} də^{31}.

DEM 雨伞 二 CL TOP 1sg:GEN 是

028 他年年都回家。

tə^{55}gɯ^{55} tɛ^{55} ko^{24}ko^{31} tʂ̣ə^{55}mie^{55} ʒʅ^{31} zə̣u^{55}.

3sg 一 年年 家里 回 ASP

029 他要去街上买肉。

tə^{55}gɯ^{55} dʒʅ^{55} to^{55} ʃʅ^{55} ʂ̣ʉ^{31} ʃʅ^{31} qa^{31}.

3sg 街 LOC 肉 买 去 ASP

030 我正在山上砍柴。

ɑ^{55} tiɛ^{24} go^{24} khu^{55} sin^{31} ʃtʃiɑ^{55} zə̣uŋ^{31}.

1sg 现在 山 LOC 柴 砍 ASP

031 昨天我背粮食去了。

ʒ̣ə^{55}ȵi^{24} ɑ^{55} pʉ^{31}zạ^{31} ʃtʃyu^{31} ʃ̣ən^{55} san^{31}.

昨天 1sg 粮食 背 去 ASP

032 你们俩一定要好好地学习。

ȵi^{31}zan^{55} thə^{31}dɑ^{55}dɑ^{31} phji^{55} pʉ^{55} ʒ̣ʅ^{31} pin^{55}.

2dl 一定 好 ADV 学习 CONP

033 他们看电影去了。

tə^{55}zʅ̣^{55} tin^{55}jin^{55} sto^{31} ʃʅ^{31} si^{31}.

3pl 电影 看 去 ASP

034 他在山上看见过野牛。

tə^{55}gɯ^{55} go^{24} khu^{55} pin^{31}quɑ^{55} thə^{55} tʃyn^{31} si^{31}.

3sg 山 LOC 野牛 DIR 看见 ASP

035 你们今后一定要互相学习，互相帮助，互敬互爱！

ȵi^{31}zɿ̣^{55} pʉ^{55}ȵi^{31} thie^{31}ʒɿ^{31} tʃhiɛ^{55} tiɛ^{24}ti^{31} tʃi^{55} syn^{55}, tiɛ^{24}ti^{31} po^{55}

2pl 今天 以后 TOP 互相 DAT 学习 互相 LOC

dʒie^{31}dʒie^{24}, ʃtʃhyɛ^{31}ʃtʃhy^{24} diɛ^{31}diu^{31} pin^{55}.

帮助 相爱 相团结 CONP

036 请你帮他把衣服收起来。

ȵi^{24} tə^{55}gɯ^{55} po^{55} tsiəŋ^{31}gui^{55} thə^{31} zɿ^{55} qu^{55}.

2sg 3sg LOC 衣服 DIR 收 FPRT

037 地震把新修的路震垮了。

ʒɿ^{55} tə^{55} mzə̣^{31} nəuŋ^{31} thə^{31} dzu^{31}dzuɑ^{55} siɛ^{31} zʉɛ^{31} ʃɿ̣^{31} gɯ^{55}

地 DIR 震 LNK DIR 修 ASP:PRT 路 新 TOP

thə^{31} bie^{55} si^{31}.

DIR 垮 ASP

038 你们俩把鸡杀了。

ȵi^{31}zan^{55} zo̦^{55} khə^{31} ʃtʃhɿ^{55} nə^{31}stin^{31}.

2dl 鸡 DIR 杀 IMP:2pl

039 你看见那个乞丐了吗？

ȵi^{24} o^{55}ti^{55} tʂhə^{31}m̥in^{55}min^{31} ɑ^{55} tiəŋ^{55}?

2sg DEM 乞丐 QUES 见到

040 他笑了。我把他的小孩逗笑了。

tə^{55}gɯ^{55} ʂɑ^{31} si^{55}. ɛ^{31}ȵe^{55}je^{31} tə^{31}gɑ^{24} tʂən^{24} ʂɑ^{31} ʃtʃiɛ^{55} san^{55}.

3sg 笑 ASP 1sg:AGT 3sg:GEN 孩子 笑 CAUS ASP

041 那个猎人进来以后又出去了，随后拿回来一只野鸡。

o^{55}ti^{55} ȵe^{31}ʃtʃie^{55}min^{31} xɑ^{31} ʒɿ^{55} nəuŋ^{31} nə^{31}ji^{55} khə^{31} lo^{31} si^{55},

DEM 猎人 DIR 来 LNK 又 DIR 去 ASP

zɿ̣^{55}dʒie^{24}tʃhiɛ^{55} qo^{31}do^{31} ti^{55} xɑ^{55} yɛ^{31} si^{31}.

之后 野鸡 一 DIR 拿 ASP

042 我亲眼看见那只花狗跳上跳下，可好玩了。

ɑ^{55} miɑŋ^{55}to^{31} təuŋ^{55} o^{55}ti^{55} ʈhə^{31}ʈhə^{31} tʃhɿ^{55} gɯ^{55} tə^{55} ʃtʃɿ^{31} nə^{31} ʃtʃɿ^{55}

1sg 亲眼 看见 DEM 花花 狗 TOP DIR 跳 DIR 跳

pʉ^{31} ʐəu^{31}, ʂɑ^{31}pʉ^{55} phji^{31} ʐəu^{55}.

做 ASP 玩要 好 ASP

043 朝上背四十里，朝下背五十里。

tə^{55} ʃtʃyu^{55} tʂʅ^{55}ʒʅ^{24} sɿ^{55}ʂʅ^{24}li^{31} tə^{55} ʃtʃyu^{55} thie^{55}ʒʅ^{24} wu^{31}ʂʅ^{24}li^{31}.

DIR 背 往上 四十里 DIR 背 往下 五十里

044 这个东西拿来拿去太费事了，你就别拿了。

ti^{55} ɬu^{31}dzi^{31} gɯ^{55} də^{31} ʒdʒɑ^{55} thə^{31} ʒdʒɑ^{55} ko^{31} xko^{55}, ȵi^{24} ʒdʒɑ^{24}

DEM 东西 TOP DIR 拿 DIR 拿 很 难 2sg 拿

mɑŋ^{31} khu^{55}.

NEG 要

045 那个穿破衣裳的家伙一会儿过来、一会儿过去的，到底在做什么？

o^{55}ti^{55} tsiəŋ^{31}gui^{55} ʃtʃi^{55}phɑ^{31} gui^{31} min^{55} gɯ^{55} tə^{31}dʒʅ^{24} xɑ^{31} tʂhuŋ^{55}

DEM 衣服 破烂 穿 人 TOP 一会儿 DIR 来

tə^{31}dʒʅ^{24} khə^{31} lo^{24} mə^{55}də^{55} pʉ^{31} ʐəu^{31} tʂhə^{55}?

一会儿 DIR 去 什么 做 ASP FPRT

046 他是藏族，不是回族。

tə^{55}gɯ^{55} zdu^{24} də^{31}, xui^{31}tshu^{24} mɑŋ^{55} də^{24}.

3sg 藏族 是 回族 NEG 是

047 他们家有三个孩子，一个在学校，一个在家里，还有一个已经工作了。

tə^{55}bʉ^{55} tʂən^{24} səuŋ^{31} tsɿ^{55} ʒ̣ə^{31}, ti^{24} dʐʅ^{31}dʐʅ^{31} tʂho^{31} ʐəu^{55}, ti^{24} tʂə^{55}mie^{55}

3pl: 家 孩子 三 CL 有 一 书 念 ASP 一 家里

ʒ̣ə^{31}, nə^{31}ji^{55} ti^{55} ʐʅ^{55}ʐe^{31} dzu^{31} ʐəu^{31}.

在 又 一 活儿 干 ASP

048 我们很愿意听爷爷讲故事。

ɑ^{55}ʐʅ^{55} pu^{55}pu^{55} gɑ^{31} ʒ̣ɛ^{31}ȵi^{31}təuŋ^{55} ȵi^{31} ȵ̥in^{55}ʂʅ^{55}.

1pl 爷爷 GEN 故事 听 愿意

049 这只狗会咬人。

ti^{55} tʃhɿ^{55} gɯ^{55} mə^{55} xkɑ^{55} ʐəu^{31}.

DEM 狗 TOP 人 咬 ASP

050 她不敢一个人睡觉。

tə^{55}gɯ^{55} ti^{24} tsɑ^{31} nə^{31} ʒʅ^{31} nɑŋ^{55} mɑŋ^{31} ʐəu^{55}.

她 一 仅 DIR 睡 敢 NEG ASP

051　你能来吗？我能来。

ȵi^{24}　ʒɿ^{31}　ʒ̣ən^{55}　a^{55}　qa^{55}?　ɑ^{55}　ʒɿ^{24}　ʒ̣ən^{24}.

2sg　来　能够　QUES　FPRT　1sg　来　能够

052　这些人我恨透了。

ti^{55}　min^{55}zʅ^{31}　ɑ^{55}　kue^{31}　dzɿ^{55}.

DEM　人们　1sg　很　恨

053　达娃家的稻子收完了，但格西家的稻子还没有收完。

tɑ^{31}wɑ^{55}　bɑ^{31}　sʉ^{31}man^{55}　kɯ^{55}　thəuŋ^{55}　si^{55},　kə^{31}ɕi^{55}　bɑ^{31}　sʉ^{31}man^{55}

达娃　家:GEN　水稻　割　完　ASP　格西　家:GEN　水稻

tiɛ^{24}　kɯ^{55}　min^{55}　thəuŋ^{55}.

还　割　NEG　完

054　我找了一遍又一遍，终于找着了。

ɑ^{55}　tɛ^{31}　ʃtʃyu^{55}　zʅ^{31}dʒie^{31}　tɛ^{31}　ʃtʃyu^{55}　mə^{55}ʃtʃie^{55},　ma^{31}ta^{24}　nə^{31}　phzɛ̣^{55}.

1sg　一　VCL　之后　一　VCL　寻找　最终　DIR　找到

055　你先休息休息，我试着跟她谈谈。

ȵi^{24}　khə^{31}　sɿ^{55}　ȵəŋ^{55},　ɑ^{55}　tə^{55}gɯ^{55}　po^{55}　xiɛ^{55}xin^{31}　ti^{55}　pʉ^{55}　ʃei^{31}.

2sg　DIR　先　休息　1sg　3sg　LOC　谈谈　一　CONP　ASP

056　他们边唱边跳，玩得可高兴了。

tə^{55}zʅ^{55}　tʃɿ^{55}pɑ^{31}　ɖei^{24}　tʃɿ^{55}pɑ^{31}　tsho^{31}　zə̣u^{55}　ʂɑ^{31}pʉ^{55}　nəuŋ^{31}　gəu^{31}　zə̣u^{55}.

3pl　一边　唱　一边　跳　ASP　玩耍　COMP　高兴　ASP

057　吃的、穿的都不愁。

dzɿ^{55}　nəuŋ^{55}　thin^{31}　ji^{55}　mə^{31}sie^{55}　mɑŋ^{55}　an^{24}.

吃　和　喝　NMLZ　全部　NEG　担心

058　这些猪呢，肥的宰掉，瘦的放到山上去。

ti^{55}　phjɑ^{31}zʅ^{55}　tʃhiɛ^{51}　tshɱ^{31}　gɯ^{55}　khə^{31}　ʃtʃɱ^{55},　ɖʅ^{31}　gɯ^{55}　go^{24}　khu^{55}

DEM　猪:PL　TOP　肥　TOP　DIR　杀　瘦　TOP　山　LOC

thə^{31}　xiɛ^{55}　ʃəuŋ^{55}.

DIR　放　去:IMP

059　他的脸红起来了。

tə^{31}gɑ^{24}　ziu^{55}　tə^{55}　ȵe^{31}　si^{31}.

3sg:GEN　脸　DIR　红　ASP

060　碗里的饭装得满满的。

qhuɑ^{24} wu^{55} dzi^{55} nə^{31} tʃi^{24} tə^{55} sʉ^{55} si^{31}.

碗 LOC 饭 DIR 装 DIR 满 ASP

061 山边的雪是白的，山坡上的雪更白，而山顶的雪最白。

go^{31}dzɿ^{55} khu^{55} fpʉ^{55} gɯ^{55} phzə̣n^{55} ti^{55}, go^{31}xkɑ^{24} khu^{55} fpʉ^{55} gɯ^{55}

山边 LOC 雪 TOP 白 MOD 山坡 LOC 雪 TOP

lɑ^{31}xɑ^{55} phzə̣n^{55}, di^{24} go^{31}qhu^{51} to^{55} fpʉ^{55} gɯ^{55} mə^{55}siɑ^{31} phzə̣n^{55}.

更加 白 LNK 山头 LOC 雪 TOP 最 白

062 这把刀好是好，就是太贵了点。

ti^{55} zə̣u^{55} pɑ^{31} gɯ^{31} phji^{55} tshɛ^{55} phji^{55} di^{24} phu^{24} thə^{31} ta^{55} si^{55}.

DEM 刀 CL TOP 好 倒 好 LNK 价格 DIR 贵 ASP

063 弄坏了人家的东西是一定要赔偿的。

min^{55}zɑ̣^{31} ɬu^{31}dzi^{24} thə^{31} phjɑ^{31} ʃtʃiɛ^{55} si^{31} tʃhiɛ^{55} thə^{31}dɑ^{55}dɑ^{31} thə^{31}

人:PL:GEN 东西 DIR 坏 CAUS ASP TOP 一定 DIR

tshye^{55} khu^{31}.

赔 要

064 他经常去北京出差。

tə^{55}gɯ^{55} ṣan^{55}nəuŋ^{31} pɛ^{24}tʃin^{55} tṣhu^{31}tṣhɛ^{55} ʃɿ^{55} zə̣u^{31}.

3sg 经常 北京 出差 去 ASP

065 昨天他答应了我的要求，说是明天再来玩。

ʒ̣ə^{55}ȵi^{24} tə^{31}gue^{24}je^{31} ɑ^{55} dʒi^{55}jɑ^{31} san^{55} gɯ^{55} qa^{55} tʃɿ^{55} nəuŋ^{31} siɑŋ^{24}

昨天 3sg:AGT 1sg:GEN 要求 ASP TOP 好 说 LNK 明天

nə^{31}ji^{55} xɑ^{31} ʒɿ^{55} ṣɑ^{31} pʉ^{55} ʃei^{31} tʃɿ^{31} si^{31}.

再 DIR 来 玩 ASP 说 ASP

066 我一会儿就回来。

ɑ^{55} tɛ^{31}dʒɛ^{24} jɛ^{55} xɑ^{31} ʒɿ^{55} ʃei^{31}.

1sg 一会儿 就 DIR 来 ASP

067 村主任可是个好人。

ʃtʃi^{31}dzan^{55} gɯ^{55} mə^{55}phji^{31}min^{55} ti^{55}.

村主任 TOP 好人 一

068 这条鱼至少有五斤重。

ti^{55} dʒɿ^{55} ʒdʒie^{55} gɯ^{31} mə^{55}diɑ^{55} nən^{55} tʃɿ^{31} zẹ^{31} wɑŋ^{31} tʃi^{31} lə^{55}la^{31}

DEM 鱼 CL TOP 怎么 少 说 也 五 CL 重重

kui^{31}.
有

069 这条河最多有五米宽。

ti^{55} tʃɿ^{55} stie^{55} gɯ^{31} mə^{55}diɑ^{55} ʒɿ^{55} tʃɿ^{55} ʐe^{31} wu^{31} mi^{31} fpʉ^{55}fpo^{31}
DEM 河 CL TOP 怎么 多 说 也 五 CL 宽宽
kui^{31}.
有

070 他全家人我都熟悉。

tə^{31}gɑ^{24} tɑ^{55}qɑ^{24} wu^{55} min^{55} mə^{31}sie^{55} ɑ^{55} man^{24}sin^{55}.
3sg:GEN 一家 LOC 人 全部 1sg 认识

071 妈妈不会来了。妈妈还没回来。你别回去了。

mɑŋ^{55} ʒɿ^{24} ma^{31} qa^{55}. mɑŋ^{55} tiɛ^{24} min^{55} ʒɿ^{55}. ȵi^{24} tɑ^{31} ʃəuŋ^{55}.
妈妈 来 NEG 会 妈妈 还 NEG 来 2sg PROH 去:IMP

072 客人们都在悄悄地议论这件事。

wo^{31}min^{55} mə^{31}sie^{55}zʅ^{55} ȵɑŋ^{31}tʂhəu^{55}tʂhəu^{31} ti^{55} ʃɿ^{31} gɯ^{55} xiɛn^{55}xin^{31}
客人 大家 悄悄 DEM 事 TOP 议论
zəu^{55}.
ASP

073 你们究竟来了多少人?

ȵi^{31}zʅ^{55} thə^{31}dɑ^{55}dɑ^{31} tʃhɿ^{55}tshɛ^{31} xɑ^{31} jin^{55} si^{31}?
2pl 确定 多少 DIR 来 ASP

074 他不去也行，但你不去不行。

tə^{55}gɯ^{55} mɑŋ^{31} ʃɿ^{24} ʐe^{55} qa^{55} di^{24} ȵi^{24} mɑŋ^{31} ʃɿ^{55} mɑŋ^{55} qa^{55}.
3sg NEG 去 也 行 LNK 2sg NEG 去 NEG 行

075 这是我的衣服，那是你的，床上摆着的是人家的。

tə^{55}gɯ^{55} ɑ^{55} tsiəŋ^{31}gui^{55} də^{31} o^{55}tə^{55}gɯ^{55} nɑŋ^{55} də^{31} ɖan^{55}
DEM:PROX 1sg:GEN 衣服 是 DEM:DIST 2sg:GEN 是 床
to^{55} sta^{55} gɯ^{31} min^{55}zɑ^{31} də^{31}.
LOC 在 TOP 人家:GEN 是

076 猎人打死了兔子。/ 猎人把兔子打死了。/ 兔子被猎人打死了。

ȵe^{31}ʃtʃie^{55}min^{31} ɬu^{31}tsɿ^{55} thə^{31} suɛ^{31} si^{55}. ȵe^{31}ʃtʃie^{55}min^{31} gue^{31}je^{31} ɬu^{31}tsɿ^{55}
猎人 兔子 DIR 杀死 ASP 猎人 AGT 兔子

thə^{31} suɛ^{31} si^{55}. ɬu^{31}tsɿ^{55} ȵe^{31}ʃtʃie^{55}min^{31} gue^{31}je^{31} thə^{31} suɛ^{31} si^{55}.

DIR 杀死 ASP 兔子 猎人 AGT DIR 杀死 ASP

077 他给了弟弟一支笔。

tə^{31}gue^{24}je^{31} kun^{24} tʃi^{31} pi^{24} tɛ^{31} stie^{31} thə^{31} khun^{31} si^{55}.

3sg:GEN 弟弟 DAT 笔 一 CL DIR 给 ASP

078 妈妈为我缝了一件新衣服。

mɑŋ^{55} je^{31} ɑ^{55} wɛ^{55}ʒɿ^{31} tsiəŋ^{31}gui^{55} ʃ̣ɿ^{55}ʃ̣ɿ^{31} ti^{55} tə^{55} ɖui^{55} si^{31}.

妈妈 AGT 1sg 为了 衣服 新 一 DIR 缝 ASP

079 学生们用毛笔写字。我用这把刀切肉。

dʐɿ^{31}dʐɿ^{31}tʂho^{31}min^{55} ʐe^{55}je^{31} mo^{31}pi^{24} gue^{31}je^{31} dʐɿ^{31}dʐɿ^{31} ɖʉ^{31} ʐəu^{55}.

学生 PL:AGT 毛笔 INST 字 写 ASP

ɑ^{55} ti^{55} ʐəu^{55} pɑ^{31} gue^{31}je^{31} ʃɿ^{55} ʈhei^{31} ʐəuŋ^{31}.

1sg DEM 刀 CL INST 肉 切 ASP

080 人们用铁锅做饭。

min^{55}ʐe^{31}je^{31} ʃ̣ən^{55}ʐɑ^{55} wu^{55} dzi^{55} dzu^{55}.

人们:AGT 铁锅 LOC 饭 做

081 树上拴着两匹马。

sin^{31}vbəuŋ^{55} khu^{55} ʒdʒyn^{31} tɛ^{55} phʐɿ^{31} xɑ^{31} guɛ^{31} si^{55}.

树 LOC 马 一 CL DIR 拴 ASP

082 水里养着各色各样的鱼。

tʃɿ^{55} wu^{55} tshəuŋ^{55}tshəuŋ^{24}ʂo^{55}tʃin^{31} dʒɿ^{55} tə^{55} ʃtʃəu^{31} si^{31}.

水 LOC 各种各色 鱼 DIR 养 ASP

083 桌子下躺着一只狗。

sɿ^{31}ʐɑ^{24} po^{55} tʃhn^{55} ti^{55} nə^{31} ʒɿ^{31} si^{31}.

桌子 LOC 狗 一 DIR 躺 ASP

084 山上到山下有三十多里地。

go^{31}qhu^{55} khu^{31} nəuŋ^{55} go^{31}ʈhɿ^{55} po^{55} nə^{31} pei^{55} səuŋ^{31} ʂɿ^{55}tuo^{55} li^{31}

山头 LOC ABL 山脚 LOC DIR 到 三十多 CL

kui^{55}.

有

085 哥哥比弟弟高多了。

pa^{31} gɯ^{55} kun^{24} to^{31} ta^{55} khə^{55} ʒdʒyn^{31} si^{31}.

哥哥　TOP　弟弟　COMPR　大　DIR　高　ASP

086　小弟跟爷爷上山打猎去了。

kun^{24}qɯ^{31}tsɛ^{24}　pu^{55}　ʐʅ^{31}dʒie^{31}　go^{24}　khu^{55}　n̥e^{31}ʃtʃie^{55}　ʃʅ^{31}　si^{31}.

小弟　爷爷　COM　山　LOC　打猎　去　ASP

087　今天、明天和后天都有雨，爷爷和奶奶都不能出门了。

pʉ^{55}n̥i^{31}　siɑŋ^{24}　qhu^{31}siɑŋ^{24}　gui^{55}　tʂhuŋ^{55}　qa^{31},　pu^{55}pu^{55}　nəuŋ^{31}　die^{55}die^{55}

今天　明天　后天　雨　下　ASP　爷爷　和　奶奶

no^{55}　khə^{31}　ʃʅ^{55}　mɑŋ^{55}　xɑŋ^{24}.

LOC　DIR　去　NEG　能

088　买苹果或香蕉都可以。

phin^{31}ko^{31}　ʂʉ^{55}　diɑ^{55}　sɑ^{55}ʒdʒəu^{31}　ʂʉ^{55}　tʃhʅ^{31}n̥i^{55}　ʐ̩e^{31}　qa^{55}.

苹果　买　LNK　香蕉　买　哪个　都　可以

089　哎呀！好疼！

ɑ^{55}yu^{55}!　kue^{31}　n̥i^{55}!

哎呀　很　疼

090　昨天丢失的钱找到了吗？

ʒ̣ə^{55}n̥i^{24}　thə^{31}　min^{55}　siɛ^{31}　ŋəuŋ^{55}　nə^{31}　phʐ̩ɛ^{55}　ɛ^{31}?

昨天　DIR　丢　ASP:PRT　钱　DIR　找到　QUES

091　他们早已经走了吧？

tə^{55}ʐʅ^{55}　ʈhəuŋ^{55}　thə^{31}　lo^{31}　si^{55}　qa^{55}?

3pl　早　DIR　去　ASP　FPRT

092　我走了以后，他们又说了些什么？

ɑ^{55}　ʃ̣ən^{55}　san^{31}　ʐʅ^{55}dʒie^{24}　tə^{55}ʐʅ^{55}　nə^{31}ji^{55}　mə^{55}də^{55}　tʃʅ^{31}　si^{31}?

1sg　走　ASP　之后　3pl　又　什么　说　ASP

093　叔叔昨天在山上砍柴的时候，看见一只大大的野猪。

puŋ^{24}puŋ^{31}　ʒ̣ə^{55}n̥i^{24}　pin^{24}　khu^{55}　sin^{31}　ʃtʃiɑ^{55}　dʐ̩ə^{31}　tʃhiɛ^{55},　phjɛ^{31}n̥e^{55}　ta^{55}

叔叔　昨天　山　LOC　柴　砍　时　TOP　野猪　大

ti^{55}　thə^{31}　tʃyn^{55}　si^{55}.

一　DIR　看见　ASP

094　藏族住在上游，纳西族住在下游。

zdu^{31}　gɯ^{55}　gan^{55}phje^{31}　dzin^{31}　ʐ̩əu^{31},　n̥ɑŋ^{31}min^{31}　gɯ^{55}　tʃhn̩^{31}phje^{55}　dzin^{55}

藏族　TOP　上游　住　ASP　纳西族　TOP　下游　住

ẓəu^{31}.

ASP

095 他不单会说，而且也很会做。

tə^{55}gɯ^{55} tʃʅ^{31} ẓe^{55} dẓuŋ^{31} ẓəu^{55} di^{24} dzu^{31} ẓe^{55} ko^{31} dẓuŋ^{55} ẓəu^{31}.

3sg 说 也 会 ASP LNK 做 也 很 会 ASP

096 是扎西留下，还是卡佳留下？

tṣɑ^{55}ʃi^{55} dzin^{55} ʃtʃiɛ^{55} khu^{31} diɑ^{31} khɑ^{31}tʃiɑ^{55} dzin^{55} ʃtʃiɛ^{55} khu^{31}?

扎西 住 CAUS 要 LNK 卡佳 住 CAUS 要

097 虽然我也不想去，但又不便当面说。

ɑ^{55} ẓe^{55} ʃʅ^{55} n̥in^{55}mɑŋ^{55}ʂʅ^{24}, di^{24} miɑŋ^{55}to^{31} tʃʅ^{31} phji^{55} mɑŋ^{31} ẓəu^{55}.

1sg 也 去 愿意：NEG LNK 当面 说 好 NEG ASP

098 因为我实在太累了，所以一点都不想去。

ɑ^{55} ko^{31} thə^{55} diu^{31} si^{31} nəuŋ^{24} tə^{31}ʈhʅ^{31} nəuŋ^{55} ʃʅ^{55} n̥in^{55}mɑŋ^{55}ʂʅ^{24}.

1sg 很 DIR 累 ASP LNK 一点 都 去 愿意：NEG

099 如果天气好的话，我们就收玉米去。

ɑ^{31}thɑ^{24} mə^{24}jin^{55} ẓəu^{55} ẓɑ^{31}tʃhiɛ^{55} ɑ^{55}ẓʅ^{55} ji^{55}tʃʅ^{24} ʃʅ^{31}ʃɛ^{55} qhɑ^{55} ʃʅ^{31}

LNK 天晴 ASP LNK 1pl 就 玉米 摘 去

ʃ̣ən^{31}.

ASP

100 我们现在多积肥，是为了明年多打粮食。

ɑ^{55}ẓʅ^{55} tiɛ^{24} ʒ̣ən^{24} xɑ^{55}ti^{31} nə^{31} vbu^{55} gɯ^{55} ʒ̣ə^{31}khəu^{55} pʉ^{31}ẓɑ^{24} xɑ^{55}ti^{31}

1pl 现在 肥 多 DIR 积累 TOP 明年 粮食 多

khə^{31} ʒʅ^{55} ʃtʃiɛ^{31} khu^{31} wɛ^{31}ʒʅ^{31} də^{31}.

DIR 来 CAUS 要 为了 是

第二节

话语材料

一　歌谣

吉祥歌

ʒɿ^{55},

来

来，

səuŋ^{31}　gɯ^{55}　ʒɿ^{24}.

三　TOP　来

（天地之初）诞生了三（样事物）啊。

bzʅ^{55}tʃɿ^{31} khə^{31} ʒɿ^{55},

江水　DIR　来

江水流了出来，

ʃie^{31}min^{55}　khə^{31}　tsho^{24},

神仙　DIR　跳舞

神仙开始跳舞（人类诞生），

ʃie^{31}　bzʅ^{55}tʃɿ^{31}　khə^{31}　ʒɿ^{55},

神仙　江水　DIR　来

神仙、江水诞生了，

fpi^{55} dә^{55} mu^{24},

规矩 DIR 开辟

规矩产生了，

ʃie^{31}min^{55} khә^{31} tsho^{24},

神仙 DIR 跳舞

神仙开始跳舞（人类诞生了），

li^{31}ʐu̥^{24} sta^{55}.

礼仪 有

礼仪产生了。

bʐ̥ʅ^{55}tʃʅ^{31} khә^{31} ʒʅ^{55},

江水 DIR 来

江水流了出来，

ɦan^{24} ʐ̥o^{55} ʃtʃhyɛ^{24},

黄金 聚 大海

（江水）汇聚成了黄金（一样珍贵的）大海，

ɦan^{24} ʐ̥o^{55} ʃtʃhyɛ^{24} wu^{55},

黄金 聚 大海 LOC

（江水）汇聚成的黄金（一样珍贵的）大海里面，

pɑ^{55}dzɑ^{31} sin^{31}.

吉祥 树

（大海之中生出了一棵）吉祥树。

pɑ^{55}dzɑ^{31} sin^{31} khu^{55},

吉祥 树 LOC

吉祥树上，

khә^{31} stuŋ^{55} bo^{55},

DIR 看 TOP

来看啊，

vbәuŋ^{55} bie^{55} khә^{31} stuŋ^{55},

树 LOC DIR 看

看（这一整棵）树，

vbәuŋ^{55} gɯ^{55} ʃtʃhei^{55}.

树 TOP 威武

树（的形象高大）威武。

bʐan^{31} bie^{55} khə^{31} stuŋ^{55},

根 LOC DIR 看

看（它的）树根，

kue^{55} gɯ^{55} tsi^{55}.

根结 TOP 稳

树结（扎根很深）啊稳稳当当。

ʈuɑ^{31} bie^{55} khə^{31} stuŋ^{55},

枝 LOC DIR 看

看（它的）树枝，

ʈuɑ^{31} ʐʅ^{55} ʒdʒye^{55}.

枝 PL 旺盛

树枝（生长得很）旺盛。

fpɑ^{31} bie^{55} khə^{31} stuŋ^{55},

叶子 LOC DIR 看

看（它的）叶子，

fpɑ^{31} ʐʅ^{55} ʒdʒye^{55}.

叶子 PL 旺盛

树叶（生长得很）旺盛。

sʉ^{31} bie^{55} khə^{31} stuŋ^{55},

果实 LOC DIR 看

看（它的）果实，

sʉ^{31} gɯ^{55} ɖue^{24}.

果实 TOP 累累

（树的）果实累累。

tɛ^{31} sʉ^{24} nə^{31} dze^{55} ʃie^{55} je^{31} dzʉ^{31},

一 果实 DIR 落 神仙 AGT 吃

第一颗果实（成熟）掉下来神仙吃，

ʃie^{55} je^{31} khə^{31} dzʉ^{31} ʃie^{55} thə^{55} ʒdʒyŋ^{31},①

神仙 AGT DIR 吃 神仙 DIR 拉肚子

① 本句以后的故事内容缺少音频。

神仙吃了神仙拉肚子，

si³¹n̥i⁵⁵ pɑ³¹dzɑ³¹ ʃie⁵⁵ ʒdʒyŋ⁵⁵ m̥in³¹.

青柏树 灶火 神仙 拉肚子 药

青柏树的灶火（是）神仙拉肚子的药。

nə⁵⁵ ʒdʒie²⁴ nə³¹ dze⁵⁵ tsin⁵⁵ gue³¹ dzʉ³¹,

二 CL DIR 落 山神 AGT 吃

第二颗掉下山神吃，

tsin⁵⁵ gue³¹ khə³¹ dzʉ⁵⁵ tsin⁵⁵ khə³¹ ʒdʒyŋ³¹,

山神 AGT DIR 吃 山神 DIR 拉肚子

山神吃了拉肚子，

si³¹dzəuŋ⁵⁵ mo⁵⁵dzəuŋ⁵⁵ tsin⁵⁵ ʒdʒyŋ³¹ m̥in³¹.

柏树烟 酥油烟 山神 拉肚子 药

柏树烟、酥油烟（是）山神拉肚子的药。

səuŋ³¹ ʒdʒie⁵⁵ nə³¹ dze⁵⁵ min⁵⁵ je³¹ dzʉ³¹,

三 CL DIR 落 人 AGT 吃

第三颗掉下人来吃，

min⁵⁵ je³¹ khə³¹ dzʉ²⁴ min⁵⁵ khə³¹ ʒdʒyŋ³¹,

人 AGT DIR 吃 人 DIR 拉肚子

人来吃了人拉肚子，

ʃtʃiɛ³¹n̥i⁵⁵ tʂho⁵⁵bɑ³¹ mə⁵⁵ ʒdʒyŋ³¹ m̥in³¹.

麦苗 庄稼苗 人 拉肚子 药

麦苗、庄稼苗（是）人拉肚子的药。

ʒdʒɛ⁵⁵ ʒdʒie²⁴ nə³¹ dze⁵⁵ ʒdʒyn²⁴ je³¹ dzʉ³¹,

四 CL DIR 落 马 AGT 吃

第四颗掉下马来吃，

ʒdʒyn²⁴ je³¹ khə³¹ dzʉ⁵⁵ ʒdʒyn³¹ khə⁵⁵ ʒdʒyŋ³¹,

马 AGT DIR 吃 马 DIR 拉肚子

马吃之后拉肚子，

ʒdʒiɛ³¹n̥i⁵⁵ ʒdʒiɛ⁵⁵bɑ³¹ ʒdʒyn³¹ ʒdʒyŋ⁵⁵ m̥in³¹.

青草 草苗 马 拉肚子 药

青草草苗（是）马拉肚子的药。

wɑŋ⁵⁵ ʒdʒie²⁴ nə³¹ dze⁵⁵ ʒdʒəuŋ⁵⁵ je³¹ dzʉ³¹,

五 CL DIR 落 绵羊 AGT 吃

第五颗掉下绵羊吃，

ʒdʒəuŋ^{55} je^{31} khə^{31} dzʉ^{55} ʒdʒəuŋ^{55} khə^{55} ʒdʒyŋ^{31},

绵羊 AGT DIR 吃 绵羊 DIR 拉肚子

绵羊吃了拉肚子，

bɛ^{55}ȵi^{31}bɛ^{55}bɑ^{31} ʒdʒəuŋ^{55} ʒdʒyŋ^{55} m̥in^{31}.

火后的青草苗 绵羊 拉肚子 药

火烧后（新长出来）的青草苗（是）绵羊拉肚子的药。

ʈhu^{31} ʒdʒie^{55} nə^{31} dze^{55} quɑ^{55} je^{31} dzʉ^{31},

六 CL DIR 落 牛 AGT 吃

第六颗掉下牛来吃，

quɑ^{55} je^{31} khə^{31} dzʉ^{55} quɑ^{55} khə^{55} ʒdʒyŋ^{31},

牛 AGT DIR 吃 牛 DIR 拉肚子

牛吃之后拉肚子，

mzʐɛn^{31}ȵi^{55} mzʐɛn^{55}bɑ^{31} quɑ^{55} ʒdʒyŋ^{31} m̥in^{31}.

青竹 竹笋 牛 拉肚子 药

青竹竹笋（是）牛拉肚子的药。

xiɛn^{31} ʒdʒie^{55} nə^{31} dze^{55} phjɑ^{24} je^{31} dzʉ^{31},

七 CL DIR 落 猪 AGT 吃

第七颗掉下猪来吃，

phjɑ^{24} je^{31} khə^{31} dzʉ^{55} phjɑ^{31} khə^{55} ʒdʒyŋ^{31},

猪 AGT DIR 吃 猪 DIR 拉肚子

猪吃之后拉肚子，

fpʉ^{55}phʐən^{31} fpʉ^{55}bɑ^{31} phjɑ^{31} ʒdʒyŋ^{55} m̥in^{31}.

白蒿 蒿苗 猪 拉肚子 药

白蒿蒿苗（是）猪拉肚子的药。

ʃ̣uɛ^{31} ʒdʒie^{55} nə^{31} dze^{55} ʐo^{55} je^{31} dzʉ^{31},

八 CL DIR 落 鸡 AGT 吃

第八颗掉下鸡来吃，

ʐo^{55} je^{31} khə^{31} dzʉ^{55} ʐo^{55} khə^{31} ʒdʒyŋ^{31},

鸡 AGT DIR 吃 鸡 DIR 拉肚子

鸡吃之后拉肚子，

ȵaŋ31ȵi55 ȵaŋ55bɑ31 zo̜55 ʒdʒyŋ31 m̥in31.

青菜 菜苗 鸡 拉肚子 药

青菜菜苗（是）鸡拉肚子的药。

ɣgɯ55 ʒdʒie24 nə31 dze55 sin31 gɑ55 bʉ31.

九 CL DIR 落 树 PRT CL

第九颗掉下（是留给）树的（一）份。

二 故事

1. 普米小姑娘头一个取水

ʒ̣ə31ȵi24 phzə̜n55 min55 dzin31 zɛ̜31 go24 khu55 phzə̜n55min55 ʃtʃi31 ti31 ʒ̣ə31

古时候 普米人 住 ASP:PRT 山 LOC 普米人 村 一 有

wu55 ʒ̣ɛ31ȵi31təuŋ55 ti55 ʃ̣ɿ31. ʒ̣ɛ31ȵi31təuŋ55 gɯ55 tə31zɑ̜ŋ24ȵi31 ti55: o55tʃhiɛ51

LOC 故事 一 有 故事 TOP 这样子 MOD 那时候

ti55 ʃtʃi55 wu55 mə55qɑ55 wu55 m̥in31 ti55 ʒ̣ə55 tʃɿ31də31 gɯ31 min55 zdəuŋ55,

DEM 村 LOC 人家 LOC 女儿 一 有 HRS TOP NEG 出嫁

nəuŋ24 tɛ55 ko24 mə55 ʂɿ55 wu31 ʃ̣ɿ24 to55 tʂhuŋ55 ɑ31nəuŋ24 tʃɿ55 tsie55 ʃɿ31

LNK 一 年 每 春节 LOC 来到 LNK 水 取 事

gɑ31 khəu55di31 ti31 ʃ̣ɿ31 tʃɿ31də31 gɯ31 tə31bɑ24 khu55 nəuŋ55 də31 mu31

PRT 风俗 一 有 HRS TOP 3sg:家:GEN LOC ABL DIR 流传

si55 tʃɿ55də31. ti55tə55gɯ55 o55ti55 ʃtʃi24 wu55 kɑ31kɯ55zɿ̜55 tʃɿ55ʃtʃhyɛ24 tʃɿ55quŋ31

ASP HRS 那个 DEM 村 LOC 最初 湖 池塘

tʃɿ55ta31 tʃɿ31qha55 mə55də31ʂɿ55 wu55 tʃɿ55 phji55 dzu̜ŋ55 ʒɿ31 zə̜u55 tʃɿ55də31,

河 水沟 全部 LOC 水 好 ADV 来 ASP HRS

nəuŋ24 ti55 ʃtʃi24 jɑ31ko55 ʃ̣ɿ31. zɿ̜55dʒie24 tɛ55 ko24 tʃhiɛ55 mə24 tə55 ȵəŋ31

LNK DEM 村 幸福 有 后来 一 年 时 天 DIR 干旱

nəuŋ31 ti55 ʃtʃi24 gɑ55 wu55 tʂho24 thə31 phjɑ24, tʃɿ55quŋ31 thə31 ɣgu55,

LNK DEM 村子 GEN LOC 庄稼 DIR 坏 池塘 DIR 干

tʃɿ31qha55 thə31 ɣgu55, tʃɿ31sie31tsʉ55 zɿ̜31 thə31 ɣgu31 nəuŋ55 tʃɿ55 thin55 ji31

水沟 DIR 干 小河 PL DIR 干 LNK 水 喝 NMLZ

min55 ʃ̣ɿ55. jin24 wu55 tʂho24 xɑ31 zdi31 si55 zɿ̜55 tə55 min55 ȵi55 tʂho24

NEG 有 地 LOC 庄稼 DIR 撒 ASP PL DIR NEG 生长 庄稼

phjɑ^{24} thə^{31} thəuŋ^{55} nəuŋ^{55} nə^{31} dʐu^{31} si^{55} tʃɿ^{55}də^{31}. nə^{31} dʐu^{31} gɑ^{55}
坏 DIR 完 LNK DIR 饥荒 ASP HRS DIR 饥荒 PRT

ʐɿ^{31} dʒie^{31} nəuŋ^{24} ȵəŋ^{24} min^{55} ʃɿ̣^{55}, tɛ^{55} ŋ̊ɑŋ^{24} nəuŋ^{24} ti^{55} tə^{31}bɑ^{24} m̥in^{31}
后面 LNK 办法 NEG 有 一 天 LNK DEM 3sg:家:GEN 女儿

gue^{55}je^{31} ʐuɛ^{31}ʂan^{55} tʂhə^{31}m̥in^{55} ʃɿ^{31} ʃei^{31} tʃɿ^{31} nəuŋ^{31} khə^{31} ʃɿ^{55} nəuŋ^{55} ʃuɛ^{55}ɛ^{31}.
AGT 远方 要饭 去 ASP 说 LNK DIR 去 LNK 这样子

ʐuɛ^{51} wu^{55} khə^{31} pei^{55} tʃhiɛ^{55} tʃɿ^{55}quŋ^{31} thə^{31} ɣgu^{31} si^{55} ti^{51} dʐə^{55} xɑ^{55}
路 LOC DIR 到 时 池塘 DIR 干 ASP DEM 处 DIR

pei^{55} tʃhiɛ^{55} mə^{31}stin^{55}ta^{55} ti^{31} tə^{31} ʒdʒyu^{31} nə^{31} ʃɿ^{31} nəuŋ^{31} mə^{55} wu^{55} tə^{55}
到 时 霹雳 一 DIR 震响 DIR 去 LNK 天 LOC DIR

dʒɿ^{55} pʉ^{31} ti^{31} pɑ^{31} tʃhiɛ^{55}ɛ^{31} mə^{55} khu^{55} ʃi^{55} gɯ^{55} ko^{31} ʃu^{55} ʈhə^{31}ʈhə^{55}
看 CONP 一 PRT 时 天 LOC 龙 TOP 很 好看 花的

tɛ^{31} stie^{31} nə^{31} ʒɿ^{31} si^{55} tʃɿ^{31}də^{31}. nəuŋ^{24} ti^{55} m̥in^{31} gɯ^{55} thə^{31} tʃhi^{55} nəuŋ^{31}
一 CL DIR 来 ASP HRS LNK DEM 姑娘 TOP DIR 吓 LNK

po^{55} thə^{31} jəuŋ^{55}jin^{55} nəuŋ^{31} mɑŋ^{31} nu^{31} thə^{31} dʐuŋ^{55} si^{31} tʃɿ^{31}də^{31}.
LOC DIR 摔倒 LNK NEG 听见 DIR 成 ASP HRS

从前，普米人住的山上有一个普米村，村里有一个故事。故事是这样的：那时候这村里有家人有一个女儿还没出嫁，每年春节到来的时候，有一个取水的风俗就是从她家流传开的。那个村子里最初湖里、池塘里、河里、水沟里，所有的水流都流淌着很多水，这个村子很幸福。后来有一年天旱，这村子里的庄稼都死了，池塘干了，水沟干了，小河都干了，没有喝的水了。地里撒的庄稼没长出来，死完了，（人们）闹饥荒了。闹饥荒之后没办法，有一天这家的女儿说要去远方要饭去。在路上的时候，到干了的池塘这里时，响起了一个霹雳，（她）往天上看了一下，天上下来了一条很好看的花龙。这个姑娘吓得晕倒在地，什么也听不见了。

tə^{55} ʃtʃhi^{55} nəuŋ^{31} bʉ^{55}di^{55}bʉ^{31}ɑŋ^{31} tə^{55} ʃtʃhi^{55} to^{51} khə^{31} pei^{55} ɛ^{31}tʃhie^{55}
DIR 醒 LNK 不清不楚 DIR 醒 LOC DIR 到 时

nə^{31}dʐo^{55} gɑ^{31} wu^{55} ʃi^{55} be^{55}je^{31} ȵi^{24} ʃɿ^{55} mɑŋ^{31} khu^{24}, ɛ^{31}ȵe^{55}je^{31} xu^{55}phje^{31}
耳朵 GEN LOC 龙 家:AGT 2sg 去 NEG 要 1sg:AGT 南方

tʃɿ^{55} gɑ^{55} wu^{55} nəuŋ^{55} bʐɿ^{55}tʃɿ^{31} ȵe^{31}tʃɿ^{55} wu^{55} nəuŋ^{55} tʃɿ^{55} gɯ^{55} xɑ^{31} jɛ^{24}
水 GEN LOC ABL 江水 海水 LOC ABL 水 TOP DIR 拿

nəuŋ^{55} stəuŋ^{31}san^{31}. ȵi^{31}ʐɿ^{55} tɑ^{51} ti^{55} ʃtʃi^{24} wu^{55} min^{55}ʐɿ^{31} tʃɿ^{55} ʐe^{55} thin^{31}
LNK ASP 2pl 现在 DEM 村 LOC 人们 水 也 喝

ji^{55} ʃ̣ɿ^{31} qa^{55}, n̥i^{31}bʉ^{55} z̩e^{31} tʃɿ^{55} ʃ̣ɿ^{31} qa^{55} tʃɿ^{55} nəuŋ^{31} ʃɿ^{55} min^{55} ʃtʃyɛ^{55}
NMLZ 有 ASP 2sg:家 也 水 有 ASP 说 LNK 去 NEG CAUS

nəuŋ^{31} xɑ^{31} tshuan^{31} si^{55} tʃɿ^{55}də^{31}. nəuŋ^{31} tə^{55} ʃtʃhi^{55} to^{31} khə^{31} pei^{55} nəuŋ^{31}
LNK DIR 拦 ASP HRS LNK DIR 醒 LOC DIR 到 LNK

sto^{55} nə^{31}ʃuɛ^{24} tʃhiɛ^{55}ɛ^{31} tʃɿ^{55}quŋ^{31} wu^{55} ti^{55} ʃi^{55} gɑ^{55} tʃhie^{55}tʃhie^{31}
看 这样子 时 池塘 LOC DEM 龙 GEN 周围

tʃɿ^{31}ɬu^{31}tsɿ^{55} tʂɿ^{55}ʒɿ^{24} m̥ə^{24} tʃɿ^{55} bjəu^{24} ʒɿ^{31} z̩əu^{55} tʃɿ^{55}də^{31}. nəuŋ^{24} ti^{55} m̥in^{24}
水泡 往上 吹 水 冒 来 ASP HRS LNK DEM 姑娘

o^{55}tʃhiɛ^{51} tə^{55} ʃtʃhi^{55} thə^{31} dɑ^{55}dɑ^{31} nəuŋ^{31} pei^{51} nəuŋ^{24} ti^{55} tʂhə^{31}m̥in^{55}
那时 DIR 醒 DIR 清楚 LNK 到 LNK DEM 要饭

min^{55} ʃɿ^{55} tʃɿ^{31}də^{31}. min^{55} ʃɿ^{55} z̩ɿ^{55}dʒie^{24} nəuŋ^{24} ti^{55} ʃtʃi^{31} gɯ^{55} tʃiu^{55} tə^{55}
NEG 去 HRS NEG 去 之后 LNK DEM 村 TOP 就 一

ko^{24} mə^{55}ʂɿ^{55} tʃɿ^{55} z̩e^{51} ji^{31} z̩əu^{55}, pʉ^{31}z̩a^{31} z̩e^{55} phji^{55} z̩əu^{55}, bʒɿ^{31}ʒdʒi^{55} z̩ɿ^{31}
年 每 水 也 够 ASP 粮食 也 好 ASP 家畜 PL

z̩e^{31} phji^{55} z̩əu^{55}, n̥əŋ^{55}n̥i^{55}tʂəuŋ^{31}tʂə^{55} z̩ɿ^{55} z̩e^{31} mɑŋ^{31} ʃ̣ɿ^{31} tʃɿ^{55}də^{31}.
也 好 ASP 病病痛痛 PL 也 NEG 有 HRS

（这姑娘）迷迷糊糊醒过来的时候，耳朵里（听到）龙说："你不要去，我已经从南方的水里，从江水、海水里把水取来了。你们现在这村子里的人们将有喝的水，你家也将有水。"（龙）拦住（这）姑娘不让她去（讨饭）了。（姑娘）醒的时候看到池塘里这条龙的周围，水泡在往上吹，水在冒出来。那时候这姑娘清醒了，就没去要饭了。没去之后呢，这村子就每年水都够（用）了，粮食也（长得）好，家畜也（养得）好，也没有任何病痛。

nəuŋ^{24} ti^{55} phz̩ən^{55}min^{55} be^{31}je^{31} tɛ^{55} ko^{24} mə^{55}ʂɿ^{55} wu^{31}ʃ̣ɿ^{24} to^{55}
LNK DEM 普米 家:AGT 一 年 每 春节 LOC

wu^{31}ʃ̣ɿ^{31}ɬi^{55} gɑ^{31} tə^{55}dʒi^{55} tɛ^{55} n̥in^{31} gɑ^{55} wo^{24}sin^{55} tə^{55} qɑ^{31} mə^{55}ʂɿ^{55}
正月 GEN 第 一 天 GEN 早晨 一 家 每

n̥i^{55}gɑ^{31}n̥i^{55} m̥in^{24} tʃi^{31} ʃtʃiɛ^{55}ʈhʉ^{31} ɛ^{31} tʃɿ^{55} qhu^{55} tsie^{55} ʃɿ^{31} ʃtʃiɛ^{31} z̩əu^{31}
各自 女儿 DAT 清晨 PRT 水 头 取 去 让 ASP

tʃɿ^{31}də^{31}. tʃɿ^{55} qhu^{55} tsie^{31} ʃɿ^{31} dz̩ə^{55}ɛ^{31} ʃ̣ɛ^{31}diu^{55} dz̩ə^{24} thin^{31}ji^{55} də^{31} ʒdʒɑ^{55}
HRS 水 头 取 去 时 香 茶 酒 DIR 带

nə^{31}nəuŋ^{24} po^{55} ɬo^{31} ti^{55} sɿ^{31} xɑ^{31} tsiu^{55}, na^{24} tʃɿ^{55}quŋ^{31} wu^{55} xɑ^{31} tʃi^{24}
之后 LOC 额头 一 先 DIR 磕 奶 池塘 LOC DIR 给

nəuŋ^{24}nəuŋ^{31} tʃɿ^{55} ʃtʃhin^{55} ẓəu^{31} tʃɿ^{31}də^{31}. tʃɿ^{55} tə^{55} ʃtʃhin^{55} nəuŋ^{31} tɑ^{31}tɑ^{55}
LNK 水 舀 ASP HRS 水 DIR 舀 LNK 木桶

wu^{55} tʃɿ^{55} tɛ^{55} phẓɿ^{31} xɑ^{31} jɛ^{24} ɛ^{55}tʃhiɛ^{51} tə^{55} ko^{31} gɑ^{55} wu^{55} tə^{55} qɑ^{31}
LOC 水 一 双 DIR 带 时 一 年 GEN LOC 一 家

gue^{55}je^{31} tə^{31} ʒdʒiu^{55} ẓəu^{55} tʃɿ^{31}də^{31}. pɛ^{31}tsɿ^{55} ẓe^{31} tə^{55} pɛ^{55}, siɑ^{31}sʉ^{55} nə^{31}
AGT DIR 保佑 ASP HRS 花 也 DIR 开 果实 DIR

dẓue^{24}, lyu^{55}phẓən^{31} tə^{55} pa^{55} sɑ^{55}ʒdʒəu^{24} khə^{31} fpəu^{55} ẓəu^{55} tʃɿ^{31}də^{31}. tṣho^{31}
结果 杉树 DIR 茂盛 芭蕉 DIR 宽 ASP HRS 庄稼

ẓɿ^{55} phji^{55}, bʒɿ^{31}ʒdʒi^{55} ẓe^{31} phji^{55}, tə^{55} tshəuŋ^{24} mə^{55}ṣɿ^{55} khu^{55} nə^{31} ʒ̣ɑ^{55},
PL 好 家畜 也 好 一 CL 每 LOC DIR 丰收

ȵəŋ^{55}ȵi^{55}tṣəuŋ^{31}tṣə^{55} mɑŋ^{31} ʃ̣ɿ^{31} tʃɿ^{55} nəuŋ^{31} khəu^{55}di^{31} ti^{31} nə^{31} pɑ^{31} nəuŋ^{31}
病病痛痛 NEG 有 说 LNK 风俗 一 DIR 成 LNK

o^{55}ti^{55} di^{31}ʒɿ^{31} ẓɛ^{31}tʃhiɛ^{55} phẓən^{55}min^{55} ẓɿ^{31} tə^{55} qɑ^{24} mə^{55}ṣɿ^{55} wu^{31}ʃ̣ɿ^{31} gɑ^{55}
DEM 以后 时 普米人 PL 一 家 每 春节 GEN

tə^{55}dʒi^{55} tɛ^{55} n̥in^{24} wo^{24}sin^{24} mə^{31}sie^{55}ẓɿ^{55} tə^{31}ẓɑŋ^{24}ȵi^{31} pʉ^{31} nəuŋ^{31} tʃɿ^{55} qhu^{55}
第 一 天 清晨 大家 这样 做 LNK 水 头

tsie^{31} ʃɿ^{31} ẓəu^{31} tʃɿ^{31}də^{31}.
取 去 ASP HRS

（从此）这普米人家每年春节的正月初一早晨，每家各自让女儿大清早去取（一年中的）头（一趟）水。去取头（一趟）水时，带上香、茶、酒，然后先在下面（池塘处）磕一个头，（带来的羊）奶倒进池塘，就（开始）舀水。舀了水，木桶里的一挑水带回家时，（姑娘家）一家人在一年里都会（受龙的）保佑。花儿盛开，果实累累，杉树繁茂，芭蕉（叶）宽阔。庄稼（长得）好，家畜（养得）也好，每一样都丰收，病痛都没有了，（取头水）成了（普米人的）一个风俗。从那以后每一家普米人在春节第一天的清晨都这样做，去取头一趟水。

2. 大古梅村名的故事

tʃhɿ^{55}pẓɿ^{24} ʃtʃi^{31} man^{55} ti^{55} gɑ^{55} khu^{31} ʒ̣ɛ^{31}ȵi^{31}təuŋ^{55} ti^{55} ʃ̣ɿ^{31}, ʒ̣ɛ^{31}ȵi^{24}
大古梅 村 名 一 GEN LOC 故事 一 有 古时候

tʃhɿ55pzʅ24 pa31 ʒ̣a55bɑ31 po55pu31 gɯ55 ʒ̣ə31gəu55 nəuŋ55 nə31 ʒɿ55 lɑ31bɑ55bzʅ55tʃɿ31
大古梅 班让家:GEN 祖先 TOP 丽江 ABL DIR 来 金沙江

to55 dzyn55 si31 tʃɿ31də31. o55to55 dzyn51 tʃhiɛ55 tə55bʉ55 səuŋ31 pɛ55tʂən31
LOC 住 ASP HRS 那上面 住 时 3sg:家 三 兄弟

ʒ̣ə31 tʃɿ31də31, ti55 səuŋ31 pɛ55tʂən31 wu55 pa24ta55 ti55 gɯ31 nə31 ʒɿ55 nəuŋ31
有 HRS DEM 三 兄弟 LOC 大哥 一 TOP DIR 来 LNK

tʃhɿ31phjie55 ʒdʒi31 ɬi31 ʒɿ55 bʒɿ31ʒdʒi55 bʒɿ31ʃtʃəu55ʒdʒi31ʃtʃəu55 si55 tʃɿ31də31.
下边 牲畜 放 来 家畜 喂养牲畜 ASP HRS

nəuŋ24 zʅ55dʒie24 ti55 ʒdʒi24 ɬi55 ʃɿ55 nə31ʃuɛ24ɛ31 pin24 khu55 ti55 quɑ55
LNK 后来 DEM 牲畜 放牧 去 这样子 森林 LOC DEM 牛

gɯ55 tɛ55 n̥in24 mə55ʂɿ55 ti24 thə31 min55 ẓəu31 tʃɿ31də31, nəuŋ24 ti55 thə31
TOP 一 天 每 一 DIR 不见 ASP HRS LNK DEM DIR

min55 siɛ31 ti31 gɯ55 mə55ʃtʃie55 mə55ʃtʃie55 nə31 ʃɿ31 ẓe31 phẓɛ55 mɑŋ31 ẓəu55.
不见 ASP 一 TOP 找 找 DIR 去 也 找到 NEG ASP

tɛ55 xkɑ31 ti55 dẓuŋ55 ẓɑ31tʃhiɛ55 quɑ31 tʂho55 ti55 nə31 phẓɛ31 nəuŋ31,
一 CL MOD 经过 时 牛 脚印 一 DIR 找到 LNK

nəuŋ24 ti55 quɑ31 tʂho55 zʅ31dʒie31 ʃtʃhyo24 tsɑ31 ʃɿ55 ʒɿ55 ʒɿ55 ti55 tʃhɿ55pzʅ24
LNK DEM 牛 脚印 后面 跟踪 仅 去 来 来 DEM 大古梅

tiɛ24ti55 ʃtʃi31 gɑ55 din24 to55 xɑ31 pei55 ẓɑ31tʃhiɛ55 pin31n̥ɑŋ31 ta55 ti55
现在 村 GEN 地方 LOC DIR 到 时 原始森林 大 MOD

tʃɿ31də31 gɯ31 ti55 quɑ55 gɯ55 pin31 qo24 wu55 xkuan55 ti55 diəŋ31 dẓə55
HRS TOP DEM 牛 TOP 森林 中间 LOC 平坝 一 有 边

tʃɿ55quŋ31 ti31 diəŋ31 wo24ti55 tʃɿ55quŋ31 dẓə31 nə31 ʒɿ31 si55 tʃɿ55də31. nəuŋ24
池塘 一 有 DEM 池塘 边 DIR 睡 ASP HRS LNK

tʂə55mie55 n̥ye55 nə31ʃuɛ24ɛ31 tɛ55 n̥in24 mə55ʂɿ55 ti55 quɑ55 gɯ55 thə31 min55
家里 赶 这样子 一 天 每 DEM 牛 TOP DIR 不见

ẓəu31 tʃhɿ31 ʃtʃyu55 xɑ31 ʒɿ31 ẓe31 wo24dẓə55 nə31 ʒɿ31 ẓəu55 tʃɿ55də31. nəuŋ24
ASP 儿 VCL DIR 来 又 那里 DIR 睡 ASP HRS LNK

zʅ55dʒie24 nə31 sʉ55zdʉ31 ti31 pɑ55 ti55 din31 gɯ55 siɑ55 phji55 ti31 tʃɿ31
后面 DIR 想 一 做 DEM 地方 TOP 地基 好 MOD 说

nəuŋ31 nə31ji55 xɑ31 ʃɿ55 nəuŋ55 pɛ31tʂən31 zɿ55 po55 ʃtʃyɛ31ʃtʃy31 nəuŋ55
LNK 再 DIR 去 LNK 兄弟 PL LOC 商量 LNK

ʃuɛ^{24}ɛ^{31},　di^{31}　ʐe^{55}je^{31}　qa^{55}　tʃʅ^{55}　nəuŋ^{31}　thə^{31}dɑ^{55}dɑ^{31}　si^{31}　tʃʅ^{31}də^{31}.
这样子　别的　AGT　好　说　LNK　明确　ASP　HRS

（关于）大古梅的村名有一个故事。古时候大古梅村班让家的祖先从丽江下来（到）了金沙江（边）住。在那儿住的时候他家有三兄弟，这三兄弟里面的大哥下来（到）了下边，来放牲畜，(就在那儿固定下来）喂养牲畜。后来去放牧牲畜期间，在森林里这（些）牛（中间的）一头每一天都会不见（一段时间），不见的这一（头牛）去找啊找也找不到。过了一段时间之后，(他）找到了一个牛脚印，就跟着牛脚印去（找），走啊走，来到了这个大古梅村现在所在的地方，发现（这里是一个）大原始森林的样子，森林中间有一个平坝，(平坝）边上有一个池塘，这牛啊就睡在那池塘边。赶回家后这牛（还是）每天不见，每次（不见都是）又回到那里睡下。后来（大哥）想了一下（觉得）这地方风水好，再转回去跟兄弟们商量，别的兄弟们都说好，(就这样）决定（搬去）了。

nəuŋ^{24}　xɑ^{31}　dʒy^{31}　nəuŋ^{55}　ʒdʒi^{24}　xɑ^{31}　ʐun^{55}　ti^{55}　din^{24}　to^{55}　mə^{55}qɑ^{55}
LNK　DIR　转回　LNK　家畜　DIR　赶　DEM　地方　LOC　人家

pɑ^{31}　nəuŋ^{31}　dzyn^{55}　si^{55}　tʃʅ^{31}də^{31}.　nəuŋ^{24}　ti^{55}　tʃʅ^{55}quŋ^{31}　dʐə^{55}　ʃtʃu^{55}vbəuŋ^{55}
做　LNK　住　ASP　HRS　LNK　DEM　池塘　边　酸梅树

ta^{31}　ti^{31}　diəŋ^{31}　gɯ^{31}　ʒdʒie^{55}　ʐe^{31}　ta^{55}　vbəuŋ^{55}　ʐe^{55}　ʃtʃhei^{55},　phji^{55}　tɛ^{55}
大　一　有　TOP　果子　也　大　树　也　高大　好　一

vbəuŋ^{31}　ʒ̣ə^{31}n̥i^{31}　sin^{55}　tɛ^{31}　vbəuŋ^{31}　tʃʅ^{31}də^{31}.　nəuŋ^{24}　ʐʅ^{55}dʒie^{24}　ti^{55}　din^{31}
CL　古代　树　一　CL　HRS　LNK　后面　DEM　地方

man^{55}　gɯ^{55}　mə^{55}də^{55}　man^{31}　pʉ^{31}　ʐəu^{31}　tʂɑ^{55}mɑŋ^{31}ʃ̣ʅ^{24},　nəuŋ^{24}　n̥i^{55}n̥ɑŋ^{31}　nə^{31}
名字　TOP　什么　叫　CONP　ASP　知道:NEG　LNK　3sg:REFL　DIR

nə^{31}　sʉ^{55}zdʉ^{31}　ti^{31}　pɑ^{31}　nə^{31}ʃuɛ^{55}ɛ^{31},　ti^{55}　din^{24}　ʃtʃu^{55}vbəuŋ^{55}　gɯ^{31}　tə^{31}　ʈun^{55}
DIR　想　一　做　这样子　DEM　地方　酸梅树　TOP　DIR　想到

nəuŋ^{31}　ʃtʃu^{55}vbəuŋ^{55}　khu^{55}　xɑ^{31}　dʒʅ^{31}　pɑ^{55}　nəuŋ^{31}　man^{55}　khun^{55}　si^{31}　tʃʅ^{31}də^{31}.
LNK　酸梅树　LOC　DIR　望　CONP　LNK　名字　给　ASP　HRS

nəuŋ^{24}　ʃtʃu^{55}vbəuŋ^{55}　gɯ^{31}　khu^{55}　sto^{55}　nəuŋ^{31}　man^{55}　gɯ^{55}　tʃhʅ^{55}pʐʅ^{24}　tʃʅ^{55}
LNK　酸梅树　TOP　LOC　看　LNK　名字　TOP　大古梅　说

nəuŋ^{31}　man^{55}　ti^{55}　thə^{31}　tʃhyn^{31}　si^{31}　tʃʅ^{55}də^{31}.　nəuŋ^{24}　ʐʅ^{55}dʒie^{24}　nəuŋ^{24}　tʃʅ^{31}
LNK　名字　一　DIR　给　ASP　HRS　LNK　后面　LNK　说

gɑ^{55}　tʃʅ^{31}　khɑ^{24}　thə^{31}　man^{31}　ʂan^{55}　si^{55}　tʃʅ^{31}də^{31},　thə^{31}　man^{31}　ʂan^{55}　nə^{55}ʂɛ^{24}ɛ^{31}
PRT　说　时间　DIR　取名　长　ASP　HRS　DIR　取名　长　这样子

nəuŋ^{31}　ti^{55}　ʃtʃu^{55}vbəuŋ^{55}　gɯ^{31}　lɑ^{31}xɑ^{55}　khə^{31}　ta^{55},　ʒdʒie^{55}　ʐe^{31}　lɑ^{31}xɑ^{31}

LNK DEM 酸梅树 TOP 更加 DIR 大 果实 也 更加

khə^{31} ta^{55} si^{55} tʃɿ^{31}də^{31}. nəuŋ^{24} lɑ^{31}xɑ^{55} gəu^{31} pɑ^{31} nəuŋ^{55} wu^{55}dz̢ə^{55}

DIR 大 ASP HRS LNK 更加 高兴 CONP LNK 那里

dzyn^{55}, bʒɿ^{31}ʒdʒi^{55} z̢e^{31} bɛ^{55} z̢əu^{55}, min^{55} z̢e^{31} ȵəŋ^{55}ȵi^{55} mɑŋ^{31} ʃɿ̣^{24},

住 牲畜 也 繁殖 ASP 人 也 病 NEG 有

tʂəuŋ^{31}tʂə^{55} mɑŋ^{31} ʃɿ̣^{24}, phji^{55} z̢əu^{55} tʃɿ^{31}də^{31}, ʒdʒin^{55}do^{31}ɦa^{31}do^{24} z̢ən^{31}ȵi^{55}

痛 NEG 有 好 ASP HRS 冰雹狂风 传染病

tə^{55}z̢ɑŋ^{51}ȵi^{31} z̢e^{31} ʒɿ^{24} mɑŋ^{31} z̢əu^{55}, siɑ^{31}sʉ^{55} z̢ɿ^{55} nə^{31} dz̢ue^{24}, tʂho^{31} z̢ɿ^{55}

这样的 也 来 NEG ASP 果实 PL DIR 结果 庄稼 PL

ko^{31} phji^{55} z̢əu^{31} tʃɿ^{31}də^{31}.

很 好 ASP HRS

于是（他们）转回（大古梅所在地）把家畜也赶了回去，在这个地方做居民住下了。这池塘边上有一棵大大的酸梅树，果实也大，树也高大，（是）一棵很好的古树。后来这地方的名字啊叫什么（他们也）不知道，（大哥）他自己想了一下，想到了酸梅树，（他）看着酸梅树给（村子取了）名字。（他）看着酸梅树取的名字叫“大古梅”，（就是这样）取了一个名字。后来说的时间长了，取名时间长了，取名之后（长时间之后）很久，这酸梅树更加大了，果实也更大了。（他们）更开心地住在那儿，牲畜也兴旺，人病也没有，痛也没有，好得很，也没有发生冰雹狂风、传染病这样的（灾害），果实累累，庄稼也很好。

nəuŋ^{24} z̢ɿ^{55}dʒie^{24} ti^{55} min^{55} gue^{31}je^{31} ti^{55} din^{31} man^{55} gɯ^{55} tʃiu^{55}

LNK 后面 DEM 人 AGT DEM 地方 名字 TOP 就

tə^{31}gɑ^{24} khɑ^{55} to^{31} khə^{31} ʃtʃy^{31} nəuŋ^{55} thə^{31} dʒi^{24} ȵi^{55}ȵɑŋ^{31} pɛ^{55}tʂən^{31}

3sg:GEN 说法 LOC DIR 摆 LNK DIR 转回 3sg:REFL:GEN 兄弟

z̢ɿ^{55} tʃi^{55} ti^{55} din^{31} man^{55} gɯ^{55} tʃhɿ^{55}pz̢ɿ^{24} man^{55} wo^{24}ȵi^{55} tʃɿ^{55} nəuŋ^{31}

PL DAT DEM 地方 名字 TOP 大古梅 叫 那样 说 LNK

ɬie^{55}fpi^{55} ti^{31} khə^{31} ʃtʃy^{31} nəuŋ^{31} o^{31}tə^{31}gɑ^{24} z̢ɿ^{55}dʒie^{24} tʃhiɛ^{55} tiɛ^{31} to^{55} ɛ^{31}

风俗 一 DIR 立 LNK 那里:PRT 后面 时 现在 LOC DIR

pei^{55} ti^{55} tɛ^{55} ʃtʃi^{24} wu^{55} ɛ^{31} din^{31} man^{55} tiɛ^{24} tʃiu^{55}ʂɿ^{55} tʃhɿ^{55}pz̢ɿ^{24} tʃɿ^{55}

到 DEM 一 村 LOC PRT 地方 名字 现在就是 大古梅 说

z̢əu^{31}. nəuŋ^{24} ti^{55} ʃtʃi^{31} gɑ^{55} man^{55} gɑ^{55} ʒɛ̣^{31}ȵi^{31}təuŋ^{55} gɯ^{55} tʃiu^{55}

ASP LNK DEM 村子 GEN 名字 GEN 故事 TOP 就

tə^{31}z̢ɑŋ^{24}ȵi^{31} ti^{55}.

这样 MOD

后来这个地方的名字就按（大哥）这个人的说法定了，（他）转回去跟他的兄弟们说这地方的名字（就）叫“大古梅”。在那之后直到现在，这一个村子的地名现在就叫作“大古梅”。这村名的故事就是这样。

3．金山和银山

ŋəuŋ55go55 ɦan55go55 tʃʅ31 nəuŋ31 tə31gɑ24 ʒ̣ɛ31ȵi31təuŋ55 ti55 ʃ̣ʅ31. ti55
银山 金山 说 LNK 3sg:GEN 故事 一 有 DEM

ʒ̣ɛ31ȵi31təuŋ55 gɯ55 ʒ̣ɛ31ȵi31 ʒ̣ɛ31ȵi31 tʃhiɛ55 də31wu55 ʒ̣ɛ31gəu55 mu24tʃiɑ55
故事 TOP 从前 从前 时 这里面 丽江 木家

be31je31 nə31 ʒʅ55 nəuŋ31 ti55 go24 wu55 ŋəuŋ55 ʈʉ55 ʒʅ31 si31 tʃʅ31də31.
家:AGT DIR 来 LNK DEM 山 LOC 银子 挖 来 ASP HRS

ti55 go31 gɯ55 tiɛ24 man55 gɯ55 tshɛ55ŋɑŋ55 tʃʅ31 ʐəu31 ti24, ʃye24mən31khan31
DEM 山 TOP 现在 名字 TOP 才昂 说 ASP 一 雪门坎

tʃʅ31 ʐəu31 ti24, tɛ55 phʐʅ31 gɯ55 m̥in31 tɛ55 pɛ31tʂən31 tʃʅ31də31. nəuŋ24 ti55
说 ASP 一 一 CL TOP 姑娘 一 姐妹 HRS LNK DEM

ʒ̣ɛ31gəu55 be31je31 ti55 go24 wu55 ŋəuŋ55 ʈʉ55 ʒʅ31 ʐɑ31tʃhiɛ55 ɛ31 ŋəuŋ55
丽江 家:AGT DEM 山 LOC 银子 挖 来 时 TOP 银

ə31 phʐɛ55 si55 tʃʅ31də31, ŋəuŋ55 nə31 phʐɛ55 ʐɑ51tʃhiɛ55 ɛ31 tɛ55 xkɑ31 ti55
DIR 找到 ASP HRS 银子 DIR 找到 时 TOP 一 CL MOD

tɛ31 ȵi31 ko55 ti31 dʐuŋ24 ɛ31 din31mə55din31 wu55 ɛ55 min55 gɯ31 nə31
一 两 年 MOD 经过 FPRT 所有地方 LOC PRT 人 TOP DIR

tʂɑ31ʃ̣ʅ55 thə31 nu55nəuŋ31. ko31 ʂan55 ʐuɛ31 ʐɑ55 khu55 ɛ31 ŋəuŋ55 bəuŋ55
知道 DIR 听说 很 远 路 PL:GEN LOC PRT 银子 有

min31ʐe31je31 mə31sie55 xɑ31 ʒʅ55 nəuŋ31 ti55 go31 gɑ55 wu55 ŋəuŋ55 ʈʉ55
人们:AGT 全部 DIR 来 LNK DEM 山 GEN LOC 银子 挖

ʒʅ31. ʐʅ55dʒie24 ŋəuŋ55 ʈhʅ55 khə31 ʒʅ55 tʃhiɛ55 ɛ31 mə55 ʈhʅ31 ʐe31 tə55 ʒʅ31.
来 后来 银子 多 DIR 来 时 TOP 人 多 也 DIR 来

əuŋ24 ti55 go24 khu55 tʃiu55 tʃiu55ti55 tʃiu55 ti55 ŋəuŋ55 gɯ55 dzu31 nəuŋ55

LNK　DEM　山　LOC　就　就地　就　DEM　银子　TOP　做　LNK

tɛ^{55}　ʒdʒie^{24}　tɛ^{55}　ʒdʒie^{31}　thə^{31}　dzu^{55}　nəuŋ^{31}nəuŋ^{24}　ʒdʒyn^{31}　təuŋ^{55}bu^{31}　to^{55}

一　CL　一　CL　DIR　做　LNK　马　骡子　LOC

xɑ^{31}　ʃtʃiɛ^{55}　nəuŋ^{55}　ʒɛ̣^{31}gəu^{55}　ʒdʒɑ^{31}　nəuŋ^{55}　tin^{55}min^{55}　bɑ^{31}　wu^{55}　ʒdʒɑ^{31}

DIR　驮　LNK　丽江　带　LNK　富人　家:GEN　LOC　带

nəuŋ^{55}　ʐɿ^{55}ze^{55}　ʐəu^{31}　tʃɿ^{31}də^{31}.

LNK　收藏　ASP　HRS

有一个金山银山的故事。这故事啊，（说的是）很久很久以前，这里丽江木家下来这山里来挖银子。这山现在的名字一座叫“才昂（山）”，一座叫“雪门坎”，这两座雪山是一对姐妹山。这丽江（木）家来这山里挖银子的时候挖到了银子，银子挖到了之后，过了一段时间的样子，（大概）几年的样子，所有地方的人都知道或者听说了。很远地方的有钱人都来这山里面来挖银子。后来银子挖得多时，人也来得（更）多。（人们）在山上就地把银子炼成一个一个的（银块）。然后用马、骡子驮着带回丽江富人的家里面收藏起来。

ʐɿ^{55}dʒie^{24}　nəuŋ^{31}　tɛ^{31}ʈhɿ^{24}　ʐɿ^{31}dʒie^{31}　tɛ^{31}ʈhɿ^{24}　din^{31}mə^{55}din^{31}　wu^{55}　ɛ^{55}

后来　LNK　一点　后面　一点　所有地方　LOC　PRT

min^{55}ʐɿ^{31}　xɑ^{31}ʒɿ^{31}ɛ^{31}ʒɿ^{55}　nəuŋ^{31}　mə^{55}ʈhɿ^{31}　thə^{31}　ʒɿ^{55},　go^{24}　xɑ^{31}　ʈua^{31}　nəuŋ^{55}

人们　都来　LNK　人数　DIR　多　山　DIR　挖　LNK

guŋ^{55}　khə^{31}tie^{24}　mɑŋ^{31}　ʃɿ̣^{31}　thə^{31}　dʐuŋ^{31}　nəuŋ^{31}　ʂɛ^{24}ɛ^{31}.　ti^{55}　go^{31}　gɯ^{55}

LOC　某样　NEG　有　DIR　成　LNK　这样　DEM　山　TOP

m̥in^{31}pɛ^{31}tʂən^{31}　zan^{31}　pa^{31}　gɯ^{55}　ɦan^{24}　go^{55}　də^{31},　kun^{31}　gɯ^{55}　ŋəuŋ^{55}　go^{55}

姐妹　DL　姐姐　TOP　金　山　是　妹妹　TOP　银　山

də^{31}　tʃɿ^{31}də^{31}.　nəuŋ^{24}　ti^{55}　kun^{31}　gue^{55}je^{31}　tɛ^{55}　n̥ɑŋ^{24}　pa^{24}　tʃi^{31}　pa^{24}pa^{31}

是　HRS　LNK　DEM　妹妹　AGT　一　天　姐　DAT　姐姐

ɑ^{55}　dʐɿ^{24}　ȵi^{55}　mə^{55}də^{55}　pʉ^{31}　khu^{31}　tʃɿ^{31}　nəuŋ^{31}　zduɛ^{31}　si^{55}　tʃɿ^{55}də^{31}.

1sg:GEN　腰　痛　怎么　办　要　说　LNK　问　ASP　HRS

zduɛ^{31}　nə^{55}ʃuɛ^{31}　tʃhiɛ^{55}　pa^{31}　gue^{55}je^{31}　ȵi^{24}　dʐɿ^{24}　ȵi^{55}　tʃiɛ^{55}ɛ^{31}　ɑ^{55}　khu^{55}

问　这样子　时　姐姐　AGT　2sg　腰　痛　时　1sg:GEN　LOC

khə^{31}　stin^{55}　ti^{55}　pu^{31}　quɑ^{24}　wo^{24}ȵi^{55}　tʃɿ^{55}　si^{31}　tʃɿ^{31}də^{31}.　nəuŋ^{24}　ti^{55}　go^{31}

DIR　靠　一　CONP　可以　那样　说　ASP　HRS　LNK　DEM　山

fpi^{31}　gɑ^{55}　wu^{55}　min^{55}　gɯ^{31}　ŋəuŋ^{55}　ʈʉ^{55}　min^{31}　gɯ^{31}　ko^{31}　ʒɿ^{55}　ʒə̣^{31}　tʃɿ^{31}də^{31},

肚子　GEN　LOC　人　TOP　银子　挖　人　TOP　很　多　有　HRS

ŋəuŋ55 bəuŋ55 min31 ʐe31 ʒ̣ə31, qɑ55 ʃtʃi31 min31 tshəuŋ55tshəuŋ31 tshiəŋ31
银子 有 人 也 有 力气 卖 人 各种各样 生意

dzu31 min55 ko31 ʒɿ55 ʐe31 tʃɿ31də31. nəuŋ24 ti55tə55gɯ55 mə55 to24 ʃie55
做 人 很 多 也 HRS LNK 这个 天 LOC 神仙

gue55je31 thə31 nu55nəuŋ31 ʃie55min55 ti31 nə31 ʒɿ55 ʃtʃyɛ31 nəuŋ31. tɛ55 ȵɑŋ24
AGT DIR 听说 神仙 一 DIR 来 CAUS LNK 一 天

go31dʐuŋ55 gɑ31 dzɿ24dʐə55 tʃhie24dʐə55 mʐɛn24 khu55 khə31 tʂɑ31 siɛ51
山洞 PRT 边上 周边处 竹子 LOC DIR 编 ASP:PRT

khɑ31 ti55 wu55 tʃɿ55 kui55 tʃɿ55 gɑ55 wu55 dʒɿ55 ʒ̣ə55 wo24ȵɑŋ31 tɛ55 khɑ31
篮子 一 LOC 水 有 水 GEN LOC 鱼 有 那样 一 篮子

xɑ31 yɛ31 nəuŋ55 go31kəuŋ55 gɑ31 tʃhie55tʃhie31 nə31 ɖɑn31 nəuŋ55 tsɑ31 dʒɿ55
DIR 带 LNK 山门 GEN 周围 DIR 走 LNK 仅 鱼

ʃtʃi55 ʒɿ31 si31 tʃɿ31də31. dʒɿ55 ʃtʃi55 ʒɿ31 gɑ31 tə55gɯ55 tsɛ55liɑ55 guŋ55 ʒ̣ə51
卖 来 ASP HRS 鱼 卖 来 PRT DEM 故意 LOC 在

ti55 ʃtʃhy31dʐuŋ55 xko55dʐuŋ31 ʐəu55 qɑ55 ʃtʃi31 ʐɛ31 min55ʐɿ31 nə31 si55
DEM 可怜的 困难的 ASP 力气 卖 ASP 人们 DIR 压

thə31 sɿ24 tʃhiɛ51 ʃtʃhy31 tʃɿ55 nəuŋ31 tsɛ55liɑ55 tə55ʐɿ55 thə31 tɑ31tʂo31 nəuŋ55
DIR 死 LNK 可怜 说 LNK 故意 3pl DIR 哄 LNK

no55 khə31 ʃ̣ɿ31 mu55li31 pɑ31 si31 tʃɿ31də31. nəuŋ24 no31 nəuŋ55 xɑ31 ʃɿ55
LOC DIR 领 希望 CONP ASP HRS LNK LOC ABL DIR 去

min55ʐe31je31 guŋ55 xɑ55 pei51 tʃhiɛ55 ɖu31 ʐɿ55 tʃi31 tə31ʐɑ24 ti55 ʃɿ31
人们:AGT LOC DIR 到 时 伙伴 PL DAT 3pl:GEN DEM 事

gɯ55 xyn55xyn31 si55 tʃɿ55də31 nəuŋ24 ʐɿ55dʒie24 ti55tə55ʐɿ55 thə31 nu31nəuŋ55
TOP 相传 ASP HRS LNK 后面 这些 DIR 听说

nəuŋ31 go31fpi24 wu55 ɛ31 min55ʐɿ31 khə31 ʒɿ55 ɛ31 ʒɿ55 nəuŋ31 ti55tə55gɯ55
LNK 山肚子 LOC PRT 人们 DIR 来 DIR 来 LNK 这个

tə31ʐɑŋ24ȵi31 ti31 jəuŋ24 mɑŋ31 ʃ̣ɿ24 tʃɿ55 khə31 ʒdʒɿ24 mɑŋ31 ʐɛ55 khɑ31
这样子 MOD 道理 NEG 有 水 DIR 漏 NEG ASP:PRT 篮子

ti55 mɑŋ31 ʃ̣ɿ24, tʃɿ55 wu55 dʒɿ55 ʐe55 ʒ̣ə31 ti31 ʐe31 mɑŋ31 ʃ̣ɿ24. sto55
MOD NEG 有 水 LOC 鱼 也 有 MOD 也 NEG 有 看

ʃɿ31 khu31 tʃɿ31 nəuŋ31 thə31 ɖo31ɖo55 sto55 ʒɿ31 no55 khə31 ʒɛ31ʒɿ55 nəuŋ31
去 要 说 LNK DIR 赛跑 看 来 LOC DIR 都来 LNK

sto55 ʒʅ31.

看 来

后来渐渐地所有地方的人都来了，把山里面挖得一样东西也没有了（挖空了）。这两座姐妹山，姐姐是金山，妹妹是银山。有一天妹妹向姐姐问道：“姐姐，我腰痛，要怎么办呢？”问的时候，姐姐（说）：“你腰痛的时候可以靠在我身上。”（姐姐就）那样回答了。这山肚子里面挖银子的人有很多，有钱人也有，卖力气的人、做各种生意的人也很多。这天上的神仙听说了，派了一个神仙下来。有一天，（神仙）在山洞边上（带着）一个里面有水的竹编的篮子，水里有鱼，带来了那样一个篮子，在山门周围走动着来卖鱼。来卖鱼的这（神仙）故意（这样做），（他）说在（山肚子）里面这些生活困苦的卖力气的可怜人被（塌下的山）压死的话很可怜，所以故意哄他们，想（把他们）引到外面。（劳工们）从外面回到（山）里面时，就跟伙伴们相互传他们（看到）的这件事。后来这些（劳工）听说了，山肚子里的人们就出来了。（人们觉得）不可能会有这样的事情：没有不漏水的篮子，也没有（可能篮子装的）水里有鱼。（人们）说要去看，争着跑出来看，都到了外面来看。

ti55 ŋəuŋ55 bəuŋ55 ŋəuŋ55 thə31 ʈua31 nəuŋ55 wu55 xɑ31 vbu55 siɛ51

DEM 银子 有 银子 DIR 挖 LNK LOC DIR 堆 ASP:PRT

wo24ti55 min55ʐʅ31 tʃhiɛ51 nəuŋ24 miɑŋ55 tə55 n̥e31 pɑ31 khə31 ʃʅ55 ɛ31nəuŋ24

DEM 人们 TOP LNK 眼睛 DIR 红 CONP DIR 去 LNK

ŋəuŋ55 thə31 min55 qa31 ʃ̣ə31 nəuŋ31 khə55 min55 ʒʅ55 tʃʅ31də31. nəuŋ24 ti55

银子 DIR 不见 会 想 LNK DIR NEG 来 HRS LNK DEM

wu55 ʐʅ55ʐe31 dzu31 min31ʐʅ31 khə31 ʒʅ55 no55 khə31 pei55 tɛ31dʒʅ24 tsɑ31

LOC 活儿 做 人们 DIR 来 LOC DIR 到 一会儿 仅

tʃhiɛ55ɛ31 tə55 mʐə31 ti31 thə31 dʐuŋ31 ʐɑ31tʃhiɛ51 ti55 go31 gɯ55 nə31

时 一 震响 MOD DIR 出现 时 DEM 山 TOP DIR

bje55 nəuŋ31 nə31 dzyn55 si55 tʃʅ31də31. nə31 dzyn55 nə31ʃuɛ31ɛ31 wu55 guŋ55

崩 LNK DIR 坐 ASP HRS DIR 坐 这样子 LOC LOC

ʒ̣ə55 khə31 min55 ʒʅ55 mə31də31ʂʅ31 gɯ31 wu55 nə31 sy55 nəuŋ31 thə31 suɛ24.

在 DIR NEG 来 所有 TOP LOC DIR 压 LNK DIR 杀

no55 khə31 ʒʅ55 si31 ʐʅ31 nəuŋ24 xkhəuŋ24 khə31 ʐən24 si31 tʃʅ31də31. nəuŋ24

LOC DIR 来 ASP PL LNK 生命 DIR 留 ASP HRS LNK

ʐʅ55dʒie24 tʃhiɛ55 ti55 kun24 nəuŋ31 pa31 gɯ55 ʐʅ24dʒie24 nəuŋ31 ti55 kun31

后面 TOP DEM 妹妹 和 姐姐 TOP 之后 LNK DEM 妹妹

gue55je31 pa24 tʃi31 nə31 xkua55 tsɑ31 khə31 ʃtʃy31 nəuŋ31 tɑ51 wu55 min55

AGT　姐姐　DAT　DIR　哭　仅　DIR　放　LNK　现在　LOC　人

ko^{31}　ʒʅ^{55}　thə^{31}　sɿ^{31}　si^{31}　mə^{55}də^{55}　pʉ^{31}　khu^{31}　tʃʅ^{55}　ɛ^{31},　pa^{31}　gue^{55}je^{31}

很　多　DIR　死　ASP　怎么　办　要　说　FPRT　姐姐　AGT

ma^{55}　an^{24}　tə^{55}gɯ^{55}　tə^{55}ʐʅ^{55}　dʒəu^{55},　nɑŋ^{55}　tshʉ^{31}　ʃtʃhyɛ^{24}　xɑ^{31}　ʈʉ^{31}　nəuŋ^{55}

NEG　担心　DEM　3pl　怪　2sg:GEN　肺　心　DIR　挖　LNK

ȵəŋ^{24}　mɑŋ^{31}　ʃʅ^{24}　to^{55}　khə^{31}　pei^{55}　si^{31}　tə^{55}gɯ^{55}　ȵi^{24}　mɑŋ^{55}　dʒəu^{24}　tə^{55}gɯ^{55}

办法　NEG　有　LOC　DIR　到　ASP　DEM　2sg　NEG　怪　DEM

tsua^{55}　mɑŋ^{55}　kui^{24}.　wo^{24}ȵi^{55}　tʃʅ^{55}　nə^{31}nəuŋ^{24}.　pa^{24}　nəuŋ^{31}　kun^{31}　gɯ^{55}

罪　NEG　有　那样　说　LNK　姐姐　和　妹妹　TOP

tə^{31}ʐɑŋ^{24}ȵi^{31}　pɑ^{31}　nəuŋ^{31}　tɛ^{55}　n̥in^{31}n̥in^{31}　ti^{55}　go^{24}　khu^{55}　dzyn^{55}　siɛ^{51}

这样子　做　LNK　一　天天　DEM　山　LOC　坐　ASP:PRT

tɛ^{55}　phʐʅ^{31}.

一　CL

这些有钱人，挖到银子堆在（山肚子）里面的那些人们，眼睛（只顾盯着银子）都红了，（他们）认为出去的话银子会不见，（就）没出来。这（山）里面干活儿的人们来到了外边，就（过了）一会儿时间，出现了一声巨响，这时候这（座）山塌了下来。（山）坐下来的时候所有在里面没出来的人，（都在）里面（被）压死了。来到了外面的人们（都）保全了性命。后来啊，这妹妹和姐姐后来啊，这妹妹对姐姐哭道："现在（山）里面死了很多人，要怎么办？"姐姐说："别担心，这（事儿）怪他们，（他们）挖你的肺和心，（你）到了没办法（的地步），这（事儿）不怪你，这（事儿你）没有罪。"（姐姐就）那样说了。姐姐和妹妹（就是）这样每一天在这山上坐着的一对（姐妹）。

nəuŋ^{24}　ʐʅ^{31}dʒie^{24}　ti^{55}　ʒʅ^{55}tsin^{55}　ti^{55}　go^{31}　zan^{55}　tʃiu^{24}　phʐən^{55}min^{55}

LNK　后面　DEM　山神　DEM　山　DL　就　普米人

be^{31}je^{31}　ʒʅ^{55}tsin^{55}　ʒdʒəu^{31}.　ti^{55}　go^{31}　zan^{55}　tɛ^{55}　ko^{24}　mə^{55}ʂʅ^{55}　dʒʅ^{31}khɑ^{24}

家:AGT　山神　崇拜　DEM　山　DL　一　年　每　日子

xɑ^{31}　pei^{51}　nəuŋ^{24}　ʒdʒəu^{31}　ʃʅ^{55}　ʐʅ^{31}pu^{55}　fpie^{31}　ɬo^{31} tsiu^{55}.　tiɛ^{24}　o^{55}ti^{55}　go^{31}

DIR　到　LNK　崇拜　去　公鸡　祭　额头磕　现在　DEM　山

ʐɑ^{55}　khu^{55}　ti^{55}　ʒdʒyu^{31}　ʈʉ^{24}　go^{31}　ʈʉ^{24}　ʐʅ^{55}ʐe^{31}　dzu^{31}　mə^{55}də^{55}　dzu^{31}

PL:GEN　LOC　DEM　石头　挖　山　挖　活儿　做　什么　做

mɑŋ^{31}　quɑ^{55}　kɑ^{31}kɯ^{55}kɑ^{31}liɑ^{31}　ʐʅ^{55}ʐe^{31}　dzu^{24}　ɛ^{31}　mə^{31}sie^{55}ʐʅ^{55}　ʐʅ^{31}pu^{55}　ti^{31}

NEG　管　最先　活儿　做　PRT　所有　公鸡　一

tə^{31}　ʂʉ^{31},　ʃɛ^{31}diu^{55}　də^{31}　ʒdʒɑ^{55}　thin^{31}ji^{55}　də^{31}　ʒdʒɑ^{55}　nəuŋ^{31}　ti^{55}　go^{24}

DIR 买 香 DIR 带 酒 DIR 带 LNK DEM 山

khu^{55} kɑ^{31}kɯ^{55}ʐʅ^{55} thə^{31} sʅ^{55}fpie^{55} ɬo^{24} xɑ^{31} tsiu^{55} nəuŋ^{24}nəuŋ^{31} dzu^{31} ʐəu^{55}

LOC 最先 DIR 祭 额头 DIR 磕 LNK 做 ASP

tʃʅ^{55}də^{31}. nəuŋ^{24} o^{55}khu^{55} mə^{55}də^{55} dzu^{31} ʐe^{31} gu^{55}khɑ^{31} ʒʅ^{55} mɑŋ^{31} ʐəu^{55}

HRS LNK 那上面 什么 做 也 意外 来 NEG ASP

jəuŋ^{55}jin^{55} mɑŋ^{31} ʐəu^{55} ʈhʅ^{55}mə^{55}ʒ̣ɑ^{31} khu^{55} tʃəuŋ^{55} dʐuŋ^{31} mɑŋ^{31} zəu^{55}

摔跤 NEG ASP 四肢 LOC 伤 发生 NEG ASP

wo^{24}ȵi^{55} tʃʅ^{55} nəuŋ^{31} xin^{55} ʐəu^{55}.

那样 说 LNK 讲 ASP

后来这（姐妹）山神这两座山就（是）普米人家崇拜的山神。每年到了（特定的）日子就去拜这两座山，祭公鸡、磕头。现在那些山上这些挖石头、挖山、干活儿（的人），不管（他们）做什么，所有（事情里面）最先干的活儿就是买一只公鸡，带上香，带上酒，在这山上最先做的（事情就是）祭拜、磕头。（祭拜时）在那（山）上那样说："（不管在山上）做什么都不发生意外，不摔跤，四肢不受伤。"（大家就是这样）讲的。

nəuŋ^{24} wo^{24}ti^{55} di^{31}ʒʅ^{31} ɛ^{31} ti^{55} go^{24} khu^{55} min^{55} gɯ^{31} ti^{55} ʐʅ^{31}dʒie^{31}

LNK 那时 以来 TOP DEM 山 LOC 人 TOP DEM 之后

tʃhiɛ^{55}ɛ^{31} phʐɑ^{24} qɯ^{31}tsɛ^{31} ʐe^{55}je^{31} khə^{31} man^{31}ʂan^{55} nəuŋ^{31} ʒdʒiɑ^{55} pʉ^{55}

时 年龄 小 PL:AGT DIR 长久 LNK 喜欢 CONP

nəuŋ^{31} tɛ^{55} ko^{24} mə^{55}ʂʅ^{55} khə^{31} ȵɛ^{31}ȵi^{55} ʐəu^{31} ʐʅ^{31} tʂhuŋ^{55} ɛ^{31} ti^{55} go^{31}

ASP 一 年 每 DIR 都休息 ASP PL 到 时 DEM 山

ʐɑ^{55} khu^{55} ʂɑ^{31}pʉ^{55} ʃʅ^{31} ʐəu^{31} tʃʅ^{31}də^{31}.

GEN LOC 玩耍 去 ASP HRS

从那以来，这山上的人们在这之后，年轻的人们（经过）长时间（形成了习惯），喜欢每一年到休息的时候，去这些山上玩耍。

4．"四十驮"地名的故事

kəu^{55}di^{31} din^{24} to^{55} ʒ̣ɛ^{31}ʐʅ^{31}pʉ^{55} din^{31}man^{55} ti^{55} gɑ^{31} ʒ̣ɛ^{31}ȵi^{31}təuŋ^{55} ti^{55}

维西 地方 LOC 从前 地名 一 PRT 故事 一

xin^{31} ʐəu^{31}. ti^{55} ʒ̣ɛ^{31}ȵi^{31}təuŋ^{55} gɯ^{55} ʒ̣ə^{31}gəu^{55} phje^{55} tin^{55}min^{55} tə^{31} qɑ^{31}

讲 ASP DEM 故事 TOP 丽江 边 富人 一 家

je^{31} də^{31}wu^{55} tʃhɿ^{31}phje^{31} tə^{55} tsɑ^{24} wu^{55} ŋəuŋ^{55} ʈʉ^{55} ɦan^{24} ʈʉ^{55} si^{31}

AGT 这边 下游 一 CL LOC 银子 挖 金子 挖 ASP

tʃɿ^{31}də^{31}. go^{24} khu^{55} nəuŋ^{55} ti^{55} ʐ̩uɛ^{31} gɯ^{55} ŋəuŋ^{55} nəuŋ^{55} ɦan^{24} gɯ^{55}

HRS 山 LOC LNK DEM 路 TOP 银子 和 金子 TOP

ʒdʒɑ^{55}ʒdʒɑ^{55} stə^{31} ʐ̩uɛ^{31} gɯ^{55} kəu^{55}di^{31} phje^{31} ti^{55} xkɑ^{24} khu^{55} mə^{55}ʃtʃi^{31}

搬运 PRT 路 TOP 维西 边 DEM 坡 LOC 村子

ti^{55} ʒ̣ə^{55} wu^{55} ʒdʒɑ^{31} ʐ̩əu^{31} tʃɿ^{31}də^{31}. nəuŋ^{24} o^{55}tʃhiɛ^{55} ʐ̩uɛ^{31} gɯ^{55} phji^{55} ti^{55}

一 有 LOC 搬 ASP HRS LNK 那时 路 TOP 好 MOD

mɑŋ^{55} diəŋ^{24}, nəuŋ^{24} ʒdʒyn^{31} təuŋ^{55}pu^{31} to^{55} ʃtʃiɛ^{55} nəuŋ^{55} ʒdʒɑ^{31} ʐ̩əu^{55}

NEG 有 LNK 马 骡子 LOC CAUS LNK 搬 ASP

tʃɿ^{31}də^{31}. ti^{55} ʒdʒyn^{31} təuŋ^{55}pu^{31} mə^{55}də^{31}ʂɿ^{31} gɯ^{31} quɑ^{31} min^{55} ti^{31} ʃ̣ɿ^{31}.

HRS DEM 马 骡子 全部 TOP 管 人 一 有

thə^{31} xiɛ^{31} nəuŋ^{55} quɑ^{31} ʃtʃiɛ^{55} ʐɿ^{55}dʒie^{24} ʃɿ^{55} ʃtʃiɛ^{55} ʐ̩əu^{31}. tʃhəu^{55} də^{31}

DIR 安排 LNK 管 CAUS 后面 去 CAUS ASP 枪 DIR

ʒdʒɑ^{55} ʐɿ^{55}dʒie^{55} n̥ɛ^{55}n̥i^{55} ʃtʃiɛ^{31} o^{55}n̥i^{55} pɑ^{55} si^{31}.

带 后面 监督 CAUS 这样 做 ASP

从前维西这个地方，（有人）讲了一个地名的故事。这个故事啊，（讲的是）丽江那里（有）一户富人家，在这边下游一带挖金子、银子。山上这条路呢，（是富人）搬运金子和银子的路。维西这边山坡上有一个村子，（富人）搬运（金银要过这村子）里面。那时候路不好，就让骡马来搬运。这些马和骡子有一个负责人，（富人）安排让（这个）负责人（跟在骡马队伍）后面去（押运），让（他）带上枪（跟在）后面监督。

nəuŋ^{24} tɛ^{55} n̥ɑŋ^{24} tʃhiɛ^{55} də^{31}wu^{55} nəuŋ^{55} ʒ̣ɛ^{31}gəu^{55} ʒdʒɑ^{31} stɛ^{51} ʐ̩uɛ^{24} wu^{55}

LNK 一 天 TOP 这里 ABL 丽江 搬 PRT 路 LOC

o^{55}ti^{55} mə^{55}ʃtʃi^{31} gɯ^{55} phjɑ^{55}siɑ^{31} tʃɿ^{31} ʐ̩əu^{31}. o^{55}ti^{55} tɛ^{55} ʃtʃi^{24} wu^{55} xɑ^{31}

DEM 村子 TOP 片夏 说 ASP DEM 一 村子 LOC DIR

pei^{51} tʃhiɛ^{55} thə^{31} mə^{55}na^{31} si^{31}. thə^{31} mə^{31}na^{24} nəuŋ^{24} o^{55} to^{55} nə^{31}

到 时 DIR 傍晚 ASP DIR 傍晚 LNK DEM LOC DIR

qhɑ^{55} nə^{31} ʂuɑ^{31} si^{55}.

卸 DIR 住 ASP

然后有一天啊，从这里运到丽江的路上，（经过了）一个村子（名字）叫片夏。到了那个村子的时候，已经是傍晚了。（既然）已经傍晚了就（只好在）那个村子里（把金银从骡马上）卸下来（就在村里）住下。

nə31 ʂuɑ31 nəuŋ55 zʅ55dʒie31 sin55 ʃʅ55 dzə̧55 ε31tʃhiε51 nəuŋ24 ti55
DIR 住 LNK 之后 早上 去 时 TOP LNK DEM
zε̧55ʃtʃiε31 gɯ55 suɑ31 si55 tʃʅ55də31. suɑ24 nəuŋ55 ʃʅ55 dzə̧55 ȵi55ȵi31 tε55
驮子 TOP 数 ASP HRS 数 LNK 去 时 3sg:REFL 一
zε̧31ʃtʃiε55 to55 nə31 dzin55, ʈhɿ55 təuŋ31 ti31 to55 khə55 ʃtʃy31 nəuŋ31
驮子 LOC DIR 坐 腿 架 一 LOC DIR 放 LNK
zε̧55ʃtʃiε31 suɑ31 si55 tʃʅ55də31. suɑ24 suɑ24 nə55ʃuε24ε31 tε55 zε̧31ʃtʃiε55
驮子 数 ASP HRS 数 数 这样子 一 驮子
ȵi55ȵɑŋ31 so24 po55 kui55 gɯ31 sʉ55zdʉ24 min55 thəuŋ31 nəuŋ31 mə55də55
3sg:REFL:GEN 屁股 LOC 在 TOP 想 NEG 能够 LNK 怎么
pʉ31 nəuŋ31 suɑ31 zȩ55 səuŋ31go55 nəuŋ55 ɣgɯ24 zε̧31ʃtʃiε55 tsɑ31 ʒʅ31 zə̧u31
ADV LNK 数 也 三十 和 九 驮子 仅 来 ASP
tʃʅ31də31. tʃhɿ31 ʃtʃyu55 khə31 suɑ31 zȩ31 o55nɑŋ31 ti55 tsɑ31 ʒʅ31 zə̧u31
HRS 多少 VCL DIR 数 也 那么 一 仅 来 ASP
tʃʅ31də31.
HRS

住下之后（第二天）早上出发时，（负责人）数（昨晚卸下的）这些驮子，（他打算）数了之后就出发。当时他自己坐在一个驮子上，跷着二郎腿，数起了驮子。数啊数，有一个驮子在他自己的屁股下面，（他）没想起来，怎么数也只（数出）来（了）三十九（个）驮子。数多少次也只（数）出来那么一个（数字）。

nəuŋ24 zu̧e55 tsɑ24 wu55 tʂhuŋ55 ɑ31 , thε31 tɑ55 ti55 tε31 qhɑ31 xɑ31
LNK 路 CL LOC 到 FPRT INTER 现在 DEM 一 VCL DIR
ʃʅ51 ε31 tʃhiε55ε31 fpəuŋ55 gue31je31 ȵi55ȵi31 qhu55 qhɑ55, thə31 sε31 qa55
去 PRT 时 官员 AGT 3sg:GEN 头 摘 DIR 杀 ASP
tʃʅ55 nəuŋ31 sʉ55zdʉ24 min55 thəuŋ55 mə55də55 pʉ31 nəuŋ31 sʉ55zdʉ24 səuŋ31
说 LNK 想 NEG 能够 怎么 ADV LNK 想 三
n̥in55 səuŋ55 ʒ̣ɑ31 miɑŋ55 wu55 ʒʅ24 min55 tʂhuŋ55 xkua55 zə̧u55 tʃʅ31də31.
天 三 夜 眼睛 LOC 睡 NEG 来 哭 ASP HRS
tɑ51 nəuŋ24 ɖu31zȩ55je31 zȩ31 də31 ɑ31əuŋ55 min55 thəuŋ55.
现在 LNK 伙伴:PL：AGT 也 DIR 想 NEG 能够

（继续出发）到半路的时候呢，（他想）唉，现在这一次回去的时候，（富人家的）官员将会砍了他的头，会杀了他。（他）怎么想也想不明白（为什么少了一驮），三天三夜（担心得）合不拢眼睡不着，（一直）哭。而且（他的）伙伴们也想不明白（为什么少了）。

nəuŋ^{24} nə^{31}ji^{55} ʒdʒyn^{55} xɑ^{31} ʃtʃyɛ^{55} n̥i^{55} n̥i^{55} gɯ^{31} ʒ̣ə^{31}gəu^{55} tə^{55} pei^{31}
LNK 又 马 DIR 驮 赶 赶 TOP 丽江 DIR 到
tʃhiɛ^{55} ti^{55} zɛ̢^{31}ʃtʃiɛ^{24} khə^{31} suɑ^{31} nəuŋ^{55} khən^{31} dzə̢^{55}ɛ^{31} ti^{55} min^{55} gɯ^{31}
时 DEM 驮子 DIR 数 LNK 给 时 DEM 人 TOP
n̥ɑŋ^{31}po^{55} zuɛ̢^{55} wu^{55} nəuŋ^{55} thə^{31} sɿ^{31} pɑ^{55} si^{31} tʃɿ^{31}də^{31}. nəuŋ^{24} di^{31}zɛ̢^{55}je^{31}
偷偷 路 LOC LNK DIR 死 CONP ASP HRS LNK 别人:AGT
to^{55} tə^{55} pei^{31} nəuŋ^{31} zɛ̢^{55}ʃtʃiɛ^{31} suɑ^{31} dzə̢^{55} tʃhiɛ^{55} zɛ̢^{55}ʃtʃiɛ^{31} mə^{31}sie^{55}
LOC DIR 到 LNK 驮子 数 时 TOP 驮子 全部
kui^{55}. nə^{31}qɑ^{31} ʒdʒɛ^{31}xkɑ^{31} zɛ̢^{55}ʃtʃiɛ^{31} gue^{31} wu^{55} kui^{55} tʃɿ^{31}də^{31}. nəuŋ^{24} ti^{55}
在 INTER 四十 驮子 都 LOC 有 HRS LNK DEM
min^{55} gɯ^{31} tə^{31}zɑ̢ŋ^{24}n̥i^{31} ti^{55} dzə̢^{55} qo^{55}qa^{55} khə^{31} ʃɿ^{31} nəuŋ^{31} zuɛ̢^{55} tsɑ^{24}
人 TOP 这样 一 时 误会 DIR 去 LNK 路 CL
wu^{55} nə^{31} sɿ^{31} si^{55} tʃɿ^{55}də^{31}.
LOC DIR 死 ASP HRS

然后（他们）又（用）马驮起了（金银驮子）赶啊赶，（赶）到了丽江，数这些驮子交接的时候，这个（负责）人啊，偷偷地在路上自杀了。别人（都）到了（丽江），数驮子的时候（发现）驮子全部都在，里面（还是）有四十个驮子。这个（负责）人啊，这样的时候出了（这个）误会，死在半路上了。

zɿ̢^{55}dʑie^{24} ti^{55} ʃtʃi^{31} man^{55} gɯ^{55} khu^{55}nəuŋ^{55}khu^{55} sɿ^{55}ʂɿ^{31}tuo^{55} man^{55} ti^{31}
后来 DEM 村 名 TOP 一直 四十驮 名字 一
thə^{31} khun^{31} nəuŋ^{31} phzə̢n^{55}min^{55} ɬie^{31} pʉ^{24} ɛ^{31} ʒdʒɛ^{31}xkɑ^{31} zɛ̢^{55}ʃtʃiɛ^{31} tʃɿ^{31}
DIR 给 LNK 普米 语 做 PRT 四十 驮子 说
zə̢u^{31}. nəuŋ^{24} ti^{55} sɿ^{55}ʂɿ^{31}tuo^{55} ti^{55} din^{31} man^{55} gɯ^{55} tiɛ^{31} to^{55} khə^{31}
ASP LNK DEM 四十驮 DEM 地方 名字 TOP 现在 LOC DIR
pei^{55} tʃiu^{55} tə^{31}zɑ̢ŋ^{24}n̥i^{31} pʉ^{31} nəuŋ^{31} man^{55} pʉ^{55} zə̢u^{31}.
到 就 这样 ADV LNK 取名 做 ASP

后来这个村子的名字，（就）一直被叫作“四十驮”（这）一（个）名字，用普米语说就是“四十驮子”。“四十驮”这个地名啊（用）到现在，这个名字就是这样来的。

5．穷姐姐和富妹妹

ʒ̣ɛ31ȵi24 m̥in31 tɛ55 pɛ31tʂən31 pa31 gɯ55 ʃtʃhyɛ55 stu55 ʈɛ55 xin31 pʉ31
古时候 女儿 一 姐妹 姐姐 TOP 心 直 谎话 讲 CONP

dʐuŋ31 maŋ31 zəu55 mə55phji31 min55 ti55 tʃʅ31də31. ja31qa31zʅ55 ze31 sʉ31zdʉ31
会 NEG ASP 好人 人 一 HRS 丈夫 也 想法

ȵaŋ31ȵəŋ55 ʃʅ31 maŋ31 zəu55 qua55 zʅ55 ʃtʃhyu31 pʉ31 nəuŋ31 dzu31khu55mzə55khu55
办法 有 NEG ASP 牛 PL 顶架 做 LNK 做死做活

tsa31 tʂa31ʃʅ31 zəu31 tʃʅ31də31.
仅 知道 ASP HRS

从前（有）两姐妹，姐姐呢，老实，不会讲谎话，（是）一个好人。（姐姐的）丈夫也是（个）没有（多的）想法（的老实人），只知道像牛顶架一样苦死苦活地做（活儿）。

kun31 gɯ55 nəuŋ24 ʃtʃhyɛ55 dɛ24 ʈɛ31ʈɛ31xin55xin55 pʉ31 ʒdʒe31 ze55 ʒdʒe55
妹妹 TOP LNK 心 坏 撒谎 CONP 能干 也 能干

ti55 tʃʅ55də31. nəuŋ24 ti55 ʃtʃi24 wu55 ti55 m̥in31 zan31 zʅ55dʒie24 kun31
一 HRS LNK DEM 村 LOC DEM 女儿 DL 后来 妹妹

gɯ55 nəuŋ24 tin55min55 mə31qa31 tʃi31 thə31 khun31 si31 tʃʅ31də31, nəuŋ24 ti55
TOP LNK 富人 人家 DAT DIR 给 ASP HRS LNK DEM

tin55min55 mə31qa31 gɯ31 ja55ʃa24 ja31ko55ʃʅ31 zəu31 ta55 qa31 tʃʅ31də31.
富人 人家 TOP 特别 富有 ASP 一 家 HRS

妹妹呢，（是）心坏，（爱）撒谎，但也能干的一个（人）。这村子里这两个女儿，后来妹妹（嫁）给了富人家，这富人家是特别富有的一家。

zʅ55dʒie24 ti31 pa31 bʉ55 nəuŋ31 sʉ31zdʉ31 ȵaŋ31ȵəŋ55 ze31 maŋ31 ʃʅ24
后来 DEM 姐姐 家 LNK 想法 办法 也 NEG 有

ɛ31 qhu55to55 mə55 tə55 ȵəŋ31 nəuŋ31nəuŋ24 nə31 dʐu24 pʉ31za24 maŋ31 ʃʅ24
FPRT 加上 天 DIR 干旱 LNK DIR 饥荒 粮食 NEG 有

thə31 dʐuŋ55 tʂən31 zʅ55 ze31 tʃʅ55dzi31 dɛ24 tsiəŋ31gui55 gui31 thəuŋ55 maŋ31
DIR 变成 孩子 PL 也 喝的吃的 差 衣服 穿 能够 NEG

zəu55 thə55 dʐuŋ31. tʂən24 zʅ55 khə31 ta51 mə55də55 gɯ31 ja31ko55ʃʅ31 tʃʅ31
ASP DIR 变成 孩子 PL DIR 大 什么 TOP 富有 说

zəu31 dʒie24 tʂa31ʃʅ24 maŋ31 zəu55 to55 khə31 pei55. nəuŋ24 man31ta24 to55
ASP 也 知道 NEG ASP LOC DIR 到 LNK 最后 LOC

nə^{31} sʉ^{55}zdʉ^{31} ti^{31} pʉ^{24} ɛ^{31} ziu^{55}ʐʅ^{31} gɯ^{31} khə^{31} ɦɑ^{31} pɑ^{55} nəuŋ^{55}

DIR 想 一 CONP FPRT 脸皮 TOP DIR 厚 CONP LNK

kun^{31} bɑ^{55} wu^{55} pʉ^{31}ʐa^{31} tɛ^{31}tsʅ^{55} sthʉ^{31} ʃʅ^{31} si^{31} tʃʅ^{31}də^{31}.

妹妹 家:GEN LOC 粮食 一些 借 去 ASP HRS

后来这姐姐家（不太能干）没有办法，加上天干旱，变得没有粮食闹饥荒了，孩子们吃的喝的也差，穿不起衣服。孩子们长大后到了（连）什么叫富有也不知道的地步。最后（姐姐）想了一下，厚着脸皮去妹妹家里借一些粮食。

pʉ^{31}ʐa^{31} sthʉ^{31} ʃʅ^{55} nə^{31}ʃuɛ^{24}ɛ^{31} tʃhiɛ^{55} kun^{31} gue^{55}je^{31} pa^{24} xɑ^{31} tʂhuŋ^{55}

粮食 借 去 这样子 时 妹妹 AGT 姐姐 DIR 来

thə^{31} tʃyn^{55} qhu^{55}to^{55}man^{55}tsiɑ^{31} sto^{55} thə^{31} thəuŋ^{55} pɑ^{51} tʃhiɛ^{51} pa^{31} gɯ^{55}

DIR 看见 从头到脚 看 DIR 完 CONP 后 姐姐 TOP

tsiəŋ^{31}gui^{55} ʐe^{31} nə^{31} ɖəuŋ^{55}ɖə^{31} si^{31} khu^{51} ʐʅ^{31}ʃʅ^{31} gɯ^{55} nə^{31} ʤ^{31} nəuŋ^{55}

衣服 也 DIR 破烂 ASP 表面 皮肉 TOP DIR 瘦 LNK

ʐʅ^{31} gue^{55}je^{31} ʐɑ^{55}qɑ^{24} tsɑ^{31} xɑ^{31} pɑo^{55} siɛ^{51} min^{55} ti^{31} thə^{31} pjɑ^{31}

皮 AGT 骨头 仅 DIR 包 ASP:PRT 人 一 DIR 变

nəuŋ^{31} sto^{55} qo^{31} mɑŋ^{31} ʐəu^{55} ti^{55} tʃʅ^{31}də^{31}. nəuŋ^{24} tə^{55} sto^{31} pɑ^{51}

LNK 看 成 NEG ASP 一 HRS LNK DIR 看 CONP

gəuŋ^{31}gɑ^{55}wu^{55} nə^{31} sʉ^{55}zdua^{31} gɯ^{31} ti^{55} pa^{24} tʃi^{31} pʉ^{31}ʐa^{24} thə^{31} khən^{31}

内心 DIR 想 TOP DEM 姐姐 DAT 粮食 DIR 给

ʐɑ^{51}tʃhiɛ^{55} tə^{31}gɑ^{24} ti^{55} tɛ^{55}ʃ̣ɑ^{31}ʃ̣o^{55} gɯ^{55} ʒ̣ɛ^{55}gɯ^{31}ʒ̣ɛ^{31}ʐɑ^{55} pʉ^{31}ʐa^{24} tshye^{24}

LNK 3sg:GEN DEM 样子 TOP 将来 粮食 还

mɑŋ^{31} thəuŋ^{24} wo^{24}ȵi^{55} ʃuɛ^{51} nəuŋ^{31} pa^{24} tʃi^{31} sʉ^{31}zdʉ^{31} ɖɛ^{55} ti^{31} tə^{55}

NEG 能够 那样 FPRT LNK 姐姐 DAT 主意 坏 一 DIR

tshʉ^{55} nə^{31}sʉ^{31} nəuŋ^{31} ȵi^{24} mə^{31}ʒdʒiəŋ^{31}mə^{55}ʒdʒin^{31} xɑ^{31} ji^{55} siɛ^{31} tʃhiɛ^{55}

出 FPRT LNK 2sg 不管怎样 DIR 来 ASP:PRT TOP

ȵi^{24} pʉ^{55}ȵi^{31} ʃʅ^{55} mɑŋ^{31} khu^{24}, ɑ^{55} qhu^{55} khu^{55} ʃ̣ʅ^{55} nə^{31} ʒʅ^{31} si^{31} ɑ^{55}

2sg 今天 去 NEG 要 1sg 头 LOC 虱子 DIR 来 ASP 1sg

ʐe^{55} ʃ̣ʅ^{55} zʅ^{31} min^{31} ʃ̣ʅ^{31} mɑŋ^{31} ʐəu^{55} xɛ^{31}ʂʅ^{55} bʐəuŋ^{55} ʃ̣ʅ^{31} wo^{24}ȵi^{55} tʃʅ^{55}

也 虱子 捉 人 有 NEG ASP 还是 苦处 有 那样 说

ʐəu^{31}. nəuŋ^{24} pa^{31} gɯ^{55} xɑ^{31} tshuan^{31} nəuŋ^{55} qhu^{55} khu^{55} ʃ̣ʅ^{55} zʅ^{31} ʃtʃyɛ^{31}

ASP LNK 姐姐 TOP DIR 拦 LNK 头 LOC 虱子 捉 CAUS

si^{31}. nəuŋ^{24} pa^{31} gue^{55}je^{31} no^{31}sin^{55} nəuŋ^{31} tə^{55} fpu^{31}ɬan^{55} gɯ^{55} thə^{31}

ASP LNK 姐姐 AGT 早晨 ABL DIR 翻动 TOP DIR

mə^{55}nan^{31} to^{31} khə^{31} pei^{55}, qhu^{55} khu^{55} ʃʅ̣^{55} ti^{31} ẓe^{31} min^{55} phẓɛ^{55}

晚上 LOC DIR 到 头 LOC 虱子 一 也 NEG 找到

ʃtʃhi^{55}tsɿ^{31} tɛ^{55} ʒdʒie^{31} ẓe^{31} min^{55} phẓɛ^{55}. nəuŋ^{24} thə^{31} mə^{31}nan^{31} tʃhiɛ^{51} pa^{31}

虮子 一 CL 也 NEG 找到 LNK DIR 晚上 时 姐姐

gue^{55}je^{31} tṣə^{55}ẓəuŋ^{55} ẓe^{31} tṣə^{55}ẓəuŋ^{55} fpi^{31} ẓe^{55} ẓuɛ^{55}ẓun^{55} ẓəu^{31} to^{31} khə^{31}

AGT 饿 也 饿 肚子 也 响 ASP LOC DIR

pei^{55} tṣə^{55}mie^{55} tṣən^{31} ẓʅ^{55} ẓe^{31} tṣə^{55}ẓəuŋ^{55} xkua^{55}xkua^{55} ẓəu^{31} qa^{31} ẓe^{31} də^{31}

到 家里 孩子 PL 也 饿 都哭 ASP 会 也 DIR

ṭun^{55} nəuŋ^{31} nə^{31}ji^{55} kun^{24} tʃi^{31} thə^{31}ʒ̣ɑ^{31} si^{31} tɑ^{51} pʉ^{31}ẓa^{55} tɛ^{31}tsɿ^{24} xɑ^{31}

想 LNK 又 妹妹 DAT 多谢 ASP 现在 粮食 一些 DIR

m̥in^{24} ȵi^{55}ȵi^{31} ʃʅ^{55} ʃei^{55} tṣən^{31} ẓʅ^{31} xkua^{55}xkua^{55} ẓəu^{31} qa^{31}. wo^{24}ȵi^{55} tʃʅ^{55}

讨 3sg 去 ASP 孩子 PL 都哭 ASP 会 那样 说

nə^{31}ʃuɛ^{24}ɛ^{31}.

那样子

去借粮食的时候，妹妹看见姐姐来了，从头到脚打量完（姐姐）之后，（发现）姐姐衣着破烂，面黄肌瘦，变成了一个（瘦得）勉强皮包骨头的人，（让人）看不下去的一（个人）。（妹妹）看（了之后）内心想道：给这姐姐粮食的话，她这个样子，将来（肯定）还不上来粮食。（妹妹就）那样（想）。（妹妹）给姐姐出了一个坏主意："不管怎么样你已经来了呀，你今天就不要走了。我头上长虱子了，我也没有捉虱子的人，（我）还是有苦处的。"（妹妹就）那样说了。（妹妹）拦住姐姐让（她）捉头上的虱子。姐姐从早晨到晚上（都在帮妹妹）翻（头发），（妹妹）头上一个虱子也没找到，一个虮子也没找到。（到）晚上的时候，姐姐饿到了肚子（咕咕）叫（的地步），（她）想到家里的孩子们也都饿得在哭，（就）又谢过妹妹，（表示）现在（想）讨要一些粮食，她要回去，孩子们（可能）要（饿得）都在哭了。（姐姐就）那样说了。

kun^{31} gue^{31}je^{55} xɑ^{31}bʒan^{55}xɑ^{31}ʃʅ^{55} nəuŋ^{55} tṣə^{55}mie^{55} vbʉ^{55}ba^{55} tə^{31}tsɿ^{31} khə^{31}

妹妹 AGT 跑进去 LNK 家里 苋米糠 一些 DIR

yɛ^{31} nəuŋ^{31} qhu^{55} to^{55} tɛ^{31}tsɿ^{24} tə^{55} tʃy^{55} nə^{31}ʃʉ^{31} nəuŋ^{31} ȵɑŋ^{31}po^{55} xɑ^{31}

拿 LNK 头 LOC 一些 DIR 酒 FPRT LNK 偷偷 DIR

ʒʅ^{55} nəuŋ^{31}nəuŋ^{24} nə^{31} dzyn^{55} nəuŋ^{55} qhu^{31}pẓəu^{55} ti^{55} khə^{31} jɛ^{31} nəuŋ^{31}nəuŋ^{24}

来 LNK DIR 坐 LNK 梳子 一 DIR 拿 LNK

qhu^{55} nə^{31} pẓəu^{55} ti^{31} pɑ^{31} vbʉ^{55}ba^{55} tɛ^{31} ʒdʒie^{31} ʒ̣ɑ^{31}fpɑ^{31}təuŋ^{55} wu^{55} nə^{31}

头 DIR 梳 一 CONP 苋米糠 一 颗 手掌心 LOC DIR

ʒɿ^{55} ʃtʃyɛ^{31} nəuŋ^{31}. pa^{24} tʃi^{31} ȵi^{24} ɑ^{55} po^{55} ʃ̣ɿ^{55} tɛ^{31}ʈhɿ^{31} zɿ^{31} ʐe^{31}

来 CAUS LNK 姐姐 DAT 2sg 1sg LOC 虱子 一点 捉 也

də^{31}ɣgəuŋ^{55} min^{55} qu^{55}, ʃtʃhi^{55}tsɿ^{24} khə^{31} ʒɿ^{55} si^{31} tʃɿ^{31} nəuŋ^{31} ʒ̣ɑ^{31}fpɑ^{31}təuŋ^{55}

用心 NEG 帮 虮子 DIR 来 ASP 说 LNK 手掌心

wu^{55} vbʉ^{55}ba^{55} gɯ^{31} pa^{24} tʃi^{31} thə^{31} ʃtʃua^{31} si^{55} tʃɿ^{55}də^{31}. nəuŋ^{24} pa^{31} gɯ^{55}

LOC 苋米糠 TOP 姐姐 DAT DIR 指 ASP HRS LNK 姐姐 TOP

nə^{31} tʃhi^{55} nəuŋ^{31} tsho^{24}tsho^{31} thə^{31} jəuŋ^{55}jin^{31} tʃɿ^{31}də^{31}. nəuŋ^{24} pa^{31} gue^{55}je^{31}

DIR 吓 LNK 差点儿 DIR 摔倒 HRS LNK 姐姐 AGT

ti^{55} tʂən^{31} ȵi^{55} səuŋ^{31} gɑ^{31} xkhəuŋ^{31} gɯ^{55} khə^{31} ʐən^{55} ʃtʃiɛ^{31} ʃei^{31} tʃɿ^{31}

DEM 孩子 两 三 GEN 生命 TOP DIR 留下 CAUS ASP 说

nəuŋ^{31}. nə^{31}ji^{55} ʒdʒa^{31}ʐa^{24} nə^{31} ʒdʒyn^{55}, nə^{31}ji^{55} zʉ^{55} si^{55} tʃɿ^{31}də^{31}, zɿ^{55}

LNK 又 口水 DIR 咽 又 捉 ASP HRS 捉

ʃtʃyɛ^{55} si^{31} tʃɿ^{31}də^{31}.

CAUS ASP HRS

妹妹跑进家里，拿了一些苋米糠，洒了一些在头上，又悄悄地回来坐下。（妹妹）拿了一把梳子，梳了一下头，使一颗苋米糠掉到了手掌心里。（妹妹）对姐姐说："你帮我捉虱子一点也没用心，（你看我手心里）有虮子。"然后（妹妹把）手掌心里的苋米糠指给姐姐（看）。姐姐吓了一跳，差点儿晕倒。姐姐（在心里）说："要把这几个孩子的命保住。"（姐姐）又咽下口水，又（开始）捉（虱子），（妹妹也）让（她继续）捉。

zɿ^{55} zɿ^{55}, ɣgɯ^{55}ʐɑ^{24}man^{31}ta^{24} tʃhiɛ^{51} pa^{31} gɯ^{55} tʃi^{31} nɑŋ^{55} tə^{31}ʐɑŋ^{24}ȵi^{31}

捉 捉 最后 TOP 姐姐 TOP DAT 2sg:GEN 这样的

bɛ^{55}gəu^{31} gɯ^{55} nə^{31} tʃi^{55} pʉ^{31}ʐa^{24} thə^{31} khən^{31} ʐe^{51} ʒ̣ɛ^{55}gɯ^{31}ʒ̣ɛ^{31}ʐɑ^{55} ȵi^{24}

做法 TOP 2sg DAT 粮食 DIR 给 也 将来 2sg

tshye^{24} mɑŋ^{31} ʃ̣o^{55} tshye^{55} tʃie^{55} mɑŋ^{31} qa^{55}. nə^{31} tʃi^{55} sthʉ^{31} ʒ̣ən^{55} mɑŋ^{31}

还 NEG ASP 还 能够 NEG ASP 2sg DAT 借 能够 NEG

qa^{55} tʃɿ^{55} nəuŋ^{31}.

ASP 说 LNK

捉啊捉，最后（妹妹）对姐姐说："你这样的做法啊，给你粮食将来你也还不了，（你们）还不起。不能借给你。"

pa^{31} gɯ^{55} nəuŋ^{24} ȵəŋ^{24} min^{55} ʃ̣ɿ^{55}, nə^{31} xkua^{55} tsɑ^{31} tɛ^{55} ʐuɛ^{24} wu^{55}

姐姐 TOP LNK 办法 NEG 有 DIR 哭 仅 一 路 LOC

nə^{31} xkua^{55} tsɑ^{31} tʂə^{55}mie^{55} thə^{31} dʒy^{24} ʃɿ^{55} si^{31} tʃɿ^{31}də^{31}. ʃɿ^{55} nə^{55}ʃuɛ^{55}ɛ^{31}

DIR 哭 仅 家里 DIR 回 去 ASP HRS 去 那样子

ʐuɛ^{55} tsɑ^{24} wu^{55} khə^{31} pei^{51} tʃhiɛ^{55} thə^{31} xun^{55} nəuŋ^{31} thə^{31} jəuŋ^{55}jin^{55}

路 段 LOC DIR 到 时 DIR 昏 LNK DIR 摔倒

nəuŋ^{31} tʃɛ^{55}təuŋ^{55} ti^{31} dʐə^{55} thə^{31} jəuŋ^{55}jin^{55} nə^{31}ʃuɛ^{24}ɛ^{31} tɛ^{31} ʃtʃi^{55} mɑŋ^{31} nu^{31}

LNK 土坑 一 边 DIR 摔倒 这样子 一 觉 NEG 听见

thə^{31} dʐuŋ^{55}. mɑŋ^{31} nu^{31} thə^{31} dʐuŋ^{55} nə^{31}ʃʉ^{31}nəuŋ^{31} khɑ^{31}ʐɑ^{55}tsʉ^{55} ti^{31} də^{31}

DIR 成 NEG 听见 DIR 成 FPRT 小竹篮 一 DIR

ʒdʒuɑ^{31} si^{31} gɯ^{31} o^{55}dʐə^{55} khə^{31} ʃtʃy^{31} si^{55}. mɑŋ^{31} nu^{31} thə^{31} dʐuŋ^{55}

带 ASP TOP 那里 DIR 放 ASP NEG 听见 DIR 成

nəuŋ^{31} tə^{55} ʃtʃhi^{55} to^{31} khə^{31} pei^{55} ɛ^{31}tʃhiɛ^{55} ti^{55} khɑ^{31}ʐɑ^{55}tsʉ^{55} gɑ^{31} wu^{55}

LNK DIR 醒 LOC DIR 到 时 DEM 小竹篮 GEN LOC

ʈhəuŋ^{55} ti^{31} thə^{31} nu^{31} mə^{55}gu^{55}lu^{31} ʐɛ^{31} ʈhəuŋ^{55} ti^{31} thə^{31} nu^{31} si^{31}.

声音 一 DIR 听见 动静 ASP:PRT 声音 一 DIR 听见 ASP

nəuŋ^{24} tə^{55} ʃtʃhin^{55} khə^{31} ʒɿ^{55} nəuŋ^{31} ti^{55} khɑ^{31}ʐɑ^{55} wu^{55} sto^{55} nə^{31}ʃuɛ^{24}ɛ^{31}

LNK DIR 起来 DIR 来 LNK DEM 竹篮 LOC 看 这样子

bʉ^{31}ʐɑ^{55} tɛ^{55} stie^{31} khɑ^{31}ʐɑ^{55} wu^{55} ʒ̣ə^{55} tʃɿ^{31}də^{31}. nəuŋ^{24} ti^{55} khɑ^{31}ʐɑ^{55}

蛇 一 CL 竹篮 LOC 有 HRS LNK DEM 竹篮

wu^{55} ɛ^{31} bʉ^{55}ʐɑ^{55} gɯ^{55} ti^{55} tʃɑ^{55} to^{55} tɛ^{31} ʃtʃyu^{55} nə^{31} xin^{24} nə^{31}ji^{55}

LOC PRT 蛇 TOP DEM 地 LOC 一 VCL DIR 倒 又

wu^{55} xɑ^{31} ʃɿ^{55} ʐəu^{55} nə^{31} ʃtʃyu^{55} nə^{31} xin^{31} xɑ^{31} ʃɿ^{55} ʐəu^{55}, səuŋ^{55} ʃtʃyu^{31}

LOC DIR 去 ASP 两 VCL DIR 倒 DIR 去 ASP 三 VCL

to^{31} tə^{55} pei^{31} tʃhiɛ^{51} nə^{31}ji^{55} tʃɿ^{55}pɑ^{31} wu^{55} xɑ^{31} ʃɿ^{55} ʐəu^{55} nəuŋ^{24} man^{31}ta^{55}

LOC DIR 到 时 又 再 LOC DIR 去 ASP LNK 最后

to^{51} nəuŋ^{24} ȵəŋ^{24} min^{55} ʃ̣ɿ^{55} ti^{55} bʉ^{55}ʐɑ^{31} stie^{55} gɯ^{31} khɑ^{31}ʐɑ^{55} wu^{55}

LOC LNK 办法 NEG 有 DEM 蛇 CL TOP 竹篮 LOC

kui^{55} ʃtʃyɛ^{31} nəuŋ^{24} tə^{55} ʃtʃyu^{55} tʂə^{55}mie^{55} ʒdʒuɑ^{31} si^{55} tʃɿ^{55}də^{31}.

在 CAUS LNK DIR 背 家里 带 ASP HRS

姐姐没办法，只能一边在路上哭，一边回家里去。走到半路上时，昏迷摔倒了，摔倒在一个土坑旁边，（像睡了）一觉（一样什么也）听不见（没知觉）。听不见（没知觉）时，（姐姐）带的一个小竹篮掉在了那里。没知觉（之后）到醒的时候，（姐姐）听见这小竹篮里有一个声音，听见一个（东西在）活动的声音。（她）站了起来，过来往这个竹篮里面看，

（看到）竹篮里有一条蛇。这竹篮里的蛇，往这地上倒一次又回到（竹篮）里面，倒第二次又回去，到了第三次时，（蛇）又再次回到（竹篮）里面。最后，（姐姐）没办法，（就）让这条蛇在竹篮里，（把它）背起来带回家了。

tʂə^{55}mie^{55} xɑ^{31} pei^{55} ɛ^{31} nəuŋ^{24} tʂən^{31} ʐʅ^{55} xkua^{55}xkua^{55} ʐəu^{31} tʃʅ^{31}də^{31}.
家里 DIR 到 PRT LNK 孩子 PL 都哭 ASP HRS

tʂə^{55}ʐəuŋ^{55} gue^{31}je^{31} ȵəŋ^{31} ʃ̣ʅ^{24} mɑŋ^{31} ʐəu^{55} xkua^{55} tsɑ^{31} bəuŋ^{31} wo^{24}ȵi^{55}
饿 AGT 办法 有 NEG ASP 哭 只 有 那样

tʃʅ^{55}də^{31}. nəuŋ^{24} mɑŋ^{31} gue^{55}je^{31} ti^{55} bʉ^{55}ʐa^{55} gɯ^{55} khə^{31} ʃtʃhʉ^{55} nəuŋ^{31}
HRS LNK 妈妈 AGT DEM 蛇 TOP DIR 杀 LNK

tʂən^{31} ʐʅ^{55} tʃi^{31} thə^{31} ʃtʃhye^{31} si^{31} tʃʅ^{31}də^{31}.①
孩子 PL DAT DIR 喂 ASP HRS

到家的时候孩子们都正在哭。（他们）饿得没有办法只有哭，（就是）那样子。妈妈（就）把这蛇杀了（准备）给孩子们吃了。

mɑŋ^{31} gɯ^{55} gue^{31}tʃhie^{24} dʐə^{55} nə^{31} ʒʅ^{24} thə^{31} ʒʅ^{31}stuan^{55} si^{31}. ʒʅ^{55}min^{24}
妈妈 TOP 火塘边 处 DIR 睡 DIR 睡着 ASP 梦

wu^{55} ko^{31} ta^{55} ʈhəuŋ^{55} ti^{31} je^{31} tə^{55} ʃtʃhi^{55} ʃtʃyɛ^{31} si^{31}. tə^{55} ʃtʃhi^{55}
LOC 很 大 声音 一 AGT DIR 醒 CAUS ASP DIR 醒

ʐa^{31}tʃhiɛ^{55} tʂən^{31} ʐʅ^{55} tʃi^{31} ʐa^{55} wu^{55} bʉ^{31}ʐa^{55} xɑ^{31} xko^{55} si^{31} gɯ^{55}
时 孩子 PL DAT 锅 LOC 蛇 DIR 煮 ASP TOP

ʐʅ^{55}ʃtʃye^{24} thə^{31} ɬa^{31} nəuŋ^{55} tɛ^{55} sto^{31} pɑ^{51} tʃhiɛ^{55} ʐa^{55} wu^{55} bʉ^{31} ʐa^{55} mɑŋ^{31}
锅盖 DIR 揭 LNK 一 看 CONP 时 锅 LOC 蛇 NEG

ʃ̣ʅ^{24}, ŋəuŋ^{55} tɛ^{55} ʐa^{31} tsɑ^{31} kui^{31} thə^{31} pjɑ^{31} si^{31} tʃʅ^{31}də^{31}. ŋəuŋ^{55} gue^{55}je^{31}
有 银子 一 锅 只 有 DIR 变成 ASP HRS 银子 AGT

miɑŋ^{51} die^{55} ji^{55} ʐəu^{31} nəuŋ^{31} thə^{31} xɑŋ^{55} ʃtʃyɛ^{55} si^{31} tʃʅ^{31}də^{31}. nəuŋ^{24} tə^{55}
眼睛 都 花 ASP LNK DIR 呆 CAUS ASP HRS LNK DIR

gəu^{55} pɑ^{31} nəuŋ^{31} ʒ̣ɑ^{31}fpɑ^{24} nə^{31} xɯ^{55} nəuŋ^{31} ʈhəuŋ^{55} khə^{31} ta^{55} pɑ^{55}
高兴 CONP LNK 手掌 DIR 拍. LNK 声音 DIR 大 CONP

nəuŋ^{31} tʂən^{31} ʐʅ^{55} tʃi^{31} ʈhəuŋ^{24} pin^{55} xɑ^{31} jin^{55} sto^{55} jin^{31}, je^{31}bʉ^{55}
LNK 孩子 PL DAT 快 ADV DIR 来 看 来 1pl:INCL:家

tɑ^{51} ŋəuŋ^{55} ko^{31} ta^{55} səuŋ^{31} ʒdʒie^{55} sta^{31} tʃʅ^{31} si^{31} tʃʅ^{31}də^{31}.

① 本段以后的故事内容无音频。

现在　银子　很　大　三　CL　有　说　ASP　HRS

妈妈在火塘边睡着了，（还在）梦里（时）被一个很大的声音弄醒了。醒的时候（想到）锅里给孩子们煮的蛇，揭开锅盖一看，锅里没有蛇，（蛇）变成了一锅银子。银子把（她的）眼睛都（闪）花了，使她呆掉了。（她）高兴得拍起了巴掌，大声地对孩子们说：“快进来看，咱们家现在有很大的三块银子了。”

o^{55}ti^{55}　di^{31}ʒʅ^{31}　nəuŋ^{24}　min^{55}　wɑŋ^{55}　tsɿ^{24}　tə^{55}　qɑ^{31}　gue^{55}je^{31}　dzɿ^{55}　ji^{55}

DEM　以来　ABL　人　五　CL　一　家　AGT　吃　NMLZ

thin^{31}　ji^{55}　gui^{31}　ji^{55}　tsɛ^{31}　ji^{55}　tʂən^{55}　tə^{55}ʐʅ^{55}　mə^{31}sie^{55}　ʃʅ̣^{31}　ʐəu^{55},

喝　NMLZ　穿　NMLZ　用　NMLZ　房子　这些　全部　有　ASP

tɛ^{55}ȵ̥in^{24}　ʐʅ^{31}dʒie^{31}　tɛ^{55}ȵ̥in^{24}　tə^{55}　tin^{55}　si^{31}.　tɛ^{55}　ȵ̥ɑŋ^{24}　tʃhiɛ^{55}　ti^{55}

一天　之后　一天　DIR　富　ASP　一　天　TOP　DEM

m̥in^{31}pɛ^{55}tʂən^{31}　kun^{31}　gɯ^{55}　mɑŋ^{31}ʈun^{31}　ti^{55}　dʐə^{55}　tʂʅ^{55}din^{31}　ʃʅ^{55}　nəuŋ^{55}　pɑ^{31}

姐妹　妹妹　TOP　无意间　MOD　时　别处　去　LNK　姐姐

bɑ^{55}　kəuŋ^{24}　dʐə^{55}　xɑ^{31}　pei^{51}　tʃhiɛ^{55},　pɑ^{31}　bʉ^{55}　mə^{55}qɑ^{55}　tə^{55}　ʃʅ̣^{55}　tə^{55}

家:GEN　门　处　DIR　到　时　姐姐　家　人家　DIR　新　DIR

tin^{55}　si^{31}　tʃʅ^{31}　nəuŋ^{31}　tɛ^{31}dʒʅ^{24}　thə^{31}　ʒdʒiəŋ^{31}　pɑ^{55}　nə^{31}　ʃtʃhʉ^{55}　si^{31},

富　ASP　说　LNK　一会儿　DIR　呆　CONP　DIR　站　ASP

tə^{31}dʒʅ^{31}　dʐuŋ^{51}　tʃhiɛ^{55}　qhu^{55}ʐʅ^{55}　khə^{31}　tʃəuŋ^{55}　pɑ^{31}　nəuŋ^{31}　pɑ^{31}　bɑ^{55}

一会儿　过　时　头皮　DIR　硬　CONP　LNK　姐姐　家:GEN

kəuŋ^{31}tɑ^{55}　to^{55}　xɑ^{31}　zdan^{31}zdo^{55}　xɑ^{31}　ʃʅ^{55}　si^{55}.　pɑ^{31}　bɑ^{55}　guŋ^{55}　tʂən^{55}

门槛　LOC　DIR　跨　DIR　去　ASP　姐姐　家:GEN　LOC　房子

ʐɑ^{51}　wu^{55}　nə^{31}　stʉ^{55}sto^{31}　ti^{31}　pɑ^{31}　ʐɑ^{31}tʃhiɛ^{55}　mə^{55}də^{55}　dʐuŋ^{31}　nəuŋ^{31}

PL:GEN　LOC　DIR　全看　一　CONP　时　什么　成　LNK

tə^{31}ʐɑŋ^{24}ȵi^{31}　tə^{55}　tin^{55}　si^{31}　gɯ^{31}　ʒʅ^{55}min^{24}　wu^{55}　die^{55}　mɑŋ^{31}　tʂhuŋ^{24}

这样　DIR　富　ASP　TOP　梦　LOC　也　NEG　来

dɑ^{24}dɑ^{31}　ʐe^{31}　phji^{55}.　pɑ^{24}　tʃi^{31}　zduɛ^{31}　nəuŋ^{55}　ȵi^{24}　ʐʅ^{24}　dɑ^{24}dɑ^{31}　ʃtʃhy^{31}dʐuŋ^{55}

的确　也　好　姐姐　DAT　问　LNK　2sg　以前　的确　可怜

nəuŋ^{31}　ʐʅ^{31}　gue^{55}je^{31}　ʐɑ^{55}qɑ^{24}　xɑ^{31}　ly^{55}　si^{31}　ʐɑŋ^{31}ȵi^{31}　ti^{55}　tsiəŋ^{31}gui^{55}　ʐe^{31}

LNK　皮　AGT　骨头　DIR　包　ASP　样子　一　衣服　也

nə^{31}　ɖəuŋ^{55}ɖə^{31}　nəuŋ^{31}　mɑŋ^{55}　qo^{24}.　tɑ^{51} ȵi^{24}　dzɿ^{55}　ji^{55}　thin^{31}　ji^{55}　gui^{31}

DIR　破烂　LNK　NEG　行　现在 2sg　吃　NMLZ　喝　NMLZ　穿

ji^{55}　tsɛ^{31}　ji^{55}　mə^{55}də^{31}ʂʅ^{55}　an^{55}　pʉ^{31}　mɑŋ^{31}　khu^{55}　thə^{31}　pjɑ^{55}　si^{31},

NMLZ 用 NMLZ 所有 担心 CONP NEG 用 DIR 变成 ASP

ȵi^{24} mə^{55}də^{55} pʉ^{31} nəuŋ^{31} tə^{31}ʐɑŋ^{31}ȵi^{31} tə^{55} tin^{55} pu^{31} si^{31}？

2sg 怎么 ADV LNK 这样 DIR 富 CONP ASP

从那以后，（姐姐的）五口之家吃的喝的、穿的用的、房子这些全都有了，一天比一天富裕起来了。（有）一天，这姐妹（里的）妹妹去别处时，无意间到了姐姐的家门口，（内心）说姐姐家（为什么）全家又新又富裕？（她）站着发了一阵儿呆，过了一会儿，硬着头皮跨过姐姐家的门槛进去了。（她）把姐姐家房子里面全看了一遍，（想着姐姐家）什么时候变成这么富了？（真是）做梦都梦不到，的确好。（她）问姐姐："你以前真的可怜，（瘦得）皮包骨头一样的一（个人），衣服也破烂不堪，现在你变成吃的喝的、穿的用的、所有的都不用担心了，你怎么（变得）这么富起来了？"

pa^{31} gɯ^{55} nəuŋ^{24} ʃtʃhyɛ^{55} phji^{31} mə^{55}stu^{31} min^{55} ti^{55} gue^{31}je^{31} kun^{24} tʃi^{31}

姐姐 TOP LNK 心 好 老实 人 一 AGT 妹妹 DAT

ȵi^{55}ȵɑŋ^{31} tə^{55} tin^{55} si^{31} ʃɿ^{31} gɯ^{55} phji^{55} pɑ^{55} nəuŋ^{31} tɛ^{31}ʈhɿ^{24} mə^{55}ʂɿ^{55}

自己 DIR 富 ASP 事 TOP 好 CONP ADV 一点 全部

nə^{31} xyn^{55} si^{55}. kun^{31} gue^{55}je^{31} nəuŋ^{24} pa^{31} gɑ^{55} xin^{55} ʐəu^{31} gɯ^{31} mə^{31}sie^{55}

DIR 讲 ASP 妹妹 AGT LNK 姐姐 PRT 讲 ASP TOP 全部

ȵi^{24} thəuŋ^{24} pɑ^{55} nəuŋ^{31} bin^{55}ʃɿ^{31}bin^{55}jin^{55} pɑ^{31} nəuŋ^{31} nə^{55}bɑ^{31} wu^{55}

听 完 CONP LNK 急急忙忙 CONP ADV 自己家:GEN LOC

ʃɿ^{55} si^{31}.

去 ASP

姐姐是一个好心肠的老实人，（就）把自己变富的事情详细地、一点儿（不漏地）全部讲了出来。妹妹把姐姐讲的全部听完之后，（就）急急忙忙回自己家了。

kun^{31} gue^{55}je^{31} tʂə^{55}mie^{55} xɑ^{31} pei^{51} tʃhiɛ^{55} dzɑ^{55}sto^{31}stə^{31} wu^{55} nəuŋ^{55}

妹妹 AGT 家里 DIR 到 后 镜子 LOC ABL

ʐɿ^{24} tɛ^{55} sto^{24} no^{55} tɛ^{55} sto^{24} pɑ^{31} nəuŋ^{31}. pa^{31} gɑ^{55} ʐɿ^{24} nə^{31} ɖəuŋ^{55}ɖə^{31}

前面 一 看 LOC 一 看 做 LNK 姐姐 GEN 前面 DIR 破烂

siɛ^{31} tsiəŋ^{31}gui^{55} tɛ^{55} vbəuŋ^{31} tə^{55} gua^{55} nəuŋ^{31}, pa^{31} gɑ^{55} ʐɑŋ^{31}ȵi^{31}

ASP:PRT 衣服 一 身 DIR 穿 LNK 姐姐 GEN 那样的

khɑ^{31}ʐɑ^{55} ti^{55} tə^{55} ʃtʃyu^{55} nəuŋ^{31}, pa^{31} gɑ^{55} ʐɿ^{24} ɖuan^{31} si^{51} ʐuɛ^{24} wu^{55}

竹篮 一 DIR 带 LNK 姐姐 GEN 前面 走 ASP 路 LOC

təuŋ^{31}təuŋ^{31}pie^{55}pie^{55} pɑ^{31} nəuŋ^{31} xɯ^{31}tʂhuŋ^{55} ʐəu^{31} ʐɑŋ^{31}ȵi^{31} pɑ^{31} nəuŋ^{31}. o^{55}ti^{55}

跌跌撞撞 做 LNK 叹气 ASP 那样 做 LNK DEM

pa^{31} gɑ^{55} nə^{31} jin^{55} siɛ^{51} tʃə^{55}təuŋ^{51} dʐə^{55} xɑ^{31} pei^{51} tʃhiɛ^{55}, ȵi^{55}ȵi^{31}
姐姐 PRT DIR 倒 ASP:PRT 土坑 处 DIR 到 时 3sg:REFL

ʐe^{31} nə^{31} jəuŋ^{55}jin^{55} pɑ^{31} nəuŋ^{31} mɑŋ^{31} nu^{31} ʐɑŋ^{55}ȵi^{31}, tʃə^{55}təuŋ^{55} wu^{55} xɑ^{31}
也 DIR 摔倒 做 LNK NEG 听见 那样 土坑 LOC DIR

dzo^{55}lo^{55} pɑ^{31} nəuŋ^{31}, min^{55} mə^{55}gu^{31}lu^{31} nəuŋ^{31}, o^{55}ti^{55} bʉ^{31}ʐɑ^{55} nə^{31}ji^{55} xɑ^{31}
滚 做 LNK NEG 动弹 LNK DEM 蛇 再 DIR

ʒɿ^{55} qa^{31} tʂhuŋ^{31}lin^{55} si^{31}. tə^{31}dʒɿ^{31} dʐuŋ^{51} tʃhiɛ^{55} nə^{55}dʐo^{51} wu^{55} ʈhəuŋ^{55} ti^{31}
来 ASP 等待 ASP 一会儿 过 后 耳朵 LOC 声音 一

nu^{31} tʃɿ^{31}nəuŋ^{31} tə^{55} ʃtʃhin^{55} nəuŋ^{31} ʒɑ^{31} gue^{55}je^{31} ziu^{55} xɑ^{31} tɑ^{31} nəuŋ^{55}
听见 HRS DIR 起来 LNK 手 AGT 脸 DIR 遮 LNK

ɬa^{31}tsɿ^{55} tshiɛ^{55}tshin^{31} wu^{55} nəuŋ^{55} ȵɑŋ^{31}po^{55} khɑ^{31}ʐɑ^{55} wu^{55} sto^{55} nə^{31}ʃuɛ^{24}ɛ^{31}.
手指 缝隙 LOC ABL 偷偷 竹篮 LOC 看 这样子

khɑ^{31}ʐɑ^{55} wu^{55} gue^{31}tsi^{55} gue^{31}je^{31} khə^{31} ɬy^{55} si^{31} xka^{55} tɛ^{31} bu^{31} kui^{55}.
竹篮 LOC 小鸟 AGT DIR 拉 ASP 屎 一 CL 有

qhu^{55} tə^{55} jo^{55} nəuŋ^{31} sto^{51} tʃhiɛ^{55}, gue^{31}tsi^{24} ko^{31} ʒɿ^{55} ti^{31}, sin^{31}vbəuŋ^{55}
头 DIR 抬 LNK 看 时 小鸟 很 多 MOD 树

khu^{55} xɑ^{31} dzyn^{55} nəuŋ^{55} ʂɑ^{55}ʂɑ^{31} nəuŋ^{55} ti^{55} kun^{24} tʃi^{31} xka^{55} khə^{31}
LOC DIR 歇 LNK 都笑 LNK DEM 妹妹 DAT 屎 DIR

dziu^{31} tʃɿ^{31} si^{31}. ti^{55} gue^{31}tsi^{31} ʐɑ^{55} ko^{55}tʂɿ^{55} thə^{31} nu^{55} ʐɑ^{31}tʃhiɛ^{55},
吃 说 ASP DEM 小鸟 PL:GEN 话 DIR 听见 时

gəuŋ^{24} wu^{55} ʐʉ^{24} mɑŋ^{31} ʐəu^{55} thə^{31} pjɑ^{31} nəuŋ^{31}. nə^{31} sʉ^{55}zdʉ^{31} ti^{31} pɑ^{31}
内心 LOC 舒服 NEG ASP DIR 变 LNK DIR 想 一 CONP

tʃhiɛ^{55} pa^{31} gɑ^{55} bʉ^{31}ʐɑ^{55} gɯ^{55} ŋəuŋ^{55} bie^{55} thə^{31} pjɑ^{55} si^{31} ʃɿ^{31} gɯ^{55} də^{31}
时 姐姐 GEN 蛇 TOP 银子 LOC DIR 变成 ASP 事 TOP DIR

ʈən^{51} tʃhiɛ^{55}, tʃɿ^{55}pɑ^{31} ʃtʃhyɛ^{55} khu^{55} ji^{24} min^{55} pɑ^{55}.
想 时 同时 心 LOC 甘心 NEG CONP

妹妹到家后，在镜子里前面看看，后面看看（装扮自己）。（她）穿上了姐姐之前（那样）破烂的一身衣服，带上了姐姐那样的竹篮，在姐姐之前走过的路上装作跌跌撞撞、叹气的样子。到了姐姐晕倒的那个土坑那儿时，她自己也装作摔倒了失去知觉的样子，滚到土坑里不动了，等那蛇再来。过了一会儿后，（她）耳朵里听见一个声音，（就）起来用手遮住脸，偷偷地从手指缝里看往竹篮里看，竹篮里有一摊小鸟拉的屎。（妹妹）抬头看，（发现）树上歇着很多小鸟，都笑着说给这妹妹吃屎。（她）听见这些小鸟们的话时，心里变得不舒服。

（她）想了一下姐姐的蛇变成了银子的事儿，想到（这事儿）的时候，心里就不甘心。

thə^{31} ʃtʃiɛ^{55}ŋɑŋ^{31} ti^{31} pɑ^{31} nəuŋ^{31} tʃə^{55}təuŋ^{55} wu^{55} nəuŋ^{55} khə^{31} ʒʅ^{55}
DIR 伸懒腰 一 做 LNK 土坑 LOC ABL DIR 来

nəuŋ^{31}, sin^{31}vbəuŋ^{55} qhu^{55} khu^{55} sto^{55} ti^{31} pɑ^{31} nəuŋ^{31} khɑ^{31}ʐɑ^{55} tə^{55} ʃtʃyu^{55}
LNK 树 头 LOC 看 一 CONP LNK 竹篮 DIR 背

nəuŋ^{31} o^{55}ti^{55} tʃə^{55}təuŋ^{55} dʐə^{55} nəuŋ^{55} khə^{31} ʃʅ^{55} ʂan^{55} ti^{55} min^{55} dʐuŋ^{55}
LNK DEM 土坑 处 ABL DIR 去 远 MOD NEG 过

tʃhiɛ^{51} tə^{31}gɑ^{24} ʐʅ^{24} nə^{31}ji^{55} tʃə^{55}təuŋ^{55} ti^{31} phʐɛ^{31}. ȵi^{55}ȵɑŋ^{31} nə^{31} sʉ^{55}zdʉ^{31}
TOP 3sg:GEN 前面 又 土坑 一 遇见 3sg:REFL DIR 想

ti^{31} pɑ^{31} tʃhiɛ^{55} ti^{24} tɛ^{31} qha^{31} tʃhiɛ^{55} ȵi^{55}ȵi^{31} bie^{31} ʒdʒiu^{55} qa^{55} dʒʅ^{24}
一 CONP TOP DEM 一 VCL TOP 3sg:REFL LOC 保佑 ASP 时刻

xɑ^{31} pei^{55} si^{31}. ji^{55}tʃʅ^{24} pɑ^{31} gɑ^{55} ʐɑŋ^{31}ȵi^{31} pɑ^{31} nəuŋ^{31} tʃə^{55}təuŋ^{55} wu^{55}
DIR 到 ASP 马上 姐姐 PRT 那样 做 LNK 土坑 LOC

nə^{31} dzo^{55}lo^{55} nu^{24} mɑŋ^{31} ʐəuŋ^{55} ʐɑŋ^{55}ȵi^{31} pɑ^{31} tʃhiɛ^{55} dɑ^{24}dɑ^{31} ʐe^{31} pa^{31}
DIR 滚 听见 NEG ASP 那样 做 后 的确 也 姐姐

gɑ^{55} tʃʅ^{31} si^{55} ʐɑŋ^{55}ȵi^{31} bʉ^{31}ʐɑ^{55} ta^{55} tɛ^{31} stie^{31} khɑ^{31}ʐɑ^{55} wu^{55} xɑ^{31} lo^{31}
PRT 说 ASP 那样 蛇 大 一 CL 竹篮 LOC DIR 去

si^{55}. nəuŋ^{24} ȵi^{55}ȵɑŋ^{31} khɑ^{31}ʐɑ^{55} wu^{55} bʉ^{31}ʐɑ^{55} tə^{55} ʃtʃyu^{55} tʂə^{55}mie^{55}
ASP LNK 3sg:REFL:GEN 竹篮 LOC 蛇 DIR 背 家里

ʒdʒuɑ^{55} nəuŋ^{31}. mɛn^{24} xɑ^{31} ʈha^{55}, ʐɑ^{55} xɑ^{31} ʃtʃi^{24}, bʉ^{31}ʐɑ^{55} ʃtʃhɿ^{55} nəuŋ^{31}
带 LNK 火 DIR 生 锅 DIR 放 蛇 杀 LNK

xko^{55} ʃei^{31} tʃʅ^{31}nəuŋ^{31}. bʉ^{31}ʐɑ^{55} gue^{55}je^{31} tə^{55} ʐun^{31} nəuŋ^{31} tə^{31}gɑ^{24} qan^{51}
煮 要 HRS 蛇 AGT DIR 叫 LNK 3sg:GEN 脖子

wu^{55} tə^{55} ʃtʃhy^{55} nəuŋ^{31} ʈhəuŋ^{55} tʂhuŋ^{31} mɑŋ^{31} ʐəu^{55} thə^{55} pɑ^{31} thə^{31} sue^{31}
LOC DIR 绕 LNK 声音 出来 NEG ASP DIR 做 DIR 杀

si^{55}. ja^{31}qa^{31}zɿ^{55} tʂə^{55}mie^{55} xɑ^{31} ʒʅ^{55} to^{31} khə^{31} pei^{55}, tʂɿ^{55}mɑŋ^{55} m̥in^{55}
ASP 丈夫 家里 DIR 来 LOC DIR 到 妻子 药

mɑŋ^{31} ʃ̣ʅ^{31} dʐuŋ^{55} thə^{31} sɿ^{31} si^{55}.
NEG 有 成 DIR 死 ASP

（妹妹）从土坑里出来，伸了一个懒腰，往树梢上看了一下，背起竹篮从那个土坑那里走了没多远，她的前面又遇到了一个土坑。她想了一下，（觉得）这一次是保佑自己的时刻到了。马上像姐姐那样子滚到了土坑里，装作失去知觉那样子之后，的确也像姐姐说的那样，竹篮里进去了一条大蛇。然后她背起竹篮里的蛇带回家里。生起火，放好锅，准备杀了蛇煮（着吃）掉。蛇叫了起来，绕到了她的脖子上，（缠得她）发不出声音，杀了她。到（她的）丈夫回到家里时，妻子已经是没药（可救）了，去世了。

6．不要赌博

o^{55}tʃhiɛ^{55} ɑ^{31}ʐɑ^{24} tʃhɿ^{55}pʐɿ^{24} ʃtʃi^{24} wu^{55} ɑ^{55}puŋ^{31}tsɛ^{24} fv^{55}po^{31} nəuŋ^{31}
以前 1pl:GEN 大古梅 村 LOC 小叔 福波 和

a^{31}pa^{24} tʂhuŋ^{31}liɑŋ^{55} tʃɿ^{55} ʐəu^{31}, ti^{55} min^{55} zan^{31} ɑ^{31}bɑ^{24} ɖue^{24}po^{55}
哥哥 崇良 说 ASP DEM 人 DL 1sg:家:GEN 家族

min^{55} də^{31}, tɛ^{55} n̥in^{31}n̥in^{31} ba^{31}la^{55} ʃɿ^{31} ʐɿ^{55}ʐe^{31} dzu^{24} mɑŋ^{31} ʐəu^{55} tʃɿ^{55}də^{31}.
人 是 一 天天 赌博 去 活儿 干 NEG ASP HRS

（这故事）说（的是）以前在我们大古梅村里的小叔福波和哥哥崇良，这两个人是我们家族的人，（他俩）每天去赌博不干活儿。

tɛ^{31} ʃtʃyu^{55} tʃhiɛ^{55} dʒɿ^{31}tu^{55} ba^{31}la^{55} ʃɿ^{31} nəuŋ^{31} xuŋ^{31}buŋ^{31} nə^{55} tsɿ^{31} po^{31}
一 VCL TOP 剑川 赌博 去 LNK 白族 两 CL LOC

ba^{31}la^{55} si^{31} tʃɿ^{31}də^{31}. ti^{55} xuŋ^{31}buŋ^{31} zan^{55} man^{55} gɯ^{55} ti^{31} bie^{55} ʒu^{31}pɛ^{31}
赌博 ASP HRS DEM 白族 DL 名字 TOP 一 LOC 儒柏

man^{55}, ti^{31} bie^{55} ʒu^{31}tʂhuɑn^{55} man^{55} tʃɿ^{31}də^{31}. tə^{55}ʐɿ^{55} ʒdʒɛ^{55} tsɿ^{31} nəuŋ^{24}
叫 一 LOC 儒川 叫 HRS 3pl 四 CL 就

ba^{31}la^{55} xiɛn^{31} n̥in^{55} to^{55} khə^{31} pei^{55} ʐe^{31} tə^{31}zan^{24} xuŋ^{31}buŋ^{31} zan^{55} po^{31}
赌博 七 天 LOC DIR 到 也 3dl 白族 DL LOC

qo^{55} min^{55} thəuŋ^{55} tʃɿ^{31}də^{31}. nəuŋ^{24} ɑ^{55}puŋ^{31}tsɛ^{24} fv^{55}po^{31} nəuŋ^{31} pa^{24}
赢 NEG 能够 HRS LNK 小叔 福波 和 哥哥

tʂhuŋ^{31}liɑŋ^{55} ȵɑŋ^{31}po^{55} nə^{31} ʃtʃiɛ^{31}ʃtʃy^{31} nəuŋ^{55} nə^{55}ji^{55} səuŋ^{31} n̥in^{55} ba^{31}la^{55}
崇良 暗中 DIR 商量 LNK 再 三 天 赌博

khu^{31} tʃɿ^{31} si^{31} tʃɿ^{31}də^{31}. ʐɿ^{55}dʒie^{24} nəuŋ^{24} nə^{31}ji^{55} ba^{31}la^{55} si^{31} tʃɿ^{31}də^{31}.
要 说 ASP HRS 后面 就 又 赌博 ASP HRS

一次啊，（他俩）去剑川赌博，和两个白族人赌博。这两个白族人的名字啊，一个叫儒柏，一个叫儒川。他们四个就赌（起来了），（赌）到了（第）七天，他俩也没能赢两个白族人。然后小叔福波和哥哥崇良暗中商量说要再赌三天。后面就又赌（起来）了。

səuŋ^{31} n̥in^{55} thə^{31} ba^{31}la^{31} ʐ̥e^{31} nə^{55}ji^{55} qo^{55} min^{55} thəuŋ^{55}, nəuŋ^{24} n̥əŋ^{24}
三 天 DIR 赌博 也 又 赢 NEG 能够 LNK 办法

min^{55} ʃʅ̣^{55}, ŋəuŋ^{55} ʐ̥e^{31} thə^{31} thəuŋ^{55} nəuŋ^{55} ʒu^{24}pɛ^{31} nəuŋ^{55} ʒu^{31}tʂhuan^{55}
NEG 有 钱 也 DIR 完 LNK 儒柏 和 儒川

tʃi^{55} mə^{55}din^{31} tɛ^{31} ʃọ^{55} xɑ^{31} tsɿ^{31} nəuŋ^{55} jɑ^{55}tshuɑ^{24} dʐ̥ʅ^{31}dʐ̥ʅ^{24} khu^{55} xɑ^{31}
DAT 土地 一 CL DIR 算 LNK 地界 书 LOC DIR

ɖ̥ua^{31} nəuŋ^{55} tə^{31}zan^{31} tʃi^{55} thə^{31} khun^{31} si^{55} tʃʅ^{55}də^{31}. ʒu^{31}pɛ^{31} nəuŋ^{55}
写 LNK 3dl DAT DIR 给 ASP HRS 儒柏 和

ʒu^{31}tʂhuan^{55} nəuŋ^{24} tʃhʅ^{55}pʐ̥ʅ^{24} din^{24} khu^{55} ʒʅ^{31} ʐ̥e^{51} man^{24}mɑŋ^{31}sʉ^{55} din^{24}
儒川 LNK 大古梅 地方 LOC 来 也 ASP:NEG 地点

ɛ^{55}tʃi^{24} tɛ^{55} dʐ̥uŋ^{24} də^{31} tʂɑ^{55}mɑŋ^{31}ʃʅ̣^{24}, n̥i^{55}zan^{31} din^{31}bie^{31} dʐ̥ʅ^{31}dʐ̥ʅ^{24} khu^{55}
哪里 一 处 是 知道:NEG 3dl REFL 书 LOC

qa^{55} tʃʅ^{55} nəuŋ^{31} n̥i^{55}zan^{31} man^{55} xɑ^{31} ɖ̥ua^{24}, man^{55} to^{55} ʒdʒəu^{55} nə^{31}
好 说 LNK 3dl 名字 DIR 写 名字 LOC 章 DIR

xui^{55} si^{31} tʃʅ^{31}də^{31}.
盖 ASP HRS

又赌了三天也没能赢，没办法，钱也用完了，就给儒柏和儒川赔了一块地，把地界写在（协议）书上给了他俩。儒柏和儒川还没来过大古梅，（也）不知道（大古梅）是哪一块地方，他俩自己就在（协议）书上签署了同意，签了他俩的名字，在名字上画了押。

ʐ̥ʅ^{55}dʒie^{24} tʃhiɛ^{55} tə^{55}ʐ̥ʅ^{55} ʒdʒɛ^{55} tsɿ^{31} gue^{55}je^{31} tʃhʅ^{55}pʐ̥ʅ^{24} xɑ^{31} ʒʅ^{55} nəuŋ^{31}
后面 TOP 3pl 四 CL AGT 大古梅 DIR 来 LNK

din^{31} nəuŋ^{55} jɑ^{55}tshuɑ^{24} sto^{55} ʒʅ^{31} si^{31} tʃʅ^{31}də^{31}. tə^{55}ʐ̥ʅ^{55} ʒdʒɛ^{55} tsɿ^{31} gue^{55}je^{31}
地 和 地界 看 来 ASP HRS 3pl 四 CL AGT

o^{55}ti^{55} din^{31} ʃọ^{31} gɯ^{55} sto^{55} ʃʅ^{31} tʃhiɛ^{55} sin^{31} nəuŋ^{55} ʒdʒiəŋ^{24} ʐ̥e^{55} mɑŋ^{55}
DEM 地 CL TOP 看 去 时 树 和 草 也 NEG

diəŋ^{24} ʒdʒiɑ^{31} ʃọ^{55} ti^{31} tʃʅ^{31}də^{31}. nəuŋ^{24} mə^{31}nan^{24} tʃhiɛ^{55} ʒu^{31}tʂhuan^{55} nəuŋ^{55}
有 岩石 块 一 HRS LNK 晚上 时 儒川 和

ʒu^{31}pɛ^{24} je^{31} ʒdʒiɑ^{24} mɑŋ^{31} khu^{24} tʃʅ^{55} nəuŋ^{31} ŋəuŋ^{55} ʃtʃyn^{55} si^{31} tʃʅ^{31}də^{31}.
儒柏 AGT 岩石 NEG 要 说 LNK 钱 要 ASP HRS

ʐ̥ʅ^{55}dʒie^{31} ʃạ^{51} tʃhiɛ^{55} ɑ^{55}puŋ^{31} fv^{55}po^{31} nəuŋ^{31} pa^{24} tʂhuŋ^{31}liɑŋ^{55} je^{31} ʃtʃi^{55}
后面 晚上时 叔叔 福波 和 哥 崇良 AGT 村

wu^{55} phz̩a^{31}sthə^{55}min^{31} z̩ɿ^{31} də^{31} tʂhuɑ^{55} xɑ^{31} ʒɿ^{55} ʃtʃyɛ^{31} nəuŋ^{31} min^{55}z̩ɑ^{31}

LOC 年轻人 PL DIR 请 DIR 来 CAUS LNK 人家:GEN

ʒu^{31}pɛ^{31} nəuŋ^{55} ʒu^{31} tʂhuan^{55} tɛ^{31} zɿ^{24} thə^{31} khun^{31} nəuŋ^{55} thə^{31} ʃtʃye^{55}ʃtʃye^{31}

儒柏 和 儒 川 一 VCL DIR 给 LNK DIR 撵走

si^{31} tʃɿ^{31}də^{31}.

ASP HRS

后来他们四个来到大古梅来看（那块）地和地界。他们四个看那块地时，（发现那块地）树和草都没有，（就是）一块岩石。晚上的时候儒川和儒柏说不要岩石，要钱。第二天晚上的时候，叔叔福波和哥哥崇良请来了村里的年轻人，把人家儒柏和儒川打了一顿，撵走了。

z̩ɿ^{55}dʒie^{24} d̥ue^{24}po^{31} suan^{31}puŋ^{55} z̩ɿ^{31} nəuŋ^{31} ʃtʃi^{55} wu^{55} phz̩a^{24}ta^{55}z̩e^{55}je^{31}

后面 家族 叔伯 PL 和 村 LOC 老人们:AGT

də^{31} dzəuŋ^{55} pɑ^{55} nəuŋ^{31} tə^{31}zan^{31} tʃi^{55} xɑ^{31} tsi^{55} ʃtʃyɛ^{31} nəuŋ^{31} min^{55}z̩ɿ^{31}

DIR 集中 CONP LNK 3dl DAT DIR 跪 CAUS LNK 人们

bie^{31} tə^{31}z̩ɑŋ^{24}n̥i^{31} pʉ^{31} mɑŋ^{55} xɑŋ^{24}, n̥i^{31}zan^{55} ti^{55} bɛ^{55}gəu^{31} gɯ^{55} phz̩ən^{55}min^{55}

LOC 这样 做 NEG 可以 2dl DEM 行为 TOP 普米人

ziu^{31} ʈɑ^{31} d̥ue^{24}po^{55} min^{55}z̩ɑ^{31} ziu^{55} ʈɑ^{31} z̩ən^{31}, ʒ̣ɛ^{55}gɯ^{31}ʒ̣ɛ^{31}z̩ɑ^{55} tʃhiɛ^{55}

脸 丢 家族 人们:AGT 脸 丢 ASP 将来 TOP

bʉ^{31}tʃhi^{55} tə^{31}z̩ɑŋ^{24}n̥i^{31} tɑ^{55} pin^{24} tʃɿ^{55} nəuŋ^{31} phji^{55} pʉ^{55} mə^{55}qɑ^{55} pin^{31}

永远 这样 PROH 做 说 LNK 好 ADV 人家 做

tʃɿ^{31} nəuŋ^{31} tɛ^{31} ʃtʃyu^{55} xɑ^{31} sʉ^{55}suan^{31} si^{31} tʃɿ^{31}də^{31}. nəuŋ^{24} tə^{31}zan^{24} ti^{55}

说 LNK 一 VCL DIR 教训 ASP HRS LNK 3dl DEM

ʃɿ^{31} gɯ^{55} dəuŋ^{55}dʒɿ^{31} nə^{31} dz̩uŋ^{55} nəuŋ^{31} ʒdʒiəŋ^{24}ʒdʒin^{31}z̩e^{31}je^{31} phz̩a^{24}qɯ^{31}tsɛ^{31}

事 TOP 流传 DIR 成为 LNK 老人们:AGT 年轻人

z̩ɿ^{55} tʃi^{31} ʒ̣ɛ^{55}gɯ^{31}ʒ̣ɛ^{31}z̩ɑ^{55} tʃhiɛ^{55} tə^{31}zan^{24} khu^{55} zdyn^{24} mɑŋ^{55} xɑŋ^{24} tʃɿ^{55}

PL DAT 将来 TOP 3dl LOC 学习 NEG 可以 说

nəuŋ^{31} suan^{55} si^{55}. nəuŋ^{24} ti^{55} ʒ̣ɛ^{31}n̥i^{31}təuŋ^{55} gɯ^{55} ʒdʒiəŋ^{24}ʒdʒin^{31}z̩e^{31}je^{31} tʃɿ^{31}

LNK 教训 ASP LNK DEM 故事 TOP 老人们:AGT 说

si^{55} ɑ^{55} z̩e^{55} ʃtʃyɑ^{55} nəuŋ^{31} xin^{55} thəuŋ^{55} pin^{55} san^{31}.

ASP 1sg 也 记住 LNK 讲 完 CONP ASP

后来家族的伯伯叔叔们和村里的老人们集中起来，让（福波和崇良）他俩跪下，（对他俩）说："（你俩）不应该对别人这样做，你俩的这种做法丢了普米人的脸，丢了家族的脸，将来永远不要这样做了，要好好做人。"（长辈们）教训了（他俩）一顿。然后他俩的事就流传下来了，老人们教育年轻人们说以后不要向他俩学习。然后老人们说的这个故事我也记住并且讲完了。

三　对话

1．家庭

A：nə^{31}bʉ^{55}　min^{55}　tʃhɿ^{31}　tsɿ^{55}　ʒ̣ə^{31}?
　2sg: 家 :GEN　人　儿　CL　有

A：您家有几口人？

B：ʃ̣uɛ^{31}　tsɿ^{55}　ʒ̣ə^{31}.
　八　CL　有

B：有八口（人）。

A：ʒdʒiəŋ^{55}ʒdʒin^{31}　tiɛ^{24}　ʒ̣ə^{55}　qa^{31}mɛ^{31}?
　老人　现在　在　QUES

A：老人都还健在吗？

B：mə^{31}sie^{55}　mɑŋ^{55}　ʒ̣ə^{24}.
　全部　NEG　在

B：都去世了。

A：n̩i^{24} pʉ^{55}pʉ^{31}　phʐ̩ɑ^{24}　tʃhɿ^{31}　ko^{55}　dʐ̩uŋ^{31}　si^{31}?
　2sg 今年　年龄　多少　年　到　ASP

A：您今年多大年纪？

B：ʈhu^{31}xko^{55}　nəuŋ^{31}　səuŋ^{24}　dʐ̩uŋ^{55}　si^{31}.
　六十　又　三　到　ASP

B：63 了。

A：n̩i^{24}　tʂ̩ən^{24}　tʃhɯ^{31}　tsɿ^{55}　ʒ̣ə^{31}?
　2sg　孩子　儿　CL　有

A：您有几个孩子？

B：səuŋ^{31}　tsɿ^{55}　ʒ̣ə^{31}.　ta^{55}ti^{55}　nəuŋ^{31}　qɯ^{31}tsɛ^{31}ti^{55}　gɯ^{31}　tsʉ^{51}　də^{31},　gu^{55}ʒ̣ɿ^{31}ti^{31}
　三　CL　有　老大　和　老幺　TOP　儿子　是　老二
gɯ^{31}　m̥in^{24}　də^{31}.
TOP　女儿　是

B：有三个。老大和老三是男孩，老二是女孩。

A：tə^{55}ʐʅ^{55} mə^{31}sie^{55} mə^{55}qhu^{55}ȵɑŋ^{31} thə^{31} pjɑ^{31} si^{31}?

3pl 全部 成年人 DIR 成 ASP

A：他们都成年了吗？

B：mə^{31}sie^{55} mə^{55}qhu^{55}ȵɑŋ^{31} thə^{31} pjɑ^{55} si^{31}. tsʉ^{55}ta^{55}ti^{55} gɯ^{31} tʂʅ^{55} mɑŋ^{55}

全部 成年人 DIR 成 ASP 大儿子 TOP 妻子

xɑ^{31} ʃtʃyɑ^{55} si^{31}, gu^{55}ʒ̣ʅ^{31}m̥in^{31} gɯ^{55} thə^{31} zdəuŋ^{55} si^{55}, tsʉ^{55}qɯ^{31}tsɛ^{31} gɯ^{55}

DIR 娶 ASP 女儿 TOP DIR 嫁 ASP 小儿子 TOP

phʐɑ^{24} nə^{31}go^{55} khə^{31} zdo^{31} ti^{55} tsɑ^{31}, tʂʅ^{55}mɑŋ^{55} tiɛ^{24} min^{55} ʃtʃyɑ^{55}.

年纪 二十 DIR 过 MOD 只 妻子 还 NEG 娶

B：全部成年了。大儿子已经娶媳妇了，二女儿出嫁了，老三才二十出头，还没结婚。

A：nəuŋ^{24} ȵi^{24} ji^{55}tsʅ^{24} ʒ̣ə^{55} qa^{31}mɛ^{31}?

LNK 2sg 孙子 有 QUES

A：那您已经有孙子了吧？

B：ʒ̣ə^{55}, ɣgɯ^{55} ko^{31} dʐuŋ^{31} si^{55} m̥in^{31}ji^{55}tsʅ^{31} ti^{31} ʒ̣ə^{31}.

有 九 岁 到 ASP 孙女 一 有

B：是的，有一个九岁的孙女。

A：tʂən^{31} ʐʅ^{55} mə^{55}də^{55} ʐʅ^{31}ʐe^{31} dzu^{31} ʐəu^{31}?

孩子 PL 什么 工作 做 ASP

A：孩子们都在做什么工作？

B：ta^{55}ti^{55} nəuŋ^{31} qɯ^{31}tsɛ^{31}ti^{55} qa^{55}ʃtʃi^{31} ʐəu^{31}, gu^{55}ʒ̣ʅ^{31}ti^{31} gɯ^{31} m̥in^{55}təuŋ^{55}

老大 和 老幺 打工 ASP 老二 TOP 医院

wu^{55} m̥in^{55}quɑ^{55} pʉ^{31} ʐəu^{31}.

LOC 医生 当 ASP

B：老大和老三在打工，老二在医院当医生。

A：nɑŋ^{55} tʂʅ^{55}mɑŋ^{55} phʐɑ^{24} tʃhʅ^{55}tshɛ^{31} dʐuŋ^{55} si^{31}? tə^{31}gɑ^{24} gɯ^{31}mu^{24}

2sg:GEN 妻子 年纪 多少 到 ASP 3sg:GEN 身体

phji^{55} qa^{55}mɛ^{31}?

好 QUES

A：您爱人今年多大年纪？她身体好吗？

B：tə^{55}gɯ^{55} wɑŋ^{31}xko^{55} nəuŋ^{55} ʃ̣uɛ^{31} thə^{55} dʐuŋ^{31} si^{31}, gɯ^{31}mu^{31} gɯ^{55}

3sg 五十 又 八 DIR 到 ASP 身体 TOP

thɑ^{24} phji^{55}, di^{24} tɛ^{31}ȵi^{31}ko^{55} gɑ^{31} ʐʅ^{24} ʈhʅ^{55} tʃəuŋ^{55} thə^{31} dʐuŋ^{31} nəuŋ^{31}

比较 好 LNK 几年 GEN 前面 腿 伤 DIR 到 LNK

tiɛ^{24} ʐʅ^{55}ʐe^{31} la^{55} dzu^{31} ʒ̣ən^{55} mɑŋ^{31} ʐəu^{55}.

还 活儿 重 做 能 NEG ASP

B：她58了，身体还可以，但是几年前腿受过伤，不能干重活。

A：tʂən^{31}ʐe^{55}je^{31} ʒdʒəu^{31} ʐəu^{55} qa^{55}mɛ^{31}?

孩子们:AGT 孝顺 ASP QUES

A：孩子们孝顺吗？

B：tʂən^{31} ʐʅ^{55} mə^{31}sie^{55} phji^{55}, ʐʅ^{55}ʐe^{31} la^{55} dzu^{31} ʃtʃiɛ^{55} mɑŋ^{31} ʐəu^{55},

孩子 PL 全部 好 活儿 重 做 CAUS NEG ASP

ʂan^{55}nəuŋ^{31} ŋəuŋ^{55} nəuŋ^{55} ɬu^{31}dzi^{31} xɑ^{31} jɛ^{55} ʐəu^{31}.

常常 钱 和 东西 DIR 拿 ASP

B：孩子们都很好，他们不让我们干重活，常带钱带东西回来。

2. 田间劳动

A：ɑ^{55}tʃhin^{55}, pʉ^{55}ȵi^{31} ɑ^{55} ʐʅ^{31}dʒie^{31} jin^{31} jin^{55} ʃʅ^{31} qa^{31}.

阿庆 今天 1sg COM 田 耕 去 ASP

A：阿庆，今天跟我去犁地。

B：qa^{55}. ɑ^{55} təuŋ^{55} tu^{31} ʃei^{31}, ȵi^{24} quɑ^{55} də^{31} tsyŋ^{55}.

好 1sg犁架 扛 ASP 2sg 牛 DIR 牵

B：好。我扛犁架，你牵牛。

A：ʃtʃɛ^{55} la^{55} xɑ^{55}ti^{31} də^{31} ʒdʒɑ^{55} khu^{31}, quŋ^{31}tsuŋ^{55} nən^{55} zdi^{31} khu^{31}.

小麦 种子 多 DIR 带 ASP 青稞 少 种 ASP

A：小麦种子多带一些，青稞少种点。

B：mə^{55}diɑ^{51} nəuŋ^{24}?

为什么 FPRT

B：为什么呢？

A：quŋ^{31}tsuŋ^{55} ʐuɛ^{24} mɑŋ^{31} ʐəu^{55}, tɛ^{31}tsɿ^{24} ti^{55} xɑ^{31} zdi^{31} nəuŋ^{55} phʐei^{55}

青稞 出产 NEG ASP 一点儿 MOD DIR 种 LNK 黄酒

xko^{31} khu^{31}.

煮 ASP

A：青稞不出产（产量低），种一点煮黄酒用（就行了）。

B：ʃtʃɛ^{55}　xɑ^{31}　zdi^{24}　zʅ^{31}dʒie^{31}　nə^{31}ji^{55}　kɑo^{55}man^{55}　khu^{55}　ɛ^{31}?

小麦　DIR　种　之后　还　打理　要　QUES

B：小麦种下以后还要管吗？

A：ʃtʃɛ^{55}　kɑo^{55}man^{55}　mɑŋ^{31}　khu^{55},　ʃʅ^{31}ʃɛ^{55}　gɯ^{55}　tʃhiɛ^{55}　kɑo^{55}man^{55}　khu^{31}.

小麦　管理　NEG　要　玉米　TOP　就　管理　要

ʃʅ^{31}ʃɛ^{55}　gɯ^{55}　m̥in^{55}　tʂʅ^{55}、ʒ̣ən^{31}　tʂʅ^{24}、ʒdʒyɑ^{31}　khu^{55}.

玉米　TOP　药　打　肥料　施　锄草　要

A：小麦不用管，玉米就要管。玉米要打农药、锄草、施肥。

B：ti^{55}　tɛ^{31}　ʒ̣ʅ^{55}　gɯ^{55}　ko^{31}　xko^{55}　thə^{31}　diu^{55}　zə̣u^{55},　tʃʅ^{55}pɑ^{31}　qhɑ^{24},

DEM　一　月　TOP　最　难　DIR　累　ASP　一边　收割

tʃʅ^{55}pɑ^{31}　zdi^{31}　zə̣u^{55}.

一边　播种　ASP

B：这个月最累了，边收（玉米）边种（小麦）。

A：ma^{55}　an^{24},　nə^{31}ji^{55}　tɛ^{31}ȵi^{31}　n̥in^{55}　ti^{31}　thə^{31}　dzə̣^{31}dzʅ^{24}　pʉ^{51}　tʃhiɛ^{55}

NEG　怕　再　几　天　MOD　DIR　坚持　CONP　TOP

dzu^{24}　thəuŋ^{55}　qa^{55}.

做　完　ASP

A：不怕，坚持几天就做完了。

B：ɑ^{55}mei^{55}　mə^{55}də^{55}　dzu^{31}　ʃʅ^{31}　si^{31}?

阿妹　什么　做　去　ASP

B：阿妹干什么去了？

A：ɑ^{55}mei^{55}　ȵɑŋ^{31}jin^{24}　wu^{55}　ȵɑŋ^{31}　tiu^{55}　ʃʅ^{55}　si^{31}.

阿妹　菜地　LOC　菜　种　去　ASP

A：阿妹去菜地里种菜了。

B：mə^{55}də^{55}　ȵɑŋ^{31}　tiu^{31}　khu^{31}?

什么　菜　种　ASP

B：种些什么菜？

A：ȵɑŋ^{31}jin^{24}　wu^{55}　ɬie^{31}bie^{31}　nəuŋ^{55}　ȵɑŋ^{31}phzə̣n^{55}、ȵɑŋ^{31}ȵi^{55}、　du^{31}qhuɑ^{24}、

菜地　LOC　萝卜　和　大白菜　青菜　黄瓜

jɑŋ^{31}y^{55}、miɛn^{55}kua^{55}　xa^{55}　tiu^{31}　si^{31}.　pʉ^{55}ȵi^{31}　nə^{31}ji^{55}　tʂạ^{31}təu^{55}　nəuŋ^{31}

土豆　南瓜　DIR　种　ASP　今天　再　豆类　和

ȵɑŋ^{31}ta^{55}　xɑ^{31}　tiu^{55}　khu^{55}.

蔓菁菜　DIR　种　ASP

A：菜地里已经种了萝卜、大白菜、青菜、黄瓜、土豆和南瓜。今天再种些豆类和蔓菁菜。

B：tʂə^{55}mie^{55}　siɑ^{31}sʉ^{55}vbəuŋ^{55}　zʅ^{31}　pʉ^{55}pʉ^{31}　phji^{55}　dzʯŋ^{55}　khə^{31}　ta^{55}　si^{55}.
家里　果树　PL　今年　好　ADV　DIR　大　ASP

B：家里的果树今年长得不错。

A：phin^{31}ko^{24}　nəuŋ^{55}　liəŋ^{31}gui^{55}、　sɛ^{31}liəŋ^{55}、　bʉ^{31}sʉ^{24}、　ʃin^{55}tsɿ^{31}、　ʃtʃu^{55}　tə^{55}zʅ^{55}
苹果　和　花红　梨子　桃子　杏子　梅子　3pl

mə^{31}sie^{55}　ko^{31}　dzʯi^{55},　qu^{31}du^{24}　tsɑ^{31}　ʒ̩ə^{55}pʉ^{31}　nəuŋ^{31}　xɑ^{31}　tiu^{55}　si^{55},
全部　很　结　核桃　只　去年　ABL　DIR　种　ASP

ʒ̩ə^{55}khəu^{55}　nəuŋ^{31}　sʉ^{31}　n̥i^{55}　qa^{31}.
明年　ABL　果　生　ASP

A：苹果、花红、梨子、桃子、杏子和梅子都丰收了，只有核桃树是去年才种的，要到明年才结果。

3．买东西

A：n̥i^{24}　ɛ^{55}tʃi^{31}　ʃɿ^{55}　zʯ^{55}?
2sg　哪儿　去　ASP

A：你去哪儿？

B：ɑ^{55} dʒiɑ^{24}　wu^{31}　ɬu^{31}dzi^{31}　ʂʉ^{55}　ʃɿ^{55}　ʃei^{31},　pʉ^{55}n̥i^{31}　stu^{31}stu^{24}　dʒɿ^{55}　tɛ^{55}
1sg 县城　LOC　东西　买　去　ASP　今天　刚好　街　一

n̥in^{31}.
天

B：我去县城买东西，今天刚好是街子天（即赶集日）。

A：ʃ̩ə^{55}!　tɛ^{55}zʯɛ^{31}　pʉ^{55}　ʃɿ^{55}　khu^{55}!　ɑ^{55}　zʯe^{55}　ɬu^{31}dzi^{31}　ʂʉ^{55}　ʃei^{55}　ʃ̩ə^{31}
走:IMP　一起　ADV　去　FPRT　1sg　也　东西　买　ASP　想

zʯəuŋ^{31}.
ASP

A：走！一起去吧！我也想买些东西。

B：tʂhɛ^{55}tʃan^{55}　to^{55}　tʂhɛ^{55}phiɑo^{51}　sɿ^{31}　də^{31}　ʂʉ^{55}　ʃɿ^{55}　khu^{31}　qa^{24}a^{31}?
车站　LOC　车票　先　DIR　买　去　要　QUES

B：要先去汽车站买票吗？

A：maŋ^{31} khu^{24}, ʐuɛ^{31}dzʅ^{55} khu^{55} tʂhɛ^{55}tsʅ^{31} nə^{31} tʂhuŋ^{31}lin^{55} quɑ^{24}. dʒiɑ^{24}

NEG 要 路边 LOC 汽车 DIR 等 可以 县城

wu^{31} xɑ^{31} pei^{55} tʂhɛ^{55}fei^{55} min^{55} ti^{31} sʉ^{31}xkɑ^{31} bjɑ^{55}.

LOC DIR 到 车费 人 一 三十 CL

A：不用，在路边等车来就行了。到县城一个人三十块钱车费。

B：dʒiɑ^{24} wu^{31} xɑ^{31} pei^{55} si^{31}, je^{31}zan^{55} tɑ^{51} ʈhu^{31}ʐuɛ^{55} wu^{55} ʃʅ^{55} ʐəu^{31}

县城 LOC DIR 到 ASP 1dl:INCL 现在 六路 LOC 去 ASP

kuŋ^{31}kuŋ^{55}tʂhɛ^{55} dzin^{31} khu^{31}, thə^{31}ʃtʃyɑ^{24} ȵəŋ^{31}ȵɑŋ^{55} ʃtʃi^{55} ʐəu^{31} dʒʅ^{55} to^{55}

公共汽车 坐 ASP 直接 蔬菜 卖 ASP 街 LOC

xɑ^{31} pei^{55} qɑ^{31}.

DIR 到 ASP

B：到县城了。咱俩现在去坐6路公共汽车，可以直接到农贸市场。

A：tʂhu^{31}tsu^{55}tʂhɛ^{55} dzin^{31} khu^{31}, ʂan^{55} ti^{55} tʂhuŋ^{31}lin^{55} mɑŋ^{31} khu^{24}.

出租车 坐 FPRT 长 MOD 等待 NEG 要

ɑ^{55} ȵɑŋ^{24} nəuŋ^{31} siɑ^{31}sʉ^{55}、qo^{31}tso^{24} khə^{31}zdo^{24}, nə^{31}ji^{55} tsy^{31} tɛ^{55} phʐʅ^{31}

1sg 菜 和 水果 作料 之外 还 鞋子 一 CL

ʐe^{31} ʂʉ^{31} ʃei^{31}.

也 买 ASP

A：打出租车吧，不用等太久。我除了买菜、水果和作料之外，还要买一双鞋子。

B：ɑ^{55} dʐʅ^{31}dʐʅ^{31} tɛ^{31}ȵi^{55} bo^{31} ti^{31} ʂʉ^{31} ʃei^{31}. nə^{31}ji^{55} mɑŋ^{55} tʃi^{31} ʐe^{31}

1sg 书 几 CL MOD 买 ASP 还 妈妈 DAT 也

ʃtʃhiəŋ^{31} ti^{55}, bɑ^{55} tʃi^{31} ʒdʒʅ^{31} ʂan^{55} ti^{55}, ȵun^{55} tʃi^{31} nan^{55} ti^{31} ʂʉ^{31} ʃei^{31}.

上衣 一 爸爸 DAT 裤子 长 一 妹妹 DAT 裙子 一 买 ASP

B：我要买几本书。还想给妈妈买件上衣，给爸爸买条长裤，给妹妹买条裙子。

A：wo^{31}bʐɑ^{31}sʉ^{24} phu^{24} tʃɦn^{55}tshɛ^{24} tɛ^{31} tʃi^{24}?

葡萄 价格 多少 一 CL

A：葡萄多少钱一斤？

C：wɑŋ^{31} bjɑ^{24} tɛ^{31} tʃi^{24}.

五 CL 一 CL

C：五块钱一斤。

A：thə^{31} diɑ^{55} mɑŋ^{31} thə^{24}?

甜　还是　NEG　甜

A：甜不甜？

C：ȵi^{24}　sto^{55}　ti^{31}　pu^{31}，　mɑŋ^{31}　thə^{24}　tʃhiɛ^{51}　ŋəuŋ^{55}　mɑŋ^{31}　khu^{24}.

2sg　看　一　CONP　NEG　甜　LNK　钱　NEG　要

C：你尝尝，不甜不要钱。

A：dɑ^{24}dɑ^{31}　thə^{24}，　ɛ^{31}　tʃi^{55}　səuŋ^{31}　tʃi^{24}　tə^{55}　tʃi^{55}.

的确　甜　1sg　DAT　三　CL　DIR　称

A：的确甜。给我称三斤。

C：ȵi^{24}　mɛ^{55}dɛ^{24}　xɑ^{55}　tɛ^{31}ʈhn^{24}　tə^{55}　tʃi^{55}　nəuŋ^{31}　nə^{31}gɑ^{31}　bjɑ^{55}　xɑ^{31}　ji^{31}

2sg　不然　多　一点　DIR　称　LNK　二十　CL　DIR　够

ʃtʃiɛ^{55}.

CAUS

C：你要不再加一点称够20块钱的。

A：qa^{55}，　ȵi^{24}　tʃi^{24}　xɑ^{31}　ji^{31}　ʃtʃiɛ^{51}　quɑ^{24}!

好　2sg　秤　DIR　足够　CAUS　FPRT

A：好。你可要称足啊！

C：ȵi^{24}　ʃtʃhyɛ^{55}　ʐʉ^{55}　pu^{55}，　tɛ^{55}　tʂə^{24}　mɑŋ^{31}　ji^{24}　tʃhiɛ^{51}　xɑ^{55}　tɛ^{31}　tʃi^{31}

2sg　心　安　CONP　一　CL　NEG　够　LNK　多　一　CL

khən^{31}　ʃei^{55}，　ȵi^{24}　nə^{31}ji^{55}　tʃi^{31}　ti^{55}　pu^{51}　quɑ^{24}.

给　ASP　2sg　再　称　一　CONP　FPRT

C：你放心，差一两罚一斤，你可以去复秤。

A：ȵi^{24}　ɑ^{55}　po^{55}　tsy^{31}　tɛ^{55}　phʐʅ^{31}　nə^{31}　sthie^{55}　qu^{55}.

2sg　1sg　LOC　鞋子　一　CL　DIR　挑　FPRT

A：你帮我挑一双鞋子吧。

B：ti^{55}　tɛ^{55}　phʐʅ^{31}　gɯ^{55}　ko^{31}　phji^{55}，　lən^{55}　ʐe^{55}　lən^{55}　ʃu^{55}　ʐe^{55}　ʃu^{55}，

DEM　一　CL　TOP　很　好　结实　也　结实　好看　也　好看

phu^{24}　ʐe^{31}　mɑŋ^{31}　ta^{55}，　tɛ^{31}ʂʅ^{55}　nəuŋ^{55}　ʂuɛ^{31}xkɑ^{55}　bjɑ^{31}　tsɑ^{31}.

价格　也　NEG　贵　一百　又　八十　CL　仅

B：这双很好，又结实又好看，而且不太贵，才180块（一双）。

A：ɛ^{31}ȵe^{55}je^{31}　tə^{55}　tsy^{55}　nəuŋ^{31}　sto^{55}　ti^{31}　pʉ^{31}　ʃei^{31}.

1sg:AGT　DIR　穿　LNK　看　一　CONP　ASP

A：我先试穿一下。

B：qa^{55}, ɑ^{55} sthə^{31}dzə̧^{55} tsiəŋ^{31}gui^{55} sto^{55} ti^{31} pʉ^{31} ʃɿ^{31} ʃei^{31}.

好 1sg 那边 衣服 看 一 CONP 去 ASP

B：好，我去那边看看衣服。

B：ti^{55} nan^{55} stie^{31} gɯ^{31} phu^{24} tʃhɿ^{55}tshɛ^{24}?

这 裙子 CL TOP 价格 多少

B：这条裙子多少钱？

D：ʒdʒɛ^{31} ʃ̣ɿ^{55} bjɑ^{55}.

四 百 CL

D：400块。

B：phu^{24} ko^{31} ta^{55}, tɛ^{31}ʈhɿ^{24} ʒdʒin^{31} ʃtʃiɛ^{55} a^{55} qa^{31}?

价格 很 贵 一点儿 便宜 CAUS QUES 可以

B：好贵啊，能便宜一点吗？

D：phu^{24} mɑŋ^{31} ta^{55}, tə^{55}gɯ^{55} dzɛ^{24} nəuŋ^{31} tsɿ^{55}ta^{24} mə^{55}də^{31}ʂɿ^{55} ʃu^{55},

价格 NEG 贵 DEM 花纹 和 样式 全都 好看

di^{24} nən^{55}zu̧^{55} zȩ^{31} phji^{55}, pʉ^{55}n̥i^{31} tɛ^{31}n̥i^{31} stie^{31} thə^{31} ʃtʃi^{55} si^{31}.

LNK 布料 也 好 今天 儿 条 DIR 卖 ASP

D：不贵了啊，这个花纹、样式都很漂亮，而且布料又好，今天都卖出去几条了。

B：phu^{24} ko^{31} nən^{55} tʃhiɛ^{51} tʃhɿ^{55}tshɛ^{24}?

价格 很 少 TOP 多少

B：最低多少钱？

D：khu^{31} zɑ̧^{51}tʃhiɛ^{55} ko^{31} nən^{55} zȩ^{31} səuŋ^{55} ʃ̣ɿ^{31} nəuŋ^{31} wɑŋ^{31}xkɑ^{31} bjɑ^{55}

要 的话 很 少 也 三 百 又 五十 CL

nə^{55} mɑŋ^{55} zdo^{24}.

DIR NEG 超过

D：要的话最低350块钱。

B：nan^{55} tɛ^{31}ʈhɿ^{24} ʂan^{55} sta^{55} qa^{31}mɛ^{31}?

裙子 一点儿 长 有 QUES

B：有长一点儿的裙子吗？

D：sta^{55}, n̥i^{24} stu^{55}, sthə^{31}dzə̧^{55} tə^{55} ʂʉ^{55} si^{31}.

有 2sg 看 那边 DIR 挂 ASP

D：有，你看，挂在那边。

B：o^{55}ti^{55} tɛ^{31} stie^{24} thə^{31} ʂan^{55} si^{55}, ti^{55} tɛ^{31} stie^{24} ʂʉ^{31}

DEM:DIST 一 CL DIR 长 ASP DEM:PROX 一 CL 买

ʃei^{31} quɑ^{24}.

ASP FPRT

B：那条太长了，就买这条吧。

A：tsy^{24} xɑ^{31} xo^{31}xo^{31} si^{55}, də^{31} ʂʉ^{55} san^{55}. ȵi^{24} nə^{31}ji^{55} mə^{55}də^{55} ʂʉ^{31}

鞋子 DIR 合适 ASP DIR 买 ASP 2sg 还 什么 买

ʃ̥o^{31}?

ASP

A：鞋子很合适，我已经买下了。你还要买什么？

B：mə^{31}sie^{55} ʂʉ^{55} xɑ^{31}ji^{31} si^{55}, təuŋ^{31}ti^{31}to^{55} tə^{55} zdi^{31} ʐɑ^{31}tʃhiɛ^{55} wɑŋ^{31}ɦ̥ɿ^{55}

全部 买 齐 ASP 相加 DIR 加 LNK 五百

xɑ^{55}xɑ^{31} ti^{55} khə^{31} ɦɿ^{31} si^{31}. je^{31}zan^{55} tʂə^{55}mie^{55} ɦɿ^{55} khu^{55} qa^{31}!

多 MOD DIR 去 ASP 1dl:INCL 家里 去 ASP FPRT

B：都买齐了，一共花了五百多块钱。咱俩回家吧！

4．天阴天晴

A：mə^{24} tə^{55} jin^{31} siɛ^{31}?

天 DIR 晴 ASP

A：天晴了吗？

B：bʉ^{55} khə^{31} ʒɿ^{55} si^{55}.

太阳 DIR 出 ASP

B：太阳出来了。

A：o^{55}tʃhiɛ^{51} ɛ^{31}ȵe^{55}je^{31} tsiəŋ^{31}gui^{55} khə^{31} jɛ^{24} khə^{31} tʂhən^{31} ʃei^{55}, ti^{55}

LNK 1sg:AGT 衣服 DIR 拿 DIR 晒 ASP DEM

tɛ^{31}ȵi^{31} ȵ̥in^{55} gɯ^{31} tɛ^{55}ȵ̥in^{24} mə^{55}ʂɿ^{55} gui^{55} tʂhuŋ^{55} nəuŋ^{31} tsiəŋ^{31}gui^{55} ɣgu^{24}

几 天 TOP 一天 每 雨 下 LNK 衣服 干

mɑŋ^{31} zə̥u^{55}.

NEG ASP

A：那我把衣服拿出来晒！这几天天天下雨，衣服都干不了。

B：dzɑ^{55} po^{55} tɛ^{31}dʒɿ^{24} khə^{31} ȵi^{55} ji^{31}, stuŋ^{55} ȵi^{24} bin^{55} gue^{55}je^{31}

阴凉 LOC 一会儿 DIR 休息 来 看 2sg 忙 AGT

ʃtʃhi^{55}ʐe^{31}ʐe^{55}.
汗流流

B：来阴凉处歇会儿吧！看你忙得大汗淋漓的。

A：mə^{24} nə^{31}ji^{55} khə^{31} zdin^{55} si^{31}, mo^{55}mo^{24} tɛ^{31}ʈhʅ^{31} ʐe^{31} mɑŋ^{31} ʃ̣ʅ^{24}.
天 又 DIR 阴 ASP 风 一点儿 也 NEG 有
nə^{31}ji^{55} zdin^{55}ʐɑ^{31} qa^{55} diɑ^{55} mɑŋ^{31} qa^{55} tʂhə^{55}?
又 变天 会 还是 NEG 会 FPRT

A：天又阴起来了，一丝风也没有。会不会又要变天了？

B：m^{31}, mɑŋ^{31}lɑŋ^{51} nə^{31}ji^{55} tʂhuŋ^{31} qa^{55} diɑ^{55}tʂhə^{55}. gui^{55} tʂhuŋ^{55} ʐe^{31}
嗯 可能 还 下 会 FPRT 雨 下 也
phji^{55}, mə^{55} tə^{55} jin^{31} tʃhiɛ^{51} ko^{31} tsɛ^{55}.
好 天 DIR 晴 TOP 很 热

B：嗯，可能还要下雨。下雨也好，天一晴就太热了。

A：phʒʅ^{31}tsʅ^{55}zdəuŋ^{31}stie^{31} ʐəu^{31}, mə^{55} ʒdʒyu^{55} qa^{55}. ɑ^{55} tsiəŋ^{31}gui^{55} də^{31}
闪电 DIR 天 响 ASP 1sg 衣服 DIR
zdʉ^{55} ʃʅ^{55} ʃei^{31}.
收 去 ASP

A：闪电了，要打雷了。我去收衣服。

C：ʐuɛ^{31}ʂan^{55} go^{31} qhu^{51} to^{55} o^{55}tə^{55}gɯ^{55} zdɛ^{31}ʐən^{55} dɛ^{31}?
远处 山 头 LOC DEM 雾 是:QUES

C：远处山头上是雾吗？

A：zdɛ^{31}ʐən^{55} mɑŋ^{55} də^{24}, zdin^{55} də^{31}.
雾 NEG 是 云 是

A：不是雾，是云。

C：n̥i^{31}ʐɑ^{55} o^{55}khu^{55} mə^{55}tsəuŋ^{24} tʃhiɛ^{55} ʂʅ^{31}fpʉ^{55} tʂhuŋ^{55} ʐɛ^{31}?
2pl:GEN 那儿 冬天 时 霜 下 ASP:QUES

C：你们那儿冬天下霜吗？

A：ʂʅ^{31}fpʉ^{55} tsɑ^{31} mɑŋ^{31} də^{24}, ʂan^{55}nəuŋ^{31} fpʉ^{55} ʐe^{55} tʂhuŋ^{31} ʐəu^{31}.
霜 仅 NEG 是 经常 雪 也 下 ASP

A：不仅下霜，还经常下雪。

B：nu^{31}nəuŋ^{55} ʒ̣ə^{55}pʉ^{24} mə^{31}tʂə^{55} kue^{55}si^{55} ʒdʒin^{55}do^{31} tɛ^{31} ʃtʃyu^{31} nə^{31} xui^{55}
听说 去年 夏天 河西 大冰雹 一 VCL DIR 下

nəuŋ^{31} tʂho^{31}bɑ^{24} thə^{31} pɛ^{31} ʃtʃyɛ^{55} si^{31}.
LNK 庄稼苗 DIR 碎 CAUS ASP

B：听说去年夏天河西（乡）下了一场大冰雹，庄稼都被打坏了。

A：də^{24}, ɑ^{31}bɑ^{24} ʃʅ^{31}ʃɛ^{55} ʐe^{31} mə^{31}sie^{55} nə^{31} stin^{55} si^{55}, siɑ^{31}sʉ^{55}vbəuŋ^{55}
是 1sg:家:GEN 玉米 也 全部 DIR 倒 ASP 果树

khu^{55} sʉ^{24} ʐe^{31} mə^{31}sie^{55} nə^{31} xui^{55} thə^{31} phjɑ^{31} ʃtʃyɛ^{55} si^{31}.
LOC 水果 也 全部 DIR 打 DIR 坏 CAUS ASP

A：是啊，我家的玉米全都倒了，果树上的水果也都被打坏了。

C：pʉ^{55}pʉ^{31} lan^{31}pin^{24} tʃhi^{55}xəu^{55} phji^{55} qa^{55}mɛ^{31}?
今年 兰坪 气候 好 QUES

C：今年兰坪气候好吗？

A：dɑ^{24}dɑ^{31} phji^{55}, mə^{24} ʐe^{31} min^{55} ȵəŋ^{55}, an^{31}do^{55} ʐe^{55} min^{55} tʂhuŋ^{55},
特别 好 天 也 NEG 干旱 暴雨 也 NEG 下

mə^{55}ɖəuŋ^{31}mə^{31}jin^{55} kue^{31} stin^{55}. tʂho^{31}bɑ^{24} bie^{31} kue^{31} phji^{55}.
天阴天晴 很 均匀 庄稼苗 LOC 很 好

A：特别好，没有干旱，也没有暴雨，风调雨顺。这对庄稼很好。

5．注意身体

A：də^{31} mə^{55}tʂə^{31} si^{31}, gɯ^{31}mu^{24} sto^{55} khu^{31} ȵi^{55} tsin^{55} qa^{31}.
DIR 夏天 ASP 身体 看 要 病 生 ASP

A：夏天到了，当心生病。

B：də^{24}, tʃʅ^{55}bəuŋ^{55} thin^{24} mɑŋ^{55} xɑŋ^{24}, tsiəŋ^{31}gui^{55} phə^{55}liɑ^{31} ʈhəuŋ^{55} tsa^{55}
对 生水 喝 NEG 行 衣服 被子 早 洗

nəuŋ^{31} ʒdʒyu^{31} khu^{55}.
和 换 要

B：对，不要喝生水，衣服、被子要勤洗勤换。

A：phjɛ^{31}tsɿ^{55} nəuŋ^{55} phjɛ^{31}fpʉ^{24} khu^{55} ȵi^{55} bu^{55} xɑ^{31} jɛ^{31} ʐəu^{55}, thə^{31}
苍蝇 和 蚊子 LOC 病 多 DIR 带 ASP DIR

sɛ^{31} khu^{55}. di^{24} ʃtʃhyɛ^{31}ʃtʃhyu^{31} ʐɛ^{55} ȵi^{55} fpi^{24}ȵi^{31}zən^{31} nɛ^{55}zən^{31}ȵi^{55}
灭 要 LNK 传染 ASP:PRT 病 痢疾 流感

tə^{55}zʅ^{55} sto^{55} khu^{31}.

3pl 看 要

A：很多病都是蚊子、苍蝇带来的，要灭掉它们。还要小心痢疾、流感等传染病。

B：ʒ̣ə^{55}ȵi^{55}ʂʅ^{55}ȵi^{24} quɑ^{55}ɬi^{55}tsʉ^{31} fpi^{24} tsiu^{55} nəuŋ^{31} m̥in^{55}təuŋ^{55} wu^{55} ʃʅ^{55}
前几天 挂礼组 肚子 拉 LNK 医院 LOC 去

nəuŋ^{31} tiɑo^{55}tʂən^{55} nə^{31} ʃtʃyu^{55} xɑ^{55} tsiu^{31} nəuŋ^{31} thə^{31} dʐuŋ^{55} si^{31}.
LNK 吊针 两 VCL DIR 打 LNK DIR 恢复 ASP

B：前两天挂礼组拉肚子，去医院打了两次吊针才好。

A：pʉ^{55}ȵi^{31} ɑ^{55}xuɑ^{55} khɛ^{55}xui^{55} min^{55} ʒʅ^{55}, nu^{31}nəuŋ^{55} ȵi^{55} ʐəu^{55} tʃʅ^{31}də^{31}.
今天 阿花 开会 NEG 来 听说 病 ASP HRS

A：今天阿花没来开会，听说是病了。

B：mə^{55}də^{55} ȵi^{31} də^{31}? fphɛ^{31}ʒdʒəu^{24} nəuŋ^{55} ʒ̣uŋ^{55} ʐɛ^{51}?
什么 病 是 呕吐 和 发烧 ASP:QUES

B：是什么病？呕吐、发烧吗？

A：fphɛ^{31}ʒdʒəu^{24} mɑŋ^{31} ʐəu^{55}, fpi^{24} ʐe^{31} tsiu^{55} mɑŋ^{31} ʐəu^{55}, di^{24}
呕吐 NEG ASP 肚子 也 拉 NEG ASP LNK

n̥ɛ^{55}ʒ̣ən^{31} ʒʅ^{24} nəuŋ^{55} ko^{31} ʒ̣uŋ^{55} ʐəu^{31}, pʉ^{55}ʃ̣o^{31} nə^{31} ʒ̣uŋ^{55} sɑŋ^{31}ʂʅ^{24}tʃiu^{31}
清鼻涕 流 和 很 烧 ASP 昨晚 DIR 烧 三十九

tu^{55} tə^{55} zdo^{55} si^{31}.
度 DIR 过 ASP

A：不呕吐也不拉肚子，但是流鼻涕、发高烧，昨晚烧到39度多。

B：tʃhiɛ^{51} tə^{31}gɯ^{55} m̥in^{55}təuŋ^{55} wu^{55} m̥in^{55}quɑ^{55} mə^{55}ʃtʃie^{55} ʃʅ^{31} diɑ^{31} min^{55}
LNK 3sg 医院 LOC 医生 找 去 还是 NEG

ʃʅ^{55}?
去

B：那她去没去医院找医生？

A：pʉ^{55}ʃ̣o^{31} nəuŋ^{31} tʃie^{31}tʂən^{55} ʃʅ^{55} si^{31}, m̥in^{55}quɑ^{55} gue^{31}je^{31} ʒ̣uŋ^{55}ʐɛ^{51}tʂən^{55}
昨晚 就 急诊 去 ASP 医生 AGT 退烧针

xɑ^{31} tsiu^{55} si^{55}, di^{24} nɛ^{55}zən^{31}ȵi^{55} m̥in^{55} tɛ^{31}ȵi^{31} tshəuŋ^{31} ti^{31} ʐe^{31} thə^{31}
DIR 打 ASP 还 感冒 药 儿 CL MOD 也 DIR

khun^{31} nəuŋ^{55} tʂə^{55}mie^{55} nəuŋ^{31} thin^{31} ʃtʃiɛ^{55} ʐəu^{55}. tiɛ^{24} tɛ^{31}ʈhʅ^{24} thə^{31}
给 LNK 家里 LNK 喝 CAUS ASP 现在 一点儿 DIR

dʐuŋ^{55} diɑ^{31} min^{55} dʐuŋ^{55} tʂhə^{55} tʂɑ^{55}mɑŋ^{31}ʃ̣ʅ^{24}.

恢复　　还是　NEG　恢复　　FPRT　知道:NEG

A：昨晚就去了急诊，医生给她打了退烧针，还开了几种感冒药让她在家吃。不知道现在好点了没有。

B：je31zan55　thə31　ɖɑ55　si31　tʃhiɛ55　sto55　ʃɿ31　khu31.
　　1dl:INCL　DIR　解散　ASP　时　看　去　ASP

B：咱俩散会后去看（她）吧。

A：ɑ55xuɑ55,　ȵi24　pʉ55ȵi31　gəuŋ24　wu55　tʃhɿ31ȵɑŋ55ȵi55?　tʃɿ55pɑ31　ʒuŋ55
　　阿花　2sg　今天　身子　LOC　怎么样　还　烧
ẓɛ51?
ASP:QUES

A：阿花，你今天感觉怎么样？还发烧吗？

C：ʒ̣ə55ȵi24　tṣən55　xɑ31　tsiu55　zɿ31dʒie31　ʒɿ55gɯ55　thə31　dẓuŋ55　si31,　tiɛ24
　　昨天　针　DIR　打　之后　多的　DIR　恢复　ASP　现在
tɛ31ṭhɿ24　ti55　ʒ̣uŋ55　ẓəu55　gɯ31　ma55　an24.　m̥in55quɑ55　gue31je31　nɛ55ẓən31ȵi55
一点儿　MOD　烧　ASP　TOP　NEG　要紧　医生　AGT　感冒
tʃəuŋ55　də31　tʃɿ31　ẓəu31.
重　是　说　ASP

C：昨天针打了以后就好多了，现在只是有点低烧，不要紧。医生说是重感冒。

B：qhu55　tiɛ24　ȵi55　ɛ31?
　　头　还　疼　QUES

B：头还疼吗？

C：mɑŋ31　ȵi55,　di24　qhu55　tuan31luan55,　n̥yŋ31dẓuŋ55　xɑ31　tsɿ55　ṣən31
　　NEG　疼　LNK　头　昏沉沉　鼻子　DIR　酸　喷嚏
tṣhuŋ31　ẓəu55,　di24　tɛ31　gɯ31mu31　gue55je31　qɑ31　ʒɿ24　mɑŋ31　ẓəu55.
打　ASP　LNK　一　身体　AGT　力气　出　NEG　ASP

C：不疼，但是头昏沉沉的，鼻子发酸、打喷嚏，而且浑身没力气。

A：nɛ55ẓən31ȵi55　tʃəuŋ55　gɯ31　tə31ẓɑŋ24ȵi31　də31,　tɛ31ȵi31　n̥in55　zɿ31dʒie31
　　感冒　重　TOP　这样　是　几　天　之后
nəuŋ24nəuŋ31　thə31　dẓuŋ55　ẓəu31.　ȵi24　xɑ55ti31　khə31　ȵi55,　tʃɿ31fpa55　xɑ55　khə31
才　DIR　恢复　ASP　2sg　多　DIR　休息　开水　多　DIR
thin31,　m̥in55　thin55　tsa31　to55　m̥in55　thin55　khu31.
喝　药　喝　时间　LOC　药　喝　ASP

A：重感冒就是这样，要好几天才能恢复。你要多休息，多喝热水，按时吃药。

C：m^{31}, ɛ^{31}ȵe^{55}je^{31} ʃ̣ə^{31} gɯ^{31} siɑŋ^{24} zʅ^{55}ẓe^{31} dzu^{31} ʃʅ^{55} ʒ̣ən^{31} qa^{55}.

INTER 1sg:AGT 想 TOP 明天 工作 做 去 能 ASP

C：嗯，我估计明天就能去上班了。

B：bin^{55} tɑ^{55} pu^{24}, gɯ^{31}mu^{24} də^{31} ga^{31}ga^{24} nə^{55}sti^{31}. nɑŋ^{55} zʅ^{55}ẓe^{31}

忙 PROH CONP 身体 DIR 爱护 IMP:2sg 2sg:GEN 工作

ɛ^{31}ẓe^{24}je^{31} dʒie^{31}dʒie^{24} dzu^{31} ʃ̣ən^{55}.

1pl:AGT 帮助 做 ASP

B：别着急，身体要紧。你的工作我们会帮着做。

A：di^{24} mə^{55}də^{55} ʃ̣ʅ^{31}, ɑ^{55}zʅ^{55} tʃi^{55} tɛ^{55} gu^{24} ti^{24}, ʃtʃhiɑ^{24} tɑ^{55} pu^{24}.

还 什么 有 1pl DAT 一 CL 说 客气 PROH CONP

A：还有什么（需要），告诉我们一声，别客气。

C：qa^{55}, thə^{31} ʒ̣ɑ^{55}!

好 DIR 谢谢

C：好的，谢谢！

B：ɑ^{55}zʅ^{55} ʃʅ^{31} ʃ̣ʅ^{24} tʃʅ^{55}pɑ^{31} ʃʅ^{55} ʃ̣ən^{55}, ȵi^{24} phji^{55} pu^{55} khə^{31} ȵəŋ^{55}.

1pl 事情 有 先 走 ASP 2sg 好 ADV DIR 休息

B：我们有事先走了，你好好休息。

C：qa^{55}, nəuŋ^{24} tʂhɛ^{31}tʂhɛ^{55} ʃʅ^{55} quan^{55}!

好 LNK 慢慢 走 FPRT

C：好，请慢走！

A、B：phẓɛ^{55}phẓɛ^{31} qa^{55}!

相见 FPRT

A、B：再见！

6．问路

A：ɛ^{55}, a^{31}pa^{24}, tʃʅn^{55}pzʅ^{24} mə^{55}də^{55} pʉ^{31} nəuŋ^{31} ʃʅ^{55} ẓəu^{55}?

INTER 大哥 大古梅 怎样 ADV LNK 去 ASP

A：哎，大哥，大古梅怎么走？

B：ti^{55} ẓuɛ^{31} stie^{24} wu^{55} thə^{31} ʃtʃyɑ^{24} khə^{55} ʃʅ^{55}, dzəuŋ^{31} tɛ^{55} phzʅ^{24}

DEM 路 CL LOC DIR 沿 DIR 去 桥 一 CL

khə^{31} zdo^{24} tʃhiɛ^{55} ti^{55} ʐuɛ^{31} stie^{24} wu^{55} thə^{31} ʃtʃyɑ^{24} tʂɿ^{55}ʒɿ^{24} tə^{55} ʃɿ^{31},
DIR 过 LNK DEM 路 CL LOC DIR 沿 往上 DIR 去
ʐuɛ^{31}ɣgɑ^{55} to^{55} tə^{55} pei^{31} tʃhiɛ^{55} wa^{31}phje^{24} tɛ^{55} ʐuɛ^{24} wu^{55} xɑ^{31} ʃtʃyu^{55}
岔路 LOC DIR 到 时 右边 一 路 LOC DIR 拐
xɑ^{31} ʃɿ^{55} ɛ^{31}tʃhiɛ^{55} xkɑ^{24} ti^{55} sɿ^{31} thə^{31} fpu^{55}, nə^{31}ji^{55} xie^{55}ʒɿ^{24} nə^{31} ʃɿ^{55}
DIR 去 LNK 坡 一 先 DIR 翻 再 往下 DIR 去
tʃhiɛ^{55} xɑ^{31} pei^{55} zə̣u^{31}.
就 DIR 到 ASP

B：沿这条路往前走，过两座桥，然后顺路往上走，走到岔路口时向右拐，先上个大坡，再下坡就到了。

A：ʐuɛ^{24} ɖan^{24} phji^{55} ɛ^{55} zə̣u^{55}?
路 走 好 QUES ASP

A：路好走吗？

B：mə^{31}sie^{55} tʂhɛ^{55}tsɿ^{31} ɖan^{31} ʒ̣ən^{31} ʐuɛ^{24} də^{31}, ɖan^{31} phji^{55} mɑŋ^{31} zə̣u^{55}
全部 汽车 走 能 路 是 走 好 NEG ASP
ʐuɛ^{55}tsʉ^{24} mɑŋ^{55} diəŋ^{24}. qo^{31}qo^{24} wu^{55} tɛ^{55} bʉ^{31}dyu^{55} tsʉ^{55} ti^{31} tʂhɛ^{55}tsɿ^{31}
小路 NEG 有 中间 LOC 一 CL 小 MOD 汽车
gue^{31}je^{31} nə^{31} sy^{55} nəuŋ^{31} thə^{31} phjɑ^{31} ʃtʃyɛ^{55} si^{55} gɯ^{31} tiɛ^{24} dzu^{31} zə̣u^{55}
AGT DIR 压 LNK DIR 坏 CAUS ASP TOP 现在 修 ASP
mə^{55} ɖan^{55} gɯ^{31} ʒ̣ən^{31} zə̣u^{55}.
人 走 TOP 能 ASP

B：都是可以通汽车的路，没有不好走的小路。中间有一小段被汽车压坏了，现在正在修，人可以走。

A：tʃhɿ^{55}pʐ̣ɿ^{31} nəuŋ^{55} dʐ̣ə^{55} xɑ^{31} pei^{55} tʃhɿ^{55} ʂɿ^{31}ʂan^{55} kui^{55}?
大古梅 ABL 这儿 DIR 到 多少 远远 有

A：大古梅离这儿还有多远？

B：kue^{31} ɬi^{55}dzi^{31} mɑŋ^{31} ʂan^{55}, bʐ̣ɿ^{31}ta^{55} gɯ^{55} tshi^{24} pɑ^{24} li^{31} ti^{55} kui^{55}
很 太 NEG 远 大概 TOP 七 八 CL MOD 有
qa^{31}.
FPRT

B：不太远，大概有七八里的样子吧。

A：din^{31}ʃtʃiu^{55} ʃɿ^{31} tʃhiɛ^{55} mə^{55}də^{55} pʉ^{31} nəuŋ^{31} ʃɿ^{55} khu^{55}?

箐花 去 LNK 怎样 ADV LNK 去 ASP

A：如果去箐花该怎么走？

B：din^{31}ʃtʃiu^{55} ʃʅ^{31} z̩ɑ^{31}tʃhiɛ^{55} dzəuŋ^{24} tɛ^{55} phz̩ɿ^{24} dz̩ə^{55} tə^{55} pei^{31} tʃhiɛ^{55}
箐花 去 LNK 桥 一 CL 处 DIR 到 时

dzəuŋ^{24} zdo^{24} mɑŋ^{31} z̩əu^{55} nəuŋ^{31} ʒɿ^{31}phje^{24} tɛ^{55} z̩uɛ^{24} wu^{55} thə^{31} ʃtʃyɑ^{24}
桥 过 NEG ASP LNK 左边 一 路 LOC DIR 沿

tʃʅ^{55}xkɑ^{55} to^{55} nəuŋ^{55} tsɑ^{31} tə^{55} ʃʅ^{31} xɑ^{31} pei^{55} z̩əu^{31}.
河边 LOC ABL 只 DIR 去 DIR 到 ASP

B：去箐花的话就不要过第二座桥，（桥前就）往左拐，一路顺河边走就到了。

A：din^{31}ʃtʃiu^{55} nəuŋ^{31} tʃhɿ^{55}pz̩ɿ^{24} nəuŋ^{55} dz̩ə^{55} ɛ^{55}tʃi^{31} tɛ^{55} ʃtʃi^{24} phje^{31}
箐花 和 大古梅 ABL 这儿 哪 一 村 LOC

bz̩an^{24}?
近

A：箐花和大古梅哪个村离这儿近？

B：tʃhɿ^{55}pz̩ɿ^{24} bz̩an^{24}. din^{31}ʃtʃiu^{55} nəuŋ^{31} dz̩ə^{55} xɑ^{31} pei^{55} ʂɿ^{24}tʃi^{31} kuŋ^{55}li^{31}
大古梅 近 箐花 ABL 这儿 DIR 到 十几 公里

ti^{55} kui^{55}.
MOD 有

B：大古梅近。箐花离这儿还有十几公里。

A：gɯ^{31}sɿ^{31}dz̩o^{24} din^{31}ʃtʃiu^{55} ʒ̣ə^{31} diɑ^{31} tʃhɿ^{55}pz̩ɿ^{31} ʒ̣ə^{55}? xuɑ^{55}jɑ^{55} ʃʅ^{31}
玉狮场 箐花 在 还是 大古梅 在 游玩 去

min^{31} ʒɿ^{55} ɛ^{31}?
人 多 QUES

A：玉狮场是在箐花还是在大羊？去旅游的人多吗？

B：gɯ^{31}sɿ^{31}dz̩o^{24} din^{31}ʃtʃiu^{55} ʒ̣ə^{31}, xuɑ^{55}jɑ^{55} ʃʅ^{31} min^{31} thɑ^{24} ʒɿ^{55} ti^{55}
玉狮场 箐花 在 游玩 去 人 比较 多 MOD

ʒ̣ə^{55}. tʃhɿ^{55}pz̩ɿ^{24} z̩e^{55} phz̩ən^{55}min^{55} z̩ɑ^{31} sto^{55} ji^{31} phji^{55} diəŋ^{55}, thɑ^{24}
有 大古梅 也 普米 PL:GEN 看 NMLZ 好 有 比较

man^{55} diəŋ^{55} gɯ^{31} tɛ^{31}ȵi^{31} ʃ̣ʅ^{55} ko^{55} dz̩uŋ^{31} si^{31} gɑ^{31} kui^{55}xuɑ^{55}vbəuŋ^{31}
名字 有 TOP 儿 百 年 到 ASP PRT 桂花树

nəuŋ^{31} po^{55}pu^{24}ʃie^{31}min^{55}təuŋ^{55}、ʃi^{55}san^{55}təuŋ^{31}、ʒɿ^{55}tsin^{55}təuŋ^{31} tə^{55}z̩ɿ^{55} diəŋ^{55}.
和 本祖庙 龙王庙 山神庙 3pl 有

B：玉狮场是在箐花，去玩儿的人比较多。大羊也有普米族风景文物，比较有名的有几百年的老桂树、本祖庙、龙王庙、山神庙等。

A：ɑ55 nu31nəuŋ55 ti55 phzə̨n55min55 tɛ31ȵi31 ʃtʃi55 wu55 ko31 ʃu55 tʃʅ31
1sg 听说 DEM 普米 儿 村 LOC 很 好看 说
zə̨u31 nəuŋ24nəuŋ31 sto55 nəuŋ31 ʂɑ31pʉ55 jin31 san31. thə31ʒ̣ɑ55! nəuŋ24dziəŋ55!
ASP LNK 看 和 玩儿 来 ASP 谢谢 再见

A：我就是听说这几个普米村寨风景很美，所以才来玩儿的。谢谢！再见！

B：ȵi24 tɑ31 ti24. nəuŋ24ʃəuŋ55!
2sg PROH 说 再见

B：不用谢，再见！

7．休闲娱乐

A：ȵi24 bi31ba24 ʈha55 dzʉŋ31 zɛ̨51?
2sg 四弦 弹 会 ASP:QUES

A：你会弹四弦吗？

B：ʈha55 tshɛ31 dzʉŋ31 zə̨u55, di24 phji55 pʉ55 ʈha55 dzʉŋ55 mɑŋ31 zə̨u55.
弹 倒 会 ASP LNK 好 ADV 弹 会 NEG ASP
ɑ55 din55bie31 tɛ55 xkɑ31 ti55 tsɑ55 ʈha55 zdyn55 san31.
1sg REFL 一 CL MOD 只 弹 学 ASP

B：弹倒是会弹，但是弹得不太好。我只是自学过一段时间。

A：ȵi24 no55tsʉ31tsʉ55 tɑ55 pu24. ʃtʃi55 wu55 sin55tʃhi55lu24 wo24ʃ̣ɑ55
2sg 谦虚 PROH CONP 村 LOC 星期六 那晚上
wən31ji24wan31xui55 ti31 luɑ31 qa55, ȵe55 zę55 tɛ31 ʃu55 ʈha55 ʃʅ55 khu31!
文艺晚会 一 举办 ASP 2sg:AGT 也 一 CL 弹 去 FPRT

A：别谦虚啦。村里星期六晚上要举办一场文艺晚会，你也去弹一曲吧！

B：qa55 də31. di31zʅ55 mə55də55 tə31 tʃhiu31 ʒʅ31 qa31?
好 是 别人 什么 一 CL 出 ASP

B：好的。别人有什么节目？

A：ɑ55mei55 nəuŋ31 ɑ55xuɑ55 tə55zʅ55 dʒʅ24 xɑ31 pei51 tʃhiɛ55 tɛ31ȵi31 ʃu55
阿妹 和 阿花 3pl 时候 DIR 到 TOP 儿 CL
ti55 zdi31ɖei31 pʉ31 qa55, nə31ji55 ɖei31 ʃtʃiɛ55ʃtʃi31 zę31 pʉ31 qa31.

MOD 合唱 CONP ASP 还 唱歌 相对 也 CONP ASP

A：阿妹、阿花到时会合唱几首歌，还会对歌呢。

B：ɑ^{55}tʃhin^{55} z̩e^{31} ʒɿ^{31} z̩əu^{55} qa^{55}mɛ^{31}?

阿庆 也 来 ASP QUES

B：阿庆参加吗？

B：tə^{55}gɯ^{55} man^{55} nə^{55} pɑ^{31} si^{31}, tə^{55}gɯ^{55} nəuŋ^{55} ɬie^{55}d̩u^{55} z̩ɿ^{31} zdi^{31}

3sg 名字 DIR 签 ASP 3sg 和 朋友 PL 一起

tsho^{31} pʉ^{31} qa^{55}.

跳 CONP ASP

A：他已经报名了，他会和朋友们一起跳舞。

B：xan^{55} m̥ə^{55} min^{31} ʒ̣ə^{55} diɑ^{31} mɑŋ^{55} ʒ̣ə^{24}? ɑ^{55} tʂɑ^{31}ɦ̣ɿ^{24} quɑ^{55}ɬi^{55}tsʉ^{31}

笛子 吹 人 有 还是 NEG 有 1sg 知道 挂礼组

xan^{55} m̥ə^{55} dɑ^{24}dɑ^{31} phji^{55} z̩əu^{55}.

笛子 吹 特别 好 ASP

B：有没有人吹笛子？我知道挂礼组笛子吹得特别好。

A：quɑ^{55}ɬi^{55}tsʉ^{31} sin^{55}tʃhi^{55}lu^{24} man^{55}ta^{55} to^{55} lan^{31}tʃhiu^{31} tsiu^{55} d̩o^{55}d̩o^{31}

挂礼组 星期六 满搭 LOC 篮球 打 比赛

ɦɿ^{55} qa^{55}, xɑ^{31} dʒi^{24} ʒ̣ən^{55} mɑŋ^{31} qa^{55}.

去 ASP DIR 转 能 NEG ASP

A：挂礼组星期六要去满搭（兰坪县城）参加篮球比赛，回不来。

B：tʂən^{31} z̩ɿ^{55} z̩e^{31} ʒɿ^{31} z̩ɛ^{51}?

孩子 PL 也 来 ASP:QUES

B：小孩们也参加吗？

A：ʒɿ^{31} qa^{55}. tə^{31}z̩e^{24}je^{31} mə^{55}ta^{31} z̩ɿ^{31} nəuŋ^{31} zdi^{31} lɑŋ^{24}sɑŋ^{31} ʂɑ^{31}pʉ^{55}

来 ASP 3pl:AGT 大人 PL COM 一起 开玩笑 玩耍

ʃ̣ən^{31} tʃɿ^{31} z̩əu^{31}, thyu^{55}lyu^{31}ɦɿ^{55} xin^{31}、bz̩ən^{31} tsuɛ^{55}tsyn^{31} tə^{55}z̩ɿ^{55} ʂɑ^{55}pʉ^{31}

ASP 说 ASP 谜语 讲 绳子 拉 3pl 玩耍

khu^{31} tʃɿ^{31} z̩əu^{55}, thə^{31} qo^{55} si^{31} gɯ^{31} khə^{31}tʂɿ^{55} khən^{31} z̩əu^{55}.

ASP 说 ASP DIR 赢 ASP TOP 某些东西 给 ASP

A：参加。他们说要和大人们一起玩，玩猜谜语、拔河等，赢了的有奖。

B：siɑ^{31}sʉ^{55} nəuŋ^{55} sa^{55}quɑ^{31}pie^{55}、ʂɛ^{31}stho^{31}ba^{55}、dz̩ə^{31}tʃɿ^{55} nə^{31} khɑ^{55}ko^{55}

水果 和 瓜子 糖果 茶水 DIR 准备

siɛ31? də31 dzəuŋ55 siɛ51 tʃhiɛ55 sɿ31ẓɑ24 to55 khə31 ba31 nəuŋ55
ASP:QUES DIR 聚集 ASP:PRT 时 桌子 LOC DIR 放 LNK
tʃɿ55pɑ31 dzɿ55 thin24 tʃɿ55pɑ31 sto55 ẓəu31.
一边 吃 喝 一边 看 ASP

B：准备好水果、瓜子、糖果、茶水了吗？晚会的时候摆到桌上，大家一边吃喝一边看。

A：mə55sie55 nə31 khɑ55ko55 si31. ɑ55mei55 tə31ẓe24je31 dzəuŋ55stɛ51din24 ẓe31
全部 DIR 准备 ASP 阿妹 3pl:AGT 会场 也
dzu31dzuɑ55 thəuŋ55 pɑ55 si31, ʃ̣ɛ31gəu55 ʈhə55ʈhə31 tə55 ʂua55 si31, tən55
布置 好 CONP ASP 纸 花的 DIR 挂 ASP 灯
ʈhə55ʈhə31 xɑ31 zdye55 si31, ko31 ʃu55 ti31.
花的 DIR 装 ASP 很 好看 MOD

A：都准备好了。阿妹她们把会场也布置好了，挂了彩纸，装了彩灯，可漂亮了。

8．开会

A：pʉ55n̥i31 je31ẓɿ55 mə55də55 xui31 khɛ31 khu31 tʃɿ31 ẓəu31?
今天 1pl:INCL 什么 会 开 要 说 ASP

A：今天咱们要开什么会？

B：mə24 tə55 n̥əŋ31 nəuŋ31 jin24 wu55 tʂho31bɑ24 to55 tʃɿ55 zdi55 khu31
天 DIR 旱 LNK 地 LOC 庄稼苗 LOC 水 放 ASP
tʃɿ31 ẓəu55.
说 ASP

B：说是天旱，要给地里的庄稼苗放水。

A：mə55də55 min31ẓɿ31 xɑ31 ʒɿ31 qa31?
什么 人们 DIR 来 ASP

A：有哪些人参加？

B：ʃiɑŋ55 wu55 qhu31ɖan24 mə55də31ʂɿ31 də31 dzəuŋ55 qa55.
乡 LOC 干部 全部 DIR 集中 ASP

B：乡干部全都要参加。

A：nə31 ʒ̣ɿ55 dẓuŋ55 si31 gui55 min55 tʂhuŋ55, tʃɿ55ta31 die24 fpʉ55
两 月 到 ASP 雨 NEG 下 河水 都 干

qa^{55}z̩o^{31}ʃʅ̣^{31}.
像要

A：有两个月没下雨了，河水都快要干了。

B：ȵi^{31}z̩ɑ^{55} ʃtʃi^{55} wu^{55} tiɛ^{24} nə^{31}ji^{55} thin^{31} ji^{55} tʃʅ^{55} kui^{55} qa^{31}mɛ^{31}?
2pl:GEN 村 LOC 现在 还 喝 NMLZ 水 有 QUES

B：你们村现在还有喝的水吗？

A：tiɛ^{24} kui^{55}, di^{24} kue^{31} nə^{55} nən^{31} si^{31} tsɛ^{31} ji^{55} mɑŋ^{31} z̩əu^{55}.
还 有 LNK 很 DIR 少 ASP 用 够 NEG ASP

A：还有，但是变得很少了。

B：ȵi^{31}z̩ʅ^{55} go^{31}qhu^{55} to^{55} nəuŋ^{55} nə^{31} tsyn^{55} si^{31} tʃʅ^{55} gɯ^{55} tsɛ^{24} ʒ̣ən^{55}
2pl 山顶 LOC ABL DIR 引 ASP 水 TOP 用 能
z̩əu^{55} qa^{55}mɛ^{31}?
ASP QUES

B：你们从山顶上引下来的泉水能有作用吗？

A：tsɛ^{31} gɯ^{55} ʒ̣ən^{31} z̩əu^{55}, di^{24} kue^{31} tshin^{55} tɛ^{31}tsɿ^{31} tsɑ^{31} ʒʅ^{31} z̩əu^{31},
用 TOP 能 ASP LNK 很 细 一点 只 出 ASP
tʃʅ^{55}pɑ^{31} ji^{24} mɑŋ^{31} z̩əu^{55}. gui^{55} nə^{31}ji^{55} mɑŋ^{31} tʂhuŋ^{55} tʃhiɛ^{55} ʂʅ^{24}to^{55}li^{31} z̩uɛ^{55}
还是 够 NEG ASP 雨 还 NEG 下 LNK 十多里 路
khu^{55} tsiɛ^{55} ʃʅ^{55} ʒdʒi^{31} qa^{31}. ȵi^{31}z̩ɑ^{55} ʃtʃi^{24} wu^{55} tʃʅ^{55} ji^{31} zɛ^{51}?
LOC 抬 去 得到 ASP 2pl:GEN 村 LOC 水 够 ASP:QUES

A：作用是有的，但泉水很细，还是不够用。再不下雨的话，就要走十多里路去挑水吃了。你们村的水够吗？

B：ɑ^{31}z̩ɑ^{24} ʃtʃi^{31} gɯ^{55} tʃʅ^{55}xkɑ^{51} to^{55} ʒ̣ə^{55}, thin^{31} ji^{55} tʃʅ^{55} gɯ^{55}
1pl:GEN 村 TOP 河边 LOC 在 喝 NMLZ 水 TOP
ji^{31} z̩əu^{55}, di^{24} xkɑ^{31}jin^{24} wu^{55} tʂho^{31}bɑ^{24} to^{55} tʃʅ^{55} zdi^{31} ʒ̣ən^{55} mɑŋ^{31} z̩əu^{55}.
够 ASP LNK 坡地 LOC 庄稼苗 LOC 水 放 能 NEG ASP

B：我们村在河边，吃的水是有的，但是坡地里的庄稼苗灌溉不了。

A：tʃhʅ^{55}ʂʅ^{31}ʂan^{55} z̩ʅ^{55} dz̩uŋ^{31} si^{31} tə^{31}z̩ɑŋ^{24}ȵi^{31} mə^{55} tə^{55} ȵəŋ^{31} si^{31}
这么长 PL 过 ASP 这样 天 DIR 旱 ASP
ti^{31} tʃin^{55} man^{55}ma^{31}sin^{55}. pʉ^{55}ȵi^{31} xui^{55} to^{55} ti^{55} ʃʅ^{24} thə^{31}dɑ^{55}dɑ^{31} ʒ̣ən^{31}
MOD 见 ASP:NEG 今天 会 LOC DEM 事 确实 成
ti^{55} pu^{55} khu^{31}.

MOD CONP ASP

A：这么多年我都没有见过这么大的旱情。希望今天会上能落实（抗旱）这个事。

B：nu^{31}nəuŋ^{55} tʃhyn^{31}ʃiɑŋ^{55} gɑ^{55} min^{55} nəuŋ^{31} ŋəuŋ^{55} mə^{31}sie^{55} də^{31} dzəuŋ^{55}
听说 全乡 GEN 人 和 钱 全部 DIR 集中

ʃtʃiɛ^{55} nəuŋ^{31} ʂui^{31}khu^{55} nəuŋ^{31} tʃɿ^{31}qha^{55} tʃɿ^{55}quŋ^{31} tə^{55}ʐɿ^{55} dzu^{31} khu^{31}
CAUS LNK 水库 和 水沟 水塘 这些 做 ASP

tʃɿ^{31}ʐəu^{31}， ʐɿ^{55}dʒie^{24} tʃhiɛ^{55} tə^{55} n̥əŋ^{31} si^{31} ʐe^{31} ma^{55} an^{24}.
HRS 以后 TOP DIR 旱 ASP 也 NEG 怕

B：听说要集中全乡的人力、物力，修一些水库、水沟、水塘，将来就不怕旱了。

C：je^{31}ʐɿ^{55} tɑ^{51} khɛ^{31}xui^{55} khu^{31}. pʉ^{55}n̥i^{31} mə^{55} tə^{55} n̥əŋ^{31} si^{31} gɑ^{31}
1pl:INCL 现在 开会 ASP 今天 天 DIR 旱 ASP PRT

ʃɿ^{31} gɯ^{55} ʃtʃiɛ^{55}ʃtʃi^{31} khu^{31}. qhu^{31}ɖan^{24} sɿ^{31} də^{55} tʂhuɑ^{55} nəuŋ^{55} tʃɿ^{31} ʃtʃiɛ^{55}
事情 TOP 商量 ASP 领导 先 DIR 请 LNK 说 CAUS

khu^{55}. mə^{31}sie^{55}ʐɿ^{55} ʒ̣ɑ^{31}fpɑ^{31} xɯ^{55}.
ASP 大家 手掌 打

C：咱们现在开会。今天主要商量抗旱的事情。先请领导讲话，大家鼓掌。

D：… je^{31}ʐɿ^{55} mə^{31}sie^{55}ʐɿ^{55} ʃtʃhyɛ^{55} thə^{31} tʃhɿ^{31} nəuŋ^{55} ti^{55} ʃɿ^{31} gɯ^{55}
1pl:INCL 大家 心 DIR 用 LNK DEM 事 TOP

phji^{55} pʉ^{55} thə^{31} dzu^{24} thəuŋ^{55} pʉ^{55} khu^{31}， ʐɿ^{55}dʒie^{24} tʃhiɛ^{55} je^{31}ʐɿ^{55} tɛ^{55}
好 CONP DIR 做 完 CONP ASP 以后 TOP 1pl:INCL 一

ko^{24} mə^{55}ʂɿ^{55} tʃɿ^{55} thin^{31} nəuŋ^{55} tsɛ^{24} ji^{24} qa^{55}.
年 每 水 喝 和 用 够 ASP

D：……希望我们大家用心把这件事做好做完，以后每年咱们喝的、用的水都足够。

C：pʉ^{55}n̥ɑŋ^{24} xui^{55}ji^{55} khɛ^{55} thəuŋ^{55} si^{55}， mə^{31}sie^{55}ʐɿ^{55} ɖɑ^{55} khu^{31}.
今天 会议 开 完 ASP 大家 散 ASP

C：今天的会就开到这里，大家散会。

9．养家畜

A：n̥i^{24} mə^{55}də^{31} dzu^{31} ʃɿ^{31} ʐəu^{31}?
2sg 什么 做 去 ASP

A：你干什么去呀？

B：ɑ^{31}bɑ^{24} ʐuɛ^{55}min^{24} kun^{55}tsɿ^{55} xka^{31} qa^{55}ʐo^{31}ʃɿ̣^{31}， ɑ^{55} ʒdʒi^{31}ʐɑ^{55}m̥in^{55}quɑ^{55}

1sg:家:GEN 母马 小马 下 ASP 1sg 兽医

tʂhuɑ^{31} ʃɿ^{55} ʐəu^{31}.

请 去 ASP

B：我家的母马就要生小马了，我去请兽医。

A：ɑ^{55} ȵi^{31} nəuŋ^{55} tɛ^{55}ʐuɛ^{31} pʉ^{55} ʃɿ^{55} ʃei^{55}. nə^{31}bʉ^{55} ʒdʒyn^{24} tʃɦn^{55}tshɛ^{24}

1sg 2sg COM 一路 CONP 去 ASP 2sg:家 马 多少

tə^{55} ʃtʃəu^{31} si^{31}?

DIR 养 ASP

A：我和你一起去。你家养了几匹马？

B：tɛ^{55} phʐɿ^{31} tə^{55} ʃtʃəu^{31} si^{31}， di^{24} nə^{31}ji^{55} phjɑ^{24} wɑŋ^{24}、ʐo^{55} qɑ^{55}stin^{31}

一 CL DIR 养 ASP LNK 还 猪 五 鸡 十

xɑ^{55}xɑ^{24} ti^{55} tə^{55} ʃtʃəu^{31} si^{31}.

多 MOD DIR 养 ASP

B：养了两匹，而且还养了五头猪和十几只鸡。

A：o^{55}tʃɦn^{55}tshɛ^{55} ti^{31} ʒ̣ə^{31} ɛ^{31}. ȵi^{31}zɿ^{55} mə^{55}də^{55} ʃtʃhie^{31} ʐun^{31}?

这么多 MOD 有 FPRT 2pl 什么 喂 ASP

A：有这么多啊。你们喂什么（给它们吃）呢？

B：ʒdʒyn^{24} tʃi^{31} ʒdʒiəŋ^{24} nəuŋ^{31} pʉ^{31}ʐa^{24} ʃtʃhie^{31} ʐəu^{55}，phjɑ^{24} tʃi^{31} pʉ^{31}ʐa^{24} nəuŋ^{31}

马 DAT草 和 粮食 喂 ASP 猪 DAT 粮食 和

pɛ^{31}ʐan^{55} nəuŋ^{31}nɛ^{55} ʃtʃhie^{55} ʐəu^{31}， ʐo^{55} tʃi^{31} ʒɿ^{55}gɯ^{55} pʉ^{31}ʐa^{31}zdɛ^{55}zdəuŋ^{31}

面汤 猪草 喂 ASP 鸡 DAT 主要 杂粮

ʃtʃhie^{31} ʐəu^{55}.

喂 ASP

B：（给）马喂草和粮食，（给）猪喂粮食、面汤、猪草，（给）鸡主要喂杂粮。

A：phjɑ^{31} nəuŋ^{55} ʐo^{55} tə^{55} ʃtʃəu^{31} gɯ^{31} ʃɿ^{55} dzɿ^{55} ʒ̣ən^{31} ʐəu^{55}， ʒdʒyn^{24}

猪 和 鸡 DIR 养 TOP 肉 吃 能 ASP 马

tə^{55} ʃtʃəu^{31} mə^{55}də^{55} pʉ^{31} ʃ̣o^{31}?

DIR 养 什么 做 ASP

A：养猪和鸡可以吃肉，养马有什么用呢？

B：tʃɦn^{55}pʐɿ^{24} go^{24} tɛ^{55}tsɑ^{24} wu^{55} ʒ̣ə^{55}， min^{55} gue^{31}je^{31} tʂho^{24} nəuŋ^{31} sin^{24}

大古梅 山 一半 LOC 在 人 AGT 庄稼 和 柴

tə^{31}ʐɑŋ^{24}ȵi^{31} ʃtʃyu^{31} tʃie^{55} mɑŋ^{31} ʐəu^{55}, ʒdʒyn^{31} gɯ^{55} min^{51} to^{31} ʈɑ^{55}
这样的 背 能够 NEG ASP 马 TOP 人 COMPR 得力
di^{24} ʃtʃiɛ^{55} ʒ̣ən^{55} ʐəu^{31}, nəuŋ^{24} ʒdʒyn^{31} ʃtʃəu^{55} nəuŋ^{31} khə^{31}tʂɿ^{55} ʃtʃiɛ^{55} ʐəu^{55}.
还 驮 能 ASP LNK 马 养 LNK 种种 驮 ASP

B：大古梅在半山腰上，人背庄稼和柴火这样的（重东西）背不动，马却比人强，（比人）还能驮，所以养马来驮各种东西。

A：tɛ^{55}ȵin^{24}mə^{55}ʂɿ^{55} ʒdʒyn^{24} ɬi^{31} ʃɿ^{55} ʐɛ^{51}?
每天 马 放 去 ASP:QUES

A：每天都要去放马吗？

B：mə^{31}ȵi^{24}、mə^{31}tʂə^{55} ɬi^{31} ʐəu^{55}, mə^{55}tsɑ^{31}、mə^{55}tsəuŋ^{24} tʃhiɛ^{51} xɑ^{31}
春 夏 放牧 ASP 秋 冬 时 DIR
stan^{24} ʃtʃhie^{31} ʐəu^{55}.
关 喂 ASP

B：春夏季放养，秋冬季圈养。

A：ɛ^{31}ȵe^{55}je^{31} stuŋ^{55} min^{55}ʐɿ^{31} ʐo^{55} ko^{31} ʒɿ^{55} tə^{31} ʃtʃəu^{31} si^{31}, nə^{31}bʉ^{55}
1sg:AGT 看 别人 鸡 很 多 DIR 养 ASP 2sg:家
min^{55}wɛ^{31}ʒɿ^{31} qɑ^{55}stin^{31} xɑ^{55}xɑ^{24} ti^{55} tsɑ^{31} ʒ̣ə^{31}?
为何 十 多 MOD 仅 有

A：我看别人家都养了很多只鸡，你们家怎么才只有十几只鸡？

B：tʂə^{55}mie^{55} wu^{24}tə^{55}ʃɿ̣^{55} tʃhiɛ^{55} ʐo^{31}tsɿ^{55} ʒɿ^{55} ti^{55} ʒ̣ə^{55}, ʐɿ^{55}dʒie^{24}
家里 开春 时 小鸡 多 MOD 有 后来
ʐo^{55}ȵi^{31}ʐən^{31} ti^{31} xɑ^{31} yɛ^{31} nəuŋ^{55} ʒɿ^{55}gɯ^{55} thə^{31} sɿ^{31} si^{55}, tɑ^{51} tə^{31}ʐɑŋ^{24}ȵi^{31}
鸡瘟 一 DIR 来 LNK 多数 DIR 死 ASP 现在 这么
ȵi^{55} səuŋ^{31} ti^{31} tsɑ^{31} ʒ̣ə^{31}.
二 三 MOD 仅 有

B：开春的时候家里有很多小鸡，后来传来一场鸡瘟就死了一大半，现在只剩下这么多了。

A：ȵi^{31}ʐɑ^{55} ʃtʃi^{24} wu^{55} quɑ^{55} nəuŋ^{55} tsɦn^{31} ʒdʒəuŋ^{55} ʃtʃəu^{55} min^{55} ʒ̣ə^{55}
2pl:GEN 村 LOC 牛 和 山羊 绵羊 养 人 有
ɛ^{31}?
QUES

A：你们村有人养牛和山羊、绵羊吗？

B：min55 ʒʅ55gɯ55 ʃtʃəu55 ʐəu55.

人 多数 养 ASP

B：大多数人家里都养了。

A：nə31bʉ55 mə55də55wɛ31ʒʅ31 ʃtʃəu55 maŋ31 ʐən55?

2sg:家 为什么 养 NEG ASP

A：你家为什么不养呢？

B：tʂə55mie55 min55 maŋ31 ji55. ta51 tʂə55mie55 tʂən31 ʐʅ55 mə31sie55 khə31

家里 人 NEG 够 现在 家里 孩子 PL 全部 DIR

ʂʅ55 dʐʅ31dʐʅ31 tʂho31 nəuŋ55 qa55ʃtʃi31 ʂʅ31 ʐəu31, tʂə55mie55 ɑ31zan24

去 书 念 或 打工 去 ASP 家里 1dl

ʒdʒiəŋ55 ʒdʒin31zan31 tsa31, di24 jin24 ʐe31 ko31 ta55 dzu31 ʐən31, qua55 nəuŋ31

老两口 只 还 地 也 很 大 做 ASP 牛 和

tshɿ31 ʒdʒəuŋ55 ɬi31 min55 ʂʅ24 maŋ31 ʐəu55 nəuŋ24 ʃtʃəu55 maŋ31 ʐən55.

山羊 绵羊 放 人 有 NEG ASP LNK 养 NEG ASP

B：家里人手不够。现在家里的孩子们全都出去读书或者打工去了，家里只有我们老两口，还种了很多地，没人放牧牛羊，所以没养。

A：nə31ba55 phjɑ24 tshɿ31 qa55mɛ31?

2sg:家:GEN 猪 肥 QUES

A：你家的猪肥吗？

B：səuŋ24 nə31 tshɿ31 si55, tɛ55 phʐʅ24 ʃiaŋ31phjɑ51 də31, min55 tshɿ55.

三 DIR 肥 ASP 一 CL 架子猪 是 NEG 肥

B：三头肥，还有两头是架子猪，不肥。

A：mə55də55 gɯ31 ʃiaŋ31phjɑ51 də31? phjɑ31tshɿ55 nəuŋ31 mə55də55 ti31

什么 TOP 架子猪 是 肥猪 和 什么 MOD

ʃa55maŋ55ʃa24?

一样：NEG

A：什么是架子猪？和肥猪有什么不一样？

B：ʃiaŋ31phjɑ55 pʉ31ʐa24 nən55 ʃtʃhie31 ʐəu31, ɬi31 ʂʅ55 ʐəu55; phjɑ31tshɿ55

架子猪 粮食 少 喂 ASP 放牧 去 ASP 肥猪

pʉ31ʐa24 xa55 ʃtʃhie31 ʐəu31, xa31 stan31 ʐəu55. xa31 stan24 tshɿ31 ʈhəuŋ55 ʐəu55.

粮食 多 喂 ASP DIR 关 ASP DIR 关 肥 快 ASP

B：架子猪粮食喂得少，是去放养；肥猪粮食喂得多，是圈养。圈养就肥得快。

A：mə^{55}də^{55}wɛ^{31}ʒʅ^{31} mə^{31}sie^{55} xɑ^{31} stan^{24} mɑŋ^{31} ʐ̩əu^{55}? phjɑ^{31}tsɦ^{55} gɯ^{31}
为什么 全部 DIR 关 NEG ASP 肥猪 TOP
wu^{31}ʃ̣ʅ^{24} to^{55} tʂhuɑŋ^{55}ɑ^{31} ʃtʃɦ^{55} ʒ̣ən^{31} ʐ̩əu^{55}, ʃiɑŋ^{31}phjɑ^{55} tsɦ^{24} mɑŋ^{31} ji^{24}
春节 LOC 到时 杀 能 ASP 架子猪 肥 NEG 够
nəuŋ^{55} ʃtʃɦ^{55} ʒ̣ən^{31} mɑŋ^{31} ʐ̩əu^{55}.
还 杀 能 NEG ASP

A：那为什么不都圈养呢？肥猪到春节就可以杀了（吃），架子猪（那时）还不够肥不能杀。

B：phjɑ^{31}tsɦ^{55} gɯ^{31} pʉ^{31}ʐ̩a^{24} xɑ^{55} ʃtʃhie^{31} ʐ̩əu^{31}. ʃiɑŋ^{31}phjɑ^{55} gɯ^{31} tsɦ^{31}
肥猪 TOP 粮食 多 喂 ASP 架子猪 TOP 肥
thəuŋ^{55} mɑŋ^{31} ʐ̩əu^{55} di^{24} pʉ^{31}ʐ̩a^{24} kue^{31} ʒʅ^{55} ti^{31} ʃtʃhie^{31} ʒdʒi^{55} mɑŋ^{31}
完 NEG ASP 但是 粮食 很 多 MOD 喂 得到 NEG
ʐ̩əu^{55}, pin^{24}khu^{55} khə^{31} ȵi^{55} tʃhiɛ^{55} ȵi^{55}ȵɑŋ^{31} khə^{31} dzɿ^{55} tə^{55} kui^{55} pʉ^{31}
ASP 山上 DIR 赶 时 REFL DIR 吃 DIR 饱 CONP
ʐ̩əu^{31}. tə^{31}gɑ^{24} khu^{55} sto^{55} tʃhiɛ^{31} ʃiɑŋ^{31}phjɑ^{55} ʃtʃhie^{31} gɯ^{31} xɑ^{55}ti^{31} qa^{55}.
ASP 3sg:GEN LOC 看 LNK 架子猪 喂 TOP 更 好

B：肥猪粮食喂得多。架子猪虽然肥得不快，但是粮食不用喂很多，赶到山上就可以自己吃饱。相比来看的话，喂架子猪更划算。

A：ʃiɑŋ^{31}phjɑ^{55} pʉ^{31}ʐ̩a^{24} nən^{55} ʃtʃhie^{31} ʐ̩əu^{31}, di^{24} mə^{55}də^{55}wɛ^{31}ʒʅ^{31} mə^{31}sie^{55}
架子猪 粮食 少 喂 ASP LNK 为什么 全都
ʃiɑŋ^{31}phjɑ^{55} ʃtʃhie^{31} mɑŋ^{31} ʐ̩əu^{55} di^{24} phjɑ^{31}tsɦ^{55} ʐ̩e^{31} ʃtʃhie^{31} ʐ̩əu^{31} nəuŋ^{24}?
架子猪 喂 NEG ASP LNK 肥猪 也 喂 ASP FPRT

A：架子猪粮食喂得少，那为什么不全都喂架子猪，还喂了肥猪呢？

B：ʃiɑŋ^{31}phjɑ^{55} ʃtʃəu^{31} gɯ^{31} min^{55} khu^{31}, tɛ^{55} ȵ̥in^{24} mə^{55}ʂʅ^{55} ɬi^{31} ʃʅ^{55}
架子猪 养 TOP 人 要 一 天 每 放 去
khu^{55}.
ASP

B：养架子猪也需要人力啊，每天要去放猪。

A：no^{31}sin^{55} khə^{31} ȵi^{55} mə^{31}nan^{24} xɑ^{31} ʐ̩ən^{55} ti^{31} pʉ^{31} quɑ^{24},
早上 DIR 赶 晚上 DIR 赶 MOD CONP 可以
mə^{55}də^{55}wɛ^{31}ʒʅ^{31} ɬi^{31} ʐ̩əu^{55}? mɑŋ^{31}ləuŋ^{55} min^{55}ʐ̩e^{31}je^{31} thə^{31} ʃtʃiu^{55} qa^{31}
为什么 放 ASP 可能 人们:AGT DIR 偷 ASP

nəuŋ^{24}mɑŋ^{55}dɛ^{24} jin^{31} lʉ^{55} ʃɿ^{31} qa^{31} gɑ^{31}wɛ^{31}ʒɿ^{31} ɬi^{31} z̩əu^{55} ɛ^{31}?
LNK 地 糟蹋 去 ASP 为了 放 ASP QUES

A：早上赶出去，晚上去赶回来就可以了，为什么要（人）放呢？是因为有人可能偷猪或者（猪）可能去糟蹋田地吗？

B：ɑ^{31}z̩ɑ^{24} ʃtʃi^{24} wu^{55} phjɑ^{31} ʃtʃiu^{55} min^{55} mɑŋ^{55} ʒə̣^{24}. mɑŋ^{31} ɬi^{31} tʃhiɛ^{55}
1pl:GEN 村 LOC 猪 偷 人 NEG 有 NEG 放 LNK
min^{55}z̩ɑ^{31} t̩sho^{31}bɑ^{24} nəuŋ^{31} ṇəŋ^{31}ṇɑŋ^{55} dzɿ^{55} ʃɿ^{55} qa^{31}.
别人:GEN 庄稼 和 蔬菜 吃 去 ASP

B：我们村里没有人会偷猪。（但是人）不放的话，（猪）会去吃别人的庄稼和蔬菜。

A：əu^{31}, tə^{55}gɯ^{55}dʒəu^{55} t̩shuŋ^{31} si^{31} nə^{31}bʉ^{55} phjɑ^{31} wɑŋ^{55} tsɑ^{31} tə^{55}
噢 难怪 到 ASP 2sg:家 猪 五 CL DIR
ʃtʃəu^{55} si^{31}. ɑ^{31}ɖɑ^{55} mə^{55}də^{55} pʉ^{31} nəuŋ^{31} ʃtʃhie^{24} nəuŋ^{24}nəuŋ^{31} nə^{31} tshɿ^{31}
养 ASP 肥猪 怎样 ADV LNK 喂 才 DIR 肥
z̩əu^{55}?
ASP

A：噢，难怪你家只养了五头猪。肥猪怎么喂才能肥得快？

B：phjɑ^{31}wuŋ^{55} thə^{31} ṣʉ^{24} thə^{31} ʃəuŋ^{55} ʃtʃiɛ^{55} z̩əu^{55}, tə^{55}z̩ɿ^{55} tʃi^{55} ʃtʃhie^{31}
猪圈 DIR 扫 DIR 干净 CAUS ASP 3pl DAT 喂
tsa^{55} to^{55} phji^{55} pʉ^{55} thə^{31} ʃtʃhie^{24}, xɑ^{55}ti^{31} nə^{31} ʒɿ^{24}, mə^{31}thɑ^{24} mə^{55}gu^{55}li^{31}
时间 LOC 好 ADV DIR 喂 多 DIR 睡 老是 活动
ʃtʃiɛ^{31} mɑŋ^{55} xɑŋ^{24}, ŋɯ^{55}tsɛ^{24} khu^{55} ɬi^{55}dzi^{55} ṣən^{55} mɑŋ^{55} xɑŋ^{24}, nəuŋ^{24} tshɿ^{31}
CAUS NEG 要 阳光 LOC 过分 晒 NEG 要 就 肥
ʈhəuŋ^{55} z̩əu^{55}.
快 ASP

B：猪圈要打扫干净，让它们按时吃好、多睡，不要让（它们）老是活动，不要过分晒太阳，这样就肥得快。

10．取名

A：phz̩ən^{55}min^{55} gɯ^{31} mə^{55}man^{31} khən^{31} gɯ^{31} mə^{55}də^{55} khu^{55} sto^{55} z̩əu^{31}?
普米人 TOP 人名 给 TOP 什么 LOC 看 ASP

A：普米人根据什么取名字？

B：tiɛ^{31} ʐɑ^{51}tʃhiɛ^{55} ȵi^{31}phji^{55} ʐəu^{55} ʒdʒiu^{55}qa^{55} ʃu^{55} gɑ^{55} man^{55} khən^{55}
现在 TOP 好听 ASP 吉祥 好看 PRT 名字 给
ʐəu^{31}. o^{55}tʃhiɛ^{55} ʐɑ^{51}tʃhiɛ^{55} min^{55}tʂɿ^{55} je^{31} tʂən^{24} tə^{55} tʃi^{55} nəuŋ^{31} tʃhɿ^{31} tʃi^{55}
ASP 过去 TOP 某些人 AGT 孩子 DIR 称 LNK 多少 斤
kui^{31} khu^{55} sto^{55} nəuŋ^{31} man^{55} khən^{55} ʐəu^{31}, nəuŋ^{24}nəuŋ^{31} mə^{55}man^{31} gɯ^{31}
有 LOC 看 LNK 名字 给 ASP LNK 人名 TOP
ʃuɛ^{31}tʃi^{55} ʒdʒɛ^{31}tʃi^{24} wɑŋ^{31}tʃi^{24} tə^{31}ʐɑŋ^{24}ȵi^{31} pʉ^{31} nəuŋ^{31} man^{55} khən^{55} ʐəu^{31}.
八斤 四斤 五斤 这样地 ADV LNK 名字 给 ASP

B：现在的话，一般都是取好听的、吉利的名字。过去的话，有人喜欢看孩子（出生时）的斤数起名，所以有“八斤”“四斤”“五斤”这样的名字。

A：ɑ^{55} ʒdʒiəŋ^{55}ʒdʒin^{31} ti^{31} tʂa^{31}ʃɿ^{31} gɯ^{55} tə^{31}gɑ^{24} man^{55} gɯ^{55} li^{31}phin^{24}
1sg 老人 一 认识 TOP 3sg:GEN 名字 TOP 梨苹
man^{55} tʃɿ^{55} ʐəu^{31}, mə^{55}də^{55}wɛ^{31}ʒɿ^{31} siɑ^{31}sʉ^{55} man^{55} khən^{31} ʐəu^{31}?
叫 说 ASP 为什么 水果 名字 取 ASP

A：我认识一位老人名叫“梨苹”，为什么取水果名？

B：o^{55}tə^{55}gɯ^{55} tʂən^{31}ȵe^{55} ʐɑ^{31}tʃhiɛ^{55} xkua^{55} tɦn^{55} ʒɿ^{31} nəuŋ^{24} suan^{55}mɑŋ^{31}
DEM 婴儿 时 哭 数量 多 LNK 父母
gue^{55}je^{31} khə^{31} tsɿ^{31} ʃɿ^{55} ɛ^{31}tʃhiɛ^{55} ti^{55} tʂən^{31} gɑ^{55} tʂa^{55} gɯ^{55} siɑ^{31}sʉ^{55}
AGT DIR 算 去 时 DEM 孩子 GEN 命 TOP 水果
tʂa^{55} də^{31} tʃɿ^{31} ʐəu^{55}, nəuŋ^{24}nəuŋ^{31} sɛ^{31}liəŋ^{55} nəuŋ^{55} phin^{31}ko^{31} khu^{55} man^{55}
命 是 说 ASP LNK 梨子 和 苹果 LOC 名字
thə^{31} khun^{31} si^{31}.
DIR 给 ASP

B：那是（因为他）婴儿的时候哭得多，父母去（给他）算命时，（算命者）说这孩子是水果命。所以他就叫梨苹。

A：nɑŋ^{55} man^{55} wu^{55} nɑŋ^{55} bɑ^{55} gɑ^{31} man^{55} tɛ^{31} tshi^{24} ɛ^{55}
2sg:GEN 名字 LOC 2sg:GEN 父亲 GEN 名字 一 字 QUES
kui^{55}?
有

A：您的名字里有父亲名字的一个字吗？

B：mɑŋ^{55} kui^{24}. ʒɛ^{31}ȵi^{31} ʐɑ^{51}tʃhiɛ^{55} mə^{55}man^{55} gɯ^{31} wɑŋ^{31} tʃɿ^{55} di^{55}ʒɿ^{31}
NEG 有 古代 时 人名 TOP 五 代 以来

tε^{31}　tʃɿ^{55}　to^{55}　min^{55}　gɑ^{31}　man^{55}　tε^{31}　tshi^{24}　kui^{55}　ʃtʃiε^{31}　nəuŋ^{55}　man^{55}
一　CL　LOC　人　GEN　名字　一　字　有　CAUS　LNK　名字
khən^{55}　ẓəu^{31}.　tɑ^{51}　tə^{31}ẓɑŋ^{24}ȵi^{31}　pʉ^{31}　mɑŋ^{31}　ẓəu^{55}.　di^{24}　ɑ^{55}　man^{55}　wu^{55}
给　ASP　现在　这样　做　NEG　ASP　不过　1sg　名字　LOC
tε^{31}　tshi^{55}　tʃhiε^{51}　ʃtʃi^{24}　wu^{55}　puŋ^{55}　ti^{55}　gɑ^{31}　man^{55}　wu^{55}　kui^{55}　də^{31}.
一　字　TOP　村　LOC　叔叔　一　GEN　名字　LOC　有　是

B：没有。古时候取名要从五代以来每一代祖先的名字上取一个字。现在已经不这样做了。不过，我的名字里有一个字是（来自）村里一个叔叔名字里的字。

A：mə^{55}də^{55}wε^{31}ʒɿ^{31}　puŋ^{55}　gɑ^{55}　man^{55}　wu^{55}　tε^{31}　tshi^{24}　tsε^{31}　ẓəu^{55}?
为什么　叔叔　GEN　名字　LOC　一　字　用　ASP

A：为什么用叔叔名字里的一个字？

B：tə^{55}gɯ^{55}　phẓən^{55}min^{55}　ẓɑ^{31}　khəu^{55}di^{31}　də^{31}.　tṣən^{24}　ε^{31}le^{55}le^{55}　ẓɑ^{31}tʃhiε^{55}
DEM　普米人　PL:GEN　风俗　是　孩子　小　时候
ȵi^{55}　ʈɳ^{55}　ʒɿ^{31}　nəuŋ^{24}nəuŋ^{31}　dzəuŋ^{31}　thiəŋ^{31}　nəuŋ^{55}　dzəuŋ^{24}　ʃ̣ɿ^{24}　to^{55}　wo^{31}min^{55}
病　数量　多　LNK　桥　搭　LNK　桥　新　LOC　客人
qhu^{31}　ε^{55}gɯ^{31}　xɑ^{31}　ʒɿ^{55}　si^{31}　tʃhiε^{55}　ti^{55}　min^{55}　tʃi^{31}　tṣən^{31}　man^{55}　khən^{31}
头　谁　DIR　来　ASP　TOP　DEM　人　DAT　孩子　名字　给
ʃtʃiε^{31}　ẓəu^{31}.　nəuŋ^{24}　ti^{55}　min^{55}　gue^{31}je^{31}　ȵi^{55}ȵɑŋ^{31}　man^{55}　wu^{55}　tε^{31}　tshi^{24}
CAUS　ASP　LNK　DEM　人　AGT　REFL:GEN　名字　LOC　一　字
thə^{31}　tsε^{31}　nəuŋ^{55}　tṣən^{31}　man^{55}　khən^{55}　ẓəu^{31}.
DIR　用　LNK　孩子　名字　给　ASP

B：这是普米人的风俗。如果孩子小时候多病，就搭（一座）桥，看谁第一个来新桥上，就让这个人给孩子取名。然后这个人就会用自己名字里的一个字给孩子取名。

A：dzəuŋ^{24}　xɑ^{31}　thiəŋ^{24}　tʃhiε^{55}　min^{55}ʒɿ^{31}min^{55}　min^{55}　ʃ̣ɿ^{55}　tʃhiε^{55}　mə^{55}də^{55}
桥　DIR　搭　TOP　来的人　NEG　有　LNK　怎么
pʉ^{31}　ẓəu^{31}?
做　ASP

A：如果搭了桥，一直没人来的话怎么办？

B：o^{55}tʃhiε^{51}　dzəuŋ^{31}　gɑ^{55}　khu^{55}　nəuŋ^{55}　tṣən^{31}　man^{55}　khən^{55}　ẓəu^{31}.
那么　桥　GEN　LOC　ABL　孩子　名字　给　ASP
je^{31}ẓɑ^{55}　ʃtʃi^{55}　wu^{55}　nəuŋ^{24}nəuŋ^{31}　tʃhiɑo^{31}xuɑ^{55}、tʃhiɑo^{31}tε^{24}　tə^{31}ẓɑŋ^{24}ȵi^{31}　pʉ^{31}
1pl:INCL　村　LOC　LNK　桥花　桥德　这样地　ADV

nəuŋ^{31} man^{55} khən^{55} z̩əu^{31}.

LNK 名字 给 ASP

B：那就用桥来给孩子取名。咱们村里就有取“桥花”“桥德”这样的名字的。

（本章话语材料均来自发音人和跃根，采集时间为2016年7—8月）

参考文献

戴庆厦、刘菊黄、傅爱兰 1989 关于我国藏缅语族系属的分类问题，《云南民族学院学报》第3期。

范俊军、官齐、胡鸿雁译 2006 语言活力与语言濒危，《民族语文》第3期。

傅爱兰 1998《普米语动词的语法范畴》，北京：中国文史出版社。

黄布凡主编 1992《藏缅语族语言词汇》，北京：中央民族学院出版社。

黄成龙 2013 普米语研究综述，《阿坝师范高等专科学校学报》第1期。

蒋颖 2008 普米语个体量词及其类型学分析，《民族语文》第5期。

蒋颖 2009 论普米语动词后缀的分析化趋势，《中央民族大学学报》第5期。

蒋颖 2010a 普米语施受标记系统的关联性，《中央民族大学学报》第4期。

蒋颖 2010b 普米语施受助词的分工互补关系，《民族语文》第4期。

蒋颖 2012a 论普米语复辅音的衰变，《语言学论丛》第四十五辑，北京：商务印书馆。

蒋颖 2012b 普米语自主助词及其语法化，《中央民族大学学报》第3期。

蒋颖 2013 大羊普米语概况，《汉藏语学报》第7期，北京：商务印书馆。

蒋颖 2015《大羊普米语参考语法》，北京：中国社会科学出版社。

兰坪白族普米自治县概况编写组编 1997《兰坪白族普米自治县概况》，昆明：云南民族出版社。

兰坪县民族事务委员会、兰坪县政协民族研究室编 2000《普米族志》，昆明：云南民族出版社。

陆绍尊 1983《普米语简志》，北京：民族出版社。

陆绍尊 2001《普米语方言研究》，北京：民族出版社。

罗常培、傅懋勣 1954 国内少数民族语言文字概况，《中国语文》第3期。

《普米族简史》编写组、《普米族简史》修订本编写组编写 2009《普米族简史》，北京：民族出版社。

孙宏开 2013《八江流域的藏缅语》，北京：中国社会科学出版社。

杨照辉 2008《普米族文化探幽》，昆明：云南民族出版社。

《藏缅语语音和词汇》编写组编 1991《藏缅语语音和词汇》，北京：中国社会科学出版社。

中国大百科全书总编辑委员会《语言文字》编辑委员会、中国大百科全书出版社编辑部编 1988《中国大百科全书·语言文字》，北京、上海：中国大百科全书出版社。

［美］马提索夫 1997 普米语大羊话音系及与羌语支初步比较（Dayang Pumi phonology and adumbrations of comparative Qiangic），第29届国际汉藏语和语言学会议论文。

调查手记

加入语保工程，承担普米语调查子课题，是2015年初的事情。在此之前，我已多次去过云南省怒江州兰坪白族普米语自治县。2008年以来，为了调查、学习、研究普米语，每逢寒暑假，只要有时间我就会去兰坪，兰坪几乎已成为我的第二故乡，我与当地的普米同胞们也早已结下了深厚的情谊。良好的长期合作，是课题质量的有力保障，也给予了我顺利完成课题的信心。

因此，接到课题任务通知之际，我就满心欢喜地致电我在兰坪的发音人，同时也是令我尊敬的长者、普米文化遗产传承人——和跃根先生，说："三叔，我又要去兰坪了。"[①]电话那头，和先生也欢喜地说："欢迎欢迎，蒋老师你什么时候来呢？"宛如家人般自然的问询，令我不由得回想起了在兰坪调研期间的记音过程，期间有苦有乐，最终都是满载胜利的收获而归。那么，语保普米语课题的调研、记音、摄录工作又会进行得怎么样呢？当时，凭着以往的工作经验，我是满怀信心，觉得毫无问题的。

于是，在顺利完成前期纸笔记录的调研工作之后，2015年8月，我和三叔来到了玉溪师范学院，借用那里的语音实验室，进行课题的摄录工作。白碧波、许鲜明教授以及师院的师生们给予了我们最大的技术支持和人力帮助，令我们能够在条件极好的全封闭语音室里进行摄录。还没开始摄录，我们已经觉得必然会成功：语音室里有平整的蓝色幕布背景，有专业的灯光设备、摄录设备和提词器，还有完全隔音的密闭环境；摄录团队成熟，成员

① 认识和跃根先生之初，我就按照他的年纪以及兄弟排行，尊称他为"三叔"，他也一直像一位宽厚又认真的叔伯长辈一样，始终支持着我的工作。

技术过关、认真细致；三叔有丰富的普米语知识文化积蕴，无论是歌谣还是故事，无论是话题讲述还是语法句子，他都是信手拈来，毫无困难。因此，当时我们完全没有预想到，后面居然会遇到那么多问题！

我们的摄录从3000词开始，因此，最早发现问题也是在3000词的摄录过程中。语保摄录对发音人的声音质量要求很高，不能有任何的瑕疵。三叔与我此前的纸笔记录并没有声音质量上的要求，因此，我们也从未注意到，他的下巴骨节或许有些松动，在开口发音之前或发音结束之后，关节处时不时会带出一个非常轻微的“啪”声。这个声音不在专业的语音室里几乎是察觉不到的，但在背景噪音极低的语音室录出来的音频里，这个“啪”声就比较明显，表现在音波图上就是在正常音波之外突兀地多出了一个小黑点，是一个明显不该有的瑕疵。刚开始发现这个问题时，我们还比较乐观，觉得可以有意识地控制骨关节，使它处在紧张的状态，应该就不会发出“啪”声。但渐渐地我们发现，这个声音几乎是不可控的。这直接导致了三叔以及摄录团队的工作量大增，最多的一次，同一个词，我们重新摄录了二三十遍才终于录到了不带“啪”声的完美版本！

第二个问题伴随着多次重录而来：盛夏季节在全封闭的语音室里工作时间越长，缺氧问题就越严重，专业灯光的长时间照射也令室内温度越来越高，人在这样的环境下工作很快就会感到疲劳。考虑到三叔已是年过六十的老人，摄录团队也进行着高强度的工作，所以我们通常不能连续作战，大概摄录一小时左右就必须打开语音室房门，休息一次，这也使得我们的摄录进度比预期的要慢。

第三个问题就是各类意外状况层出不穷。比如杂音的问题，摄录团队中负责打手势的同学每每放下手时总会带出一点声音，摄像机的开关即使换成遥控器操作也常常会发出声音，三叔胃肠胀气时常常有咕噜作响的声音等，这些杂音都会被录进音频、视频里，用软件回看、回听时，我们才发现这些平常不觉得是问题的声音，现在都成了问题。又比如音量的问题，由于语保技术参数要求音频、视频的音量固定在一定的范围内，高出或者低于该范围都不行，我们在摄录话题、故事等长篇语料时，也是反复重录了多次才成功：常常是讲着讲着声音就过高了，或者讲着讲着声音又过低了。为了让摄录的音量调整到最佳范围内，三叔面前的话筒不知道被前后左右、高低升降地调整了多少次！

在以上种种问题的“折磨”下，三叔以及白老师、许老师带领的摄录团队从来不叫苦、不叫累，大家默默地磨合，反复地重录，细细地修改摄录方案，优化拍摄模式，出来一个问题就解决一个问题，自始至终我们都一直处于辛苦然而愉快的工作状态。终于，在

语音室里作者、发音人与摄录团队部分成员合影　2015.8.20/ 玉溪师范学院 / 白碧波 摄

一二十天的艰苦奋斗之后，我们迎来了胜利的喜悦：摄录工作保质保量地完成了！在此，再次向我淳朴、善良、宽厚的发音人和跃根先生表示感谢，向热情、真诚、执着的白碧波、许鲜明老师表示感谢！

2017年1月，我又一次前去兰坪调研，为《云南兰坪普米语》一书增补、核对语料。这是我第二次在三叔家过年，距离上一次在三叔家过年（2011年2月）弹指一挥间已经过去了六年。第一次在三叔家过年时，我只顾得上记录普米族的语言；这第二次过年，我特意参加了三叔家大年三十那天的祭祀活动。

大年三十的凌晨五点，天还是黑洞洞的，三叔、三婶和他们的孩子阿庆、侄儿阿昌已经起了床，招呼我一起上山去祭本村山神。跟着三叔全家，我开着手机电筒，高一脚低一脚地开始往山上爬。阿昌背着竹篓，篓子里装着锅、碗、刀、筷子、大米、油、盐、水、香烛、酒等物品，阿庆则抱着一只神气活现的大公鸡。三叔跟在我身后，负责照看我这个手脚笨拙的登山者，在我快要滑倒时拉我一把。半个多小时后，我们来到了半山腰上，到了村里祭拜山神的地方。在那里，三叔点起了香烛，带着家里的男丁敬献了美酒、公鸡，祷祝山神护佑，新年好运。这时，天色渐亮，其他村民们也陆续上山来祭山神。隆重的祭祀之后，大家热热闹闹地聚在一起，开始杀鸡、烹煮。山上满是青松树，人们捡来的树棍

大年三十清晨祭山神　2017.1.27/ 河西乡大羊村 / 蒋颖 摄

春节"吉祥树"　2017.1.27/ 河西乡大羊村 / 蒋颖 摄

很快堆起了大大小小的火堆，不一会儿，土鸡大米粥的香味就四溢开来，人人端着碗，喝着粥，开开心心地聊起家常来。吃完鸡，三叔仔仔细细地看起了鸡头骨，当地的迷信说法认为能从鸡头骨的模样中看出新年的运气如何。看完之后三叔笑着说，还不错。

收拾完碗筷，我们开始往回走，阿庆在山上砍了胳膊粗细的一截松树枝带回了家，把它栽种在正屋前的院子里，并在地上烧了火纸，在松枝上点了三支香。三叔说，这叫春节“吉祥树”。祭完山神从山上砍棵松枝带回家种下，等过完年才会把树枝拔走，这也是普米人家的春节习俗之一。当天下午，三叔带着儿子阿庆、侄儿阿昌在屋旁举行了“接祖”仪式，（民间认为可以）迎接祖先的亡魂回家。至此，除夕当天的祭祀活动方才告一段落。

吃完年夜饭，聊起我们的语保课题，三叔淳朴地说：“感谢党的好政策，感恩生在好时代。”国家成立语言保护专项工程，保护少数民族语言文化，一定会让民族文化事业越来越兴旺！

后 记

2015年初，在孙宏开先生的推荐下，我有幸参加了中国语言资源保护研究中心的语保工程项目，主持其中的普米语南部方言与北部方言两个点的语言调查工作，从此拉开了写作《云南兰坪普米语》一书的序幕。

自2007年第一次接触普米语开始，至今日完稿为止，不知不觉中已与普米语结下了十余年的不解之缘。这十多年来，伴随着田野调查，我认识了很多可亲可敬的普米族朋友。在此我首先要深深感谢本书的发音人和跃根先生，他严谨的工作态度、丰富的知识积蕴和敦厚的长者之风都令人敬佩！此外，我也要向和善全、和根全、杨标群、熊贵荣、和东阳、和永胜、和永庆先生以及和庆珍、和永妹女士等人表示感谢，本书能够完稿，离不开这些普米朋友们一直以来的关注与支持。

在这里，我还要诚挚感谢本书总主编曹志耘教授，主编孙宏开研究员、黄行研究员、李大勤教授以及本书各位执行编委老师的指导！感谢王锋研究员对书稿提出了详细、精当的审稿意见，感谢李大勤教授的辛勤组稿与大力支持，感谢玉溪师院白碧波教授、许鲜明教授的热情帮助，感谢余汐悦、方明晶、孙昕昱等同学组成了精干的摄录团队，感谢中国传媒大学博士生宋成、朱苗苗等同学在书稿排版等工作上的给力帮助，感谢我的硕士生阿茹恒在书稿材料的录入、编辑上做了许多工作，感谢本书责编魏晓明老师的精心编审，他们的付出都是本课题得以顺利完成、本书得以诞生的重要助力。

我还要感谢孙宏开先生对我的指点与帮助，孙先生以藏缅语族语言的研究与保护工作为己任，胸怀全局，殚精竭虑，是我们后辈学人学习的楷模！

我要感谢恩师戴庆厦先生一直以来对我研究普米语的鼓励与帮助。田野调查中，每遇难解之题向先生求助咨询之时，先生总能举重若轻地指点迷津；寒暑假长期在外调研，无法顾家之时，先生总是说，研究民族语，就得有这个决心，就得花时间形成语感，不能蜻蜓点水地浮在表面上。先生的鼓励坚定了我默默坚持的信念，谢谢老师！

最后，我要感谢家人对我工作的支持。由于田野调查的需要，寒暑假也是我的工作季，假期里我往往不是在云南，就是在四川。放假了的孩子完全是我的丈夫黄鸣在陪伴、照顾。假期的家庭旅行，留下的也总是他们父子二人的身影。作为缺席的母亲、妻子，我的心中深感愧疚。唯有继续前行，以更多的努力来回报他们对我的爱。

蒋颖

2018.4.26